高等院校文化产业基础教材

WENHUA CHANYE

丛书主编 王育济 韩 英

文化市场营销学

杨东篱 编著

海峡出版发行集团 THE STRAITS PUBLISHING & DISTRIBUTING GROUP | 福建人民出版社 FUJIAN PEOPLE'S PUBLISHING HOUSE

图书在版编目（CIP）数据

文化市场营销学/杨东篱编著．--福州：福建人民出版社，2014.5（2019.9 重印）
高等院校文化产业基础教材/王育济，韩英主编
ISBN 978-7-211-06904-0

Ⅰ.①文…　Ⅱ.①杨…　Ⅲ.①文化市场－市场营销学－高等学校－教材　Ⅳ.①G114

中国版本图书馆 CIP 数据核字（2014）第 048227 号

文化市场营销学
WENHUA SHICHANG YINGXIAOXUE

作　　者：杨东篱
责任编辑：黄须友　江叔维
出版发行：福建人民出版社　　**电　　话**：0591-87533169(发行部)
网　　址：http://www.fjpph.com　　**电子邮箱**：fjpph7211@126.com
地　　址：福州市东水路 76 号　　**邮政编码**：350001
经　　销：福建新华发行（集团）有限责任公司
印　　刷：福州万达印刷有限公司
地　　址：福州市仓山区金山大道 618 号橘园洲工业园 19 号楼
开　　本：787 毫米×1092 毫米　1/16
印　　张：19.5
字　　数：318 千字
印　　数：5001－8000
版　　次：2014 年 5 月第 1 版　　2019 年 9 月第 3 次印刷
书　　号：ISBN 978-7-211-06904-0
定　　价：39.00 元

本书如有印装质量问题，影响阅读，请直接向承印厂调换。

序

2004年1月，教育部新设“文化产业管理”本科专业，山东大学历史文化学院成为全国首批承担这一专业的四个院系之一，并于当年实现了本科招生。次年春，山东大学文化产业管理学系成立。

任何一门学科的基础与范式，都只能建立在对研究史的总结之上，这是学科建设的第一块基石。山东大学已故史学名师郑鹤声先生有言：历史系每成立一个教研组，其首要工作必是整理学界相关著述之索引。基于这种办学传统，山东大学文化产业管理学系成立伊始，即会同历史系、档案系、考古系等，着手基础资料库的建设，并渐次启动《中国文化产业学术年鉴》1979—2008年各卷的编纂工作。《中国文化产业学术年鉴》按学术编年史的框架，通过“年度学术论著选编”“评价集成与结论”“研究总目索引”等形式，对改革开放30年来中国文化产业研究的学术历程进行了系统的梳理。《中国文化产业学术年鉴》的编纂工作历时7年，出版后获得学术界、文化界的广泛好评，被认为是“涵盖了近30年相关领域中最完整的学术信息和最丰富的理论内容，既包括文化产业的概念、定义、逻辑内涵、行业边际、学科特点等学理方面的研究，又包括中国文化产业的历史、现状、行业模式、区域布局、新兴业态、业内典范等方面的宏观理论、政策和案例研究……近700万字的各类索引，更是为文化产业的学术理论研究和文化产业的发展提供了海量资讯”（《光明日报》2010年3月31日）；产业界、政府管理层，甚至央视《新闻联播》等，也对这套历时7年而成的学术年鉴给予了特别关注。

与《中国文化产业学术年鉴》相类似，现由福建人民出版社出版的这套“高等院校文化产业基础教材”，也是山东大学文化产业管理学系成立伊始即已启动，历时多年才完成的一套大学本科基础教材。该教材所对应的都是山东大学文化产业管理专业的核心课程，从最初的备课教案、自编讲义开始，经历过2004年至2012年间的若干轮授课实践和若干轮修改。

同时，这也是目前国内唯一一套由同一个院系的一线授课教师完成的本科基础教材。因而，除了相对严谨、扎实之外，这套教材也非常适合大学本科教学。

作为一套完全由山东大学一线授课教师所完成的教材，自然还会表现出某些“山大特色”，即山东大学师生有关文化产业的某些共识性的理念。

第一，关于“文化产业”自身的发展历程，我们的共识有两点：

1. 认为“文化产品”的历史可以追溯久远，但“产业”意义上的“文化产业”则是现代“工业革命”后形成的一种产业体系。工业革命提供了强大的能源动力，如留声机、照相机、印刷机、播放器、摄影机等可以把一件文化产品按产业的需求海量复制，火车、轮船、飞机又足以把海量文化产品的营销链条无限延展。正是伴随着工业文明体系的建立，才产生了真正产业意义上的现代文化产业。

2. 认为“农业文明”关联的只是“文化产品”，“工业文明”关联的是“现代文化产业”，而数字技术关联的则是“当代文化产业”。数字技术对文化产业的最大影响，就是使文化产品彻底突破了时间与空间的限制，从而创造出巨大的利润，“文化产业”也因此而成为“朝阳产业”“黄金产业”，或“最后一块暴利蛋糕”。但是，这也同时提醒我们，不能笼统地把“文化产业”认定为“朝阳产业”，只有数字技术所催生的“当代文化产业”才是“朝阳产业”。从这一意义上说，以“三屏产品”（电视屏、网络屏、手机屏）为代表的数字文化产业，应该成为当代文化产业发展的主要方向。

第二，关于文化产业的公众认知和理论导向，我们的共识有四点：

1. 认为“文化、创意、财富”是文化产业三个最为本质的表达元素，也是“文化产业”最通俗、最平实的诠释。

2. 认为“文化”经过“创意”而产生“财富”，这之间并不存在“阿里巴巴”式的神话，存在的永远是《资本论》中所描述的从商品到货币的“惊险的跳跃”。而且，与工业、农业相比，文化产业的市场需求是“弹性”而非“刚性”的，这也就意味着这一产业更大的风险性。因而在宣传文化产业是“黄金产业”“最后一块暴利蛋糕”的同时，更应突出“文化产业的高风险性”这一往往被忽视的观点。

3. 认为文化产业的发展对“文化”始终是一把双刃剑，既有普及、提升文化的功能，又始终包含着强烈的“反文化性”。

4. 高度认同“历史文化资源的丰富是中国文化产业的最大特点和最大

的优势所在”。2002年的中国共产党第十六次全国代表大会，首次在大会报告中提出发展文化产业的战略部署。2003年1月，时任中共中央政治局委员、中国社科院院长的李铁映撰文指出：“中华民族有着五千年悠久的历史和灿烂的文化，其文化累积之丰厚、文化形态之多样和文化哲学之深刻，是世界上其他国家少有的。这是一笔怎么估价也不过分的宝贵的文化资源，是我们得天独厚的优势。对于中国新兴的文化产业来说，启动并整合、包装这些文化资源，就有可能形成具有中国特色的文化产业，并在全球市场的激烈竞争中占有可观的优势。”这些关于中国文化产业优势与特征的科学认识，至今仍然有着强烈的导向意义，当下中国文化产业最现实、最积极的发展策略就是如何将“历史文化资源大国”变为“文化产业强国”。这其中，历史文化资源与数字技术的结合，可能是最值得关注的方向。

第三，关于近30年中国文化产业理论研究的“学理架构”和当下的学科建设，我们的共识有三点：

1. 认为“文化产业”这一概念在近30年的中国出现，并不是对法兰克福学派“文化工业”概念的简单转译，它的生成，可以直接追溯到改革开放之初对知识分子地位的认定：由于当时知识分子已从“臭老九”跃升为工人阶级的一部分，于是各个“知识部门”，如教育、文化部门等，也就与“农业”“工业”一样，成为“一种生产部门，一种产业部门”。正是在这种理论思维的推动下，“第三产业”的概念在1980年前后即为中国学术界所关注。“第三产业”作为一个包含着“知识生产”在内的术语，又直接导致了“文化产业”这一概念的生成。因而早在1981年就出现了“文化的产业化”的说法，出现了“第四产业”与“精神经济学”之间的讨论，至1987年就出现了“文化产业”的概念。尽管当时尚无学者对这一概念进行定义，但是这一概念所具有的“望文生义”的优势十分明显，与中国传统思维的路数亦十分吻合——无需定义和解说，即可粗知内涵。正因如此，“文化产业”这一概念才能超越“第四产业”“精神经济学”，以及后来的“文化工业”“创意产业”“内容产业”“版权产业”等外来概念，被中国学术界和社会普遍接受。“文化产业”这一概念在中国首度出现的时间是1987年，远早于20世纪90年代末才为学界所引介的“文化工业”，因而“文化产业概念的内生性”，是近30年来中国文化产业理论最重要的“学理性起点”。

2. 认为作为国家战略层面上的文化产业发展起始于近十年，但关于文化产业的学术研究则贯彻于近30年。其中重要的节点是：1979年以来经济学界关于“精神产品”和“知识价值”的讨论；20世纪80年代学术界关于“第三产业”“第四产业”“精神经济学”“文化市场”“文化个体户与经纪人”“文化搭台与经济唱戏”“大众消费文化与精英文化”的讨论；20世纪80年代中期“文化产业”概念的首度出现，以及20世纪90年代有关“文化产业”“创意产业”“版权产业”“文化经济学”“文化管理学”的诸多讨论；2000年以来关于“文化事业与文化产业”的讨论，以及党的十六大以后国家战略层面上的文化产业研究；等等。对这些节点进行整合性梳理，可以为当下中国文化产业学科奠定坚实的基石，也是创立有中国气派、中国风格的文化产业理论体系的必由之路。

3. 认为文化产业管理专业作为教育部新设的一个十分年轻的应用型专业，就其人才培养目标而言，可以简单表述为：既要有纵贯古今的文化视野，也要有策划经营的文化理念，以及现代产业意识和经营思路的复合型人才。但就课程的设置和教学的重心而言，文化产业管理专业显然应该与具体的工艺美术设计、图书编辑出版、游戏创意、景区规划，以及演艺产业、广告产业、体育产业、旅游产业等有所区别。所以，在文化产业的教学、科研和学科建设中，应该突出“通识意识”“学问意识”和“经典意识”，要从学术史的梳理中奠定这一应用学科的学理基础；要引导学生关注工业革命以来有关“文化工业”“文化产业”的经典文献，关注近30年来中国学术界在文化与文化产业问题上的深度思考，从而保持大学教育应有的内在思想的活力、反省能力、质疑能力和价值动力。换言之，“文化产业”这一学科所面对的问题可能非常现实、非常政治和非常经济，但大学教育和学科建设仍应该与“现实”“政治”“经济”拉开距离，要努力建立并坚持大学自身的学术话语，并依据大学应有的治学逻辑设计学科建设的路径。

以上理念和观点主要体现在《山东大学关于增设“文化产业管理”本科专业的建议报告》(2003年)、《山东大学关于建立山东省文化产业研究基地的论证报告》(2003年)、《培养文化产业管理专业的合格人才》(2004年)、《文化产业：学术阐释的原则与目的》(2006年)、《加强文化产业的基础理论研究》(2006年)、《文化·创意·财富：三论“文博会”主题词》(2006年)、《论文化、创意、财富三者之间的关系》(2006年)、《关于文化创意产业的几点认识》(2006年)、《也谈文化与文化产业的关系》(2006年)、《1987：中国文化产业的重要节点》(2009年)、《中国文化产业学术年鉴 2003—2008 年卷出版说明》（2009 年）、《中国文化产业学术年鉴 1979—2002 年卷特别说明》（2009 年）、《文化产业学科建设要有四大意识》（北京大学第七届文化产业新年论坛主题发言）（2010 年）、《济南历史文化资源与文化产业》（济南市政策研究室委托课题结项报告；文化部基层文化干部培训班讲义）（2012 年）、《数字技术与当代文化产业》（济南市第三届青年科学家论坛主题发言）（2012 年）等相关文献和著述中。山东大学的各位同仁在教学和研究中对这些方面的问题思考和讨论也较多，所形成的共识也都以这样或那样的方式渗透、沉淀在这套教材的相关章节之中。这也使得这套教材有了一些区别于其他著述的显著特色。

这套“高等院校文化产业基础教材”的出版，得益于福建人民出版社的全力支持和赖炳伟先生的促成，从选题调研、审定编写提纲、编稿到今天的付梓，时间已过去了一年多，这期间，赖炳伟先生以及责任编辑们的工作热忱和辛劳，感动了我们每一位作者。可以说，没有他们的努力，这套教材可能还会以内部讲稿的形式存在若干年。

《中国文化产业学术年鉴》1979—2008 年各卷的编纂和这套教材的出版，大致夯实了山东大学文化产业学科建设的基础，但能否在这一基础上更筑层楼，显然还有待更多的努力。

是为序。

王育济

2012 年 8 月 23 日

目　　录

WENHUA CHANYE

第一章 走向市场营销的文化

全球化时代的一个重要特征就是文化进一步淡化了传统的形而上意义，积极地参与到各国政治、经济的发展与建设中来。在英国布莱尔政府于1997年提出“创意产业”经济振兴计划取得成效之后，文化产业就得到了各国政府的舆论重视与政策支持，进而构成了世界各国政治、经济重要的有机组成部分。目前，文化产业已被看作是第三产业中迅速崛起的庞大“产业群”，在世界各国的经济发展和制度建设中发挥着重要作用，而且对于中国社会方方面面的现代化改革也有着同样不可估量的价值与意义。现在，文化产业已成为推进我国先进文化建设的新着力点，整个国民经济发展的新增长点，传统文化向现代化文化转型的新推动力，因此成为政府、商界、学者关注的新焦点。

文化产业是由文化的生产、经营、营销、衍生品生产、消费等一系列环节构成的链条。文化市场营销是其中连接生产者与消费者、卖方与买方、原创产品生产与衍生产品生产的中枢环节，与文化产业链条运作的其他各环节都有联系，也是整个链条运作的动力来源，其重要性不言而喻。学习和理解文化市场营销对于学习和理解整个文化产业链运作的规律以及文化产业链各个环节之间的复杂关联都有着至关重要的意义。

第一节 市场营销概念的发展与沿革

文化市场营销的概念是由市场营销的概念延伸而来。所以，理解市场营销是理解文化市场营销的根本前提。

市场营销概念形成于20世纪初的美国，英文为“Marketing”，是指在市场中进行经营和销售的市场行为。1912年，哈佛大学学者J. E. 赫杰特(J. E. Hagerty)出版了第一本《市场营销学》。此后，市场营销学渐渐吸收了除经济学之外的管理学、行为科学、心理学、社会学等其他学科，使整个市场营销研究更加成熟，并逐渐形成了一门独立的学科。从 20 世纪初至今，随着社会政治、经济的发展变化，西方市场营销学者在不同的发展阶段从不同角度对市场营销下了不同的定义。按照定义侧重点的不同，市场营销概念的发展与沿革可以分为生产化营销、市场推销、市场营销管理与整合营销传播四个阶段。

一、生产化营销

生产化营销是以生产为导向的市场营销概念。它产生于社会以生产为导向的 19 世纪下半期至 20 世纪初期。当时世界上的主要资本主义国家在这一阶段都已经完成了工业革命，工业化使城市人口剧增，对商品的需求随之猛烈递增，在此背景下就逐渐形成了以生产为中心的经济观念。1902 年，美国密歇根大学、加州大学和伊利诺伊大学的经济系开设了市场学课程，接着，宾夕法尼亚大学、匹茨堡大学、威斯康星大学相继开设此课。阿切·W·肖（Arch. W. Shaw）、L. D. H. 威尔达（L. D. H. Weld）、拉尔夫·斯塔·巴特勒（Ralph Starr Bulter）、约翰·B·斯威尼（John B. Swinney）、J. E. 赫杰特（J. E. Hagerty）等是这一时期市场营销研究的先驱者。阿切·W·肖于 1915 年出版了《关于分销的若干问题》一书，从整体上考察了分销的功能，借此将商业活动从生产活动中分离出来。虽然他并没有明确地提出市场营销这一概念，但他的“分销”已经体现出了市场营销概念的色彩。在美国最早使用“市场营销”这一术语的是威尔达、巴特勒和斯威尼。不过，他们坚持市场营销应当定义为生产的一个组成部分。J. E. 赫杰特则通过走访大企业主，在充分实地调研的基础上于 1912 年出版了历史上第一本市场营销学的教科书。它的问世具有里程碑的意义，但在观念上并没有超越生产化营销。生产化营销阶段的市场营销概念主张，企业组织和利用所有资源，集中一切力量提高生产效率和扩大分销范围，增加产量，降低成本，以生产出随处可买、价格低廉的商品。这一概念显然是在重生产、轻营销的导向下产生的。

二、市场推销

市场推销是以推销为导向的市场营销概念。它产生并流行于 20 世纪初期到中期，其间，主要资本主义国家的经济和市场供求状况发生了根本变化。1929 年至 1933 年爆发了世界性的经济危机，使得商品过剩积压，销售困难，市场逐渐由卖方市场向买方市场转化，大部分企业开始积极寻求刺激消费者购买行为的手段。这一时期对于市场营销的理解是以销售为中心的推销。这一阶段的著名代表人物有20世纪初期的L. D. H. 威尔达（L. D. H. Weld）、F. E. 克拉克（F. E. Clark）、拉尔夫·S·亚历山大（Ralph. S. Alexander）、F. M. 瑟菲斯（F. M. Surface）、R. F. 埃尔德（R. F. Elder）、罗·奥尔德逊（Wroe Alderson）及20世纪中期的罗兰·S·范利（Roland. S. Vaile）、埃沃德·T·格雷特（Ewald. T. Grether）、莱维斯·考克斯（Reavis Cox）、H. H. 梅纳德（H. H. Maynard）、西奥多·N·贝克曼（Theodore N. Beckman）等。1932年，以威尔达为主撰写的《美国农产品营销》一书指出，市场营销是使产品从种植者那里顺利转到使用者手中的过程。这一过程包括三个密切相关的重要内容：集中，即购买剩余农产品；平衡，即调节供需；分散，即把农产品化整为零。其中，市场营销体现出7种市场营销功能：集中、储藏、财务、承担风险、标准化、推销和运输。1942年，克拉克出版了《市场营销学原理》，将市场营销的功能更简练地归结为交换功能、实体分配功能、辅助功能等。在这一基础上，他提出了推销是创造需求的观点，突破了《美国农产品营销》中对市场营销的认识，构成了现代意义上市场营销概念的雏形。1952年，梅纳德和贝克曼出版了《市场营销学原理》，将市场营销总结为“影响商品交换或商品所有权转移，以及为商品实体分配服务的一切必要的企业活动”①。梅纳德还进一步归纳了研究市场营销的5种方法：商品研究法、机构研究法、历史研究法、成本研究法与功能研究法。这一阶段的市场营销概念以强调推销的效果为主，更注重营销的方式、方法和功能。所谓传统意义上的市场营销概念指的就是在这一时期产生的市场推销概念。

三、市场营销管理

市场营销管理是以管理为导向的市场营销概念。它产生于20世纪60年代并流行至今。二战结束后，各国经济得以迅速恢复和发展，出现了新的技术革命，生产力得到大幅度提高，产品得到大幅度增长，市场竞争愈趋激烈。消费者的需求和对消费者需求的满足程度对企业生存与发展的影响越来越大。要极大满足消费者的需求，就需要考虑如何适应营销环境、调研消费者的需求、确定目标市场、制定营销策略，以及解决定价、分销和促销等一系列复杂问题。

---

① 郭国庆：《市场营销管理——理论与模型》，15页，北京，中国人民大学出版社，1995。

WENHUA CHANYE

于是，很多学者和企业经营者逐渐认同了通过组织和管理诸多营销因素进行营销活动的管理型营销概念。这一时期的代表人物主要有：罗·奥尔德逊（Wroe Alderson）、约翰·A·霍华德（John A. Howard）、E.J. 麦卡锡（E.J. McCarthy）、乔治·S·道宁（George S. Downing）以及闻名世界的菲利浦·科特勒（Philip Kotler）。1967 年，菲利浦·科特勒在继承前辈学者的基础上出版了《市场营销管理：分析、计划与控制》，从管理学角度全面系统地阐释了市场营销。科特勒将市场营销直接看作是市场营销管理。他认为，市场营销管理是通过创造、建立和保持与目标市场之间的有益交换和联系，以实现营销组织的各种目标而进行的分析、计划、执行和控制过程。这一过程包括分析市场营销机会、确定营销战略、制定营销战术、组织营销活动、执行和控制营销努力等因素。与前辈学者认为营销管理的任务只是刺激消费者的需求不同，科特勒进一步提出营销管理会影响需求的水平、时机和构成。科特勒的市场营销管理论真正突破了传统意义上的市场营销研究，造就了现代市场的营销理论。然而，他并没有就此止步，而是不断地补充、更新自己的观点。1984 年，科特勒根据国际国内市场贸易保护主义抬头出现封闭市场的情况，提出了大市场营销理论，讨论企业如何打进被保护市场的问题。他针对这一问题提出了“6P”战略：即在原来的“4P”，产品（Product）、价格（Price）、分销（Place）及促销（Promotion）基础上再加上两个“P”：权力（Power）与公共关系（Public Relations）。他指出，企业不应只被动地适应外部环境，也应该影响企业外部环境的战略思想。同时，他还将市场营销管理的定义加以更新，精辟地规定市场营销管理就是“认识目前还没有被满足的需要和欲求，在估计和确定需求量大小的前提下，选择和决定能够最好地为企业服务的目标市场，并决定适当的产品、劳务和计划（或方案），以为目标市场服务”①。进入 21 世纪，针对全球化竞争的市场局面，科特勒削弱了原有概念中的国别意识，将市场营销管理的定义修改得更具世界性与普适性。在 2004 年出版的《市场营销原理》（亚洲版）中，他解释说：“营销是个人和集体通过创造，提供销售，并同别人交换产品或价值，以获得其所需所欲之物的一种社会和管理过程”②。在这一过程中，应该特别注意五组核心因素：市场；

① Philip Kotler. *Marketing Management*, Introduction, Prentice Hall International Corporation, 1984.

② 菲利普·科特勒等著，何志毅等译：《市场营销原理》（亚洲版），6 页，北京，机械工业出版社，2009。

需要、欲望和需求；营销供给（产品、服务和体验）；价值和满意；交换、交易和关系。这五组因素相互关联、相互作用，每组都建立在它之前因素的基础之上①。对前辈营销学者系统、全面的突破和对后辈学者源源不断的启迪使科特勒获得了“现代营销学之父”的美誉，而他从管理角度对市场营销的种种解释也成了这一历史阶段关于市场营销的经典定义。

四、整合营销传播

整合营销传播是以传播为导向的市场营销概念。它产生于20世纪80年代，目前正为当代市场营销学界所接受。20世纪80年代之前的营销观念导致企业过于重视利益、利润，而忽略了对消费者本身和对社会发展的责任。重利的营销活动导致了种种损害社会和消费者利益的行为和现象出现，如生态被破坏、环境被污染，还有层出不穷的各种商业欺骗等，从而引起了全社会的不满。20世纪80年代，社会上开始出现种种以维护社会长远利益和消费者权益的“消费者协会”，各国也开始立法对环境、对消费者进行保护。在这种背景下就产生了重视消费者权益的营销观念。在这一观念的引导下，企业开始注意以公众利益为中心进行经营，一方面不生产造成精神污染、环境污染、浪费社会资源的产品；另一方面则努力对所有消费者的长期利益和可持续发展负责。与此相应，各种各样新兴的营销方案也纷纷出台，如号召企业家有效治理污染，生产无污染产品的“绿色营销”；主动协调企业、社会和消费者之间的关系，尊重消费者权益的“关系营销”“协商营销”；将服务顾客的理念贯穿于从设计到销售整个过程之中的服务营销等。然而，在所有新兴营销方案中影响最大的还是“整合营销传播”。1998年，美国西北大学凯洛格管理学院的营销学副教授格雷戈里·卡彭特（Gregary Carpenter）发表了《改变营销活动规则》一文，提倡“半教半学”的市场营销。卡彭特认为，目前营销界的竞争现状表明，购买者有时在一开始并不知道自己想要什么，而是需要学会自己想要什么。在这种情况下，对企业品牌的看法和偏爱就可以通过引导、培训购买者，教给购买者识别等方式植入购买者的心理，使其产生对企业产品和品牌的期待，而企业营销活动的规则也应该随购买者的不断学习而演变。这就是所谓“半教半学”的市场营销。所谓“半教”就是指企业在购

① 菲利普·科特勒等著，何志毅等译：《市场营销原理》（亚洲版），6页，北京，机械工业出版社，2009。

买者学习购买的过程中发挥作用；“半学”则是指企业对买主现在知道什么，想要什么和买主的学习过程如何进行调研和了解。[①] 在卡彭特的市场营销观念影响下产生了整合营销传播。整合营销传播指的是，营销是一种传播过程，它包含了计划、创造、整合以及营销传播各种形式（包括传统大众媒介广告、在线广告、销售促进、店内广告牌、卖点展示、产品包装、直邮书面材料、电子邮件、公开发布会、活动赞助、销售人员陈述、电视直销、数码广告和其他传播方式等）的运用。它用所有消费者都能够接受的传播渠道和方法，将企业的意图传递给品牌目标消费群和潜在顾客，其目的在于使营销者以顾客或潜在消费者作为决定的出发点，以做到最好地告知、说服消费者并引致消费者行动[②]。

综上可见，生产导向与推销导向的市场营销概念显然已经完成了历史使命，无论是它们提倡的内容、观念还是与它们相配的营销方式实际上都已不再适用于当下信息技术发达的全球化世界。国际营销学界目前认可的是科特勒等学者主张的“市场营销管理”和新兴的“整合营销传播”。因此，当代市场营销的定义应该对这两种概念进行一定程度的综合，即市场营销是通过创造、建立和保持与目标消费群之间有益的交换和联系，以实现最终影响或直接影响目标消费群而进行的分析、计划、执行和控制过程。市场营销活动既是管理活动也是传播活动，具体内容包括市场调研、营销环境与市场分析、目标市场的选择和培养、市场定位、产品设计、产品开发、产品定价、分销渠道选择、产品储运、产品销售、售后服务、公关推销、信息收集和反馈等。[③] 在这些具体内容中，有六项可以人为控制的基本变数，即产品、价格、分销、促销、权力与公共关系。市场营销需要密切注视不可控制的外部环境的变化，恰当地组合这六项变数以达到影响消费者行为的最终目的。

第二节　文化与文化产品

虽然文化市场营销属于市场营销，但它却不同于普通的市场营销，因

---

① 王福瑜：《市场营销观念的历史演进及前瞻》，《山东经济战略研究》，1999（11），55页。

② 特伦斯·A·辛普著，廉晓红等译：《整合营销传播：广告、促销与拓展》，10页，北京，北京大学出版社，2005。

③ 王育济、张友臣：《文化市场与营销》，11页，天津，南开大学出版社，2007。

为文化市场营销的对象是一种特殊的产品——文化产品。文化产品的特殊之处在于，它是以产品形式出现的文化。

一、文化

文化是我们生活中十分重要而又十分普遍的东西，它无处不在。文化一词，都能意会，但很难确切地说清楚它到底是什么。中央电视台《文化访谈录》栏目的主持人马东有一个通俗却又相对准确的描述。他说：文化是一些小的事情，但它却是一个大的概念。说它小，是因为它与我们的日常生活息息相关，是我们生活中最重要也是最普遍的东西；说它大，是因为它难以被确切定义。可以说，文化是语言中迄今为止歧义最多的概念之一，古今中外不同学者从不同角度对其作了各种不同的解释，众说纷纭、莫衷一是。根据美国人类学家克鲁伯与克拉克的统计，从 1871 年到 1951 年，严格的文化定义有 164 种之多，具有代表性的就有 46 种。后来法国心理学家莫尔的统计资料表明，20 世纪 70 年代以前，世界文献中的文化定义已经超过了 250 种。

（一）西方学界的文化定义

在西方国家，对文化的认识源远流长。古希腊作家使用 tropos（样式或方式）、ethos（气质或精神）、nomos（社会地位的多样性与可变性）、paideia（智力与教育）等来表示文化。古罗马学者西塞罗在古希腊对文化理解的基础上提出了文化是 cultura mentis（智慧耕耘）的概念。目前所说的文化来源于拉丁文 colere 或 cultura，本意是指耕作、培养、居住、练习、注意、敬神等等，指的是与自然存在的东西相对立的人造自然物。后来衍生的“文化”表述形式，英文为 culture，法文为 culture 或是 civilision 或是 culiure，德文为 kultur 等[①]，虽然逐渐演变成了培养、教育、发展的意思，但都保留了与自然存在的东西相对立的原初含义。在 18 世纪之前，文化一直被理解为人造自然物，并没有形成自己独立、有深度的定义。到 18 世纪末，文化开始作为独立概念被学者们探讨。大约一个世纪之后，英国学者泰勒（Edward B. Tylor）在 1871 年发表了《原始文化》一书，提出“文化，或文明，就其广泛的民族学意义来说，是包括全部的知识、信仰、艺术、道德、法律、风俗以及作为社会成员的人所掌握和接

① 牛淑萍：《文化资源学》，2 页，福州，福建人民出版社，2012。

受的任何其他的才能和习惯的复合体”①。泰勒的文化概念主要从进化论角度强调文化作为人区别于其他动物的某种高级特性。到了 20 世纪初期，德国学者李凯尔特（Henrich Rickert）、韦伯（Max Weber）、斯宾格勒（O. Spengler）以及英国的汤因比（Arnold Joseph Toynbee），则开始从文化作为价值观念的人文科学角度来理解文化。与此同时，德国的卡西尔（Ernst Cassirer）、英国的马林诺夫斯基（Bronislaw Kaspar Malinowski）则另辟蹊径，从功能的角度来定义文化。卡西尔认为文化是人类精神赋予实在的形式的活动；马林诺夫斯基则提出，文化现象可以根据其功能被划分为物质设备、精神方面的文化、语言和社会组织。此外，经典马克思主义对文化的理解也颇具代表性：马克思、恩格斯将文化看作是建立在经济基础之上与社会意识形态紧密关联的上层建筑。这个定义被后来大多数西方马克思主义学者如法兰克福学派、伯明翰学派等继承发展，在当代产生了巨大而深远的影响。伯明翰学派的灵魂人物雷蒙德·威廉斯（Raymond Williams）提出的著名的“文化是一种整体的生活方式”以及“文化是联系物质生产领域与社会关系领域的符号系统”就是发展、深化了经典马克思主义文化观念的结果。此外，现代西方学界还出现了以法国列维·斯特劳斯为代表的文化结构主义学派、以萨林斯与斯图尔德为代表的新文化进化论学派等等。

（二）中国学界的文化定义

在中国的传统中，文化这个词只是偶尔提及，本意指与武力相对的“文治教化”。据有关文献记载，文化一词最早出现于《易经·贲卦·彖》：“观乎天文，以察时变；观乎人文，以化成天下。”这里，文是指色彩错杂的花纹；化是指感化、影响、教育。在西汉时期，文化的这一意义得到了普遍应用，刘向《说苑·指武》说：“圣人之治天下也，先文德而后武力。凡武之兴，为不服也；文化不改，然后加诛。”晋代束晰《补亡诗·由仪》中有“文化内辑，武功外悠”的句子。南齐王融《曲水诗·序》中有“设神理以景俗，敷文化以柔远”。这些指的都是与国家军事手段相对立的概念，即国家的文教治理手段。后来唐代孔颖达在《周易正义》中注释《易经·贲卦·彖》说：“观乎人文以化成天下者，言圣人观察人文，则诗书礼乐之谓，当法此而化成天下也”；清初顾炎武在《日知录》中说“自身

① Edward B. Tylor. *Primitive Culture*: *Researches into the Development of Mythology*, *Philosophy*, *Religion*, *Language*, *Art and Custom*, p. 1, John Murray, 1929.

而至于家国天下，制之为度数，发之为音容，莫非文也”，对于文化的解释也是同一个意思。[①] 中国目前常说的文化当然与古代所说的文化有差别。《辞海》是我国编写权威，收录词条可观的辞书。《辞海》是这样解释的：文化“广义指人类在社会实践过程中所获得的物质、精神的生产能力和创造的物质、精神财富的总和。狭义指精神生产能力和精神产品，包括一切社会意识形式、自然科学、技术科学、社会意识形态。有时又专指教育、科学、文学、艺术、卫生、体育等方面的知识与设施。”[②] 这样的文化定义是在古代对文化理解的基础上，吸收了近代学者所翻译介绍过来的西方文化论著的结果。

综合古今中外学者对文化概念的考察可见，虽然他们的文化定义各有侧重，但共同点却是明显的。这就是几乎所有的文化定义都注意将文化与人类的活动及其成果相联系，而把文化与生物性、物理性的遗传素质区别开来。而差异之处仅在于对人类活动成果的归属与定性。因此，文化可以这样来定义，即文化是人类的创造活动及其成果，这一成果表现为一种承载了人类创造活动的物质形式或精神形式。这里，文化主要包含了三个方面的内容：第一，物质文化，也就是人类改造自然与社会的物质成果。比如说，从大的方面有人类改造自然的奇迹，万里长城、金字塔、狮身人面像、宙斯神殿等，从小的方面则包括我们那些有技术含量、有创意特色的日常生活用品如服装首饰、时尚家具等。第二，社会制度与社会组织的文化。这是人类协调各方面关系，规范自身行为的文化产物，既包括社会的经济制度和组织、婚姻制度和组织、家族制度和组织、政治法律制度和组织，也包括实行上述制度的各种物质载体的机构设施，还包括个体对社会事务的参与形式，反映在各种制度和组织中人的心态等。雷蒙德·威廉斯曾以无产阶级文化为例来说明这种文化，即无产阶级的文化就是无产阶级基本的集体观念，以及这种观念直接导致诞生的集体的民主机构如工会、合作化运动或政党等[③]。第三，精神文化，也就是人类创造的精神产品，比如科学、哲学、宗教、法律、道德、文学艺术，以及相应的思想观念、审美情趣、心理意向等。

---

① 张岱年、方克立：《中国文化概论》（修订版），1—3页，沈阳，辽宁人民出版社，2004。

② 《辞海》，下册，4365页，上海，上海辞书出版社，2000。

③ 雷蒙德·威廉斯著，吴松江、张文定译：《文化与社会》，405页，北京，北京大学出版社，1991。

二、文化产品

产品是向市场提供的，引起注意、获取、使用或者消费，以满足欲望或需要的任何东西。产品与经济活动的关联性几乎是不争的事实。然而，从文化的定义可以看出，无论是物质文化、精神文化还是方式文化，似乎都与通常所理解的经济活动没有太大关系。纵观人类社会的历史发展，文化与经济的关系似乎也并不那么直接，甚至有时看起来相互矛盾。马克思曾指出，经济基础决定上层建筑，但上层建筑的各个因素与经济基础之间的距离是不同的，有的远些，有的近些。文化就是属于比较远的那种因素。在古希腊，著名哲学家们的演讲与授课大多数时候是免费的，演员的戏剧演出有时也是免费的。而中世纪、文艺复兴时期的许多艺术家有时不仅无利可图，甚至还会因为作品亵渎宗教而遭受严酷的惩罚。在中国历史上，文化与经济也少有瓜葛，一个典型的例子就是，作为文化传播者的学者在招收学生时，见到天赋过人的学生往往分文不取。

然而，这并不是说文化没有成为经济产品的潜质和可能。实际上，文化作为经济产品的历史也源远流长。早在古希腊、古罗马时期，雕塑家们制作的雕像、工匠们制作的观赏陶器等在市场上都是明码标价进行买卖的。中世纪、文艺复兴时期的艺术家也常常通过自己的技艺来获得收入。在古代中国，文化产品的买卖始于先秦时期。秦汉时期“丝绸之路”的开通，不仅开启了陶瓷、丝绸等各种日用产品的贸易，而且也开启了音乐、舞蹈、绘画、雕塑等艺术产品的贸易。尤其是到了宋代，勾栏瓦肆常见于市井之中，其中卖唱的、说相声的、演滑稽戏的、表演魔术的比比皆是，都是要进行买卖的。这些都是文化作为经济产品的典型表现。

不过，无论是在西方还是在中国，文化作为经济产品都一直受到传统价值观的排斥，直到工业革命之后的马克思时代，文化还被看作是一种超越于社会经济基础的社会因素。之所以如此，是因为文化在传统社会与近代社会中并没有完全具备经济产品的属性。文化产品是随着社会的发展，在近现代社会中才出现的。18 世纪的工业革命以及后来的科学技术革命带来了社会生产方式的变革，带来了普及教育的发展，同时也带来了闲暇的时间：新的社会生产方式能够比以前更快、更多地积累起社会财富。这就为大众层面的初等普及教育提供了物质基础。在工业革命爆发之后，各个欧洲国家为工人、平民子弟设立的初等普及教育学校开始出现，并随着工业革命的发展而日益蓬勃。在科学技术将人从手工劳动中解放出来的同时，人们也有了更多的闲暇时间。他们会沉下心来逐渐释放自己在日常生活中积累的感受、情绪。由于普遍接受过教育，这种感受、情绪的释放需要通过文化的方式来进行。于是文化的需要就在全社会范围内形成了。当人们的文化需要发展到一定规模，就出现了专门生产文化产品的工厂企业，也就是文化产业；专门销售文化产品的经销商，也就是文化商人；拥有文化需要的大众演变成为专门购买文化产品的消费者，也就是文化受众。这就在全社会范围内形成了融生产、交换、消费文化为一体的经济活动，在这个经济活动中被生产、交换和消费的文化就成了真正的文化产品。而文化成为文化产品的关键就是文化经济活动的交换环节。因为存在着文化生产者、文化经销商与文化消费者的交换活动，文化才能够成为被交换或准备被交换的经济产品。成为产品之后的文化为文化市场与营销赋予了同普通市场及营销相区别的特点。

第三节　文化市场与文化市场营销

一、文化市场

文化在真正产品化的同时，也催生了相应的交易关系与交易场所，这就是文化市场。虽然成熟的文化产品与文化市场是近现代社会的产物，但无论是在西方社会，还是在中国社会，不可否认的是，现实中的文化产品与文化市场在社会文明的开始阶段就有了萌芽。而对文化市场发展历史的追溯则可以更具体、更深入地理解文化产品对文化市场的塑造。

（一）文化市场发展的历史

1. 文化市场发展的西方轨迹。古希腊、古罗马的雕塑家和工匠制作的雕像、工艺品，中世纪、文艺复兴时期的画家、音乐家、诗人的作品在一般情况下都需要通过购买才能够获得。这构成了西方社会较早的文化产品交易。不过，更大规模的文化市场还是出现在文艺复兴之后的 15 世纪中叶，主要集中在图书市场：德国人约翰尼斯？古登堡发明了金属活版印刷技术之后，大批量、低成本的复制成为可能。书籍与其他印刷品的价格迅速下降，使得更多的人可以拥有和使用书籍。16 世纪的第一年，各种著作出版了 4 万多个版本，正规印刷厂有 100 多家，印制的图书有 900 多万册。书籍的种类和数量得到了极大丰富，购书的人数也得到了极大增加。当时意大利出现了第一批真正意义上的出版商人，一些大城市如罗马、威尼斯、佛罗伦萨等也出现了规模不等的专业图书销售市场。欧洲图书市场一时非常繁荣。

18世纪爆发的工业革命使得“技术以前所未有的速度和规模入侵文化领域，产生出新的文化方式，催生了一种以工业生产方式制造文化产品的行业”①。这时，图书之外的现代意义上的文化产品开始出现在西方人的生活里。1898年，法国卢米埃尔兄弟（Auguste Lumière，Louis Lumière）发明了电影。1926年，英国人约翰？贝尔德（John Beld）在伦敦举行了第一次电视公开表演。而与电影、电视相关的市场也同时同步兴起。但真正现代意义上的文化产业却出现在20世纪中期。20世纪中期，现代高科技的突飞猛进给文化工业注入了强劲的动力：以微电子与信息技术为标志的电子技术革命大大推进了包括传媒、娱乐、演出、IT业、教育、体育、旅游、咨询以及广播、电影、电视、录音、录像等产业种类的飞速发展；而随着卫星传播、光纤通讯、计算机和互联网等的出现，电子编辑、电子写作、电子出版、电子邮件、激光照排、手机通讯、网络游戏乃至激光唱片、录像光盘等信息传播和娱乐方式则得以迅速普及。而层出不穷的新材料、新能源技术、生物工程技术还在不断造就和衍生种种文化产业新业态。突飞猛进的各种文化工业类型逐渐形成了庞大的产业链和产业群。

如今，文化产业已经成为西方各国，包括东南亚各国国民经济的一种支柱产业。美国的电影业和传媒业、法国的时装业、德国的出版业、英国的音乐产业、日本的动漫产业、韩国的网络游戏业、泰国的旅游业等都成为本国的标志性文化产业，成为一国国力直观而具体的体现，而与这些产业相配合的文化市场也获得了长足的发展。

2. 文化市场发展的中国历程。中国文化市场的发展演进大致可以分为古代、近代、现代和当代四个时期。

（1）古代文化市场。从原始社会开始，历经夏、商、周、春秋、战国直到秦朝建立之前都属于先秦时期。这一时期是古代文化市场的起步阶段。当时整个社会流行的是自给自足的自然经济，文化产品的种类和文化服务的项目都十分有限。先秦时期文化市场上交易的产品主要有各种陶器、雕像、竹草编、竹木简、帛书，还有体现当时生活审美趣味的青铜器、金银器、漆器、竹刻、刺绣、织锦以及与礼仪丧葬仪式密切相关的各种乐器礼器，如笛、哨、埙、磬、钟、鼓、笙、箫等。

---

① 单世联：《现代性与文化工业》，386页，广州，广东人民出版社，2001。

秦朝建立后，开始实行“车同轨，书同文”的统一集权制度。在这一时期的文化市场上，除了各种文化器具外，主要是书籍。秦始皇的“焚书坑儒”虽然烧掉了许多诸子百家的学说，但各种涉及自然科学知识的书籍却还被广泛交易和传播。到了汉代，东汉蔡伦发明的造纸术使得纸质图书逐渐代替了竹木简牍和丝织帛书，书肆因此更加兴旺发达。与此同时，“丝绸之路”使中国的丝绸、刺绣、陶瓷和其他工艺制品经西域或东南亚向中亚、西亚乃至欧洲地区流通。而中亚、西亚、欧洲的地毯、线毯、珠宝、玉器、琵琶等文化生活用品，各种颇具异域风情的音乐、舞蹈、绘画、雕塑等艺术形式以及与这些艺术形式相配合的乐器、服饰、技法等也陆续传入中土。

东汉末年，社会动荡不安，政治经济一体化的格局被打破，文化进入了新的创造期。魏晋南北朝时期因儒家经学的衰败，导致玄学大盛，为佛教在中国的传播准备了丰厚的土壤。佛教东传的成功使得佛经译本成为当时活跃在书籍市场上最炙手可热的图书。除此之外，在魏晋南北朝的文化生活中，精美的漆器盛行一时，漆器市场十分繁荣。

隋朝至初唐时期，科举制度开始实行，私学教育市场逐渐兴旺。书肆则一如既往地长盛不衰。当时在书籍市场上流行的主要有家教读本《颜氏家训》、启蒙教育读本《千字文》《百家姓》，也有雕版印刷的儒家经典、佛教文献、道教学说、天文、医学、文学、史学以及书法碑帖等。盛唐达到了古代政治、经济、文化发展的鼎盛阶段：书籍市场上大规模流行唐诗和小说的各种读本。汇集了绘画、雕塑、书法等各种艺术作品的寺庙塔楼、石窟造像被纷纷建造。著名的“唐三彩”制品在这一时期出现。当时还流行各地少数民族，甚至中亚、西亚、印度等各国的乐曲、舞蹈与乐器。围棋、象棋、弹棋、投壶、风筝、爆竹、烟花、蹴鞠、毽子、陀螺、斗鸡、鸣虫、鸣鸟等在游艺市场上的交易十分火爆。①

宋代的书籍市场依然繁盛，主要归因于雕版印刷和活字印刷的广泛推广。书肆、书铺、书堂、书馆等各种经营场所遍布大街小巷。当时书籍市场的热点是宋词与科技类书籍。教育市场有了新的发展，出现了各类书院，如当时著名的湖南衡阳石鼓书院、江西庐山白鹿洞书院、河南登封嵩阳书院、湖南长沙岳麓书院、河南商丘应天府书院、江苏句容茅山书院。汝窑、官窑、哥窑、定窑、钧窑五大瓷窑体系在瓷器市场上大放光彩，产

① 蔡嘉清：《文化产业营销》，14—15页，北京，清华大学出版社，2007。

品远销中亚和欧洲。而构成宋代文化市场最鲜明特色的则是娱乐游艺市场:“街南桑家瓦子,近北则中瓦,次里瓦,其中大小勾栏五十余座。内中瓦子、莲花棚、牡丹棚、里瓦子、夜叉棚、象棚最大,可容数千人”①,“瓦中多有货药、卖卦、喝故衣、探博、饮食、剃剪、纸画、令曲之类。终日居此,不觉抵暮”②。在元代,宋词演变成了元曲,后又发展成了元杂剧,在当时全国的戏曲演出中心北京、杭州、平阳盛演不衰。元代的书籍市场依然繁荣,杭州、成都、建安是全国的刻书和交易中心。

明代的中国,商品经济已经十分发达,资本主义初现萌芽。随着市民阶层的扩大,文化教育的普及,白话小说的创作活动十分流行。通俗小说和作为各种学科知识集成的大部头图书成为当时书籍市场上的宠儿,各种官办刻书机构和民营书坊业的发展也很蓬勃。教育市场上更多体现为民营学塾、书院的兴盛。中国历史上第一份有着固定名字的报纸《京报》在明代中叶之后初现雏形。汤显祖的《牡丹亭》等“传奇”出现在戏剧市场上。艺术品市场上大规模地流行楹联、绘画、书法和篆刻。清代的文化市场更要繁盛。通俗小说市场上出现了更新的作家和作品如曹雪芹的《红楼梦》等。大部头图书方面则出现了《四库全书》等。教育市场上形成了“民营”与“官办”书院并驾齐驱的局面。《京报》继续出版,在全国各地开始广泛传播。戏剧市场上出现了京剧。古玩市场在明清两代都很繁荣。

(2)近代文化市场。清朝末期,西方国家通过多次侵略战争打开了中国的大门,攫取了在中国开辟通商口岸、建立租界、传教布道、发行书报、开办学校等一系列特权。西方的文化价值观念、生活方式、艺术形式和娱乐方式由此大量传入中国,对传统的中国文化市场产生了冲击。首先被冲击的是游艺娱乐市场。西方文化在中国最早的传播地是上海。当时在上海出现了中国最早的西式游艺娱乐形式,如社交舞会、跑马场、现代化剧场、“文明戏”、公园音乐会等。然后被冲击的是报业市场。19世纪中后期,外国人在华办的中文报刊有30余种,如《万国公报》《申报》等。此外,很多中外富商出资在著名的戏园、茶园等地放电影,开启了中国的电影市场;法国的百代唱片公司进入上海,开启了唱片市场;美国柯达公司开启了照相市场;西方教会学校也进驻了教育市场。图书市场受到的冲击相对较小,揭露晚清政治腐败、社会黑暗的谴责小说在当时十分流行。

---

① 孟元老:《东京梦华录》(外四种),14页,上海,古典文学出版社,1956。

② 孟元老:《东京梦华录》(外四种),14—15页,上海,古典文学出版社,1956。

晚清各种新兴的文化市场在民国时期继续发展，电影的发展尤其突出。1925年前后，全国各地共开办电影公司175家，如大中华、天一、长城、神州、民新南国电影剧社、联华影业公司等。20世纪中期，中国电影业出品了一大批优秀影片，如《八千里路云和月》《一江春水向东流》等。20世纪20年代，广播市场开始出现。上海、哈尔滨、天津、北京相继开办了广播电台，主要播放新闻和娱乐节目。西式的游艺娱乐形式哈哈镜、旱冰场、保龄球场、弹子房、魔术场等，在民国继续受到欢迎。不过，传统的游艺娱乐产品也依然还有市场，北京的天桥、天津的“三不管”、南京的夫子庙、苏州的玄妙观、上海的大世界、杭州的西子湖畔汇聚了全国各地的绝活和艺人。除此之外，年复一年的庙会也颇为兴旺。

（3）现代文化市场。1949年，新中国成立，开始实行计划经济体制，通过政府对各种文化产业类型进行管理。政府首先没收了新中国成立前由官僚资本和外国资本经营的报刊、书局、学校、电台、影剧院、游艺场、跑马场等文化、娱乐产业，然后对民族资本经营的文化产业如各类书画店、文物店、照相馆等进行了限制、利用和改造。这些产业统统被改造成为国营企业或事业，纳入了国家新闻、出版、文化、教育事业体系。

新中国成立后的“一五”计划（1953—1957年）期间，政府通过计划调节，逐步建立起了覆盖全国的报刊发行网点、图书发行销售网点、电影发行放映网点、无线和有线广播宣传网络。改造完成之后，尽管有些文化产品还是以商品的形式进入了流通领域，但文化市场基本处于有行无市的局面。而在1966年开始的“文化大革命”期间，全国各地除各种革命样板戏如京剧《红灯记》《沙家浜》，舞剧《红色娘子军》等之外，几乎见不到别的文化娱乐形式。

（4）当代文化市场。1978年，中国进入了以经济建设为中心的改革开放时期。传统计划经济体制动力不足、结构僵化，官僚主义、效率低下的弊端日益凸显。党的十一届三中全会于是决定实行经济管理体制改革，给予地方和企业更多的经营管理自主权。1979年底，广州的东方宾馆开办了中国大陆第一家音乐茶座。此后，歌厅、舞厅、茶馆、游艺厅、保龄球馆、高尔夫球场等一系列游乐设施在全国各地纷纷涌现，带动了娱乐市场的复苏。同时，随着高考制度的恢复，教材、科普、文学类图书的品种和产量大幅度增长，各级报刊的种类和发行量也得到了增加。同时，电影、音像、电视市场也现出了勃勃生机。到20世纪90年代，还涌现了一批新的文化市场如美术市场、文物市场、集邮市场、花卉市场、宠物市场、健身娱乐市场、会展市场、旅游市场、节庆市场、培训市场、咨询市场、广告市场、中介服务市场、软件市场、数字产品市场等。

2001年12月11日，中国正式加入世界贸易组织（WTO），成为该组织的第143个成员国。根据加入议定书的规定，中国政府承诺在加入一年之内开放图书、报纸、杂志、音像制品（包括娱乐软件）等零售市场；加入三年内开放这些产品的批发市场，设立这些领域的合资企业；加入四年和六年内允许设立广告、旅游和管理咨询服务的外商独资企业。[①] 这意味着全球经济一体化时代的到来。文化市场的竞争已经不再局限于国内，而走向了国际前沿。为应对这一挑战和机遇，我国政府自2001年起出台了一系列文化产业政策，如《中华人民共和国国民经济和社会发展第十个五年计划纲要》（2001）、《中共中央宣传部、文化部、国家广电总局、新闻出版总署关于文化体制改革试点意见》（2003）、《内地与香港建立更紧密经贸关系的安排（CEPA）》（2003）、《文化产业振兴规划》（2009）、《关于金融支持文化产业振兴和发展繁荣的指导意见》（2010）、《关于加快培育和发展战略性新兴产业的决定》（2010）等，对文化产业的现实发展进行宏观指导。同时，它还颁布了一系列针对具体文化产业类型的具体政策，如新的《出版物市场管理规定》《电影制片、发行、放映经营资格准入暂行规定》（20号令）、新修订的《营业性演出管理条例》等。此外，各级部门还针对文化产业的现实发展采取了许多激励措施，如开展各种文化产业行业与个人的评选、设立各种省市级文化产业示范基地、召开各种文化产业博览会等。目前，中国的文化产业正走在理性发展、日趋繁荣的道路上。与此相应，当下文化市场的发展也呈现出极为广阔的发展空间。

（二）文化市场的特点与类型

1. 文化市场的特点。在漫长的发展历史中，文化产品为文化市场赋予了3个方面的特点：第一，能够满足多样性的消费需求。与普通产品只能满足消费者单一的物质需求不同，文化产品既可以满足消费者的物质性需求，也能够满足其精神性、心理性的需求。第二，交易价格主要取决于产品的精神内涵。虽然消费者也看重文化产品的物质属性，但他们更看重的还是其是否能够满足自己的精神、心理需要。文化产品精神内涵的丰富与否，对消费者精神、心理需求的满足程度是决定文化产品交易价值的关键因素。失去精神内涵的文化产品没有交易价值。第三，主要不发生所有权

---

① 赵玉忠：《文化市场概论》，80页，北京，中国时代经济出版社，2004。

的转移，更多体现为使用权的交易。普通物质产品的交易一般体现为产品所有权与使用权的同时转移。而文化产品的所有权主要是文化产品的版权，在交易的过程中，文化产品所有者大多只出售产品使用权，而不会出售产品版权①。

2. 文化市场的类型。对于文化市场类型的划分也可以从文化产品的角度来进行。按照文化产品性质的不同，文化市场可以被分为文化产品市场与文化服务市场。其中，文化产品市场还可以被更具体地划分为图书报刊市场、艺术品市场与收藏品市场；文化服务市场则可以被划分为影视网媒市场、演艺文博市场、广告节庆市场、体育旅游市场。② 各种类型的文化市场之间不是孤立的而有着千丝万缕的联系，彼此之间既有密切的合作，也存在着激烈的竞争。

二、文化市场营销

1976 年，科特勒首先注意到了文化市场营销的问题。1983 年，E. C. 赫斯曼（E. C. Hirschmann）在《美学、思想意识以及营销概念的界限》中将文化市场营销的目的看作是为了满足艺术创作者的心理需求。他将这种心理需求分为三个层次：在第一个层次，艺术创作者的创作活动只是被看作是自发产生的，目的是为了满足表达自己的个体需求；在第二个层次，创作者的目的是为了在特定的环境中寻求社会性认同；在第三个层次，艺术家的首要目标就是经济利益最大化。艺术创作者的创作活动就是为了达到其中一个、几个或所有层面，而文化市场营销就是为了满足创作者一个、几个或所有层面心理需要的活动。1986 年，K・狄格雷斯（K. Diggles）在《艺术营销指南：应用于艺术品市场的营销原理和实践》中对艺术营销做出了更简练的解释：艺术营销的基本目的是将适宜数量的人，以适当的形式与艺术家进行沟通，并且在这个过程中达到与实现企业目标可相提并论的最好的经济收益。2002 年，美国学者埃尔・李伯曼（Al Lieberman）和帕特丽夏・埃斯特盖（Patricia Esgate）合作出版了《娱乐

① 赵泽润、蒋昀婺、许瑶：《文化市场营销学》，12 页，广州，中山大学出版社，2010。

② 本教材将文化市场分为文化产品市场与文化服务市场的观点参考了蔡嘉清《文化产业营销》中的相关观点，而对文化产品市场与文化服务市场更细层面的划分则参考了王育济、齐勇锋、侯样祥、韩英主编的《中国文化产业学术年鉴》（1979－2008）中的相关观点。

营销革命》一书。他们将娱乐产业定义为："内容、传播渠道、消费和整合这四个因素构成了一切娱乐产品的基本结构。总的来说，娱乐业以创意为基础，通过版权保护将该行业凝结在一起；同时，版权又使得内容拥有者可以行使授权、接受赞助等权利，从中获得巨大的经济收益"①。而娱乐营销就是娱乐产业背后的各种各样的营销活动，它包括11个方面：注重实效性、产品内容与交易模式的差异性、市场应急反应的敏感性和及时性、文化娱乐市场的高度不确定性、文化娱乐消费体验的许可权购买、文化娱乐产品销售渠道多样性及难以把握性、重视文化娱乐产品的衍生产品的营销、文化娱乐产品的国际通用性等。② 2007年，美国学者乔娜·舍夫·伯恩斯坦（Joanne Scheff Bernstein）独立出版了《透视艺术市场营销》。伯恩斯坦曾在1997年与科特勒合作写过《只有立足之地：表演艺术市场的营销策略》一书。《透视艺术市场营销》是在该书的基础上写成，但对文化营销的思考比前者更成熟，因而被科特勒称为"为时代而生的表演艺术营销圣经"③。伯恩斯坦在其中提出了当代西方最新、也是最权威的关于文化营销的解释，她发现，从20世纪90年代中期开始，受众，即文化消费者的行为正在迅速发生变化，他们在选择文化艺术产业特定项目以及购买方面变得更有主见。当前的文化艺术营销者们在影响和维持受众方面受到了前所未有的挑战，他们必须学会如何同显在与潜在的受众的瞬息万变的生活方式、需求、兴趣以及癖好建立联系。因此，当前文化艺术市场营销的核心应该是如何操作文化营销，换言之，即如何以受众为目标组织和制定文化艺术营销策略。文化艺术市场营销因而是融传播、管理于一体的有效操作过程，包括发展长期的策略性营销计划、构建品牌认知、做市场调研、在理解目标市场的基础上传递有效信息、为不同的细分市场设计有吸引力的供给、改进网络与电子邮件营销，将其建成有力的营销渠道、传递"有价值受众"或"伟大受众"的价值观来培养目标消费者群等。④

中国的文化市场营销研究随文化产业在中国的兴起而展开。2003年，

---

① 埃尔·李伯曼等著，谢新洲等译：《娱乐营销革命》，15页，北京，中国人民大学出版社，2003。

② 埃尔·李伯曼等著，谢新洲等译：《娱乐营销革命》，8—9页，北京，中国人民大学出版社，2003。

③ Joanne Scheff Bernstein. *Arts Marketing Insights: the Dynamics of Building and Retaining Performing Arts Audiences*, Foreword by Philip Kotler, Jossey—Bass, 2007.

④ Joanne Scheff Bernstein. *Arts Marketing Insights: the Dynamics of Building and Retaining Performing Arts Audiences*, *Introduction*, Jossey—Bass, 2007.

方明光出版了《文化市场与营销》一书，书中对文化市场营销给出了比较明确的定义：文化市场营销是以文化消费者为中心，以满足文化消费者的需求为出发点，以组织文化产品的策划、生产（服务）、价位、销售渠道、销售形式和促进销售为一个整体的文化经营活动，以适应和影响文化需要，并对正当的文化消费需求给予最大限度的满足。2004 年，赵玉忠出版的《文化市场概论》虽没有明确为文化市场营销下定义，但他详细讨论了文化市场营销各个环节所涉及的要素，如文化市场环境、文化市场需求、文化市场细分、文化市场产品、文化市场价格、文化市场渠道、文化市场促销、文化市场调研、文化市场开发等。2006 年，李康化在胡惠林主编的“高校文化产业管理专业教材”系列中编写了《文化市场营销学》一书，主要沿用了埃尔·李伯曼和帕特丽夏·埃斯特盖在《娱乐营销革命》中对娱乐营销的解释，从 4C 理论①的角度来描述文化市场营销的总体框架。2007 年，蔡嘉清编著了《文化产业营销》，直言“学术界对于‘文化营销’的研究仍在探索中”②，并指出了关于文化营销的两种流行性解释：一是泛指为了形成一种有利于企业占据市场竞争和商品促销有利位置而推行文化运动的企业营销。这种营销从社会学意义上诠释、传承与创新人类群体或社会所有的共享成果，包括物质的和非物质的文化，属于社会沟通活动。二是文化营销专指各类文化产品或服务业的市场运作。在同年出版的王育济主编、张友臣副主编的《文化市场与营销》（“全国高等教育自学考试指定教材”系列之一）中，作者在中外学者关于文化市场营销解释的基础上提出了自己富有特色的理解，即文化市场营销是指文化经营单位以文化消费者为中心，以满足文化消费者的心理、精神或知识需求为出发点，在市场调研和预测的基础上，以文化产品的创意策划、生产（服务）、定价和促销等为主要内容，通过向消费者提供优质的文化产品和服务，以达到满足消费者需求并完成组织目标的过程。虽然 2007 年之后又陆续出版了一些文化市场营销方面的相关教材，如李康化于 2008 年又出版了《文化市场与营销变革》、赵泽润、蒋昀婺、许瑶于 2010 年出版了《文化市场营销学》、李锡东于 2011 年出版了《文化产业的营销与管理》、蔡嘉清于 2013 年出版了《文化产业营销》（第 2 版）等，但王育济、张友臣的《文化市

① 埃尔·李伯曼与帕特丽夏·埃斯特盖的“4C”指的是他们在定义娱乐产业时所提到的“内容（content）、传播渠道（conduit）、消费（consumption）和整合（convergence）”四个因素。

② 蔡嘉清：《文化产业营销》，8 页，北京，清华大学出版社，2007。

场与营销》对文化市场营销的解释却是目前国内最成熟的。其原因在于：第一，它不局限于对科特勒市场营销定义的模仿，注意凸显文化市场营销区别于市场营销的特殊性，如文化市场营销的出发点是“满足文化消费者的心理、精神或知识需求”，主要内容首先是“文化产品的创意策划”等。第二，它并没有沿袭西方学界对于文化市场营销已有的解释。第三，它没有止步于国内当下流行的看法，而是具有自己的创见。

根据西方学界与中国学界对于文化市场营销最新的成熟研究，即乔娜·舍夫·伯恩斯坦及王育济、张友臣对于文化市场营销的解释，可以将文化市场营销的定义概括如下：文化市场营销是融传播、管理于一体的有效操作过程。它以培养和满足文化消费者的心理、精神或知识需求为出发点，以文化产品的创意策划、传播文化价值观、传递有效广告信息、构建品牌认知、建设利用网络与数字渠道、市场调研与预测、制定营销策略、设计融生产（服务）、定价、分销和促销为一体的营销程序等为主要内容，通过向消费者提供优质的文化产品和服务，以达到培养和满足消费者需求并完成组织目标的过程。

文化市场营销因产品的文化特性而具有了区别于普通市场营销的特点：第一，营销的主要目的是培养和满足消费者的文化心理、精神或知识需求。第二，产品的创意策划会对营销产生关键性影响。第三，营销具有传达、补充、创造文化价值观的责任。消费者的文化心理、精神或知识需求得到培养和满足的关键在于得到一种明确文化价值观的引导。如果产品的创意策划对于文化价值观表达得充分，营销就需要尽量忠实地传达；如果表达得不足，营销就需要采取策略进行补充；如果缺乏表达或者表达了不恰当的价值观，营销就需要采取措施进行创造或纠正。第四，营销更依赖消费者的反馈信息。普通市场营销的步骤一般是：企业通过调研获得市场信息——制定营销方案——将产品投入市场。而绝大多数文化市场营销的步骤则是：企业在市场上进行产品的广告宣传——企业通过调研获得消费者的反馈信息——制定营销方案——将产品投入市场。相对于普通市场营销来说，文化市场营销显然更依赖消费者的反馈信息。第五，网络与数字渠道在文化市场营销中更重要。网络与数字渠道同传统营销渠道相比的主要特点在于，它能够更真实、直接、迅捷地接收消费者的反馈信息，因此为文化市场营销所倚重。

第二章　文化产品市场

文化产品市场是指以文化实物形态满足消费需求的市场，由图书报刊市场、艺术品市场、收藏品市场组成。其主要特点表现为：第一，营销对象是具有物质载体的有形商品；第二，绝大多数文化物品的销售需要经过中间环节；第三，促销活动相对容易，可以通过陈列、展销、试看、演示等方式创造和激发消费者的需求。

第一节　图书报刊市场

一、图书市场

图书既包括纸质图书，也包括电子图书。纸质图书是经过编辑、制版、印刷在纸张上，以单页或多页装订成册的各种文字和图片，包括书籍、画册、挂历、地图、图片、年画、年历等。电子图书是指借助数码设备进行阅读的软件制品。图书市场是图书产品交易的场所，是图书产品从出版、发行到读者购买整个流通过程中各种交换关系的总和。图书市场是最古老的文化市场，尽管目前受到广播、影视、互联网与各种数字产品的冲击，但图书凭借其高品位、便于阅读和收藏等优点，仍然在同类功能的文化产品市场中占据着可观的市场份额。

科特勒的“6P”在图书市场中具有独特的内涵：产品部分包括选题开发、组稿和版权代理、图书类别、编辑、版式、印刷和装帧等；价格部分包括预付稿酬、书款折扣、固定的价格体系；分销渠道即批发零售模式、发行商、网络零售、各种直销；促销则包括宣传书目、写作书评、登载广告、举行书市和行业展销会、做品牌宣传等；权力部分指出版社为进入目标市场和在目标市场上经营，与产业官员、立法人员、政府机构之间的关系协调；公共关系则意味着出版社通过培养公众积极正面的价值观，在公众心目中树立起产品和企业良好的形象。

1. 图书产品。首先，图书要根据读者的需求开发选题。图书内容的策划者需要对读者需求保持高度敏感，不仅要注意调查还要注意培养。那些单凭主观想象或简单模仿生产出来的图书在市场上是举步维艰的。其次，图书选题要特别注意所选题目、题材对社会文化生活的引导和影响是否健康、正面，否则即使迎合了读者的需要也不能选择。第三，图书选题开发需要注意的就是注意结合企业本身的传统优势，扬长避短。有许多历史悠久的图书企业，由于长期积累的创作、营销经验在业界享有很高的声誉。这样的企业通常具有自己独特领域的优势，可以立足于或紧密联系自己有优势的独特领域来开发选题。第四，选题开发时还要注意选择是创新还是跟进的问题。选题创新的成功往往会带来高额的利润，但风险也很大。这时，有创意的跟进，对已有选题进行创造性的改动，有时甚至会激发出真正创新的选题构思。

图书的版权代理通常会在图书的版权页上显示出来。国内出版、公开发行的图书均设有版权页，记载书名、作者、出版者、印刷者、发行者、开本、书号、印数、定价、图书在版编目资料等内容。书号主要由“国际标准书号”和“图书分类—种次号”两部分组成。其中，“国际标准书号”部分由“组号—出版者号—书名号—校验位”四组数字组成，前面冠以国际标准书号的英文缩写“ISBN”；“图书分类—种次号”部分只适用于中国的图书分类。

图书按照不同的分类方法可以被分为不同的类型。按照品种，图书可以分为书籍与非书籍两大类，其中书籍久为我们所熟悉，非书籍则包括画册、图片、地图、年画、年历、贺卡等。按照规格开本，也就是图书正文版面面积的大小来划分，可以分为全开、对开、4 开、16 开、32 开、64 开、96 开、128 开等。其中书籍多是 16 开、32 开和 64 开本；画册多是 8 开、16 开、24 开和 64 开；而图片、地图、年画等大都采用全开、对开、长对开、3 开和 4 开本；年历、台历、日历等则采用 64 开、96 开和 128 开本。按照内容分类，根据中图分类法“基本大类”标准可以分为 22 类：A 马克思主义、列宁主义、毛泽东思想、邓小平理论；B 哲学、宗教；C 社会科学总论；D 政治、法律；E 军事；F 经济；G 文化、科学、教育、体育；H 语言、文字；I 文学；J 艺术；K 历史、地理；N 自然科学总论；O 数理科学和化学；P 天文学、地球科学；Q 生物科学；R 医药、卫生；S 农业科学；T 工业技术；TB 一般工业技术；TD 矿业工程；TE 石油、天然气工业；TF 冶金工业；TG 金属学与金属工艺；TH 机械、仪表工业；TJ 武器工业；TK 能源与动力工程；TL 原子能技术；TM 电工技术；TN 无线电电子学、电信技术；TP 自动化技术、计算机技术；TQ 化学工业；TS 轻工业、手工业；TU 交通运输；V 水利工程；U 交通运输；V 航空、航天；X 环境科学、安全科学；Z 综合性图书。

图书的编辑、版式、印刷和装订实际就是图书的包装设计，编辑、版式、印刷、装帧的最佳组合通常能够充分地体现图书的主题、格调、内涵、品味和价值。编辑、版式的设计，即对字号、字体、行间距、页眉页脚等的设计通常需要注意与图书的内容、内涵相契合。而印刷、装帧除需要注意体现图书的内容、内涵之外，还有提升图书价值档次的实用功能。装帧部分要涉及腰封、书脊、扉页、书签等，但最重要的莫过于对封面的设计，用什么样的色彩、材质、风格，对封面上涉及的视觉元素如何布局都会直接影响到读者对图书本身价值的评价。

2. 图书的分销与促销。李康化指出，图书的分销渠道按照中介环节的不同大体可以分为四种：第一，从出版社直接到达读者。这是最直接，也是最简短的图书分销渠道。这种直销大体有四种形式：出版社自设书店、推销员直销图书、邮寄书目直销、用户直接订购。第二，出版社经零售商到达读者。这种分销方式又可细分为四种形式：（1）零售书店直接从出版社进货销售给读者，这适用于图书产品时效性强而某些零售书商规模大、销售力强、业内影响大的情况。（2）出版社经特约经销商到达读者，这主要适用于专业类图书和与之相对应的专业类经销商，如医疗保健机构销售保健类图书。（3）出版社经图书俱乐部或网络书店到达读者。图书俱乐部诞生于 20 世纪 20 年代的德国，以协会的形式出现，会员购买指定图书可以获得低于书店价格的优惠，还能享受送书上门的服务。图书俱乐部通常是各家出版社的代售商。从 20 世纪 30 到 50 年代，图书俱乐部在欧美各国有了长足的发展，90 年代中期，以经营图书俱乐部著称的德国贝塔斯曼公司登陆中国，首先在上海开了第一家图书俱乐部，但在信息、网络技术的冲击下，贝塔斯曼已于近年退出中国，甚至进一步退出了欧美市场，而退守德国本土。图书俱乐部的衰落与网络书店的兴起直接相关。网络书店具有图书俱乐部的所有优点，同时更适应信息、网络时代的生活方式。目前，网络书店已经代替图书俱乐部成为图书到达读者的又一便捷途径。（4）出版社经图书馆批发商到达读者。某些书业发达的国家为供应图书馆所需图书会建立专门性的图书发行渠道。第三，出版社经批发商或代理商到达零售商再到达读者。第四，出版社经代理商到批发商到零售商再到读者。这是分销渠道最长的形式。它有利于充分发挥各类发行分销商的作用，便于图书的集中、储存、调剂和扩散，缺点在于销售时间长，图书价格高。不过，值得注意的是，图书价格高有时并非完全由于分销渠道过长，有时因为图书具有较大的产品差异性而导致图书需求价格富有弹性，而较低的价格弹性则可以使销售商尽可能地抬高价格以获得更高的利润回报，这特别体现在专业类、学术类图书上。①

图书的促销主要体现为投递预告单、编制图书目录和其他促销方式，如广告传单、直销广告、新闻稿、赠单、海报招贴、版面广告、电话销售、电台电视广告、分类广告、图书护封文字等。其中，预告单应该注意言简意赅，内容大体包括作者、标题、副标题；格式；国际标准书号和篇幅；出版事项；出版日期和价格；折扣；作者信息；卖点；图书内容简介；装帧；出版发行企业的信息；销售点的信息等。编制图书目录时应注意在目录前几页向读者推荐重点图书；在目录中加入订单；封面、版式、插图要配合其中推荐的图书风格；在目录中，尤其是学术类图书的目录中应该加有完整的作者简历与内容简介；在邮递之前将没有编入目录的书目以最新目录的形式夹入其中。

二、报纸市场

报纸是指有固定名称、刊期、开版，以新闻报道为主要内容，每周至少面向公众出版一期的散页连续出版物。报纸既是以传播新闻为主的宣传、舆论工具，又是能够满足人们精神需求的文化商品。报纸市场就是报纸产品交易的领域和场所。与图书市场相似，报纸市场也是一个传统的文化市场，虽然也受到了影视网媒和各种数字产品的冲击，但它凭借阅读不受时间、地点和设备条件限制的产品特性以及它自身也能够进行数字转化的优点，在当代大众传媒市场中也是不可被忽视的。

报纸的产品部分包括读者的基本需求信息、报纸的分类、报纸的版式设计、内容编排、特色、风格、品牌，还有读者购买报纸时获得的全部服务和利益；价格部分包括新闻稿酬、报纸单价；发行部分包括小众营销、品牌营销、组合发行等；促销则包括免费赠阅、赠品与折扣促销、订报打折、广告促销；权力部分指报社与产业官员、立法人员、政府机构之间的

---

① 陈昕：《中国出版产业论稿》，11页，上海，复旦大学出版社，2006。

关系协调；公共关系则是指报社向公众提供真实可信的信息，建立良好的声誉。

1. 报纸产品。报纸按照刊期分类，可以分为日报、隔日报（如每周一、三、五或二、四、六刊）、周报三类。其中日报还可以细分为早报、午报、晚报。按照开版分，可以分为对开4版、4开4版、16开16版三大类。每大类还可根据版总数的不同分为不同的品种，如对开4版还可细分为8版、12版、16版、20版、32版等。按照刊载的内容，报纸可以分为综合类报纸和专业类报纸，前者如《人民日报》《大众日报》等，后者如《服装时报》《体坛周报》等。报纸分类还有其他标准，如按受众范围分类、读者对象分类、发行范围分类等。

报纸均需在固定位置标出出版日期、期号、报社地址、电话、电报挂号、邮政编码、国内统一刊号、发行方式、邮发代号、广告经营许可证编号、定价、印刷厂名称等项目内容。其中，报纸的刊号和代号是需要解释说明的，以《中国文化报》为例，其国内刊号是“CN11—0089”，其中“CN”是中国的代号；“11”是该报社所在地区北京的代号；“0089”为该报编入国内统一刊号的代号。该报的邮发代号是“1—115”，其中“1”表示北京地区出版的报纸；“115”为该报纳入国内邮发系统的代号。该报的国外代号是“D1037”。

2. 报纸的分销和促销。报纸的分销渠道大体有3种类型：报社的直销渠道、报纸批发零售兼营的一层或二层渠道、邮政系统报刊发行的多层渠道。报社的直销渠道是指，有些地方，尤其是大中城市所在地的报社通过自办的报刊发行公司及其零售网点征订、发送和零售报纸；报纸批零兼营的一层或二层渠道是指地方报社委托当地报刊发行公司办理报纸征订、发送和零售业务；邮政系统报刊发行的多层渠道即邮发渠道，是指通过各省、地、市邮政报刊公司以及县、乡邮政局（所）办理征订、发送和零售业务。这是我国报纸发行的主渠道。

报业市场的促销一般体现为以下3种形式：第一，在报纸改版或创刊伊始，对报纸实行免费赠阅；第二，通过赠品与折扣促销、订报打折等方式进行促销；第三，广告促销。在报纸促销中，应该注意避免单一品种，走向组合发行；避免大众促销，转向小众促销；避免初级促销，进行品牌促销。目前报业促销的一个弊端在于，大多数企业的促销都集中在如何吸引新读者，而不是如何维系读者上。

3. 报纸与广告。在报纸市场中，一个特别值得注意的问题就是报纸与广告的关系。当前广告占据了报纸的大比例篇幅，甚至报业的利润很大部分都来源于广告收入。从1991年到2002年10年时间，中国报纸广告以平均32%的增幅迅速发展。而报纸广告在广告总市场上的比例正在超过20%。[①] 在某种程度上，报纸广告正在将报纸市场与广告市场联系在一起，使当代报业呈现出新的特点。在报纸市场中，市场客体是报纸，体现着报社与读者之间有形的报纸产品的交易关系；在广告市场中，市场客体是报纸版面，体现着报社与广告客户之间无形的报纸传播功能的交易关系。报纸市场是广告市场存在的物质基础，广告市场则是报纸市场运行与发展的经济保证。

三、期刊市场

期刊又被称为杂志，是指有固定名称，用卷、期或年、月顺序编号而成册的连续出版物。期刊出版具有连续性、稳定性和周期性。期刊市场指的是期刊商品交易的领域和场所。

期刊的产品部分包括读者需求的知识和信息、期刊的类型、期刊的内容选择、封面与版式设计、风格、品牌，还有读者购买期刊时获得的服务和利益；价格部分包括期刊稿酬、刊物单价等；发行部分重在小众营销、品牌营销、组合发行；促销包括免费赠阅、赠品与折扣促销、打折、广告促销；权力部分指期刊社与产业官员、立法人员、政府机构之间的关系协调；公共关系则是指期刊社向公众提供有价值、有吸引力的信息，建立良好的品牌和声誉。

1. 期刊产品。期刊按刊期可以分为周刊、旬刊、半月刊或双周刊、月刊、双月刊、季刊、年刊等。按版式分，期刊可以分为书本型、报纸型、散页型、活页型、卡片型等，大多数期刊属于书本型。按开本可以分为8开、16开、20开、24开、32开本等，其中大多数期刊属于16开本。按照刊载内容，期刊可以分为通俗类、专业类、学术类、信息和文摘类等。其他分类标准包括按发行范围分类等。期刊合订本一般被看做是期刊的延伸。期刊合订本原则上限定在出满全年的期数之后，一年一次性地按刊期顺序合订；一个月出版两期以上的，可以出满半年后合订。

期刊需要在封底或是目录页上刊载版本记录，包括主办单位、出版单

---

① 李康化：《文化市场营销学》，297页，太原，书海出版社 山西人民出版社，2006。

位、印刷单位、发行单位、出版日期、主编姓名、发行范围、定价、国内统一刊号、广告经营许可证编号、获准国外发行的国际标准刊号、国外代号等项目内容。何谓期刊的国内统一刊号、国际标准刊号、国外代号，以《世界知识》半月刊杂志为例，其国内统一刊号为“CN11—1520/D”，其中“CN”是中国的代号；“11”是该杂志社所在地区北京的代号；“1520”是该刊编入国内统一刊号的代号；“D”是“政治法律”类期刊的代号。该刊的邮发代号是“2—80”，其中“2”表示北京地区出版的期刊，“80”是该刊纳入邮发系统的代号。该刊的国际标准刊号是“ISSN0583—0176”，其中，“ISSN”是国际标准刊物的代号。该刊的国外代号是“SM20”。

2. 期刊的分销与促销。当代期刊的分销与促销方式，包括广告方面的问题，同报纸基本相同，因此不再赘述。需要注意的是，进入全球化时代后，中国期刊业出现了新的特点。参照蔡嘉清的阐述，这些特点体现为：第一，打造国际化期刊品牌。国外各种娱乐、休闲名刊如法国的《ELLE》等早在20世纪80年代就出现在中国市场上。现在国内的名刊如《知音》《读者》《中国妇女》等也纷纷谋求海外发展，积极打造国际品牌。第二，建设集团化期刊产业。在激烈的国际国内竞争环境下，为了节约发行、广告、宣传、管理等各方面的成本，集中上述各方面的资源，建设集团化的期刊产业已经成为大势所趋。近年来，中国的期刊业经过重组与合并，以知名品牌为核心的期刊集团正在逐个崛起。第三，树立多样化的市场细分标准。传统期刊市场细分的标准无疑局限于年龄、性别等，当代期刊市场则将读者的兴趣爱好、心理特征等一并作为细分的重要标准。第四，建立立体化的产品发行体系。期刊的发行以前主要依靠邮政系统来进行，现在超市、便利店、地铁站、机场、酒店、社区等都成为了购买期刊的便捷通道。当然最便捷的还是依托于当代网络技术建立起来的电子商务系统。

第二节　艺术品市场

艺术品有时也被称作美术品，是指借助一定的物质材料，包括颜料、纸、画布、泥土、木材、石料、金属等，利用平面或空间创造可视形象的造型品类。人类最原始的艺术品是手工制作的实用兼装饰性的石器、骨器、玉器、陶器、瓷器、青铜器、金银器，然后又发展出了观赏性较强的绘画、雕塑、书法、篆刻、摄影、建筑艺术等。当前的艺术品既包括观赏性的艺术作品，也包括兼具实用性与装饰性的工艺产品。艺术品市场是指艺术品交易的领域和场所。

一、观赏产品

观赏品市场是当代艺术品市场的主流。观赏产品主要包括绘画、书法、篆刻、雕塑、建筑艺术等。

1. 绘画。绘画是用色彩和线条在平面上描绘形象的美术种类。绘画的产品部分包括绘画的种类、绘画的题材、绘画的风格品位、绘画的表现形式、画家的艺术水准、画家的身价以及购买绘画时获得的服务和利益。就绘画的种类而言，按照材料工具分，有油画、版画、壁画、漆画、水墨画、水彩画、水粉画、粉笔画、素描、丙烯画以及其他化学颜料创作的画种。每类画种按照不同的标准还可以再细分，比如版画还可以细分为木版画、铜版画、石版画、胶版画、丝网版画等。绘画的题材包括人物、山水、花鸟、肖像、静物、动物、风景、室内等。绘画的风格品味有现实主义、浪漫主义、理想主义、表现主义、立体主义、达达主义、印象主义。绘画的表现方式分为具象的表现方式、抽象的表现方式。画家的身价通常指他的名气，当代著名的画家有吴冠中、赵无极、丁绍光、范曾、欧豪年、黄永玉、范光陵、陈丹青、高占祥、刘国松等人。此外，油画系统的罗中立、靳尚谊、闻立鹏、王沂东；国画系统的晏济元、张仃、程十发、陈佩秋、黄永玉等画家也身价不菲。

2. 书法篆刻。源于中国汉字，流行于东方国家的书法和篆刻与绘画一样，同属于平面艺术作品。在中国有“书画同源”的说法，因此，书法和篆刻习惯性地被看做依附于绘画的门类。书法的产品部分包括书法的种类、风格品位、书法家的艺术水平、书法家的身价以及购买书法作品时受众可以获得的服务和利益。书法作品的种类“篆、隶、楷、行、草、碑”等早为人们所熟知。当代著名的书法家有赵朴初、启功、林散之、沙孟海、沈鹏、欧阳中石、张海、刘炳森、王学仲、李铎等人。除此之外，王义军、王学仲、刘文华、刘彦湖、孙晓云、张旭光、邵岩、邹德忠、嵇小军、管峻等还被称为当前中国最具升值潜力的书法家。

篆刻产品的接受与交易范围相对狭窄，一般将其与书法产品合并，书法与篆刻虽有联系，又有区别。比如对篆刻产品的价值评估除了与种类、风格品味、艺术水平、篆刻家的身价以及购买篆刻产品时受众能够获得的服务利益相关外，还与篆刻作品的印材关系密切。印章材料包括铜、石、金、玉、木、牙、骨、砖、有机玻璃制品等。现在的用材，多以石质为主，因为石质印材柔、脆、腻、坚适中，易于受刀，并能表现出特有的金石韵味。比较著名的材质如浙江省青田的青田石、福建省福州的寿山石、浙江临安的昌化石、内蒙赤峰的巴林石也叫赤峰石等。浙江宁波的大松石、天台的宝花石、温州的平阳石、萧山的红石等也属于较好的石料。当代的篆刻名家有方去疾、江成之、刘江、王镛、石开、刘江、熊伯齐、吴颐人、韩天衡、刘一闻、李刚田、徐正濂、余正、林健、林剑丹等。

3. 雕塑。雕塑是以雕、刻、塑、堆、焊、敲击、编织等方式制作三维空间形象的美术种类。雕塑的产品部分包括雕塑的种类、题材、风格品位、表现方式、材质、用途、雕塑家的艺术水准、雕塑家的身价以及购买雕塑时获得的服务和利益。雕塑的种类、题材、风格品味同绘画一样，不一而足。就表现方式而言，传统意义上的雕塑以静态、可触摸、可观可视的三维方式为主，随着科学技术的发展和审美观念的更新，当代雕塑开始出现了反传统的四维雕塑、五维雕塑、声光雕塑、动态雕塑、软雕塑等。就材质来说，雕塑包括石雕、木雕、陶雕、铜雕、泥塑、瓷塑、钢塑、铝塑等。就用途来说，雕塑包括城市雕塑、园林雕塑、室内雕塑、室外雕塑、案头雕塑、架上雕塑，甚至奖杯、奖牌等。当代的雕塑名家有吴为山、黎明、韩美林、隋建国、陈云岗、龙翔、潘鹤、曹春生、叶毓山（叶玉山）、雷宜锌、梁明诚、焦兴涛、霍波洋、项金国、黄永玉等。

4. 建筑。建筑是建筑物和构筑物的统称，是工程技术和建筑艺术的综合创作，是人类生活所必需的居住和活动场所，也是为满足人们生活、生产或从事其他活动而创造的空间环境。建筑艺术是一种立体艺术形式，它通过思考和处理建筑的构图、比例、尺度、色彩、质感和空间感以及建筑的装饰、绘画、雕刻、花纹、庭园、家具陈设等多方面因素的组织结构而形成。通常建筑艺术除了通过几何形的线、面、体中包含的形式美给人以感官的愉悦之外，还会运用象征手法表现某种特定的具体内容和主题。建筑艺术的产品部分包括建筑艺术的内涵、种类、风格、设计方式、材质、用途、建筑师的艺术水准、建筑师的身价以及购买建筑时所能够获得的服务和利益。建筑艺术的种类从使用的角度来分，有园林建筑、住宅建筑、文化建筑、工厂建筑、纪念性建筑、宗教建筑等；从使用的建筑材料来分，有木质建筑、砖石建筑、钢筋水泥建筑等；从时代风格来分，有古希腊式、古罗马式、哥特式、文艺复兴式、古典主义式等；从流派来分，仅二战以后西方就有历史主义、野性主义、新古典主义、象征主义、结构主义、解构主义等多种流派。赫赫有名的当代建筑师有梁思成、林徽因、贝聿铭、奚福泉、张永和、王澍、杨庭宝、张锦秋等。《中国当代著名建筑师作品选》一书又收录了严星华、关肇邺、齐康、程宗灏、寿震华、梁鸿文、程泰宁、鲍家声、蔡镇钰、张锦秋、孙国城、魏大中、周庆林、何镜堂、何玉如、王小东、刘力、罗德启、马国馨、柴裴义、黄汉民、莫天伟等名建筑师的作品。

二、工艺产品

工艺产品是采用各种工艺方法制作、装饰人体和美化环境的物品种类。工艺品市场是工艺产品交易的领域和场所。工艺品的诞生要早于观赏品，大多是由普通民众直接创造，与民众的日常生活密切相关，常因地理环境、历史时期、经济条件、文化传统、技术水平、民族习俗和审美观念的不同而表现出不同的风格特色。按照制作材料、工艺风格和生产技术的不同，可以将工艺品分为民间工艺品、特种工艺品以及现代工艺品。

民间工艺品一般以手工为主，通过就地取材制作出适合生活需要、具有地方特色或民族特色的工艺美术品。常见的民间工艺品如剪纸、灯彩、风筝、风车、绢花、盆景、泥人、面塑、根雕、竹编、草编、蜡染、刺绣等。民间工艺品通常具有浓郁的地方特色，比如河北蔚县的剪纸，天津的花灯，山东潍坊的风筝，北京的绢花，岭南派、川派、扬派、苏派、海派的盆景，天津的泥人，陕西凤翔的泥塑，山东菏泽的面塑，苏州的根雕，浙江东阳的竹编，河北、河南、山东的麦草编，上海嘉定、广东高要、东莞的黄草编，浙江的金丝草编，湖南的龙须草编，台湾省的草席草编，贵州少数民族地区的蜡染以及苏州的苏绣，湖南的湘绣，广州的粤绣以及四川的蜀绣等都是颇有名气的民间工艺品。

特种工艺品是利用某种珍贵的或特殊的材料，经过精心设计和精湛技艺加工而成的工艺美术品。比如象牙雕刻、玉石雕刻、雕漆、景泰蓝、金银器、金银首饰等等都属于特种工艺品。

现代工艺品则是利用现代技术和工业原料，通过机械模压、印刷、缝制等手段加工、批量生产的工艺美术品，比如玻璃花瓶、塑料脸谱、陶瓷动物、八音盒、芭比娃娃、蒙奇奇等。

三、艺术品的分销与促销

观赏品市场与工艺品市场合称艺术品市场。艺术品市场的经营主体主要包括两类：第一类是艺术品生产者，包括画家、书法家、雕塑家、民间艺人、美术公司、工艺美术品厂、艺术陶瓷厂等。第二类是艺术品经销商，包括画廊、艺术品拍卖行、个体艺术品经纪人、工艺美术公司、工艺美术商店、个体工艺品商贩等。

赵玉忠认为，艺术品市场的分销渠道分三种类型：第一种是艺术品生产者的直销渠道，比如画家、书法家、雕塑家或民间艺人直接接受消费者的作品订单；民间艺人摆摊售货；工艺美术品厂门市售货等。第二种是只通过一家代理商或经销商进行分销，比如画廊收购字画后销售或受托待售字画，拍卖行受托拍卖字画，个体经济人中介推销艺术品等。第三种是通过多家代理商或经销商进行分销。批量生产的工艺品绝大多数需要通过第三种方式进行营销。

艺术品在进行促销的时候要特别注意，决定艺术品成功与否的最重要因素还在于艺术品本身的品质，这远比价格以及各种促销工具要重要得多。①

第三节　收藏品市场

收藏品是指具有历史价值值得收藏的物品。按照最常见的分类方式，收藏品包括文物类、书画类、陶瓷类、玉器类、珠宝、名石、观赏石类、钱币类、票证类、文献类、模型类、徽章类、商标类、标本类等 13 类藏品。收藏品市场就是对收藏品进行展览和交易的领域和场所。

一、收藏品的分类

1. 文物藏品。通常包括具有历史价值和纪念意义的历史文物、古代建筑物实物资料、雕塑、铭刻、器具、民间艺术品、文具、文娱用品、戏曲道具品、工艺美术品、革命文物等形式。其中，器具还可细分为金银器、锡铅器、漆器、法器、家具、织物、地毯、钟表、烟壶、扇子等；工艺美术品还可细分为珐琅、紫砂、木雕、藤器、竹器等。

---

① 孙亮：《文化艺术市场营销》，2 页，北京，文化艺术出版社，2008。

2. 书画藏品。通常包括具有历史价值、很高艺术价值、纪念意义的书法、碑帖、拓本、国画、油画、水彩画、水粉画、漆画、连环画等。

3. 陶瓷藏品。通常包括具有历史价值、很高艺术价值、纪念意义的陶器、瓷器、紫砂陶等形式。

4. 玉器藏品。通常包括具有历史价值、很高艺术价值、经济价值、纪念意义的玉礼器、玉兵器、玉器具，以及玉陈设器等。

5. 珠宝、名石和观赏石类藏品。通常包括具有历史价值、很高艺术价值、经济价值、纪念意义的珠宝翠钻和各种砚石、印石以及以自然未经人工雕琢为主的奇石与观赏石。比较有名的观赏石如中国四大奇石：《东坡肉形石》《岁月》《中华神鹰》《小鸡出壳》。

6. 钱币类藏品。通常包括具有历史价值、经济价值、纪念意义的历代古钱币及现代世界各国货币。

7. 邮票类藏品。通常包括具有很高历史价值和纪念意义的世界各国邮票及与集邮相关的其他收藏品。

8. 文献类藏品。通常包括具有很高历史价值和纪念意义的书籍、报刊、档案、照片及影剧说明书、海报等各种文字资料。

9. 票券类藏品。通常包括具有很高历史价值和纪念意义的印花税票、奖券、门券、商品票券、交通票证、月票花等。

10. 模型类藏品。通常包括火车、汽车、飞机、宇宙飞船、军舰、坦克等按实物比例制作的精美模型。

11. 徽章类藏品。通常包括具有很高历史价值和纪念意义的纪念章、奖章、证章及其他各种徽章等。

12. 商标类藏品。通常包括具有很高历史价值和纪念意义的火花、烟标、酒标、糖纸等。

13. 标本类藏品。通常包括具有很高历史价值和纪念意义的动物标本、植物标本和矿物标本等。

目前在拍卖品市场比较火暴的收藏品类主要有书画、陶瓷、玉器、珠宝、名石、名表等，这些被收藏者们称为大件藏品。而其他一些藏品则被称为杂件①。

---

① 这里对收藏品分类的界定参考了各种文章、书籍，包括网络，尤其是“百度百科”上关于收藏品分类的相关知识。

二、收藏品的保管

对于收藏品市场的交易活动而言，能够完整、妥善地保管收藏品是其中十分重要的工序，保管收藏品的基本方法有：

1. 创造温度、湿度适宜的环境。应该将藏品保存在温度、湿度稳定的环境中，避免置于地下室、阁楼、车库、壁炉、冷气出口、浴室等温度、湿度易出现剧烈变动的地方。在潮湿的季节或地区应注意使用干燥剂，在干燥和炎热的季节或地区，则使用便携式蒸器型增湿器。在炎热的季节或地区需要依靠冷却的空气和良好的流通系统来保持稳定的温度。

2. 避免环境污染。要保持藏品所在环境空气的干净和清新，定期升级和清扫加热器和空调。可以将纸制藏品和纺织藏品放置于玻璃柜中，保证它们免受灰尘的酸腐蚀和磨蚀。使用微潮的棉衣物、磁性擦拭布和软的自然毛刷对藏品进行定期清洁。

3. 有效防止有害动物。远离潮湿的储藏环境，采取措施阻止霉菌的生长。不要在藏品所在环境中存放食物，以免招惹昆虫。一年应至少检查一次藏品，看看是否有昆虫活动的痕迹，如幼虫、粉状堆积物、小洞等，如有痕迹则应该立即将藏品放入密封的塑料袋，并按照专业方法对藏品的损坏进行修补。

4. 注意选择储藏用品。储藏用品的选择关系到藏品是否能够被妥善保存以及被保存多久的问题，所以十分重要。选择什么性质的储藏用品与藏品自身的特点密切相关，比如对于史前遗物，不能选择木头、木制品和许多源自木头的纸制品，因为它们含有有害酸，会对藏品产生腐蚀，最好使用储藏档案的储藏盒和纸盒，因为制造这些盒子纸制品的纸浆都经过特殊加工，具备缓冲功能。对于金银器，为了避免其失去光泽应使用布或非酸缓冲纱织品进行包装储藏。对于有外框的绘画、书法、篆刻等各种艺术品则应垂直收藏，彼此之间用档案纸板隔开。对于蜡笔画、炭笔素描以及其他表面发脆的藏品则需要专家进行专门处理。对于三维物品，储藏的盒子应该具有足够的空间。对于无法装在盒子里的大件物品，可以用洗过的软细棉布和中性薄纱进行保护。

5. 小心移动藏品。在搬动藏品前应先清理出放置藏品的地方。搬动藏品时手应干燥、干净，最好使用干净的棉或塑料手套。搬动小或轻的藏品时，应该注意使用有保护垫的盘子或篮子。在搬动金属器、漆器或陶器时，注意不要使其接触人体皮肤，因为皮肤上的酸油和盐会使这些材质的器皿失去光泽并被腐蚀。搬动雕塑品时一定要托着其底部或主体，决不能抓住其突出的部分。抬家具时应注意托住它的底部，不要抓它的附属物，如腿等。移动垂直的、有外框的艺术品时应该托住框安全的地方。移动油画时，注意不要触摸油画的正面和背面，防止导致裂缝或造成其他损害。在移动钟表一类的藏品前，应先清理一下周围的物品，确保在移动时纽扣、带扣和其他附属品没有和所移动的藏品相勾连。

6. 小心陈列藏品。陈列藏品时，展品应放在专用的玻璃柜中。如书画藏品，应使用适当的框架，确保书画和其他同类展品的悬挂设备的坚固和安全。脆的、易碎的藏品应远离易受撞击的地区。避免将藏品直接陈列在明亮的日光或是炽热的灯光下，有时可以使用紫外线过滤胶片堵住来自荧光灯和户外的紫外线，还要注意对藏品进行定期旋转。

三、收藏品的交易

收藏品通常没有特别复杂的分销渠道，一般都通过经纪人或某个秩序良好的交易平台来进行交易。由于收藏品自身的特殊性，因此，在进行收藏品交易时，应该注意以下几点：

1. 注意鉴别。在收藏品交易中，鉴别收藏品的价值和真伪是极为重要的，因为大部分收藏品的价值不在于物质载体的经济价值而在于其历史价值、纪念价值等，如果鉴别不清很容易在经济上遭受重大损失。

2. 注意比较。即使藏品是真品，但卖家所出价格是否客观可靠，还需要货比三家才可定论。因为卖家往往利用藏友急于购买的心理，故意夸大其词。一般来说，价格相对较低的孤品和精品都不太现实，在购买时应该三思而行。

3. 注意订单。订单是双方交易商谈的主要依据，是交易双方协调纠纷和仲裁的主要凭证。因此，交易双方都应该注意保证订单上金额、日期、签名等数据信息的清楚、完整和准确。

4. 注意退货、退款的有关规定。由于收藏品的价格比较昂贵，因此在进行交易时，购买者一定要注意收藏品退货、退款的有关规定，比如退货的期限、卖方在退货退款时的权利、买方在退货退款时的权利及退货、退款的方式与保证、原订单的处理等。

5. 注意收藏品的投资价值。许多收藏者将收藏当作一种投资方式，这就需要注意协调投资收藏与投资其他领域的关系。以投资收藏与投资股票的关系为例，根据科学的计算和衡量，投资者只要将用于投资资产的

80%—90%投资于艺术品或文物，剩下的投资于股票；或者预留一部分现金，剩下的资金按照上述比例配置于艺术品与股票，理论上都会得到收益风险特性都很优良的投资组合。[①]

① 赵宇：《收藏市场与股票市场的相关性研究及艺术品投资问题》，《科技创新导报》，2008 (21)，143 页。

第三章　文化服务市场

文化服务市场是指以文化服务的方式满足消费需求的市场。文化服务市场由影视网媒市场、演艺文博市场、广告节庆市场、体育旅游市场组成。文化服务市场的主要特点表现为：第一，文化产品大多是无形的产品；第二，服务对象复杂，既有个人和家庭，又有社会团体和各类企业；第三，消费者直接参与多数服务产品的生产和销售过程；第四，营销方式复杂多样，分销渠道环节较少，产销合一和产销见面的方式较多，促销难度较大。

第一节　影视网媒市场

影视网媒市场是电影市场、电视市场、影像市场、广播市场、网络市场、数字产品市场的统称。影视网媒市场基本概括了当代核心的传媒市场。

一、电影市场

电影是一种综合性艺术。它根据“视觉滞留”的原理，运用照相与录音手段把外界事物的影像与声音摄录在胶片上，通过放映与还原声音在银幕上塑造有同步声音的活动影像，以此来表现社会生活内容。电影的产品部分包括电影剧本、电影拍摄、电影类型、电影流派、电影内容、电影剪辑、电影录制、导演等职员、明星等演员、剧作家以及电影参与制作人员的身价等；价格部分包括剧本版权费用、预付演职员薪酬、拍摄的费用、宣传发行的费用等；分销渠道包括影院、电视频道、光碟、下载的网络视频、各种数字产品的点播视频等；促销则包括电影海报、登载各种媒体的电影广告、电影预告片、晚会宣传、演职员观众见面会、举办首映式、电影票打折、国内外的各种电影节、各种类型的宣传产品，包括网站宣传片视频以及各种类型的衍生品等；权力部分指制片公司与演出公司为进入目标市场和在目标市场上经营，与产业官员、立法人员、政府机构之间的关系协调；公共关系则意味着制片方通过各种平台如网络、明星见面会等与各种层次的公众建立起良好的交流合作关系，在公众心目中树立影片、导演、演员、制片公司的正面形象。

1. 电影产品。电影的类型从大的方面看包括纪录片、类型片、动画片、短片、微电影五种类型。其中纪录片可以细分为风光片、地理片、旅游片、民俗片、社群片、人类学片、科普片、新闻片、事件片、体育片、实验片等。类型片可以细分为动作片、科幻片、犯罪片、恐怖片、战争片、灾难片、成人片、音乐歌舞片、西部片、黑帮片、警匪片、青春片、爱情片、侦探片、推理片、伦理片、喜剧片、戏曲片等。动画片可以细分为水墨动画片、剪纸动画片、木偶动画片等。短片可以细分为艺术短片、实验短片、预告短片、广告片、音乐短片等。微电影与传统电影不同，是信息时代兴起于草根阶层的极短片，是指专门运用在各种新媒体平台上播放的、适合在移动状态和短时休闲状态下观看的、具有完整策划和系统制作体系支持的、具有完整故事情节的小片子。这种小片子“超短时”放映，一般是30秒到300秒；“超短期制作”，一般是1到7天或几周；“超小规模投资”，一般是几千到数千元，最多是一万多元一部；其内容融合了幽默搞怪、时尚潮流、公益教育、商业定制等主题，可以单独成篇，也可系列成剧。

2. 电影的分销。电影的分销渠道主要有三种类型：一是垂直渠道，是由电影制片发行企业与电影销售终端通过自建或控股等手段所形成的统一体，如中影集团、上影集团、华谊兄弟等拥有规模不等的影院；珠影集团、广西电影制片厂拥有电影频道等。[①] 二是单渠道。是由制片者直接向城市院线、乡镇影院提供电影。三是多渠道。是通过各大电影集团、地方电影发行公司、影视节目发行公司、区域院线联盟向城市院线、乡镇影院和流动放映队提供电影。值得注意的是，在新媒体被广泛使用的今天，电影的分销发行并不仅限于影院放映，电影的发行窗口还可以延伸到电视、DVD、网络、手机、户外荧屏等多种形式的媒体。电影企业在选择发行窗口时会随市场需求的变化来判断各个窗口开启与关闭的时机，以构成一套

---

① 武谦：《中国商业电影分销渠道分析》，《文艺生活》，2011（12），134页。

完整的发行序列。[1]

二、电视市场

电视市场实际是电视节目市场。电视节目是指电视台以现代电子技术传播载有声音、图像信号作品的节目。“电视在所有先进的工业化国家里都已成为主要的公共机构，而且在发展中国家的情形也迅速如此”[2]。电视的产品部分包括节目类型、节目内容、节目编辑、节目主持人及嘉宾或电视剧导演演员及其身价等；价格部分包括节目版权费用、制作的费用、演职员薪酬等；分销渠道包括各级的电视台与电视频道、网站视频、光碟等；促销则包括电视广告、电视报、电视节目预告片、电视节目主创人员与观众见面会、网络视频以及各种衍生品等；权力部分则指电视节目制作方为获得节目制作权、播出权与政府机构、立法人员之间的关系协调；公共关系则指节目制作方通过各种平台与各种层次的公众建立起良好的交流关系，在公众心目中树立起节目与播出频道的正面形象。

1. 电视产品。电视节目大致可分为新闻类节目、财经类节目、体育类节目、文化娱乐类节目、生活类节目、谈话类节目、军事类节目、教育类节目、科技类节目、少儿节目、老年节目、广告节目等等。其中，新闻类节目是对公众关注的最新事实、信息进行报道的节目类型。谈话类节目是通过话语形式，营造屏幕内外面对面氛围，以语言和非语言符号双渠道来传递信息的节目类型。文艺节目是以文学、艺术和文艺演出作为创作原始素材和构成元素，通过电视视听语言进行再创作，产生艺术审美价值的节目类型。娱乐节目是运用综合性表达手段将多种娱乐元素组合在一起，使观众身心放松、精神愉悦的节目类型。纪录片是灵活运用文字、戏剧、电影等多种表现手法，广泛记录历史、社会、生活方方面面的节目类型。由于电视节目的发展，许多节目的类型复杂多样，还包含了更细的具体类型。

2. 电视节目的分销。电视节目分销有两种重要模式，即联播网与辛迪加，产生于美国。联播网是多个独立电视台共同播出同一组节目的分销形式。联播网出现的原因在于，在有的国家因受法律所限，难以取得全国性

---

① 武谦：《中国商业电影分销渠道分析》，《文艺生活》，2011（12），134页。

② 尼古拉斯·阿伯克龙比著，张永喜等译：《电视与社会》，4页，南京，南京大学出版社，2001。

的播放执照，因此为扩大经营，就由多名从业者以制定协议的方式共同播放同一组节目，实力强的可以拉拢甚至在实际上兼并实力弱的从业者；而实力弱的从业者则可以借此减少制作节目的成本。

辛迪加是节目分销商把同一个节目的播出权分别卖给不同电视台的分销方式。采用辛迪加方式进行分销的节目分销商希望通过这种方式扩大节目影响，增加节目价值。国内各大电视台一直对辛迪加模式感兴趣，但由于国内电视市场机制不健全的缘故，辛迪加在国内一直没有充分发展起来。国内各级电视台都是在计划经济体制实行时设立的，很长时间内节目基本是以自制自播为主。这些自制的节目在当代激烈竞争的背景下，有的只有不足5%的收视率，甚至还有的达不到1%，这就使得广告收入被压缩到极低的水平。缺少收入，有的地方电视台只能压低成本来维持这些自办节目，每分钟节目投资不足百元的节目在很多地方台并不少见。这已经构成了当前中国地方电视台面临的困境。不过，随着电视节目的产业化进程，自制自播的节目在地方台的比例已经呈现下降的趋势，这就为辛迪加分销提供了潜在的市场。

三、影像市场

目前影像市场主要是数码影像市场。数码影像就是任何使用数字来记录、存储、应用的影像文件。由数码相机、数码摄像机、扫描仪、电脑应用软件等等生成的影像文件均可被称为数码影像。它们的共同点就是可以用磁盘、内存等数字存储设备存储。影像产品部分包括摄影摄像类型、摄影摄像内容、相机或摄像机品质、摄影师或摄像师身价等；价格包括制作相片或录影的费用、相片或录影的版权费用、摄影师或摄像师及其助手的薪酬等；分销渠道包括艺术画廊、拍卖会、书店、零售店、影楼、婚庆公司、街边摄影摊位等；促销包括各种媒体上的广告以及各种衍生产品等；权力部分指摄影师或摄像师为获得影像展览、交易的权利与各种分销商、政府机构、立法人员之间的关系协调；公共关系指摄影师或摄像师通过各种平台在公众心目中树立其影像作品的口碑。

1. 影像产品。按照顾客的需求分类，影像产品通常分为摄影产品与摄像产品两种。其中，摄影产品不仅包括艺术摄影作品、新闻摄影作品，还包括影楼为公众拍摄的肖像照、家庭照、团体照、观光照、婚纱照、艺术照、集会照等。摄像产品则包括婚礼摄像、集会摄像等。按照服务方式分类，影像产品可以分为固定场所影像服务与流动场所影像服务两种。按照服务过程分类，影像产品有全程性影像服务与阶段性影像服务等。

2. 影像产品的分销。拍摄消费者日常生活的影像产品的分销渠道包括影楼、婚庆公司、街边摄影摊位等，但目前市场上更多的影像产品是被当作艺术品来看待的，通过画廊、拍卖会、博览会、书店等渠道进行分销，这也是影像市场总是被看做艺术品市场分支的原因。影像市场的兴起与艺术品市场的关系极大。2007 年，中国当代艺术市场风起云涌、推陈出新，影像市场顺势兴起。当时，北京华辰、中国嘉德、北京诚轩这 3 家拍卖公司，都各自推出了中国影像艺术专场。当时，中国嘉德以观念摄影为主，北京诚轩以观念摄影和老照片并重，北京华辰则是偏重观念摄影，兼顾纪实摄影和老照片。影像产品的拍卖会渠道到 2008 年开始由盛转衰，目前处于既未壮大也未萎缩的平稳状态。

中国影像艺术的另一种分销渠道——画廊的起步比拍卖市场要早。2003 年，以经营中国影像艺术为主的“百年印象”画廊在北京 798 艺术区开门迎客，至今屹立不倒。与此同时，中国影像艺术的画廊渠道日渐兴盛。时至今日，在北京地区，就有巴黎·北京、映艺术中心、三影堂艺术中心、SEE＋画廊、东磊画廊、影天画廊等专门经营摄影作品的场所。在上海、广州也出现了鲲鲤国际影廊、M97、全摄影、比极等。此外，还有很多以经营艺术品为主的大画廊也兼营影像作品，比如伊比利亚艺术中心、亦安画廊、时态空间等。这些画廊的兴盛，为中国影像市场的发展提供了稳步发展的基本保障。随着经营影像艺术的画廊越来越多，影像产品博览会也应运而生。2008 年，艺术北京组委会在艺术北京博览会上推出独立单元“影像·北京”，这是亚洲第一个影像艺术博览会。

除此之外，一些和影像艺术相关的艺术节、艺术奖和基金、收藏机构也纷纷成立并迅速发展。艺术节方面，著名的有平遥国际摄影大展、连州国际摄影节、法国的阿尔勒国际摄影节等。艺术奖和基金方面，如中国的沙飞摄影基金、石少华奖学金、侯登科摄影基金、三影堂摄影基金等。此外，越来越多的海外知名学术研究和收藏机构开始成规模地收藏中国影像作品，比如纽约摄影中心、法国摄影中心、法国蓬皮杜艺术中心、西班牙瓦伦西亚现代艺术博物馆、尤伦斯艺术基金会等。[①]

四、广播市场

广播是通过无线电波或导线传送声音的新闻传播工具。通过无线电波

① 宋继瑞：《体强力弱的中国影像市场》，《东方艺术》，2011 (15)，120 页。

传送节目的是无线广播，通过导线传送节目的是有线广播。广播诞生于 20 世纪 20 年代，其优势在于传播对象广泛，传播速度快，功能多样化，感染力比较强；其劣势在于声音转瞬即逝，只能顺序收听，受播报语言的限制。广播的产品部分包括节目分类、节目内容、节目录制、节目播放、广播层次、节目主持人及嘉宾或广播剧导演演员及其身价等；价格部分包括节目版权费用、录音传播费用、工作人员薪酬等；分销渠道包括企业化的广播集团与各省市县区广播电台、网络广播、CD 等；促销包括各种媒体上的广告、网络试听以及各种衍生产品；权力部分指广播节目制作方为获得节目制作权、播出权与政府机构、立法人员之间的关系协调；公共关系指广播节目制作方通过电台、网络与各种层次的公众建立起良好的交流关系，在公众心目中树立起节目与电台的正面形象。

1. 广播产品。广播电台播报的主要内容就是广播节目。按照节目内容，广播节目可以划分为新闻节目、教育节目、文艺节目、服务节目；按照节目对象，可以划分为农村广播、少儿广播等；按照选题范围，可以划分为法律类节目、生活类节目、音乐类节目等。

广播电台办节目的场所主要在混响室与播音室。混响室是具有较长混响时间和扩散声场的录音专用房间。在录音或录音复制过程中，为了改善音响效果，通常会利用混响室在声音中人为地增加混响或制造回声。混响室需要声音扩散性好，有适当的隔声、隔振处理。播音室是播出和录制广播节目的专用房间。播音室要求有较好的隔音条件，还需必要的防振设施。根据不同的用途，播音室的面积可分为 15 到 80 平方米不等，比如语言播音室的面积一般在 30 平方米以下，文艺播音室比一般播音室的面积要大，多是按照演员的人数和节目的性质设计不同的面积。

2. 广播产品分销。广播产品通常以节目的专业化、经营的产业化和品牌的外延化为标志进行分销。在节目的专业化方面，许多广播电台纷纷创办受听众喜爱的优秀栏目，通过不同的频率和节目来赢得稳定的听众。在经营产业化方面，不少广播电台实行了广告招标，依靠实力强大的广告商来拓展市场，将广告的时间资源与市场需求、媒体品牌、播出位置、节目特征、可营销事件等其他资源结合，彰显竞争优势，满足特定客户需要。在品牌外延化方面，许多广播电台都意识到媒体广告的上涨空间是有限的，都在探索以品牌为依托，拓展传媒外延空间，比如与网站合作，开设网络广播等。[1]

五、网络市场

互联网是由使用公用语言互相通信的计算机连接而成的全球网络，包括广域网、局域网及单机按照一定通讯协议组成的国际计算机网。网络市场就是网络接入服务者与商业网站通过获得广告费、信息费等方式，向公众提供网络运行和各类信息服务的场所。网络的产品部分包括各种类型的网络内容服务，如提供新闻、评论、财经、教育、卫生、文娱、体育、音乐、电影、录像节目和生活服务类节目，开设聊天室、游戏厅、社区论坛、个人主页、电子信箱、网上商店及交易平台，提供网页制作、软件下载、图书下载、信息搜索服务等；还有各种类型的网络运营服务，如为网民提供接入账号、网站建设、系统集成、域名注册、主管与主机租赁，提供虚拟主机和数据中心等。网络的价格部分包括互联网网页设计费用、软件费用、服务器费用、工作人员费用等。网络的分销渠道主要是电信、铁通等专业的网络供应商，有些收费的网络产品项目则可以直接通过网上银行进行交易。网络的促销包括各种媒体上的广告、与其他媒体尤其是电视媒体之间的互动项目以及各种衍生产品。网络的权力部分是指网站拥有者为获得经营权与政府机构、立法人员之间的关系协调。公共关系是指网站拥有者与网络供应商通过各个种类的媒体与各种层次的公众建立起良好的交流关系，在公众心目中树立起网站及网络供应商的良好形象。

1. 网络产品。中国目前最常用的三大网络是中国公用计算机互联网、中国教育与科研网以及中国科学技术网。中国公用计算机互联网又称邮电部互联网、中国公用 Internet 网，是邮电部基于 Internet 网络技术而经营管理的电子信息网。由骨干网与接入网组成。骨干网是其主要信息通路，由直辖市和各省会城市的网络节点构成；接入网是各省区建设的网络接点形成的网络。中国公用计算机互联网的灵活接入方式和遍布全国各城市的接入点，可以方便地接入国际互联网，享用国际互联网上的丰富信息资源和各种服务，还可与国内的计算机互联，为国内的信息资源共享提供方便。它于 1995 年 5 月开始向社会提供服务。中国教育与科研网于 1995 年完成首期工程，主要覆盖北京、上海、南京、广州、武汉、西安、成都和沈阳等高等学校集中的大城市，并设有连接美国的国际专线。中国教育与

---

① 蔡嘉清：《文化产业营销》，70 页，北京，清华大学出版社，2007。

科研网已经连接了100多个以太网、3000多台计算机、1万多名用户，成为一种全国性的科研教育网络。中国科学技术网由中国科学院主持，联合清华大学、北京大学共同组织建设，于1995年竣工完成。至1997年年底，国内各大网站的各种内容服务如百度的搜索，阿里巴巴、京东商城、美团网的电子商务，腾讯的电子商务兼及娱乐服务，新浪、搜狐、网易的新闻综合，天涯的论坛等，以及国内各大网络供应商的各种运营服务等都是通过这三大常用网络来进行的。

2. 网络产品分销。国内的网络产品分销自互联网诞生并进入中国起就经历了一个比较复杂的演变历程。网络产品的传统分销渠道包括：总代理/总分销商、代理商、经销商等级别，渠道体系呈垂直的金字塔型，能够帮助网络生产企业迅速占领市场。而目前的新渠道体系增加了渠道的宽度，缩短了渠道的级别，加入了SI（系统集成商）、ISV（软件开发商）、VAR（增值代理商）等，目的是通过附加增值服务和提供优秀的解决方案来赢得行业用户和企业级用户的青睐。附加增值服务是目前网络商采取的最普遍的分销方式："渠道分销商争取生存空间的途径十分简单，它必须向厂商及最终用户证明它可以在产品交易过程中为各方增加价值。"[①] 渠道模式的变化，一方面反映了市场需求对渠道要求的变化；另一方面也反映了商家对市场战略定位的重新调整。

六、数字产品市场

数字产品有狭义和广义之分。狭义的数字产品指信息内容基于数字格式的交换物或通过因特网以比特流方式运送的产品；广义的数字产品除了包括狭义的数字产品外，还包括基于数字技术的电子产品或将其转化为数字形式通过网络来传播和收发的产品。数字产品包括各种形式的手机媒体产品、移动多媒体产品、户外数字新媒体产品等多种形式，具有无形、无限供应、生产过程虚拟化、收益模式自由化、销售过程网络化等特点。数字产品因为与网络产品在性质上相同，在分销的历程、模式方面也具有一致性，因此不再赘述。

---

① 赵晨：《增加价值是唯一诀窍 威斯康演绎网络产品分销之道》，《计算机与网络》，2000年5月26日，4版。

第二节　演艺文博市场

演艺文博市场是演艺市场、娱乐市场、文教场馆市场以及会展市场的统称。

一、演艺市场

演艺是演出单位或个人在特定的时间、环境下举办的文艺表演活动，是演员以某种艺术表演形式，通过相辅助的服装道具、舞美、灯光、音响等把舞台艺术品展现给观众的过程。演艺产业是演艺产品的创作、生产、表演、销售、消费以及各种配套服务机构如经纪代理、艺术表演场所等共同构成的产业体系。演艺的产品部分包括演艺的类型、要素、内容、彩排、演职员以及相关的管理人员、主要演职员与管理人员的业内名气、身价等；价格部分包括演艺的排演费用、演艺的管理费用、演艺租用场地的费用、演艺作品创作者的薪酬、演艺产品宣传的费用等；演艺的分销渠道包括影剧院、电视频道、光碟、下载的网络视频、各种数字产品的点播视频等；促销则包括演艺海报、登载各种媒体的演艺广告、演艺预告片、晚会宣传、演职员观众见面会、举办首映式、演出票打折、各种类型的宣传产品如网站宣传片视频以及各种类型的衍生品等；权力部分指演出团体负责人为进入目标市场与演出场所经理、各种政府管理机构、立法执法人员之间的关系协调；公共关系则意味着演出方通过各种平台与各种层次的公众建立起良好的交流合作关系，在公众心目中树立演出节目、导演、演员、演出团体的正面形象。

1. 演艺产品。演艺产品的具体类型包括音乐、歌舞、戏剧、戏曲、芭蕾、曲艺、杂技等各种类型的演出。

演艺产品的具体要素包括演员、观众、演出场所、服装、道具、布景、舞美、灯光、音响等。其中，演员是指受过专业训练专门从事舞台艺术表演的专业人员，是演出的主体。专业的演出经营者除了演员的自然条件外，通常还会了解其所在剧团和演员本人的艺术特长、水平、出场费用、联系渠道等，并努力与之建立良好的合作关系。

演出场所是具有能满足演出所需要的表演舞台及灯光音响等各种设施，同时又能满足观众所需坐席的公共场所。不同的演出项目对演出场所有不同的技术要求，不同的演出场所不仅对演出的艺术效果有重要的影响，对演出的经营效果也会造成大的差异。演出场所从性质角度可以分为传统的演出剧场、大型的体育场馆、露天演出场所和茶馆戏楼等；从功能角度可分为专业演出场所与多功能综合性演出场所；从容量角度可以分为小型演出场所，即500坐席以下、中小型演出场所即500～800坐席、中型演出场所即800～2000坐席、大型演出场所即2000坐席以上等。

服装服饰是演员在表演过程中，根据艺术品种、民族和人物专门设计制作的服装与饰品，它与演员的表演融为一体。

道具既包括舞台特定环境需要的固定道具，如话剧《雷雨》中的屏风、桌、椅等；也包括演员在表演过程中需要借用的器具，如魔术师进行大型魔术表演时需要的箱、柜、桌子、台子等。

布景根据演出节目的特点与特定环境空间的要求而设计制作，主要分为硬景和软景。硬景立体感强，更真实，但体积大，不便于运输；软景通过画幕来体现场景环境，立体感不强，但使用寿命长，可以折叠，体积小，便于运输，可以根据演出的需要选取硬景或软景。此外，随着现代高科技的发展和应用，舞美、灯光、音响对演出效果的影响正在逐渐增强。

2. 演艺产品的营销组合。演艺产品不同于一般实物产品，具体的艺术演出，即某年某月某日某时在某地的演出是一种被体验的过程。观众在特定的时间买票看演出，一方面得到演出场所的服务，另一方面欣赏演出的作品，还可以近距离地接触自己所仰慕的演职人员，经历的是喜怒哀乐皆有的全方位体验过程。营销必须从产品的特点出发，演艺产品的营销组合因此必须牢牢抓住其体验产品的特质。

在演艺产品部分，要考虑产品、包装、剧场、氛围等要素。采取的营销措施包括，选取符合当前社会或文化发展趋势的剧目进行演出；以吸引人的语言和最能表现剧情的剧照包装演出剧目，吸引目标观众；要注意演出剧场和氛围是否使观众满意或超出预期。

在演艺价格部分，需要考虑确定票房收入的目标是收回成本、收支平衡抑或大幅度盈利；还需要比较与之竞争的演出团体或其他相关演出的票价；最后需要考虑计算观众为观看演出付出的成本，如观众的路途、时间和花费。

在客户方面，需要考虑到各种观众的性质，然后按照老客户、现有客户、潜在客户确定针对客户的营销方案。对于老客户，可以一直向他们发送免费观看演出或排演的邀请，他们往往是热衷于艺术演出并渴望了解艺术演出创作过程的群体；对于现有客户，可以一直向他们发送有关演出的通知或邀请；对于潜在客户，可以通过发送邮件、发送宣传材料、媒体宣传、人员推销、团体集会等方式发掘或争取。

在促销方面，要明确演出团体对客户交流的内容以及时间、地点和环境，以及通过哪种渠道达成既定的某种目的。比如百老汇的经典音乐剧《猫》在中国的促销方式就具有很强的借鉴意义。《猫》主要采取了三种有效的与客户交流的方式，主要集中在售票方式上：第一，分批售票，不设赠票，其间还配合有演员的签名售票、赞助商的幸运抽奖等活动。第二，针对不同人群，划分不同档次的票价。第三，设置强大的票务销售网络和连锁店票务系统。通过这三种方式，这种在国内尚不普及的音乐剧的票房业绩，已可以和很多国产大片如《英雄》等一较高低。[①]

二、娱乐市场

娱乐是通过设计而给予观众乐趣的项目、表演或活动。提供娱乐的行业通常被称为娱乐行业。娱乐市场包括歌厅、舞厅、游艺厅、台球厅、保龄球馆、健身房等纯经营性文化娱乐场所以及由政府文化部门管理经营的公共类文化娱乐场所，如社区公共球场、社区健身设施等。娱乐的产品部分包括娱乐的类型、内容、功能、场所、设施、提供的辅助性服务、相关的管理人员与服务人员等；价格部分包括参与娱乐活动的花费、餐饮的花费、娱乐设施的花费、娱乐场所服务人员与管理人员的薪酬、娱乐场所宣传的花费等；娱乐产业的分销渠道包括各种歌厅、舞厅、游艺厅、台球厅、保龄球馆、健身房以及各级酒店旅馆的诸种娱乐场所等；促销则包括海报、各种媒体的广告、会员卡制度、优惠券及各种类型的宣传产品，如网站宣传片、视频以及各种类型的衍生品等；权力部分指娱乐场所负责人为进入目标市场与工商、税务、立法执法人员及部门之间的关系协调；公共关系则意味着娱乐场所的管理者通过各种平台与各种层次的公众建立起良好的交流合作关系，在公众心目中树立娱乐场所的正面形象，打造娱乐场所的品牌。

1. 娱乐产品。娱乐产品的功能主要体现为社会功能与心理功能两个方面。娱乐产品的社会功能在于：第一，娱乐不仅仅是为人们提供享乐、休闲和释放工作压力的机会，而且还提供了不同阶层人们交往的平台，拉近了不同阶层人们之间在生活方式上的距离。第二，娱乐使群体之间对观

---

① 孙亮：《文化艺术市场营销》，180—181 页，北京，文化艺术出版社，2008。

念、观点的分享变得更加频繁和紧密，这集中体现为观看、讨论和评议电视剧主人公的遭遇和命运、球赛的成败、歌唱比赛选手的表现等。

娱乐产品的心理功能在于：第一，参与者体验娱乐会产生并锻炼想象方面的能力。这种想象能力包括虚构故事的特性、参与者本身想象的能力、他们的信仰和以往的经历以及他们选择性体验某一特定类型娱乐活动的动机。第二，娱乐活动还可以帮助参与者转换日常生活中的角色，分享别人的生活，激发参与者、教育参与者，激活参与者的认同感，让参与者在感情上和认知上都投入到他们明明知道是虚构的故事中去。第三，娱乐活动还可以帮助参与者释放在日常生活中郁结的负面情绪，有助于培养健康的生活心理。

2. 娱乐产品的营销组合。娱乐产品的营销组合与演艺产品的营销组合有许多相似之处，也是通过符合市场需求的产品、合理的票价、便捷的售票方式和舒适的场所、准确定位的客户群、恰当时机的市场进入以及恰当的促销活动等因素的组合并最终实现成功的促销。

在娱乐产品部分，要考虑娱乐产品及包装，包括娱乐活动的内容、场所和氛围。内容要有动感、趣味性和刺激性；还要注意场所娱乐设施的包装与活动内容的一致；最后要注意娱乐活动是否具有安全性，是否会违反社会规范等。

在娱乐产品的价格部分，需要考虑确定收入的目标，是仅仅收回成本、收支平衡还是希望盈利。还需要比较竞争者的价格。最后需要考虑消费者为参与娱乐付出的成本，如消费者去娱乐场所的路途、时间和花费。

在娱乐和售票场地部分，需要考虑本地观众是否易于接近娱乐场所；本地观众是否容易购买娱乐场所的会员卡；娱乐场所的位置标志是否明显以及是否提供与消费者接触的多种途径等。

在客户方面也需要考虑到各种客户的性质，将客户分为老客户、现有客户与潜在客户。可以通过发送邮件、发送宣传材料、媒体宣传、人员推销、团体集会等方式发掘潜在客户。

在促销方面，要明确娱乐场所的管理者与客户交流的内容，促销的手段是通过打折、抽奖还是兑奖券的方式，需要达到什么样的促销目的。

三、文教场馆市场

文教场馆市场严格来说并不属于文化市场，而是属于文化公益事业的组成部分，不过目前许多文教场馆也会开展一些产业化性质的副业来支持主业的发展，因此现在也常常被看做是一种文化市场的类型。文教场馆是将具有一定价值的实物、模型及图片展示给观众欣赏和学习的文化教育场所，兼具教育、娱乐与审美的功能。常见的文教场馆主要包括博物馆、图书馆、美术馆、科技馆、纪念馆等。

博物馆是集收藏、陈列、展览、研究于一体的综合性场所，是对外交流与合作的重要桥梁，具有弘扬传统文化、丰富精神生活、增长历史知识的社会功能。中国博物馆收藏了上下五千年的文物古董，藏品丰富、质量精湛，尤以青铜器、陶瓷器和书法、绘画作品为其特色。博物馆市场就是提供服务和产品的博物馆与使用或购买博物馆服务和产品的消费者之间的交换关系和场所。

图书馆是面向社会公众开放、提供图书、报刊借阅和参考咨询等多种功能的学术性服务机构，也是进行搜集、加工、存储、研究、利用和传播知识信息的场所。图书馆提供的服务主要有文献借阅、信息咨询、计算机检索、多媒体阅览、国际互联网站、代查代检、用户培训、原文订购、计算机培训、专业教育、数据库开发、视听与缩微服务、科技查新等。随着信息载体的发展变化和电子网络服务的兴起，图书馆不仅收藏了丰富的缩微制品、音像制品，还收藏了大量的光盘数据库，从而使得数字图书馆的全面建设成为可能。

美术馆是以收藏、保管、陈列、研究美术作品，举办各种类型的美术作品展览，进行美术欣赏和研究交流的场所，收藏品类包括国画、油画、版画、雕塑、年画、连环画、宣传画、漫画、素描、插图等。美术馆具有收藏、展示、研究艺术珍品，开展公民素质教育以及对外文化交流，推动美术事业发展的社会功能。除专业美术馆外，进入艺术品市场交易活动的形式还有各种画廊和现场售画等。

科技馆以揭示自然规律、演示多种科学现象作为主题，以科普教育作为宗旨，融展示与参与、教育与科研、合作与交流、收藏与制作、休闲与旅游于一体，以寓教于乐的形式使每位前来参观的观众都能在赏心悦目的活动中接受现代科技知识的教育和科学精神的熏陶。当前科技馆的管理模式与运作模式已经开始引入市场营销理念，在发挥社会功能的同时，也求得自身的生存和发展。

纪念馆是缅怀铭记重大事件、重要人物的场所。纪念馆内也配有文献史料电影、电视片及故事片，可以在其中开展与纪念有关的活动，还能够举行各种相关的学术报告会。[1]

四、会展市场

会展是会议、展览、大型活动等集体性活动的简称，是许多人在一定地域空间聚集在一起形成的定期或不定期、制度或非制度的传递和交流信息的群众性活动，包括各种类型的博览会、展览展销活动、大型会议、文化活动等。会展具有强大的经济功能，包括联系和交易功能、整合营销功能、调节供需功能、技术扩散功能、产业联动功能、促进经济一体化等。会展产业是指由会展相关服务企业、机构、部门形成的产业体系。目前国内会展产业链已经比较完善，涌现出了一批以中国会展门户为代表的垂直门户平台。

会展的产品部分包括会展的类型、会展的设计、会展展览或展销的产品、会展性质、展台等；价格部分包括会展设计费用、会展交易额、工作人员薪酬等；分销渠道主要就是各种类型的会展场地、展台等；促销包括各种媒体上的广告、新闻发布会、宣传手册、会员制度等；权力部分是指会展举办方为举办成功的会展与设计人员、相关政府机构、立法执法人员之间的关系协调；公共关系则指会展举办方通过各种形式的媒体与各种层次的公众建立起良好的交流关系，宣传其会展的形象以及会展展览、展销产品的形象。

1. 会展产品。会展的项目按照性质分类，可以分为贸易类会展项目和消费类会展项目。贸易类会展项目是为产业及制造业、商业等行业举办的展览活动，参展商和参观者主体都是商人。参展商包括行业内的制造商、贸易商、批发商、经销商、代理商等，参观者主要是经过筛选而邀请来的采购商。展览的最终目的是达成交易，一般的观众是不允许进场的。消费类会展项目是指为社会公众举办的展览活动，这类会展项目多具有地方性质，展出内容以消费品为主，通过电视、电台、报刊、网络等大众媒介吸引消费者。这类项目非常重视观众的数量，观众需购票入场。会展项目按内容分类可以分为综合类会展项目和专业类会展项目。综合类展览包括全行业或数个行业的展览，也被称作横向展览，如重工业展、轻工业展等。专业展览包括某一行业甚至某一项产品的展览会，如珠宝展、钟表展、汽车展等。

---

① 蔡嘉清：《文化产业营销》，83—86页，北京，清华大学出版社，2007。

会展的设计需要注意展台的高度、开面限制；对相关展览用具的限制和规定；对观众流通的规定；对有关消防措施的规定；对展品大小、重量、性质、种类的限制和规定；对环境音量、色彩、标题字型、展台形状的限制和规定；对展场劳工的规定；对办展相关手续的规定。

2. 会展营销。会展企业在承接会展项目时，一般首先会注意加大广告宣传力度，使更多的参展商对展览会产生兴趣，以扩大潜在市场的规模；通过严格控制成本和开展规模经营来降低展览会的报价，以增加市场有效购买者的数量；对展览会进行适当调整，以降低对潜在购买者的资格要求；制定更有竞争力的营销组合方案，努力在目标会展市场中占有更大的份额。当客户达到一定规模的时候，组展商还会采取一定方式实施客户关系的管理。一般来说，组展商的客户主要分为两大类型：一是作为供应商的“上游客户”，包括会展中心、搭建商、运输代理商、旅游服务商、媒体合作伙伴；一是作为消费者的“下游客户”，包括参展商、赞助商、观众等。①

蔡嘉清认为，当需要更深入的促销时，会展企业则会考虑通过会员制营销与会展促销来加强会展的营销活动。通过建立会员制度可以使会展企业与参展商继续保持联系，为下一次会展建立客户基础。此外，会员制营销还会向客户返还利益，通常会展企业与客户之间来往的次数越多，价格就越低。有时会员返还利益可以不仅限于展览，还包括会议、宣传、市场调研、技术交流等。会展促销与会员制营销不同。会展的促销措施有许多，重点都在于低成本与创新性的服务，比如专门针对即将筹备或已经开始筹备的展览而策划技术研讨会，将参展商集合起来，统一安排工作进程并当场解答参展商的各种问题。再比如对那些举办定期展会的主办方，进行妥善的会后服务。还比如通过多种方式、途径追踪参展商对展会各项服务的满意程度，并根据参展商的反馈进行改进。

第三节　广告节庆市场

广告节庆市场主要包括广告市场、设计市场与节庆市场。

---

① 刘大可：《会展营销教程》，150—151页，北京，高等教育出版社，2009。

一、广告市场

广告是为了某种特定需要，通过一定形式的媒体，公开而广泛地向公众传递信息的宣传手段。广告有广义和狭义之分，广义广告包括非经济广告和经济广告。狭义广告仅指经济广告。非经济广告是不以盈利为目的的广告，如政府部门、事业单位乃至个人的各种公告、启事、声明等，主要目的是推广本部门、本单位和个人的信息；经济广告又称商业广告，是以盈利为目的的广告，通常是商品生产者、经营者和消费者之间进行沟通的手段，或企业占领市场、推销产品、提供服务的形式，主要目的是扩大经济效益。

广告的产品部分包括广告的分类、广告的创意、广告的设计形式、广告宣传的商品、广告设计者的业内名气和身价等；价格包括广告设计所需的花费、广告所需媒体的费用、设计者的薪酬等；广告的分销渠道包括地铁、公交站等处的各种户外媒体、纸媒、电媒、网媒、数字广告等；由于广告的特殊性，其促销与分销是一体的；权力部分指的是广告主为获得发布广告的权利与各种媒介平台的拥有者、政府机构、立法执法人员之间的关系协调；公共关系则是指广告主通过各种媒介平台在公众心目中树立起其广告产品的美好形象。

1. 广告产品。广告分类的依据是广告依托的媒介。一般来说，广告可以分为实物广告、叫卖广告、招牌与幌子、户外广告、纸媒广告、电媒广告、网媒广告、数字广告等。其中，实物广告出现在公元前3000年前的原始社会，当时流行的交换方式是以物易物，这些物就是最原始的实物广告。叫卖广告是在兜售商品时吸引买主的吆喝。不同的行业，叫卖声各有特点。招牌主要是标志店铺的名称和记号，又被称为“店标”，其中有横招、竖招、墙招、坐招等等。招牌一般挂或贴在门、柱、屋檐、墙壁或柜台上，形式比较固定，但文词各有千秋，如北京的“全聚德”“同仁堂”，济南的“便宜坊”“宏济堂”等。幌子主要表示商品的不同类别或不同服务项目，又被称为“行标”。幌子一般可分为形象幌、标志幌和文字幌。形象幌体现为商品本身或实物、模型、图画等，目的是突显所经营的商品，使消费者一目了然，如酒店门前挂一个葫芦或放一坛酒。标志幌主要体现为旗幌，如古代飘在酒店门前的酒旗、古代旅店或饭店前悬挂的灯笼等。文字幌则主要以文字表示所经营的商品品种，比如茶店门口挂一“茶”字，鞋店门口挂一“鞋”字。招牌和幌子有时也会相互结合使用。

户外广告主要流行于当代社会，指的是利用路牌、霓虹灯、电子显示牌、橱窗、灯箱、墙壁、车、船、飞机等交通工具以及餐盒等实物设置、绘制、张贴广告。纸媒广告是印刷在报纸、期刊、书籍、各种包装纸、招贴、门票、邮件、包裹上的广告。电媒广告是通过电影、电视、广播等电子媒体发布的广告。网媒广告是通过互联网、电子邮件等发布的广告。数字广告是通过数码相机、MP3、DVD、VCD、IPAD、IPHONE 等发布的广告。

广告产品的创意是其核心内容，也是广告产品之间相互竞争的焦点。广告创意是介于广告策划与广告制作之间的艺术构思活动，是根据广告主题，经过精心思考和策划，运用艺术手段创造性地组合所掌握的材料以塑造意象的过程。广告创意通常要经历 4 个阶段：第一阶段是准备期，即通过研究各种资料包括企业内部资料、竞争企业情报以及经济环境资讯等，启发新创意。第二阶段是孵化期，即进一步消化有价值的资料，使创作意识自由发展组合，产生创意。第三阶段是验证期，即把所产生的创意予以检验修正，使其更臻于完美。第四阶段是形成期，即以文字或图形将创意具体化。

2. 广告产品分销。广告自身是宣传营销其他商品的产品，因此广告产品自身并不需要特别的营销。所谓广告产品的分销只是广告商通过一定途径寻找投放广告最有价值的媒介平台而已。广告商寻找有价值的媒介平台通常需要考量媒体的品牌形象、节目品质、参与者的表现、为广告创造的环境、发布广告的水平、赢取受众好评的能力和对社会舆论、社会文化、社会价值观的影响以及媒体对广告商品牌营销的推动能力等，然后在综合各种考量结果的基础上做出最终的选择。

二、设计市场

设计是把计划、规划、设想通过视觉形式传达出来的活动。任何造物活动的计划技术和计划过程都可以被理解成为设计。设计的产品部分包括设计的分类、设计的创意、设计的形式、设计的用途、设计者的业内名气和身价等；价格包括设计所需的花费、应用设计的费用、设计者的薪酬等；设计产品的分销渠道多种多样，包括经营各种应用设计的企业，比如经营包装、海报、招贴、网页、服装、装修、展览、园林、广告、各种家居用品、各种工业用品、各种手工制品、各种类型的建筑等产品的企业；设计产品的促销渠道也很多，不过，通常它是与应用它的产品捆绑在一起进行促销的；权力部分指的是设计者为获得应用设计的权利与各种相关产品的拥有者、政府机构、立法执法人员之间的关系协调；公共关系则是指设计者通过各种媒介平台、各种社会渠道在公众中传播和确立其产品的美好形象。

1. 设计产品。设计产品的类型包括平面设计、广告设计、展览设计、建筑设计、园林设计、装修设计、服装设计、图片设计、动画设计、网页设计、印刷设计、工程设计等。平面设计是将图形、文字、标志、色彩等基本元素，以一定编排方式加以组合，使之成为能够满足消费者视觉心理的二维空间设计产品。平面设计市场的服务项目主要有标志设计、VI企业形象设计、宣传册设计、包装设计、刊物设计、DM直邮广告设计、招贴设计、界面设计、网页设计以及印刷服务设计等。

广告设计是以整合与利用各类媒体资源为客户开拓市场，致力于为客户打造简洁明快、形象突出、表现个性的商品形象与全方位设计制作的一体化服务，包括设计平面招贴、销售地点的POP点对点海报、DM直邮广告、影视广告、网络广告作品等。

展览设计，尤其是大型展览设计，从相关展览场地的整体规划到某个兴趣点的具体构思，都应该针对企业参展的目的和意图决定展览的故事内容、表现方法，创造出独特的展览气氛。同时要注意要将重点放在重要主题的展示上，规定各种造型细节，落实到模型、影像、图表、样品等多种展示媒体上。

建筑设计涉及居住、医院、学校、办公、商业及文化教育等多个种类的建筑，涉及建筑、结构、采暖通风、给排水、电气、工程地质、岩土工程、概预算、工程监理、建筑装饰等多种专业。

园林设计，也叫环境艺术设计，是借助艺术手段为营造较高文化品位且舒适宜人的空间视觉环境而进行的审美创造活动。它涵盖了城市环境的规划设计、室内设计、环境设施设计等多方面的内容。

2. 设计产品的分销。设计产品的分销主要通过经营各种应用设计的企业来进行。设计者会根据需要宣传或需要制作的实体产品的要求进行设计，然后通过经营包装、海报、招贴、网页、服装、装修、展览、园林、广告、各种家居用品、各种工业用品、各种手工制品、各种建筑等产品的企业销售给有需要的企业或消费者。设计产品的分销通常都是短渠道，没有特别多的分销环节。

三、节庆市场

节庆活动是在固定或不固定的日期内，设计特定主题，约定俗成、世代相传的一种社会活动。节庆产业的产品部分包括节庆的分类、节庆的文化内涵、节庆的内容、节庆的习俗、节庆内容的策划设计等；价格部分包括举办节庆活动所需费用、各种媒体宣传所需费用、节庆活动组织者和表演者的薪酬等；节庆产品的分销渠道包括旅行社、各种大型卖场、各种演出场所等。节庆产品的促销包括各种媒体广告、产品推介会、新闻宣传、公益演出、卖场气氛烘托、卖场推介、节庆产品打折销售等。权力部分指的是节庆活动组织者为举办活动与各种媒介平台的拥有者、政府机构、立法执法人员之间的关系协调；公共关系则是指节庆活动组织者通过各种媒介平台和促销活动在公众心目中树立起其产品的美好形象。

1. 节庆产品。节庆产品的种类按内容划分可以分为祭祀节庆、纪念节庆、庆贺节庆、社交游乐节庆、宗教节庆、歌舞节庆、专业节庆等。祭祀节庆包括汉族的清明节、少数民族的农祀节等；纪念节庆包括端午节、劳动节、妇女节、感恩节、情人节等；庆贺节庆包括春节、国庆节等；社交游乐节庆包括元宵节、中秋节、七夕节、少数民族的各种交游节等；宗教节庆包括基督教的圣诞节、佛教的各种佛诞节、伊斯兰教的古尔邦节等；歌舞节庆包括傣族的泼水节、壮族的歌婆节、彝族的跳歌节等；专业节庆包括各国各城市举办的琳琅满目的电影节、电视节、音乐节、体育节等。

2. 节庆产品营销。节庆营销和其他产品的营销有着本质的区别，因为节庆属于文化类体验性活动项目，是一个参与性极强、体现人与人广泛交往的社交文化活动，[①] 而且各种节庆以及节庆的内容丰富多样，不一而足，因此对节庆产品的营销只能针对节庆产品的特点笼统地归纳出 4 种模式：

第一种，回归原初型。是在保持地方传统节庆形式和内容的基础上，体现地方风俗节庆的原真性。这种模式主要向旅游者展示其原始风貌，适宜开发那些偏远地区的少数民族节日或待开发旅游区所特有的节庆活动。这些节庆产品在当地历史悠久、特色鲜明，为民众所熟知，但对外来的旅游者而言却十分神秘。节庆策划者可以不必改变节庆的形式和内容，而主要需要借助各种宣传活动突出它的历史性、神秘性与个性来吸引旅游者。比如苏州太仓每年七月初七在织女庙举办“乞巧节”节庆活动。

---

① 黄翔：《旅游节庆策划与营销研究》，331 页，天津，南开大学出版社，2008。

第二种，提升传统型。是利用传统民俗节庆的外壳，策划开发满足旅游者需求的现代旅游节庆。这种模式是在保护传统民俗节庆资源的前提下，结合社会的发展现实，为节庆增添新的内容，以增强节庆的参与性、趣味性和时尚性。比如广西融安将传统的龙舟争霸赛提升为以龙舟赛为主，辅以游园会、民俗文化节、美食节、狂欢节等，富有时代气息的大型节庆活动。

第三种，提炼整合型。是通过挖掘、分析当地的传统文化、民俗风情等资源，将其中具有代表性、典型性的内容提炼出来，再选择适当的节庆载体进行包装，赋予其以特殊的节庆含义。

第四种，无中生有型。是将地方具有特色的、不成系统的自然环境、饮食、工艺品等资源，选择合适的主题和包装方式，赋予其独特的含义。这种模式是通过现代旅游节庆的形式展示出来。

第四节　体育旅游市场

体育旅游市场，顾名思义，就是体育市场与旅游市场。

一、体育市场

以身体活动为手段的教育简称为体育。当今世界体育事业发展的规模和水平已经成为衡量一个国家、社会发展进步的重要标志，也是国家间外交与文化交流的重要手段。体育产业的产品部分包括体育活动的种类，体育运动的装备、设备、器械等，体育运动场地，体育竞赛，体育运动员及教练的业内名气、身价等；价格包括体育运动器械和场地的花费、体育竞赛的主办费用、运动员与教练员及体育产业工作者的薪酬等；体育产品的分销渠道包括各种体育用品的分销商，各种类型、各种级别的体育运动赛事，包括奥林匹克运动会，世界级区域级、国家级的锦标赛，各个国家各种级别的体育运动俱乐部，体育博物馆，体育彩票等；体育产品的促销方式有各种媒体上的体育用品广告、体育赛事广告、体育明星代言广告、体育赛事海报、体育赛事预告片、晚会宣传、体育明星体育迷见面会、体育赛事票价打折、国内外各种体育运动节以及体育文化的衍生产品等。权力部分指的是体育产品拥有者为获得经营体育产品、主办体育赛事与各种媒介的主管人员、政府机构、立法执法人员之间的关系协调。公共关系则是指体育产品拥有者通过各种促销活动在公众心目中树立起其体育产品的美好形象。

1. 体育产品。体育产品分为两大类，即体育用品产品与体育活动产品。体育用品产品包括各种体育运动服饰、体育运动器械、体育运动赛事用品等。体育活动产品包括竞技体育运动、娱乐体育运动、大众体育运动、医疗体育运动等。竞技体育运动是一种科学、系统的训练和竞赛，目的是为了战胜对手，取得优异成绩，最大限度地发挥和提高个人、集体在体格、体能、心理及运动能力等方面的潜力，普遍开展的项目有田径、体操、篮球、排球、足球、乒乓球、羽毛球、举重、游泳、自行车等。娱乐体育运动是在余暇或特定时间进行的以愉悦身心为目的的体育活动，具有业余性、消遣性和文娱性，一般包括球类游戏、活动性游戏、旅游、棋类以及各种传统民族体育活动等。大众体育运动是在社会上广泛开展的体育活动，目的是娱乐身心、增强体质、防治疾病和培养体育后备人才，包括职工体育、农民体育、社区体育、老年人体育、妇女体育、伤残人体育等。医疗体育运动是运用体育手段治疗疾病与创伤，恢复和改善机体功能的医疗方法。

2. 体育产品分销。体育用品产品与体育活动产品的分销方式是不一样的。就体育用品而言，我国的体育用品产品分销已经有 30 多年的历史：早期主要是无序批发或者说自由推销；中期体现为划区销售，在商场设立专柜、专厅，甚至做店中店等；后期主要通过品牌专卖店经营；现在已经成立了专业运动文化城和大型品牌旗舰店来销售体育用品。我国目前体育用品分销渠道的发展趋势主要体现为：零售终端连锁化、专业化、集中化、规模化成为主流；渠道商与制造商既要竞争更要合作，目的是共享价值链，共创顾客价值；制造商品牌之间的合作或并购将大规模展开。

就体育活动产品而言，其分销应该做到：①在企业进行营销之前，聘请相关方面的专家进行营销的可行性分析。②根据本企业的市场定位选择体育营销方式。③对营销做一个长期的规划，将体育营销纳入自己的总体营销发展战略。④从事体育营销时，要体现出整合营销的理念，即运用各种营销手段培养目标顾客的品牌联想。⑤注意推进体育营销的市场化，建立专业的代理机构进行营销。政府应把体育营销活动交给专业的代理机构处理，自身在体育协会和专业代理机构之间起沟通的桥梁作用。

除了一般性的分销之外，体育活动的衍生产品也是一种很重要的分销方式。最重要的体育活动衍生产品就是体育彩票。体育彩票不仅能够起到分销与促销的作用，而且还能够为体育活动筹募资金。体育彩票是印有号码、图形或文字，供人们自愿购买并按照特定规则获取中奖权利的书面凭证。体育彩票的销售方式主要有两种：规模销售和电脑辅助销售，传统彩票全部采用电脑辅助销售。2000年3月1日，国家财政部为了规范彩票市场和保护广大彩民的利益，下发了《关于认真做好彩票发行和管理工作的通知》(财综字〔2000〕17号)，规定要进一步加强和规范彩票的发行及管理工作，自2000年4月1日起，彩票一律以人民币现金形式兑付奖金。目前，中国的体育彩票已经成为为体育活动赛事举办筹募资金的重要形式。

体育产业现在已经成为国际公认的21世纪最具活力的高渗透性、交叉性、拉动性的朝阳产业和绿色产业。虽然体育产业化的历史还不到百年，但其发展速度远超过其他产业，每年以20%的速度增长。目前全世界体育产业的产值在4000亿美元左右。而在北美、西欧、日本，体育产业显然已经成为支柱产业，年产值均排在国家各类产业的前十名。中国的体育产业虽然一直受到各级政府机构的重视，但因为尚处于发展的初级阶段，所以产值占GDP比重还不到1%，与欧美发达国家有近十倍的差距，还需要继续做出各方面的努力。

二、旅游市场[①]

旅游是人们为了休闲、娱乐、探亲访友或者洽谈商务而进行的非定居性旅行，是集行、住、食、游、购、娱为一体的综合性文化消费活动。J. R. B. 里奇将旅游定义为“从长远或短期目的出发，一次性重复举办的、延续时间较短、主要目的在于加强外界对于旅游目的地的认同、增强其吸引力、提高其经济收入的活动”[②]。旅游的产品部分包括旅游的种类、旅游的性质、旅游的内容、旅游线路的策划、旅行者所需物品以及旅游的行、住、食、游、购、娱活动所涉及的实物与服务等；价格包括旅行社的导游费用及相关从业人员费用、旅馆费用、旅行餐费、在景点必需的游览花费、门票、购买旅游纪念品的费用等；旅游产品的分销渠道包括旅行社、各种旅游景点、各色游览区、带有旅游性质的节庆活动、各种旅游代理商、旅游经销商以及旅游专营机构等；旅游产品的促销包括各种媒体广

---

① 根据国家统计局2012年最新公布的《文化及相关产业分类（2012）》，“景区游览服务”，也就是旅游产业的主体部分被从“文化及相关产业分类”中取消，但从学科划分与学理研究的角度，目前还是将旅游产业看作是文化产业的一种类型。

② J. R. B. Ritchie. *Assessing the Impact of Hallmark Events: Conceptual and Research Issues*, *Journal of Travel Research*, 1984 (1), p. 2.

告、产品推介会、新闻宣传、公益演出、景点门票打折等。权力部分指的是旅游产品的代理商、经销商或专营机构负责人为经营旅游产品与各种媒介平台的拥有者、演出平台的负责人、景点管理者、政府机构以及立法执法人员之间的关系协调；公共关系则是指旅游产品的经营者通过各种形式的促销活动在公众心目中树立其产品的好形象。

1. 旅游产品。旅游产品按内容来划分，可以分为自然景观旅游、人文景观旅游等。其中自然景观旅游是指游览、参观具有观赏价值的地貌、水体、生物、气象、气候和天象等自然现象。自然景观旅游的内容包括地貌景观，即长时间地壳运动后形成的山岳峡谷、火山岩溶、海滩岛礁等；水体景观，即各种类型的风景河段、漂流河段、湖泊、山泉、潮汐、瀑布等；生物景观，即植物、动物、微生物景观；气象景观，即大自然中的风、云、雾、雨、露、霜、冰、雪受到温度、湿度、气压、风力、降水、云雾的影响后出现的天象景观。人文景观旅游包括物质文化景观与非物质文化景观。物质文化景观包括：古遗址，如洞穴、山洞等原始人居住的遗址，冶炼、陶瓷和染织等作坊遗址，古都、古城和古村落遗址，古战场遗址，古代名人诞生地和活动地遗址等；古建筑，如古代的长城、城墙、城楼、宫殿、官署、民居、寺庙、道观、教堂，有祭祀、纪念或标志功能的坛、塔、庙、祠、华表、钟鼓楼，有观赏、休闲功能的亭、台、楼、阁、厅、堂、廊、榭、舫、斋、店铺、当铺、客栈、茶馆、酒楼、戏院、桥、堰、堤防、运河等；石窟石刻；陵园古墓；古代园林；近现代历史遗迹；具有观赏价值的现代文明景观，如各种工业设施、通信设施、水利设施、文化设施、科技设施、城市建筑等。非物质文化遗产景观包括：民间习俗，如节日习俗、婚礼习俗、服饰习俗、饮食习俗、居住习俗等；宗教礼仪，如佛教礼仪、伊斯兰教礼仪、基督教礼仪、道教礼仪以及其他少数民族宗教礼仪；民间艺术，如民间文学、民间音乐、民间舞蹈、民间工艺等；民间游艺，如各种民间玩具、棋艺、美食、钓鱼、晚会、展览、摄影、吉祥物设计等。

2. 旅游产品的分销。旅游产品的分销渠道是旅游产品所有权从旅游生产企业向旅游消费者转移过程中所经历的一切组织或个人构成的通道，渠道各成员之间相互联系、相互制约，承担各自的营销职能。旅游产品分销渠道的成员有旅游经销商和旅游代理商之分。旅游经销商又包括旅游批发商与旅游零售商。旅游批发商是从事批发业务的旅行社或旅游公司，它们大批量购买单项旅游产品进行包装组合，再销售给零售商或消费者。旅游零售商是直接向旅游消费者出售各种形式终端旅游产品的分销商。旅游代理商受旅游企业的委托，在一定区域内代理销售其产品。这些分销商一般具备十项主要功能：提供销售点、搜集市场调研信息并分发产品信息宣传册等，建立与顾客的交流；协助补充生产者的促销活动；搜寻预期购买者并为其提供建议和购买帮助；适当改变产品使其符合购买者的需求；在价格和产品买卖等方面与顾客协商达成共识；接收销售收入并将其转移给经营主体；提供保险、防疫建议和护照办理等辅助性服务；接收和协助处理顾客投诉；承担开展营销活动的有关风险。

在实际分销活动中，影响旅游生产企业选择营销渠道的因素有很多，比如产品的品质、种类、档次、等级以及所处的生命周期；消费者的数量、地理分布和购买力以及购买频率；分销商的企业素质以及营销能力；竞争对手的营销渠道体系；企业自身的发展战略和营销目标；企业的资金能力、营销能力、规模实力、产品组合、社会声誉以及可以向分销商提供的服务水平。此外，国家政策、地方法规、经济状况、风俗习惯、自然条件等也会对旅游营销渠道的选择产生很大影响。

第四章 文化市场的营销环境

文化市场的营销环境是影响文化市场营销活动的外部因素和条件，可以分为由政治、法律、经济、社会、文化、技术、自然、人口等因素组成的宏观环境和由文化企业、竞争者、协作者、消费者、公众等因素组成的微观环境两部分。文化市场的营销环境是文化企业生存发展的条件，既可能给文化企业带来市场机会，也可能给文化企业造成营销风险。因此，企业有时需要对文化市场的营销环境做出 SWOT 分析，即对诸种宏观环境因素与微观环境因素提供给企业的优势（Strength）、劣势（Weakness）、机会（Opportunity）、威胁（Threat）做出全面的评估与分析。①

第一节 文化市场营销的宏观环境

文化市场的宏观环境具有多变性，是文化企业不可控的因素，但文化企业并不是只能消极、被动地改变自己来适应宏观环境，它既可以通过各种方式强化适应环境的能力，避免威胁，也能够在不断变化的环境中为自己寻找机会，甚至在一定条件下改变环境中的不利因素。分析文化市场宏观环境的常用方法是 PEST 法，其中“P”指政治法律环境，“E”指经济环境，“S”指社会文化环境，“T”则指技术环境。

一、政治法律环境

政治法律环境是文化市场营销具有决定性作用的宏观环境因素。政治因素会决定和调节文化企业经营和营销活动的方向；法律因素则为企业规定商务活动、行为的准则。政治与法律相互关联，共同对文化企业的市场

---

① 菲利普·科特勒等著，卢泰宏等译：《营销管理》，38 页，北京，中国人民大学出版社，2009。

营销活动发挥影响。

1. 政治环境。政治环境由国家结构、政治体制、政治局势、文化政策、经济政策等因素构成。由于文化产业和文化产品所具有的意识形态属性和与生俱来的文化传递功能，使得文化产业发展与文化企业的经营活动比其他产业和行业更容易受到政治环境的影响。

国家结构是指一个国家政府与地方之间的关系。国家的基本结构大体上可以分为单一制和复合制两种形式。单一制国家以中央集权为特征，各地方行政区域必须服从中央政府的领导，在全国范围内，通过统一法令进行一致的活动；复合制国家的联邦各州拥有相对独立的立法权和行政管理权，可以颁布实施适合本地区需要的特定法律。在单一制国家，贸易法规和商业政策比较统一，有利于市场营销活动的开展。在复合制国家，各地区政策差异较大，国内市场相对分割，一定程度上增加了市场营销的难度。

政治体制是一国政权的基本组织形式及其相关制度。世界各国政体一般分为代议制和集权制两种形式。在代议制国家，政策、法规的透明度比较高，政策的稳定性比较好，有利于市场营销活动的开展；在集权制国家，政策往往难以反映广大民众的意愿，并且时常发生政府武断干涉企业活动的情况，容易导致企业面临经营困难的局面。

政治局势是一定时期内各种政治力量的组合分化、政治关系的调整以及政治经济关系综合作用所形成的状态和形势。安定团结的国际、国内局势有利于经济建设和市场营销活动的开展；贪污腐化或动荡不安的国际、国内局势则会干扰甚至破坏经济建设和市场营销活动。值得注意的是，突发性的政治事件往往会导致市场营销活动的改善或恶化。

文化政策是国家和政府为引导和控制国家意识形态活动所规定或付诸实施的准则和措施，是国家和政府管理社会文化事务职能的具体体现。文化政策广泛涉及文学艺术、新闻广播电视、图书报刊、图书馆、博物馆、文化馆和其他文化事业，既是文化产业营销必须贯彻的经营宗旨，同时又是文化市场营销活动必须遵循的行为准则。

经济政策是国家和政府为指导和影响经济活动所规定并付诸实施的准则和措施，是国家和政府管理经济职能的具体体现。经济政策包括产业、金融、价格、税收、贸易、外汇、就业、工资等多方面政策。经济政策对社会经济发展和宏观经济活动的调控具有指导意义和重大影响，对微观的文化市场营销活动也有很好的指导、协调和管理作用。

2. 法律环境。法律环境由法律制度、立法、行政、司法等因素构成，是体现国家意志、由国家制定或认可、并以国家强制力保证实施的行为规范的总和。法律是评判企业营销活动的准则，只有依法进行的营销活动，才可以受到国家，甚至国际法律的有效保护。

法律制度是一国法律结构、规则体系、法律程序、法律技术和法律传统的总和。其中，法律结构又具体包括立法、行政、司法机构设置，规则体系又具体包括宪法、刑法、民商法、劳动法等。它们对全国或特定地区范围内的市场活动秩序具有规范和约束的作用。

对于文化产业来说，立法主要指的是文化经济立法。一般分为三种：一是文化方面的法律和行政法规如《文物保护法》《传统工艺美术保护条例》等；二是经济方面的法律和行政法规如《公司法》《个人独资企业法》《中外合资经营企业法》《中外合作经营企业法》等；三是文化经济方面的法律和行政法规如《广告法》《商标法》《电影管理条例》等。

行政执法是国家各级行政部门依法履行其管理社会政治、经济和文化事务的职能。主要包括审批法定事项、颁发法定证照、征收法定税费、履行法定检查，还有监督及处罚违法行为的职能。文化经济方面的行政执法效果会直接对文化市场营销活动产生影响。

司法是公安机关和检察机关依法对刑事案件进行侦查和提起公诉，法院对刑事、民事、行政案件进行审判的法律诉讼活动。司法是国家法律得以强制性实施必不可少的手段和保障。对于文化产业来说，司法通常指的是文化经济司法。有序的文化经济司法活动是巩固社会文化生活的健康氛围、促进文化市场发展繁荣、维护文化企业合法权益、制裁文化经济方面的违法违约行为，打击文化经济犯罪活动的保障。①

二、经济环境

经济环境由经济发展状况、产业结构、收入、消费模式、储蓄、物价水平、商业信用等因素构成。其中直接影响文化市场营销活动的是消费者的收入、消费模式、储蓄、商业信用、物价水平，间接产生影响的是社会的经济发展状况、产业结构等。

消费者的收入是影响消费者购买力的最重要的因素，是指消费者个人从各种来源中所得的全部收入，包括消费者个人的工资、退休金、红利、

① 赵玉忠：《文化市场概论》，200—203页，北京，中国时代经济出版社，2004。

租金等。衡量消费者收入最重要的指标是人均国民收入。不过，消费者不会将自己的全部收入用来购买商品或劳务。消费者的收入通常包括三个部分：个人可支配收入、个人可任意支配收入、家庭收入。个人可支配收入是在个人收入中扣除税款和非税性负担后所得的余额，是个人收入中可以用于消费支出或储蓄的部分，构成了实际的购买力。个人可任意支配收入则是在个人可支配收入中减去用于维持个人与家庭生存不可缺少的费用后剩余的部分。这部分收入是消费需求变化中最活跃的因素，也是文化市场营销需要特别研究、考虑的对象。家庭收入是一个家庭的可支配收入。在评估消费者收入时，营销人员需要特别注意区分"货币收入"和"实际收入"。实际收入才是扣除通货膨胀、失业、税收等物价变动因素后实际购买力的反映。

消费者的消费模式会随消费者收入的变化而变化。恩格尔系数表明，在一定条件下，当家庭个人收入增加时，收入中用于食物开支的增长速度要小于用于文化教育、精神享受的。食物开支占总消费量的比重越大，恩格尔系数越高，生活水平越低；反之，恩格尔系数越小，生活水平越高。消费模式的不同不仅与消费者的收入有关，而且还受到家庭成员生命周期阶段和家庭所处地理位置的影响。

消费者的储蓄是指消费者个人的收入不可能全部花掉，总有一部分以某种形式被储存起来。储蓄代表了消费者推迟的、潜在的购买能力。消费者的储蓄一般体现为银行存款、购买的国债、投资的股票和期货等。

消费者的商业信用是指以延期付款的方式销售商品或提供服务而形成的借贷关系。目前普遍采用的商业信用消费方式表现为分期付款和信用卡。各种信用消费方式的应用无疑扩大了人们的现时收入和购买力，刺激和扩大了各类消费市场的现实需求。

物价水平是客观上影响文化市场营销活动最重要的因素。物价水平的稳定标志着社会总需求量的基本平衡和市场流通的货币总量与市场需求的货币总量的基本一致。一般来说，在名义收入不变的条件下，物价水平的提高意味着消费者实际收入的降低，使消费者购买能力降低，抑制了消费者的需求，使之转向购买替代产品；反之则使消费者的购买能力提高，增加了购买商品或服务的数量。

社会的经济发展状况也是影响市场营销活动的重要因素，只是不像收入、消费模式、储蓄、商业信用、物价水平等那样直接。美国经济学家罗斯托提出"经济成长阶段"理论将世界各国的经济发展分成了五个阶段：

传统社会阶段、起飞前准备阶段、起飞阶段、走向成熟阶段、大量消费阶段。其中处于前三阶段的是发展中国家，处于后两个阶段的是发达国家。不同的经济发展状况不仅影响了当前的产业结构、生产需求、居民生产水平等，而且左右了整个消费市场的需求格局。

产业结构，指的是一个国家或地区的第一产业、第二产业和第三产业之间，劳动密集型产业、资本密集型产业和知识密集型产业之间，以及各产业所属部门之间的比例关系。一个国家或地区的产业结构往往会影响本国或本地区的需求结构。随着国民经济的发展，一个国家或地区的产业结构总是处于不断升级或变化之中，由此决定的需求结构也在不断变化。通过分析经营环境的产业结构现状及其变化趋势，总是能够发现相应的市场机会。

三、社会文化环境

社会环境与文化环境是具有渗透作用的宏观环境因素。社会环境创造了市场活动的现实氛围，文化环境则创造了市场活动的人文氛围。

1. 社会环境。社会是基于历史原因形成的一定地域范围如国家、地区内的各种类型的人群所构成的生活共同体。社会环境包括社会群体、社会舆论、突发事件三种因素。

社会群体是聚居在一定地域范围内的人们基于某种共同利益而结成的各种正式和非正式的社团组织。社会群体可以分为社会团体、社区组织、中小学校和非正式的文化团体等。社会团体包括以各种民主党派为代表的政治社团、以各种行业协会为代表的经济社团、以各种研究学会和各种文化兴趣团体为代表的文化社团等。社区组织则是指城市基层群众性自治组织居民委员会、农村基层群众性自治组织村民委员会。中小学校拥有并控制着庞大的中小学生生源。非正式文化兴趣团体是团体成员出于共同爱好自愿组合的团体，并且团体存在和成员加入都无须履行法定注册手续。社会团体、社区组织、中小学校和非正式的文化团体都会在多数场合中对文化消费需求的投向与数量产生巨大的影响。

社会舆论泛指群众的言论，它通常表现为经济地位、社会利益相同或相近人群对某种社会现象的一致看法和态度。在现实生活中，人们对事物的认识和各种看法基本处于杂乱无章的状态，通过人际交往或大众传播逐渐形成了具有一定共时性的社会舆论。社会舆论的倾向性和渗透力往往左右着人们的社会行为，从而对包括市场行为在内的各种社会活动产生积极或消极的影响。

突发事件是由于自然因素或社会因素引发的突发性并具有社会影响力的灾难事件。突如其来的天灾人祸可以导致社会生活秩序处于不稳定乃至混乱的状态。具有社会影响力的突发事件会给人们的社会生活造成诸多不便，影响到某些具有社交性质的文化市场活动。比如 2003 年春季在中国爆发的“非典”疫情使许多城市采取了强制性关闭公共娱乐场所的措施，造成了图书、花卉、演出、娱乐、展览、旅游、教育等市场的极度萧条；而广播、电视、网络等可以在家中进行消费的文化市场，其受众人数则大幅度攀升。

2. 文化环境。雷蒙德·威廉斯说：“某一文化成员对其生活方式必然有一种独特的、不可取代的经验。由于历史地域原因置身于这种文化之外，不具备这种经验的人，只能获得对这种文化的不完整或抽象的理解。”[①] 文化环境的组成十分复杂，包括受教育水平、风俗习惯、宗教信仰、价值观念、审美观念等各种因素。这些因素决定着消费者需求的差异性、购买心理的特殊性和多样性，从而最终决定消费者的购买行为。文化环境的因素对企业营销目标的确定、市场调查、产品设计、促销方式的选择等都有重要的影响。

受教育水平是人们接受学历教育、掌握知识文化的程度。教育水平不同的人，文化消费需求差异很大，由此导致的购买行为也很不同。一个国家或地区的人口受教育水平状况对该国或地区文化消费市场的需求构成有很大的影响。

风俗习惯是历史形成的有众多社会成员沿袭并在一定地域环境中反复出现的行为规则，主要包括生活习俗、家庭模式、道德礼仪、节庆娱乐、民族传统、乡规民约等。风俗习惯具有多样性，所谓“百里不同风，千里不同俗”。风俗习惯对消费者个人的消费方式、消费习惯、消费特点有一定的制约和同化作用；对地域性文化消费市场的需求构成和营销机会也有一定的制约和促进作用。

不同的宗教信仰具有不同的文化倾向和清规戒律，从而对人们认识事物的方式、价值观念和行为准则产生影响，进而带来特殊的市场需求，影响了人们的消费行为和消费模式。而文化市场营销活动必然随之发生

① Raymond Williams. *The Long Revolution*, *p.* 65, *London*: Chatto and Windus, 1961.

改变。

价值观念是人们评价客观事物所持的观点、看法和信念。人们在社会实践过程中逐步形成的价值观念是分析社会现象和解决现实问题的依据。在社会生活中，价值观念影响着人们的消费观念、消费心理、消费模式和购买行为，从而影响到文化市场的营销活动。按照价值观念的倾向来划分文化消费群体可以分为“传统型”与“新潮型”“节俭型”与“奢侈型”“严肃型”与“活泼型”“自我欣赏型”与“热衷社交型”等几种类型。

审美观念是人们在欣赏美的事物和创造美的作品等活动中所持的态度和看法。在人们的生活中，美既包括自然美、社会美，也包括艺术美。其中艺术美被分为以逼真、整齐、对称、均衡、色彩等状态体现的形式美与以丰富、深刻意义内涵状态体现的意境美两种。审美观念会自然而然地影响到人们的文化消费观念、心理、模式和最终行为，进而影响文化市场的营销活动。

四、技术环境

技术环境由技术发展水平、技术基础设施、创新技术应用等因素构成。具有划时代意义的新发明、新技术、新材料、新工艺可以改变整个人类生活，改变整个世界面貌，对社会经济的发展产生深远的影响，从而彻底改变市场营销环境。比如无线广播、有声电影、彩色电影、电视广播、海底电缆、打字传真、通讯卫星、光导纤维通讯、集成电路、录音带、录像带、微型电子计算机、磁盘软件、光盘、激光唱片、激光照排、数码照相、数码摄像、数据库、互联网以及各种数码产品，如数字照相机（DC）、数字摄录机（DV）、数字录音笔、个人数字助理（PDA）、电子书(eBook)、MP3、MD、MP4、3G手机、PS2、PSP、XBOX游戏机、数字投影仪[①]等新技术、新成果就很值得关注，它们不仅造就出新兴的文化产业和巨量的传媒类知识产品，而且史无前例地扩展了文化市场的营销领域。除此之外，纳米技术、生物技术、认知科学技术等虽然从短期内看在文化产业中的运用不大，但随着它们与信息技术的融合，在可预见的未来它们将会从边缘走向中心，为文化产业提供新的经济增长点。[②]

一个国家或地区的技术发展水平直接关系到本国或本地区市场产品的

① 闵大洪：《数字传媒概要》，5页，上海，复旦大学出版社，2003。

② 蔡尚伟等：《文化产业导论》，211页，上海，复旦大学出版社，2006。

开发和市场领域的拓展。它会给文化企业市场营销创造新的机会，促使文化企业寻求或利用新的技术，满足新的需求，同时又可以给企业带来威胁，致使文化企业的现有产品技术走向陈旧落后。文化企业要生存发展就必须适应现代化技术发展水平，及时采用新技术，善于把握新技术对本行业可能造成的影响和机会，抢先开拓新的生产领域和营销途径。

一个国家或地区范围内的技术基础设施如何，直接关系到该区域市场营销环境的优劣。技术基础设施包括交通系统、通讯干线、商业网络、信用制度等多方面的技术设备和设施。当前世界各国都在积极建设“国家信息基础设施”（NII），同时国际上也在进行“全球信息基础设施”（GII）的建设，应用微波干线、海底电缆、通讯卫星技术构建全国和全球范围内的“信息高速公路”。互联网的全球性应用为电子商务、电子结算、电子邮件、网络游戏、网络广告等全新业务提供了运营平台。通过以互联网为基础的各种新业务的运营，文化企业组织营销活动、传递文化产品和劳务的广告信息、调研分析消费者的消费需求和消费动向等各方面的活动效率都以迅猛的速度在大幅度提高，极大地革新和改善了企业的文化营销活动。

创新技术的应用包括各种新技术、新工艺、新材料的应用，也包括各种新产品的开发利用。现代意义上的文化产品在很大程度上建基于现代化大众传播技术的不断创新和广泛应用，比如计算机、多媒体和非线性技术催生了电脑动画的制作工艺，同时这一技术在动画片、广告片、电影、电视剧制作过程中应用广泛；互联网、数字技术推动了网络新闻、网络广告、网络游戏、电子邮件、手机报、手机短信、手机天气预报、飞信等形形色色的文化新产品的问世；仿宣纸画、镀金箔等高科技制作技术使得图书、美术、集邮市场上也出现了产品的更新换代。此等例子，不一而足。

五、人口自然环境

最容易被忽视的宏观环境是人口环境与自然环境，分析文化市场宏观环境的常用方法 PEST 法中都没有涉及这两种环境。然而，就某种程度来说，这两种环境对于文化市场营销活动的影响力较其他宏观环境种类而言，却是最基本的。

1. 人口环境。人口是在一定地域、一定时间、一定社会生产方式下实现生命活动的具有一定数量和质量的人所组成的社会生活主体。人口是组成市场的基本要素。在购买力水平一定的条件下，人口总数的多少决定着市场规模的大小；人口密度、人口构成、家庭结构、人口流动等因素决定着市场的需求结构和消费需求差异。这些都影响和制约着文化市场的营销活动。

人口环境由人口总数、人口密度、人口构成、家庭结构、人口流动等因素构成。人口总数愈多，市场需求量愈大，市场规模愈大，文化企业营销机会愈多；反之，市场需求量减少，市场规模缩小，则文化企业的营销机会必然随之减少。文化企业必须注意研究本地区或文化产品覆盖区域内人口总数与其增长变化的情况，以发现各种潜在需求，从而把握市场机会。

人口密度是一定时期内单位土地面积上居住的人口数量，通常体现为每平方公里居住的人口数指标，即一国或一地区总人口/该国领土或该地区总面积。通常人口密度高的地区，消费需求集中，市场容量较大；人口密度低的地区，消费需求分散，市场容量较小。

人口构成是一定时期、一定地区内依据人口的生理特征和社会特征分为各个组成部分而形成的人口组成。人口构成从年龄构成、性别构成、民族构成、文化构成、职业构成等五个方面影响着文化市场的需求构成，进而影响着文化消费者的购买行为和文化企业的营销活动。

家庭是一定的婚姻关系、血缘关系或收养关系结成的社会生活组织。由于家庭被看做是社会的细胞，因此它是文化消费的基本单位。一个国家或地区拥有多少家庭单位以及家庭平均成员人数多少对于文化市场营销都有着很大的影响。一般来说，传统的三世同堂、四世同堂的扩展型家庭在物质产品消费方面占的比重比较高；而三口之家或四口之家的核心家庭，丁克家庭、单亲家庭以及独身者在文化产品消费方面占的比重比较高。

人口的跨国、跨地区流动是当代世界上十分常见的现象。就中国而言，其一，随着社会分工的细密和市场经济的发达，大量农业剩余劳动力向非农业部门转移，进城务工或经商，因此造成了农村人口不断涌向城市的现象。其二，沿海开放城市中蓬勃发展的外资企业、合资企业、高新技术企业、出口加工企业积极地吸引内地各类人才流向这些城市。其三，法定长假期间的外出旅游以及春节期间的探亲访友也催生了一年一度的大规模人口流动。这些城市流动人口的存在是图书、报刊、音像、软件、演出、展览、培训、娱乐、电影、网络等文化市场在城市得以保持繁荣的重要原因。

2. 自然环境。自然环境由地理状况、气候条件、自然资源等因素构成。地理状况和气候条件通常会直接或间接地影响到文化市场营销活动的开展，自然资源因素则会影响到文化市场产品开发的内容和文化服务的领域。

地理状况是经营者所面临的特定地理环境。一般说来，平原、盆地或沿海地区交通便利，人口的地理分布相对稠密、集中，社会、文化环境比较成熟，经营环境相对优越，相应的文化产业经营场所一般体现为规模大、固定化等特点。山地、丘陵或高原地区，交通不便，人口的地理分布相对分散、稀少，因此经营环境相对不佳，相应的文化产业经营模式主要以小型化和机动性为主。

气候条件是一个地区多年常见和特有的天气状况的综合情况。一般来说，阴雨、风沙、酷暑、寒流等天气不利于室外文化经营活动的正常进行，但许多地方正是利用了本地区独特的地理和气候条件展开具有地方特色的文化经营。比如，浙江海宁市为钱塘江的观潮之地，每年的农历八月十六至十八日当地举行观钱塘江大潮的旅游活动，吸引了成千上万的国内外旅游者，取得了很好的经济效益。

自然资源是人类可以直接从自然界中获得并用于生产和生活的自然物质。从文化产业的生产用途和利用方式来说，自然资源可以分为开发旅游、展览等文化产业项目所需的自然景观资源；开发旅游、工艺美术、花卉、宠物等文化产业项目所需的生物矿物资源；开发旅游、娱乐、休闲等文化产业项目所需的水土地热资源等。

需要注意的是，对于文化市场营销活动，各种宏观环境因素都不是孤立发生作用的，它们会与性质上相近的甚至不太相近的其他宏观环境因素以某种方式结合在一起，共同构成文化市场营销的宏观环境。

第二节　文化市场营销的微观环境

同宏观环境相比，文化市场营销的微观环境对文化企业市场营销活动的影响更直接；同时，文化企业通过公关与协调关系，可以对微观营销环境中的某些因素加以不同程度的控制。文化市场营销的微观环境包括文化企业、竞争者、协作者、消费者、公众五种因素。

一、文化企业的内部环境

文化企业自身的内部环境无疑是文化市场营销活动最直接的微观环境

因素。就文化企业的内部环境而言，营销人员是企业营销策略的确定者与执行者，会影响文化营销策略的过程与最终效果；营销部门的计划和组织水平也会影响文化营销策略的实际执行；企业管理水平的高低、规章制度的优劣决定了文化营销机制的工作效率；而企业资金状况与厂房设备等物质条件会影响到文化营销活动的规模；以价值标准、经营哲学、管理制度、思想教育、行为准则、典礼仪式以及企业形象体现出来的企业文化，是管理人员与职工共同拥有的一系列思想观念，会影响到企业内部所有人员的积极性、创造性、效率性与责任感；企业营销部门与企业其他部门之间在组织结构上的关系是营销部门是否能获得其他各部门的支持、配合，使文化营销活动顺利进行的关键。

二、竞争者环境

竞争是市场经营者之间为谋取经济利益而进行的斗争。制定市场营销战略的一项中心任务就是了解分析竞争对手。“分析竞争对手的目的，是了解每个竞争对手所可能采取战略行动的实质和成功的希望；各竞争对手对其他公司在一定范围内的战略行动倾向可能作出的反应；以及各竞争对手对可能发生的产业变迁和更广泛的环境变化可能作出的反应等”。[①] 参照科特勒的划分，文化企业的竞争者可以被分为同业竞争者、关联竞争者、投资竞争者、行业壁垒四种类型。

1. 同业竞争者。是在市场上能够提供同一产品线或同类产品的经营者。同业竞争者包括生产经营同一产品相同规格和型号、不同规格和型号、不同质量和价格档次、不同知识内容的经营者以及功能相近并可相互替代的同类产品的经营者。每个文化企业的竞争者要想获得更多的市场占有率，必须了解同业竞争者的总体情况，诸如企业数量、地理分布、生产能力、经营规模等，从而明确本企业在竞争中的地位，确定本企业的主要竞争对手。

2. 关联竞争者。是在市场上提供不同产品而满足消费者同类需求的相关行业经营者，比如报纸经营者与期刊经营者、艺术品经营者与文物经营者、影院与剧院和娱乐场所的经营者等都属于关联竞争者。关联行业市场之间存在着同类消费群体此消彼长的竞争态势。

3. 投资竞争者。是指在具有开发潜力的文化产业领域进行投资竞争的

---

① 迈克尔·波特著，陈小悦译：《竞争战略》，47 页，北京，华夏出版社，2005。

文化企业。经常变动的文化市场供求关系会为不同行业经营者和投资者提供有利可图的投资机遇，必然会在具有开发潜力的产业领域形成投资的竞争态势。例如20世纪80年代之后，许多新兴的文化产业如音像制作业、影视制片业、娱乐场所、旅游景区、广告业、软件业、网络信息服务业等迅速成为中国社会投资的热点，文化产业的投资者在其中往往会形成激烈的竞争。

4. 行业壁垒。是阻止或限制准入某一行业的障碍，是保护市场、排除竞争的有效手段。行业壁垒越坚固、市场障碍越多，企业越难加入，市场垄断程度越高，竞争相对缓和；行业壁垒越薄弱、市场障碍越少，企业越易加入，市场垄断程度越低，竞争相对激烈。就文化市场而言，行业壁垒形成的主要原因包括：第一，政府相关经济政策、文化政策、行政法规的限制，如我国现阶段禁止私营资本或外资办报社、电台、电视台，禁止与国家意识形态相冲突的文化内容产业进入国内市场等。第二，企业自行设置的障碍，如特许经营、行业垄断等。例如20世纪30年代美国好莱坞的电影业就形成了派拉蒙、米高梅、20世纪福克斯、雷电华等八大电影公司垄断的局面，使得其他规模小的电影公司很难进入好莱坞的电影市场。第三，行业自身的特点有时会自然而然地决定壁垒是否坚固。一般来说，投资额度大、技术性强、营建周期长的行业，如演出场馆业、展览场馆业、电视传播业等，行业壁垒比较坚固，新经营者的准入度低；而投资额度小、见效快、劳动密集型的行业，如报纸、期刊、图书、音像制品、软件制品、影像业、娱乐业、培训业、咨询业、广告业、设计业等，行业壁垒比较薄弱，新经营者的准入度比较高。

三、协作者环境

社会生产过程的专业化与协作是人类社会文明和进步的标志，它促使社会生产力大幅度提高。专业分工越细，产品和服务的市场化程度越高，协作环境就越突出和重要。任何一家企业在当今社会里都不可能孤立地从事生产经营活动。文化企业的协作者包括文化企业的供应商、经销商、代理商、物流商、服务商、金融商等。

1. 文化供应商。是指向文化企业及其竞争者供应生产或经营所需要的各种资源的工商企业或个人，比如为报纸、期刊、图书印刷出版提供所需纸张的供应商，为制作音像和软件制品提供所需光盘的供应商，为娱乐场所经营提供所需食品和饮料的供应商，为拍摄电影、电视剧提供所需器材或剧本版权的供应商，等等。供应商所提供资源的价格和数量会直接影响到文化企业产品的价格、销量和利润。文化企业在选择供应商时应该注意：①认真考察，选择供货质量好、价格合理、按时交货、担保产品完善的供应商。②选择多家供应商而避免过分依赖一家供应商。③与主要供应商建立长期合作关系，以便在市场原料短缺或企业资金周转困难时，能够得到优先与及时供应。

2. 文化经销商。是指专门购进文化企业产品再转售出去的组织或个人，包括批发商、零售商和出口商等，它先购买文化企业产品并拥有文化产品的所有权，然后再出售文化产品。文化企业与经销商合作有利于它及时回收产品资金和实现销售收入。所以，文化企业应根据自己产品的性质、种类、经营规模、目标市场等种种因素，科学、合理地设计产品的分销渠道，根据市场的地区、类型、水平选择合适的经销商。

3. 文化代理商。是指专门为文化企业或个体文化产品经营者介绍客户，受文化企业或个体文化产品经营者委托专门为其销售产品，但对其经营的产品不拥有所有权的组织或个人。文化代理商的种类包括文化代销商、文化经纪人、拍卖公司等，负责工艺制品代销、花卉和宠物代售、书法和绘画寄售、版权代理、商标代理、专利代理、艺术培训中介、演员劳务经济等业务。文化企业或个体文化产品经营者在选择文化代理商的时候需要考虑：①选择总文化代理商还是一般文化代理商。②交易的价格、劳务报酬、交付方式、结算办法等重要事项是否委托文化代理商全权处理，考虑的依据是自己产品的性质、种类、经营规模、目标市场等。

4. 文化物流商。物流商是指协助企业储存产品和将产品从产地或中转地运往销售目的地的物流组织，包括仓储公司和运输公司两种类型。仓储公司是在运往下个目的地之前专门储存和保管产品的物流企业。文化企业应根据自己的经营规模和自建仓库的数量决定：是否向仓储公司租用仓库，以及需要租用的仓库的面积与期限。运输公司是通过铁路、公路、水路和航空运输等途径将文化产品从产地或中转地运往目的地的物流企业。文化企业应该综合考虑成本、效率、安全性和交货便利性等因素，选择最佳的运输路线、运输工具和运输公司。

5. 文化服务商。是指为文化企业营销活动提供专项服务的组织和机构，包括文化市场调研公司、经济和技术咨询公司、广告公司以及各种广告媒体机构等。文化服务商可以为文化企业提供市场调研服务，协助文化企业选择最合适的市场，为文化企业设计广告等宣传方式，帮助文化企业向目标市场推销产品。不同的文化服务商在服务质量、服务内容、收费标准等方面存在差异。文化企业应注意选择诚实守信、质量上乘、收费合理的文化服务商。

6. 文化金融商。是指为企业提供各类金融服务的组织，包括商业银行、信托公司、保险公司、融资租赁公司等。文化企业与金融商的合作包括通过融资租赁的方式，解决发展新的文化生产线所需的巨额投资；通过获得商业银行的技改资金贷款和短期流动资金贷款，保障文化产品生产经营的正常进行；通过为剧组演职人员或外展文物藏品购买保险，降低文化生产经营的风险等。文化企业应当注意与各类金融商保持良好密切的协作关系。①

四、消费者环境

1978年5月10日，国际标准化组织消费者政策委员会在日内瓦召开的第一届年会上将"消费者"一词定义为"为个人目的购买或使用商品和服务的个体社会成员"。我国国家标准《消费品使用说明总则》中将消费者定义为"为满足个人或家庭的生活需要而购买、使用商品或服务的个体社会成员"。对于消费者的官方定义很明显在强调四点：①消费者消费的目的是为满足个人的生活需要。②消费者既接受有形的产品，也接受无形的服务。③消费者不会使用所购买的商品或服务去营利。④消费者是自然人，不包括法人或非法人团体以及其他社会团体。

消费者是文化企业服务的对象，也是文化企业的目标市场。因此，在影响文化企业营销活动的所有微观环境因素中，消费者无疑是最重要的。从不同角度按照不同标准可以将消费者群划分为不同的类型，比如按照购买动机可以分为满足个人和家庭需要的大众消费者、为赚取利润或达到其他目的的分销商消费者、为提供公共公益服务或为将文化产品与服务转给所需之人的国内政府机构、非营利机构或国外大众消费者、分销商、政府机构、非营利机构等。消费者多种多样，不断变化的消费者需求要求文化企业以不同的服务方式提供不同的文化产品或劳务，进而制约文化企业营销决策的制定和服务能力的形成。

五、公众环境

公众是对文化企业实现其营销目标的能力感兴趣或发生直接影响的任

① 赵玉忠：《文化市场概论》，214—216页，北京，中国时代经济出版社，2004。

何团体或个人。文化企业面临的公众主要有六类：①政府公众。这是与文化产业有关的政府部门，包括负责文化产业经营单位和文化企业业务、经营活动的政府机构和企业的主管部门，如中宣部、文化部、国家新闻出版广电局、工商行政管理局、税务局、各级物价局等。政府公众对文化企业营销计划的制定和营销行为的进行具有政策引导作用。②媒体公众。这是文化产业行业内部的报社、电台、电视台等大众传播媒体。媒体公众对于文化产品的声誉、文化品牌的建立宣传有着至关重要的影响。③金融公众。这是关心并可能影响文化企业获得资金能力的银行、保险公司、投资公司、证券公司等。④非营利性团体。比如消费者组织、劳动权益保护组织、环境保护组织、环境保护团体、未成年人保护组织等。⑤社区公众，这是文化企业所在地区附近的居民和社区组织。文化企业的营销活动应指派专人负责处理社区部门关系，避免与所在地区周围的公众利益发生冲突，努力兼顾营销的公益性。⑥普通公众。这是最广泛意义上的社会公众。文化企业需要了解普通公众对它提供的文化产品和服务的态度，争取在普通公众心目中建立起良好的企业形象。[①]

文化企业、竞争者、协作者、消费者、公众五种因素既构成了文化企业营销的微观环境，也是一个文化企业的市场经营系统。及时疏通、理顺这个系统是文化企业重要的常规性任务。

---

① 王育济、张友臣：《文化市场与营销》，42页，天津，南开大学出版社，2007。

第五章　文化市场的消费需求

第一节　文化市场需求的规律和特征

一、文化需求的规律

文化市场需求就是文化消费者的需求，它一方面会体现出与普通消费行为相同的规律，即文化需求的基本规律；另一方面也会体现出文化消费行为的特殊规律，即文化需求的特殊规律。

1. 文化需求的基本规律。赵玉忠指出，文化需求的基本规律包括层次性、发展性、多样性、伸缩性、可诱导性五种。

（1）层次性的规律。人类社会所有的消费需求都呈现出由低级到高级层次性发展的基本趋势。恩格斯曾在为马克思《雇佣劳动与资本》1891年单行本所写的《导言》中指出："在人人都必须劳动的条件下，生活资料、享受资料、发展和表现一切体力和智力所需的资料，都将同等地、愈益充分地交还社会全体成员支配。"① 与"生活资料、享受资料、发展和表现一切体力和智力所需的资料"相对应的就是消费需求即生存需求、享受需求、发展需求。可以说是恩格斯最早发现并揭示了消费需求具有层次性的规律。

20世纪50年代，美国心理学家马斯洛在《动机与个性》中提出了著名的"需求层次论"，依照需求的强度，他将人类需求分为五个层次：生理需求、安全需求、社会需求、尊重需求、自我实现的需求。生理需求是人类为维持生存所产生的最基本的需求，如对吃、穿、用、住等方面的需求；安全需求是人们为保障人身安全和身心健康所产生的需求，如对医

① 《马克思恩格斯选集》第1卷，349页，北京，人民出版社，1972。

疗、保健、保险、养老等方面的需求；社会需求是人们在社会认同与社会交往方面产生的需求，如归属、荣誉、真情、友谊等；尊重需求是人们为得到社会尊重与好评产生的需求，如求新、求奇、求豪华、求排场等；自我实现的需求是人们为发挥个人才能，成就事业，追求个人理想，实现自我价值产生的需求。与文化需求关系密切的是社会需求、尊重需求与自我实现的需求，因为满足这些高级需求的产品往往能够产生高附加值；而对这些高级需求的研究则有助于充分发掘文化消费者的潜在需求。

（2）发展性的规律。随着社会经济的可持续发展和人们生活水平的不断提高，人们对文化商品和文化服务的需求，无论在数量、质量还是品种上都在不断地发展变化。文化需求总是体现为由简单到复杂、由追求数量满足到追求质量充实的发展过程。文化产业经营者通过市场调研来预测文化需求的未来变化，并进而采取措施去适应文化需求的发展趋势。

（3）多样性的规律。人们因收入水平、文化程度、职业、年龄、性别、民族、信仰和生活习惯的不同而形成了各种各样的爱好、兴趣和文化需求。任何一家文化企业都不可能做到满足文化消费市场上所有多样化的需求。文化产业经营者可以根据自身的条件和经营优势，选择最佳的文化目标市场。

（4）伸缩性的规律。人们的文化需求受内因和外因的影响，会具有一定程度的伸缩性。文化消费者本身需求欲望的特性、程度和支付能力等是影响需求的内因；文化商品或文化服务的供给情况、价格水平、广告宣传和售后服务等则是影响需求的外因。内因和外因都可能对文化消费需求产生促进或抑制作用。一般来说，基本的文化消费需求弹性较小，比如对基础教育产品的需求；而享受和发展的需求弹性较大，伸缩性也较大，比如对娱乐、审美、科研产品的需求。文化产业经营者可以通过价格策略及各种促销手段，激发、扩展人们的文化需求。

（5）可诱导性规律。文化需求在一定条件下是可以引导和调节的：新的文化产品会使潜在的文化需求转化为现实需求；良好的售后服务会使无需求转化为有需求；看客受到文化产品特色、广告宣传、营销方式、现场氛围等因素的刺激，有时就会成为买主，比如对于某些新兴的娱乐产品或健身产品，经营者完全可以通过配备示范或陪练型服务人员来引起受众的兴趣，刺激起受众的消费需求。

2. 文化需求的特殊规律。同其他普通消费需求相比，文化需求的特殊规律体现为持久性、广泛性和差异性。

(1) 持久性规律。一般的消费需求得到满足后，消费过程的终止就意味着对消费者作用效果的终止；文化需求得到满足后，消费过程虽然终止，但它对消费者的作用效果会持续相当长的时期，甚至对消费者的一生都会产生持续性的影响。

(2) 广泛性规律。一般消费需求的满足通常体现为，一种物质产品在同一时间、同一地点只满足一个人的需要；而文化需求的满足则体现为，通过大众传播媒体如卫星、电视台、网络等的传导或是大规模的印刷媒体如书籍、报纸、杂志等的传播，同时满足千百万人的需要。

(3) 差异性规律。不同的人用同一种物质产品满足消费需求，其作用效果是相同的，比如食物可以充饥、衣服可以御寒，因为物质产品的属性决定了最终消费效果的相同性。对于文化产品来说，不同的人消费同一种文化产品，其感受效果也会发生差异，所谓“一千个读者眼中有一千个哈姆雷特”就是如此。产生这些差异的原因主要在于消费者的社会阅历、文化水平、社会地位、心境、爱好和兴趣等的不同。

二、文化需求的发展趋势

文化产业作为21世纪经济文化的新增长点，必将逐渐成为世界各国国民经济的支柱性产业。文化需求的发展趋势体现为文化消费在居民消费生活中将占据越来越重要的地位、教育消费将受到重视、娱乐将成为时尚、互联网与数字消费表现突出。

1. 文化消费在居民消费生活中将占据越来越重要的地位。当一个国家人均GDP达到1000～3000美元的时候，这个国家就开始向消费型、享乐型社会转型。据国家统计局统计，2002年我国人均GDP已达到1000美元，精神文化消费在我国居民的日常生活消费中将占据越来越重要的地位。2004年，在我国城镇居民消费支出中，教育文化娱乐服务类支出增长了10.5%，占人均消费支出总额的14.38%，达到1032.77元；在农村居民消费支出中，这类支出增长5%，占人均消费支出总额的11.3%，达到247.63元。[①] 城乡居民教育文化娱乐服务消费支出总量为7481亿元。2007年，我国城乡文化消费总量稳定在6283亿元，人均文化消费达到476.73元。2011年，这个数字达到了10126亿元，人均文化消费值为753.36元。文化消费在居民消费生活中所占比例目前还在大幅度递增。

① 王育济、张友臣：《文化市场与营销》，174页，天津，南开大学出版社，2007。

2. 教育消费将受到重视。在民众今后的日常生活消费中，教育消费将占据更大的比例。根据国家信息中心的相关研究，现阶段，在我国城镇和农村居民家庭人均文化教育娱乐服务消费中，教育支出均占到50%，其中最主要的是子女的教育费用。根据上海城调队的抽样调查，有57.7%的家庭认为，未来几年内，家庭的主要支出之一是教育消费，“以子女教育为储蓄主要目的的家庭比重为53.8%”，“为子女教育存款是沪上家庭最主要的储蓄目的之一，仅次于养老和预防重大疾病，位列第三”。在有各学龄阶段子女的居民家庭中，有高中生的家庭为子女教育储蓄的比重最高，达到98%。①

3. 娱乐将成为时尚。人类社会现代性的标准是社会个体既会工作，也会生活。在娱乐已经成为现代生活方式的今天，与娱乐相关的旅游业、文娱业、商业、服务业将必然产生不可阻挡的吸引力，而娱乐支出在文化消费中所占比例也必将随着消费者生活水平的提高而逐年增加。一个显著的例子就是，近年各个年龄段消费者以各种方式兴起的旅游热。现在，无论是工作人员、学生还是离退休人员，都加入到了旅游者的行列。逛公园、参观博览会、周末旅游等成为人们节假日重要的休闲方式。国家统计局山西调查总队曾对山西省农村住户外出旅游的状况进行了连续5年的抽样调查，调查显示在过去的5年时间里，山西省农村居民的旅游支出持续增长，在被调查的农户中，2005年出游率达38.33%，比2001年提高20.7个百分点，人均出游花费1260.71元，比2001年增长1.8倍，年均递增29%。②

4. 互联网与数字消费表现突出。自1995年美国总统克林顿提出“信息高速公路”计划后，互联网以迅猛的速度在20年左右的时间里覆盖了全球几乎每个角落。互联网的诞生是20世纪人类社会最伟大的发明，它不仅改变了文化生产与传播的方式，而且在某种程度上实现了大众参与文化生活创造的梦想。在数以亿计的人们的参与下，互联网正日益成为新的生活方式和文化形态。互联网在社会生活中的兴起催生了各种各样数字产品的问世，如数码相机、数字电视机、数码摄像机、MP3播放器、DVD、VCD、IPAD、联网手机等。它们一经出现就迅速获得了最广大受众的青

---

① 王育济、张友臣：《文化市场与营销》，174—175页，天津，南开大学出版社，2007。

② 王育济、张友臣：《文化市场与营销》，175页，天津，南开大学出版社，2007。

睐。目前，21世纪的文化正在逐渐依托于互联网与数字的物质载体，如电子邮件、网络购物、网络电视、网络新闻、网络小说、网络书店、网络杂志、网络音乐、博客、播客、手机报、手机短信、数码照片等进行传播，并构成了社会公众当下最热门的文化消费形式。据中文互联网数据研究资讯中心的数据显示，到2015年，中国的网民人数将由目前的4.2亿增至7.5亿；利用移动终端上网的人数已达到3.33亿；2/3以上的数字达人和移动行家平均不到12个月就会换手机；数字达人一周上网时数为34.1小时；游戏玩家一周花8小时以上的时间玩在线游戏；中国消费者一周在VoIP上的通话、通信时间平均为27小时；中国消费者一周平均会花20分钟处理电子邮件。

三、文化需求的主要特征

当代文化产业在严格意义上诞生于20世纪90年代中后期，主要是一种当代社会生活的管理和组织方式，因此当代文化需求自然会体现出与当代快节奏、追求休闲放松的社会生活相一致的特点。参照王育济、张友臣的观点，当代文化需求的特征主要体现在四个方面：

1. 追求便利性。进入21世纪后，人们的生活节奏骤然加快，压力陡然变大，这在文化消费上突出表现为快餐文化的兴盛发达，最典型的例子就是当代的美国好莱坞大片。好莱坞现在拍摄的每一部大片都以场面宏大、动作精彩、高科技、绚烂的电影魔术等因素迅速赢得观众的喜爱，制作模式经常是“紧张情节＋大导演＋大明星＋大场面＋大投入”，其中的紧张情节也经常模式化地体现为“英雄＋美女＋爱情＋探险”，使观众在感官与感觉上获得充分的刺激与享受，同时就像吃麦当劳一样迅速地消费文化。

2. 追求娱乐性。娱乐现在已成为了现代人在繁忙工作之余首选的休闲放松方式，因为工作上的压力、生活中的种种负面情绪都会通过娱乐得到快速发泄和缓解。其中，利用数字产品和互联网络来放松，在虚拟世界中进行消遣的娱乐形式是当代文化消费的主要选择。

3. 追求个性化。目前，越来越多的消费者在追求个性化的文化产品和服务，他们总是希望能够在文化消费过程中体现出自己的与众不同。最典型的例子就是博客、微博、聊天室甚至QQ群中的签名，每位参与其中的消费者都会竭尽所能地在博客、微博的命名，聊天室与QQ群的自我昵称与头像选择上体现出自己的特色和与众不同。

4. 突出参与性。互联网自然为文化消费者提供了一个广大的虚拟空间，文化消费者可以在其中参与文化产品的生产与创造；与文化产品的生产经营者进行直接交流；彼此之间也可以进行互动。除网络、数字产业之外，电视产业中体现出的公众参与性也很强，比如在电视采访、各种类型的电视比赛、知识竞答、各种类型的电视综艺节目中都能看到公众参与演出的身影。公众积极参与生产，这构成了当代文化产业的突出特征，也充分体现出年轻一代追求新潮、突出个性、渴望展示的消费心理。

第二节　文化市场需求的影响因素

影响文化市场需求的因素既包括消费者作为社会人的个人因素，也包括消费者内在的心理因素，还包括消费者的社会、文化因素。

一、消费者的个人因素

影响文化需求的个人因素主要体现为消费者作为一个社会人所具有的种种特征，包括消费者个人的收入、职业、年龄、性别、受教育程度、生活方式等。

1. 收入。个人收入和经济状况形成了消费者基本的购买力，个人收入水平的高低、稳定与否、入账时间、存储数目会直接影响到文化消费者的购买决策，进而影响到对文化产品的需求。在个人收入水平低时，收入的大部分只能用来解决温饱，不可能有富余的财力购买文化消费所需要的享受和发展资料。个人收入水平高才有可能将部分可支配收入用来满足各种各样的文化消费需求。

2. 职业。不同职业的文化消费者的知识水平、工作条件、生活方式等各方面都不相同，因此，他们对文化商品和服务的需求、爱好也会存在较大的差异。比如工人、农民、手工业者等体力劳动者文化消费的目的就是为了恢复体力和进行精神享受，所以他们的需求偏重于娱乐性的报刊、电视节目、网络游戏、娱乐场所等；而知识分子、公务员、企业白领虽然也进行一定程度的娱乐性消费，但学术书籍、软件制品、技术培训、网络信息咨询等知识性较强的产品与服务却是其文化消费的主流。

3. 年龄。不同年龄阶段的人具有不同的生命特征、心理特征，因而会产生对文化产品不同的需求。比如年轻人充满活力，热爱社交，更偏好电影、酒吧、电子游戏、网络聊天、旅游等社交性较强的娱乐产品和服务；

中年人事业有成，收入稳定，因此更倾向于文物收藏、音乐会、舞台剧、高尔夫球等高品质的娱乐项目；老年人呆在家中的时间较长、行动迟缓、又注重养生保健，因此花卉宠物、电视节目、传统戏曲演出和健身活动就成为了他们的偏爱。

4. 性别。男性和女性在心理上有着天生的差异，这决定了不同性别的消费者会选择不同种类的文化产品。一般来说，女性消费者更偏好情感性较强、文雅而不激烈的文化产品和服务，如情感性、文艺性较强的杂志、电视剧、电影、小型健身活动等；男性消费者则倾向于对抗性娱乐和冒险性的文化产品服务，如各种激烈对抗的球类活动、与探险有关的电影、电视剧、旅游活动等。

5. 受教育程度。消费者的受教育程度直接与消费者的文化素养、文化眼光、心理欲求、知识欲求相关。所受教育程度不同，对文化产品和服务的选择自然会有不同。一般来说，受教育程度低的人，更偏好感官性、感觉性强的文化产品和服务，比如视觉和心理冲击力较强的影院大片、通俗小说、耗费体力较多的娱乐活动等；受教育程度高的人相对来说更会选择精神品位高、思想性强的文化产品和服务，如学术类图书、艺术品收藏、文艺剧种的表演等。

6. 生活方式。是指人们对如何分配生活时间、如何分配可支配收入的态度。不同的生活方式会对消费者的文化需求产生至关重要的影响。过分重视工作事业，在日常生活上分配时间、精力和金钱都较少的消费者，更倾向于快餐式的文化产品和服务的消费；在工作与生活上平均分配时间、精力和金钱的消费者会按照自己的实际情况，有时选择快餐式的文化消费，有时又会选择阅读书籍、外出旅游、文物收藏、享受音乐会和歌舞剧等耗时、耗财、耗力较多的文化消费；而在日常生活上分配时间、精力、金钱都较多的消费者，则主要会选择耗时、耗财、耗力都较多的文化消费。

二、消费者的心理因素

消费心理是消费者在购买、使用和消费产品过程中的一系列心理活动。心理活动是人脑对客观事物或外在刺激的反应。消费者在消费过程中的偏好选择甚至其消费行为都会受到心理活动的直接影响。刺激与影响文化需求的心理因素主要有认知、特性、兴趣、动机、信念、态度等。不同消费群体有不同的心理认同，不同年龄也有不同的心理特性，文化市场营销需要把握消费对象的特定心理，从而让他们感动。①

1. 认知。认知是个人选择、组织和解释外来信息构成自我内心世界景象的过程。认知过程一般分为感觉、知觉、学习、记忆、想象、思维、注意七个阶段。感觉是我们的感受器官眼、耳、口、鼻等对光线、色彩、声音、气味等基本刺激的直接反应。知觉是对这些感觉进行选择、组织和解释的过程。学习是在感觉、知觉的基础上对外物内涵的深入探索。记忆是感觉、知觉、学习在大脑皮层上留下的兴奋过程的痕迹。在记忆的基础上，人们会重新组合过去经验中已经形成的联系，从而创造出没有直接感知过的新形象，即想象。想象与思维有时会同时发生。思维比想象要理性，思维能力强的消费者往往不易接受来自别人的提示或广告宣传的诱导，而喜欢自己独立作决定。在感觉、知觉、学习、记忆、想象、思维之后就到了注意阶段。注意是大脑的信息加工行为对特定刺激的投入程度。与文化营销有直接关系的是想象阶段、思维阶段与注意阶段：文化营销有时会刺激起消费者对电影电视的剧情、游戏的冒险、书刊的内容的想象，从而产生冲动性购买；消费者的思维是否理性有时会影响文化营销的最终效果；而消费者的注意力则决定了他是否会选择购买文化产品，这也是文化经济有时也被称为“注意力经济”的由来。

2. 特性。每位消费者都会有自己特定的气质和性格。气质是人心理方面典型、稳定的特征，如感知觉的广度、思维的敏捷度、注意力的稳定度、情绪体验的强度等。性格是人在一定目的支配下的行为追求特征，如习惯、价值观念、情感特点、意志品质、行为方式等。赵玉忠认为，按照特定气质和性格的不同，文化消费者一般可以被分为六种类型：

（1）理智型。是指经过周密考虑后而进行购买的消费者。这类消费者在购买产品之前通常会广泛搜集信息，了解产品知识，慎重挑选，反复权衡比较，为要购买的产品确定一套客观的衡量标准。他们往往十分冷静慎重，善于控制自己的情绪，不容易受到品牌、装潢、广告宣传和周围环境氛围的影响。

（2）习惯型。是指按照个人消费习惯进行定向购买的消费者。这类消费者因长期消费某种品牌的产品，经常惠顾某家文化服务场所，从而产生了心理上的依赖。他们通常很少受广告和时尚的影响，一般也不会注意其

---

① 曹世潮：《文化营销战略：历史、景观、民俗和文化的价值如何实现》，64页，北京，中国人民大学出版社，2006。

他品牌的产品，总是习惯性地重复购买和消费同种品牌的商品或服务。

（3）节俭型。是指对产品价格比较敏感的消费者。这类消费者大多经济收入不高、购买能力较弱，通常喜欢挑选价廉物美的产品，尤其喜欢抢购打折或有奖销售的产品，而不会特别考虑产品的品牌、名气和外观。

（4）豪爽型。是指对产品品牌比较敏感的消费者。这类消费者大多经济收入高、购买能力强，拥有较高的社会地位和声誉，讲求个人的身份地位和生活体面。他们在购买产品和服务时关注的是品牌、个性、性能、外观和服务质量，而并不特别在意产品的价格。

（5）冲动型。是指容易受到他人诱导，受环境氛围影响而迅速进行购买的消费者。这类消费者感情外露，主观随意性较强，容易受到产品特色、广告宣传、他人推荐、购买气氛等因素的刺激和影响，从而诱发冲动性消费需求。

（6）不确定型。是指没有一定之规的消费者。这类消费者通常缺乏消费和购买经验，也不很了解有关产品、服务的知识，在购买时常常表现为犹豫不决、缺乏主见和固定偏好，从而导致购买心理不稳定。不确定型消费者大多是不常亲自购买产品的消费者以及刚刚独立生活的年轻人。

3. 兴趣。兴趣是消费者积极认识事物的倾向性。对于自己感兴趣的事物，人们的注意力都会相对集中，情绪高涨，思维与想象力也会积极一些。兴趣的引发可能是由于消费者的价值观念，也可能是出于现实环境中各种外部因素的诱导。虽然程度不一样，但与简单的冲动不同，所有的兴趣类型都会持续相当长的时间。消费者按照兴趣程度的不同通常被划分为三种类型：

（1）癖好型。是属于兴趣强度最大的类型。癖好型消费者长期以来会对某个品牌或某类产品形成消费的兴趣，甚至形成消费习惯，如果不消费这种产品，会产生心理上的极度不适和失落。这种情况典型表现在有些网民、体育爱好者、音乐发烧友的文化消费生活中。

（2）固定型。是属于兴趣保持相对稳定的一种类型。固定型消费者大部分都有长时期的文化消费经验，经过多次消费选择，对于某种品牌或产品已经产生了稳定的兴趣，不会轻易丧失这种兴趣。

（3）好奇型。是属于兴趣范围广泛但程度较低的类型。这种程度的消费兴趣会发生在任何一位消费者身上。现实环境中的许多因素，如大众传媒上的广告宣传、消费市场的流行趋势、亲朋好友的推荐介绍、消费行为的展览示范等都会激发消费者产生好奇心。这类消费者通常感兴趣的产品和服务类型较多，兴趣目标也不会仅仅集中于一个品牌、一类产品或一种服务。

4. 动机。是指达到一定强度并能够及时引导消费者去探求目标的想法和愿望。当动机产生但在现实中还没有实现的时候，人们会由于渴望交流、期盼尊重、希望归属等原因陷入生理与心理上的紧张；当动机实现之后，人们的生理与心理的紧张感就会消除，自然而然地恢复到相对平衡的状态。[①] 赵玉忠将消费者的购买动机因其内容的不同分为以下八种类型：

（1）求实动机。是指以追求产品的实用性效果为主要特征的购买动机。这类型的消费者主要关注产品的内在质量和功能效用，讲究经济实惠和使用方便。比如，文化消费者在购买教材、教辅类图书或教辅类服务时就是持求实动机。

（2）求廉动机。是指以追求产品的价格低廉为主要特征的购买动机。求廉动机产生的原因在于，在一定时期内，国民的个人收入总是有限的，但又总需要购买尽可能多的产品，因此必然要求价廉物美。

（3）求新动机。是指以追求产品的新颖性为主要特征的购买动机。新产品包括新品种、新规格、新花色、新功能、新样式、新款式等。新产品能够给消费者带来全新的感受，即使价格贵一些，有些追求时尚的消费者也乐意积极尝试并及时享用。

（4）求美动机。是指以追求产品的美感为主要特征的购买动机。当代社会的日常生活愈来愈体现出审美化的特征，随着国民收入水平和文化素质的不断提高，人们对美的追求也会愈加强烈。文化消费者不仅要求文化产品的造型美、式样美、色彩美等外在美感，而且还会要求文化产品在意境、品格、精神、思想等方面的内在美感。

（5）求奇动机。是指以追求产品的独特性、奇异性为主要特征的购买动机。求奇动机的消费者往往会对奇形怪状、标新立异的产品或服务产生强烈的购买欲望和兴趣。求奇动机消费者的典型人群本来只局限于青少年，现在各个年龄段的消费者也都加入了“标新立异”的求奇消费者行列。

（6）求名动机。是指以追求产品的知名品牌为主要特征的购买动机。具有求名心理的消费者在购买产品时注重产品的品牌、产地和社会声誉，

---

① 菲利普·科特勒等著，卢泰宏等译：《营销管理》，124页，北京，中国人民大学出版社，2009。

即使耗费再多的金钱、时间、精力也在所不惜，因为这样的产品具有象征价值，能够显示出消费者的财富、地位，满足其在心理上的优越感和自我成就感。比如参加高雅音乐会、购买名牌时装就是某些消费者求名动机的体现。

（7）求快动机。是指以追求产品的及时性为主要特征的购买动机。传播快捷及时的文化产品通常会激发文化消费者强烈的购买兴趣。比如电视新闻报道、体育比赛的直播报道与滚动播出，各种形式的早报、晨报就适应了消费者求快的消费心理动机。

（8）“赶时髦”动机。是指以追求产品的时尚性为主要特征的购买动机。崇尚时髦和追赶潮流的“仿效心理”目前在年轻人中颇为普遍。一旦有人在文化产品消费方面标新立异并引人注目，他们就会主动仿效并渴望与“时髦者”保持一致，从而在消费市场上形成时尚热、流行潮。

5. 信念。是指个人对事物所持的认识。这种认识建立在认知和见解的基础上，有的是基于实践产生的信任，而有的则可能是基于偏见或讹传，比如电影分类中的“禁片”很容易被某些消费者曲解为色情影片。文化营销的执行者应该注意采取对策及时纠正消费者的误解。

6. 态度。是指个人对某些事物或观念所持有的评价、情感和行为倾向。任何人对任何事物都会有自己的态度。对于琳琅满目的文化产品和服务，每个人基于自己的态度也会有自己的选择，对于喜欢的项目会积极追求，对于不喜欢的项目则会避而远之。消费者的态度主要通过消费者接触到产品及其相关介质时形成的关键瞬间印象判断而得到。[①]

三、社会因素

影响消费需求的社会因素主要包括社会群体、社会阶层、社会地位、家庭状况四种因素。

1. 社会群体。是指人们基于某种社会因素自然形成、能够相互区分的不同类型的人群。主要包括社区群体、宗教群体、民族群体、种族群体、地域群体等。社区群体是人们基于就业、居住、兴趣、爱好等原因形成的人群，经常接触的同事、邻居、朋友的文化消费习惯自然会影响到消费者的心理和需求。宗教群体会影响到信教民众的价值观和审美观，也会影响到他们的消费心理和购买习惯。本民族传统和习俗会同化

① 郑新安：《影视赢销》，4页，北京，中国传媒大学出版社，2006。

和影响个人的消费行为和消费习惯。地域群体的消费习惯在当地地理环境、气候条件影响下，长年累月会形成某种生活风俗和习惯，影响到消费者的文化需求。

2. 社会阶层。是依据个人和家庭的经济状况而对社会人口做的划分。普遍认可的中国的社会阶层包括高收入阶层、中等收入阶层和低收入阶层三种。各个社会阶层因经济收入的不同而产生不同的生活心理、习惯与方式，因此也会导致不同的文化需求。

3. 社会地位。是依据个人职业受社会重视程度的强弱而划分的等级。传统观念认为，科学家、艺术家、政治家、企业家、律师、医生、教师、记者、公务员、文体明星等的社会地位较高，而农民、工人、个体手工业者、商贩等的社会地位较低。随着社会的发展，社会地位的评价也会随着人们价值观的更新而发生变化。不同社会地位的消费者因职业和受社会重视程度不同，而有着不同的消费习惯和需求。

4. 家庭状况。家庭是消费者社会生活的基本单位，家庭状况对消费者的文化需求与购买活动有着潜在而直接的影响。在做出消费决策之前，消费者总是会有意无意地权衡各个家庭成员的意见。一般家庭的消费模式分三种类型：以子女为中心、以事业为中心、以享受为中心。以子女为中心家庭的消费大多集中在对子女的教育和培养上；以事业为中心家庭的消费注重智力投资，在书籍、培训、研究、考察方面的支出占很大比例；以享受为中心家庭的消费注重生活享受，在高档文化产品、健身服务、娱乐活动和旅游活动方面的消费支出较多。

此外，家庭的生命周期也会影响到文化需求：单身阶段的消费者闲暇时间充裕，社交活动丰富，通常倾向于素质培养、各种专业培训、观赏演出、看电影、上网聊天、参与健身、进行旅游等互动性质较强的消费产品或服务。二人世界阶段的消费者一方面注重家庭文化氛围的建设，如购买书籍、音像制品、工艺制品、室内陈设等；另一方面则依然对看演出、看电影、参与健身和旅游等社交类的文化产品和服务感兴趣。家庭有子女阶段的消费者，其消费核心就变成了对子女的教育和培养，比如购买智力玩具，购买教育类的图书、报刊、音像制品，实行教育培训，携带子女参观游览等。子女离开家庭阶段的消费者虽然又回归到二人世界，但因年龄增大，文化消费的兴趣也逐渐转为文物收藏、养花种草、适当参与娱乐等方面。

四、文化因素

J. 布莱恩说，文化是一个群体内大多数人共有的信念和价值。文化消费者的需求和选择与他所处的文化环境有着根深蒂固的联系。有一个例子可以说明这一点：英国20世纪90年代中期的音乐明星“辣妹组合”在新西兰表演的战舞受到了当地土著人的激烈反对，因为在当地的文化中只有男人才能表演这种舞蹈。参照王育济、张友臣的观点，影响文化需求的文化因素可以总结为民族因素、习得因素、共享因素、稳定性因素、区域性因素、亚文化因素。

1. 民族因素。这意味着任何文化都依附于一定的民族基础。各民族的文化在各民族起源时代就拥有的文字、语言、传统、生活方式、风俗习惯、价值观念中，一代一代地传承下来，形成了深厚的习俗和传统。一般来说，一个民族的历史越久远，这个民族的人受该民族文化的影响越深刻，而消费者的内在心理，甚至实际行动受该民族文化的影响也越大。

2. 习得因素。这意味着任何文化都是通过艰苦的学习得来的。这种学习或是通过学校途径进行的正式学习，或是通过父母、朋友、电视、电影等途径进行的非正式学习，或是通过专门系统教育进行的专门学习。文化中内涵的学习因素对于消费者文化需求的养成和倾向性的形成都会产生影响。

3. 共享因素。是指任何文化都是社会大多数成员所共享的。文化的共享性会影响到消费者文化需求的性质，使消费者不对文化产品和服务产生独占的心理。

4. 稳定性因素。是指文化一旦形成，便会以风俗习惯、思想观念、行为方式、艺术风格、节日活动等方式固定和表现出来，然后持续相当长的时间，不发生根本变化。文化的稳定性因素会使消费者对文化产品或服务的需求也产生某种稳定性因素，或长期偏好一种品牌，或长期喜爱一类文化产品和服务，或总是沉迷于文化产品和服务的一种内容或一种性质。

5. 区域性因素。指示出文化的形成与地理位置之间的密切关系，如所谓的黄河流域形成的华夏文化、巴蜀地区形成的巴蜀文化、江汉地区形成的楚文化等。文化强烈的地域性限制，使得只有生活在那个地域的人才能完全理解它。[①] 文化的区域性、地域性会使消费者的文化需求呈现出相应

① Raymond Williams. *The Long Revolution*, p. 66, London: Chatto and Windus, 1961.

的区域性和地域性特点。

6. 亚文化因素。亚文化是一个主流文化中亚群体所共有的信念。通常用亚文化这个概念来指涉集体中某些可识别群体所秉持的观念，它们明显不同于成员们通常意义上所共享的那些观念，还有可能同后者是对立的。[①]具有亚文化特征的群体就构成为亚文化群，群体成员有着与其他群体相区别的共同信仰和经历，比如女性亚文化群、被殖民者亚文化群、土著亚文化群、青少年亚文化群、边缘阶层亚文化群，还有民族亚文化群、地区亚文化群、宗教亚文化群、职业亚文化群等。每个消费者都从属于多个亚文化群，其中流行的亚文化因素对文化消费者的购买心理与行为有着直接而深入的影响。

第三节　文化市场需求的培养与维系

文化需求会受到很多因素的影响，但影响最大的还要属文化企业本身为了营销的目的而对消费需求有意识进行的刺激、引导、培养和维系。从表面上看，似乎只有对文化产品和服务的推销和促销才会形成对文化需求的培养和维系，实际上企业与消费者之间的信息沟通贯穿了文化市场营销活动的全过程，渗透于文化营销的各个环节，所有这些信息沟通的良性发展必然会导致需求在现实中的培养与维系。

一、文化需求的培养

对于从未消费过本企业文化产品和服务的目标消费者来说，文化企业就需要有针对性地对这些消费者进行需求的培养。科特勒将此称作是塑造需求，并认为这是“最大胆的营销”[②]。培养需求会使企业成为“驱动市场的公司”[③]。培养需求基本与文化产品或服务的营销程序同步。

1. 编码形象信息。由于有些消费者从未接触过本企业的产品和服务，

---

① 安迪·班尼特等著，中国青年政治学院青年文化译介小组译：《亚文化之后：对于当代青年文化的批判研究》，30页，北京，中国青年出版社，2012。

② 菲利普·科特勒著，高登第译：《科特勒营销策略》，24页，北京，中信出版社，2007。

③ 菲利普·科特勒著，高登第译：《科特勒营销策略》，25页，北京，中信出版社，2007。

要引导他们产生需求并进一步展开行动，企业、产品或服务以及相关辅助服务的形象就十分重要。对这一形象体系的信息编码就是培养消费者需求的起点。

（1）文化产品或服务的形象体系。一个文化企业的产品或服务的形象体系主要包括三部分：企业形象、产品或服务的形象、相关辅助服务的形象。企业形象是指文化企业在社会和消费者心目中的整体印象，也就是其心理地位。企业的形象包括优质的产品与服务、消费者至上的宗旨、信誉第一的经营态度、无懈可击的辅助性服务等。

产品或服务形象是指文化产品或文化服务留给消费者的印象，一般包括：文化意义如思想内涵、审美价值、实用价值等的优劣；外形包装的美丑；价格定位的适当与否。

辅助服务形象包括文化产品或文化服务消费前、消费中、消费后的一整套系统服务。

（2）形象体系的信息编码。文化产品或服务的形象体系有效传递给消费者的第一步是对这一形象体系进行信息编码。企业形象的信息可以通过CIS企业形象识别系统，即企业形象设计系统来进行编码设计。CIS系统主要分三部分：MI即企业理念识别系统，指的是企业精神，包括价值观念，群体意识如信条、风格、方针、策略等。BI即企业的行为准则，如组织、管理、教育等。VI即企业的视觉识别系统，指的是企业外在直观部分，如旗帜、标志、服装、车辆、信纸信封等。企业形象识别信息系统可以通过社会上的专门机构来进行编码和设计，也可以通过自己的相关部门来进行这一工作。

文化产品或服务自身的形象信息设计是整个体系的核心，主要分为六个部分：文化产品或服务自身的创意设计，即对文化产品或服务内涵的文化价值观、情感、意识、意义的设计；对文化产品或服务内涵意义的表达形式在技术层面的设计；对文化产品外在包装的选择和设计；对文化服务外在包装以及如何进行组织和管理的策划；对文化产品或服务的品牌的设计或评估；对文化产品或服务最终价格的策划与设计。文化产品或服务自身的形象信息设计工作主要通过企业的产品设计部门来执行。

辅助服务形象的信息编码与设计主要包括三部分：消费前的辅助服务形象设计，主要是对如何进行文化消费前的服务进行设计；消费中的辅助服务形象设计，则是对文化消费中的辅助服务目的、服务方式进行设计；消费后的辅助服务形象设计，则需要在反思消费前、中辅助服务缺失的基础上来设计服务的重点。辅助服务形象的信息编码与设计问题一般会在企业内部解决。

无论是对企业形象进行的信息编码，对产品或服务形象进行的信息编码，还是对相关辅助服务形象进行的信息编码，都需要与目标消费者的心理需求相对应，将影响目标消费者心理的个人因素、心理因素、社会因素、文化因素尽力编织进企业、产品或服务、相关辅助服务的形象设计中去。

2. 传播形象信息。形象信息的传播途径主要有人际渠道与非人际渠道两种。人际渠道包括直面传播、公共展示、电话推销、免费体验、试销等；非人际渠道则包括各种媒体的广告、网络与数字渠道等。

（1）人际渠道传播。是指通过人与人之间的关系进行的传播。通过人际渠道传播文化产品或服务的形象可以迅速并有效地获得消费者的真实想法，它实际上是最直接、最有渗透力的传播途径。

直面传播是面对面的相互传播。这种传播发生在亲朋好友、单位同事、左邻右舍之间。前提是其中有人已经成为企业文化产品或服务的忠实顾客，因此可以在自己的生活圈子中向未接触过该企业文化产品或服务的消费者传播其形象信息。

公共展示是企业或企业委托的营销公司派出专职营销人员在公共场所，例如会展现场、商场、酒店大厅、剧院、影院，乃至企业自己公司的空闲场所等，直接面向公众发布与宣传企业文化产品或服务的形象信息。

电话推销是企业或企业委托公司派专职营销人员通过电话向公众宣传企业的文化产品或服务信息。

免费体验是文化企业在公共展示或是上门推销时让公众对文化产品或服务进行短期的免费体验，以使文化产品或服务的各种信息在公众中得到更深入的传播，产生更深入的影响。

试销是文化企业、经销公司或代售公司通过会展或是普通销售渠道先将少量文化产品或服务以低于应有价格的方式出售给公众，目的与免费体验类似。这也会使产品或服务形象在公众中得到深入传播，产生深入影响。

（2）非人际渠道传播。是指通过除人际关系之外的其他途径进行的传播。通过非人际渠道传播文化产品或服务的形象不会迅速获得消费者的认可和回馈，消费者的信服程度也差于人际渠道的传播，但其优势在于，传播范围比人际渠道广泛得多，影响面也大得多，非常容易迅速形成在全社会范围内的影响。

广告整合与利用各种媒体资源是为客户开拓市场，为客户打造简洁明快、形象突出、表现个性的商品形象。广告的类型包括平面招贴、购物场所广告 POP、直接赠送或邮寄广告 DM、影视广告、网络广告等。文化企业在选择广告媒体的时候，会根据目标消费者接触媒体的习惯，选择合适的媒体、广告主题、广告创意、广告制作方式以及传播途径，使文化产品或服务的形象信息以最有效的方式传递给目标消费者，给消费者留下深刻的印象，激发他们对产品或服务的兴趣与需求。

网络与数字渠道的传播是指除了发布网络广告之外通过网络与数字渠道来传播文化产品或服务形象的所有方式。这些方式包括电邮推销、电子问卷推销、网店服务、企业网站宣传、网络体验等。

电邮推销指的是企业或企业委托公司派出专职营销人员以发送邮件的方式向公众宣传企业的文化产品或服务信息。在进行电邮推销时需要注意电邮设计在视觉上的引人注目，语气上的亲切感人，语言上的言简意赅，以引起消费者的兴趣。

电子问卷推销指的是文化公司在产品或服务投入市场之前，先行为产品或服务的细节做出电子问卷，询问消费者的看法，以便找准目标市场进行投放。在设计电子问卷时，文化产品或服务的形象信息已经通过电子问卷的细节陈述与问题设计传达了出去，在消费者心目中留下了印象。

网店服务指的是，有的文化企业会找到在业内影响比较大的代销网店将产品或服务销售出去。现在，越来越多的消费者选择网店购物，因为“想什么时候买，怎么买，他们想自己说了算。他们希望不用联系任何机构、不用排队或在电话旁边等就能够浏览、获得信息并做出选择”[1]。因此，网店对产品或服务的描述与产品的视觉形象设计就很重要。消费者在网店中浏览产品或服务的时候，会因为网店的描述与对产品或服务的视觉形象设计而产生不同层次的需求：产生需求或不产生需求，产生强烈的购买需求或仅仅是感兴趣。根据需求的不同，他们也会做出不同的选择。

企业网站宣传指的是，有的文化企业会专门做出自己的网站来宣传企业形象并说明新的产品或服务。消费者通过这些网站对文化企业的企业形象、产品或服务形象、辅助服务形象有一个详细的了解和直观的印象，进

---

① Joanne Scheff Bernstein. *Arts Marketing Insights: the Dynamics of Building and Retaining Performing Arts Audiences*, p. 167, Jossey-Bass, 2007.

而引发购买需求。

网络体验指的是，有的与网络、数字产业相关的文化企业会将新产品或服务直接上网，使消费者获得部分体验或一段时期内的全部体验，使消费者对产品或服务的文化精神、丰富内涵、实际功能等方面产生全面的深刻印象，进而激发消费者的购买欲。比如新浪、搜狐网站会让消费者免费阅读一些热门网络小说的个别章节；有些游戏网站会让消费者免费试玩一段时间的游戏；有些软件下载网站会让消费者免费试用一段时间的软件等，都属于以网络体验的方式传播产品或服务形象。

3. 巩固消费需求。通过各种渠道的形象信息传播，消费者对于产品或服务一般都会留下或深刻或肤浅的印象，产生或多或少的需求。然而，消费需求的培养并不止于此，巩固需求，使目标消费者建立起品牌认知，变成潜在顾客，甚至将需求直接转变成为购买行动才是培养消费需求的目的。巩固消费需求的关键在于：针对形象信息的特点制定传播方案、调研并评估传播效果、实际改进传播效果的不足。

针对形象信息的特点制定传播方案意味着，虽然传播产品或服务的形象信息有多种方式，但文化企业需要注意选择那些能够特别突出本企业、本企业的产品或服务、本企业辅助服务形象的传播方式，并在考量现实财力、物力、人力的基础上，选择一种或几种合适的渠道来保证传播的有效性，巩固消费者的需求。比如要传播企业自身的形象，除了确立本企业的经营理念宗旨、利用各种媒体的宣传、进行自我包装等常规性方式之外，还可以选择赞助公益事业、公正处理正反消费个案等方式来体现企业作为文化产品或服务有效管理者的形象。比如要传播产品和服务的形象，具体而言，像旅游类产品和服务，可以参照其体验性强、内容丰富、特色突出、不具有移动性等特点，选择免费体验、在各种媒体打广告、电邮推销、电子问卷推销、企业网站宣传等渠道中的一种或多种进行传播，而不适合选择公共展示、电话推销、试销、网店服务、网络体验等渠道。

调研并评估传播效果指的是，在选择合适的渠道进行传播之后，企业可以以纸质、电子调查问卷或电话询问等方式对目标消费者做出市场调查，然后对调研结果进行分析、评价和研究。比如有的文化企业在第一次传播信息后，会对消费者的需求做出层次性分析，分成会实施购买行为的消费者、有购买倾向的消费者、正在犹豫的消费者、仅建立了品牌认知的消费者、仅有印象的消费者以及未有印象的消费者等类型，然后研究如何对这些消费者进行更有针对性的强化传播。这实际是在改进传播效果的不足。

在改进传播效果的不足时，需要注意，一方面要根据消费者需求的程度深浅设计出更有针对性的强化传播方案；另一方面还要清楚了解企业在资金、人员配备、物质资源等各方面的条件，立足现实，整合现有资源对传播效果进行改进；第三，如果有的消费者在企业改进传播方法之后还无法引起对文化产品或服务的兴趣，就需要视情况而放弃，否则会引起该消费者对产品的反感，效果适得其反。

二、文化需求的维系

对于文化企业来说，文化需求培养起来之后还有一个如何维系的问题。文化需求的维系实际就是建立消费者的忠诚度。消费者的忠诚度对于文化企业的生存发展具有十分重要的意义，因为：第一，要获得新的文化消费者需要付出新的成本，特别是在供过于求的市场态势下，这种成本会越来越昂贵。第二，新文化消费者由于需求不太稳定，对于企业自身形象的塑造、文化产品或服务品牌的确立并没有太多贡献。第三，忠诚的文化消费者会成为文化企业及其产品或服务的忠诚推荐者，甚至愿意为产品或服务支付较高的价格，进而对企业的市场占有率做出大的贡献。《哈佛商业评论》的一项研究报告指出：再次光临的客户可带来25%—85%的利润。另一项调查表明：1个满意的客户会给企业带来8个潜在的客户，其中至少有1个潜在客户会购买企业的产品或服务；1个不满意的客户会影响其他25个客户的购买意向；企业争取1个新客户的成本是留住1位老客户所需成本的5倍。竞争的加剧，加大了企业赢得新客户的难度和成本，越来越多的企业把目标转向保留现有老客户。① 在维系消费者的文化需求时，文化企业需要注意七点：

1. 为消费者提供优质产品与服务。要维系消费者对本企业产品或服务的需求，优质的产品与服务是必需的。不过，为消费者提供优质的产品与服务并不等于一定要为消费者提供额外或附加的服务，也不等于对原始的服务流程做大的改动，而只需要在每次服务的过程中给予消费者以某种新奇感。这种新奇感对于提高消费者对文化产品和服务质量的感知，对提高消费者的忠诚度都具有很重要的价值。

2. 长时期地保持产品与服务的优质性。为消费者提供优质的产品与服

① 刘大可：《会展营销教程》，149页，北京，高等教育出版社，2006。

务并不能仅限于一次，而要长时期地保持下去，在每次服务过程中都令消费者感到新奇与愉悦，由此使企业的产品与服务深入消费者的日常生活，与消费者建立起长期的互动关系。

3. 维系最有价值的文化消费者。能够获得目标市场上所有消费者的忠诚是一种理想，在现实中不可能实现。文化企业只能采取针对性策略，最大限度地让最有价值的消费者满意并保持忠诚，而不可能取悦所有的顾客。因此，维系文化消费需求的关键一步就是找到目标市场上最具价值的文化消费者。李康化认为，最具价值文化消费者的特征往往体现为：第一，对文化产品或服务有着较强烈的需求与较高水平的要求，将其作为工作或生活不可或缺的部分。比如《纽约时报》最具价值的消费者每天必做的功课就是看《纽约时报》。第二，特别欣赏和认同文化产品或服务的价值理念。比如湖南卫视“天天向上”栏目最具价值的消费者就十分喜爱并认同该栏目寓教于乐的表达、传达“正能量”的努力以及青春时尚的风格。第三，对文化产品或服务有着经常性的需求。最具价值的消费者对于产品或服务并不是一次性的消费，而是经常性的消费，将经常性消费这种文化产品或服务变成一种生活习惯。这自然而然地促使文化消费者体现出较高的忠诚度。这样的消费者甚至不会仅仅忠诚于该企业的一种产品或服务，而对该产品同属系列的其他产品也会感兴趣并养成消费习惯。第四，对其他人有影响力。最具价值的文化消费者通常是人群中的活跃人物，对自己的工作和生活圈子有着一定程度的影响力，这样，他才能够积极地推进文化企业及其产品与服务在市场上的传播与扩散，体现出他对企业及产品与服务的价值。

4. 建立消费者的数据库与外部组织系统。在培养起消费者的需求之后，为了维系这种需求，文化企业通常会采取某种数字的或行为的组织方式，将所培养的消费者群组织管理起来。数字的组织方式主要是通过采集、积累文化消费者各方面的信息，利用计算机进行综合处理并加以科学分析，建立文化消费者的数据库。利用这个数据库可以追踪文化消费者对本企业产品或服务需求的保持情况；调查消费者流失的原因；进行文化市场细分；建立消费者的需求档案等等。行为的组织方式则是指，通过有效的文化消费者组织策略，将消费者纳入文化企业的外围组织系统中，使文化企业能够更有效地组织消费者，培养消费者的忠诚度，比如成立文化产品或服务的消费者俱乐部，企业通过为会员提供各种特殊服务包括文化产品或服务的信息、优惠价格、优惠使用条件、优先使用权等为企业与产品及服务培养起忠诚、稳定的消费者群。

5. 积极获取文化消费者的反馈信息。消费者对文化产品的反馈信息对于文化企业维系需求来说十分重要。要获取反馈信息，文化企业首先应该主动实行方便、鼓励消费者反馈的措施，比如设立免费电话、公开反馈电话号码、奖励提出有价值意见的消费者、对消费者的意见给予及时答复与解决等。其次，文化企业还应该利用服务人员、销售人员与消费者主动进行频繁接触，主动获取反馈信息。要做好这一点，企业就需要注意培训员工与消费者沟通的技巧，培养员工重视消费者意见的意识，同时还可以采取奖励措施鼓励员工反馈消费者，尤其是有价值消费者的意见和建议。

6. 深入分析文化消费者流失的原因。文化企业应高度重视并深入分析流失的消费者，尤其是其中有价值的消费者放弃本企业产品或服务的原因，及时采取改进措施，防止其他消费者流失，甚至可以采取措施将已经流失的消费者再争取回来。

7. 与文化消费者进行企业组织管理层面的深度沟通。有的文化企业会邀请消费者进入企业的组织管理层面，与其进行深度沟通，借以维系他们的消费需求。比如选聘与有价值消费者有较多相似性的员工；邀请有价值消费者参加新员工的招聘工作；邀请有价值消费者参与文化产品或服务的策划设计工作或为此类工作提出意见和建议；邀请有价值消费者加入文化企业的管理决策机构，参与部分经营决策等。种种深度沟通都会增加文化消费者对企业及其产品服务的忠诚度，使消费者的需求得以维系。

第六章　文化市场的营销调研

第一节　文化市场营销调研的内容、方式与技术

文化市场营销调研是以文化市场的消费需求状况为特定对象，以文化产品的扩大营销为特定目的的调查研究活动。无论是培养、维系文化市场的消费需求，还是更复杂的市场细分、定位、制定营销战略、设计营销策略、展开营销程序、发现营销机会、开发新产品、提高企业竞争能力、进行产品贸易、测试产品的适用性等活动[①]都需要文化市场营销调研的翔实数据和资料做基础。

一、文化市场营销调研的内容

文化市场营销调研的主要职能就是搜集与文化需求相关的信息。由于影响文化市场营销的因素很多，因此文化市场营销调研涉及的内容也相当广泛，基本包括了文化企业从事市场营销活动所涉及的全部领域。文化市场营销调研的内容主要包括：文化市场需求调研、产品生产与供应情况调研、文化产品销售状况调研、文化市场微观环境因素调研、文化市场宏观环境因素调研、文化企业营销组合情况调研。

1. 文化市场需求调研。文化市场的需求情况毫无疑问是文化市场营销调研的主要内容。从宏观角度看，文化企业需要调研消费者的数量、消费者结构的发展变化、消费者收入水平及购买力的形成与变化、市场需求结构、需求层次的发展、现实需求与潜在需求的状况、实际购买力与潜在购买力的状况、购买力的投向、消费者的消费习惯、影响消费者需求的因素等；从微观角度看，文化企业应该注意调研本企业服务对象的数量、消费

---

① 段玉英：《市场营销调研探讨》，《前沿》，2005（9），97—98页。

者的年龄结构、消费者的文化层次、消费者的购买动机、消费者的心理特点、消费者的购买过程、消费者的行为类型等。通过连续不断的市场调研，文化企业可以掌握市场的最新动向，不失时机地推出相应合适的新产品与新服务，及时抢占市场先机。

2. 产品生产与供应情况调研。这一调研有利于掌握本企业的总体发展状况，也有利于了解本企业在整个文化市场中的地位。调研的内容包括本企业推出的产品和服务在整个文化市场上的份额、文化市场上相同或可替代的产品的数量和质量、国外同类产品和服务的发展状况等。

3. 文化产品销售状况调研。文化企业的产品销售情况会综合反映企业营销活动的成败。调研的内容主要包括本企业市场销售量与同行业市场销售量的差距、本企业与同行业的潜在销售量及其发展状况、本企业和竞争企业的市场占有率与市场覆盖率、文化产品在市场销售中的紧缺点和饱和点、待开发市场上的销售量和发展趋势等。

4. 文化市场微观环境因素调研。文化市场的微观环境因素包括文化企业、竞争者、协作者、消费者、公众。调研的重点在于竞争者与协作者，但文化企业的内部因素以及公众在调研中也不可或缺。对竞争者的调研包括调研竞争者的经营管理水平、竞争者的营销组合策略、竞争者产品的特色、竞争者成品的技术标准、竞争者产品的销售状况、竞争者产品生产与供应的情况、竞争者目标市场的需求情况、市场上同类产品的供应数量与质量、市场上现存的竞争对手和潜在竞争对手的数量及其竞争力等。对协作者的调研包括调研供应商产品的质量、供应商产品的价格、供应商的信誉和后续服务，经销商的经营权限与经营范围，代理商的沟通销售能力，代理商的口碑信誉，物流商的价格、仓储物流商的储存面积与期限，运输物流商的路线、运输工具以及运输途中的保障措施，服务商的服务内容、质量和收费标准，金融商的资金实力以及信誉保证等。对文化企业内部因素的调研主要集中在调研企业内部各级人员，尤其是营销人员的素质、各级部门与营销部门的配合程度，企业规章制度的运行情况、资金状况、厂房设备等。对公众的调研则包括调研相关的文化产业经营单位和文化企业业务及经营活动的政府机构和企业主管部门的总体状况，产品或服务所属行业范围内的报社、电台、电视台等大众传播媒介的相关情况，可能影响文化企业获得资金能力的各种金融机构的组织和运行情况，各种公益性群众组织的影响力和对产品或服务的印象，文化企业所在的居民与社区组织的包容力以及普通公众对企业、产品及服务的印象等。

5. 文化市场宏观环境因素调研。文化市场的宏观环境因素包括政治、法律、经济、社会、文化、技术、自然、人口等诸多因素。随着时代的发展，宏观环境因素也会不断地发生变化，而且这些变化不是人为可以控制的。营销管理人员必须时刻观察营销宏观环境的变化发展，从中发现自己的不足，寻找新的机会。宏观环境调研包括调研政府颁布的各项法律和政策、国民收入水平与消费结构、消费者保护活动与生态环境保护活动等社团活动、最新社会舆论导向、突发社会事件引发的后果、目标市场上大多数消费者的文化素质、目标市场所在区域的风俗习惯与宗教信仰、目标市场内流行的价值观念与审美观念、当代相关技术的最新发展趋势、相关新技术与新工艺及新材料的应用与推广情况、目标市场的人口数量与结构方式、目标市场的地理环境和气候条件等。

6. 文化企业营销组合情况调研。文化企业的营销组合中有产品或服务、价格、分销渠道、促销方式等内容，对营销组合的调研既是决定这些内容因素的必要条件，也是分析既定营销组合是否适应文化市场环境的手段。文化企业营销组合情况调研的内容包括产品或服务的营销策略、产品或服务的创意设计、价格、分销渠道、促销方式等。

（1）产品或服务的营销策略调研。调研产品或服务的营销策略是为了更好地策划和改进实际的营销方式。这一调研包括调研产品或服务的创意策略、产品或服务组合开发过程中的市场试验、消费者对产品的接受程度、品牌的传播效果、上市时机、生命周期、产品或服务的包装、应用网络数字技术的程度、与社会及自然环境的协调程度、对外国宏观与微观市场环境的适应程度、本企业与竞争者在产品或服务的营销策略方面的比较等。

（2）产品或服务的创意设计调研。这一调研目的在于更好地将产品或服务的创意与营销方式相结合，设计出契合企业营销策略的创意或是设计出契合产品或服务创意的营销策略。产品或服务的创意设计调研包括调研产品或服务的原料、素材、选题、创意思路、内涵意义、传达的价值观、表达技巧、产品或服务的定位、与同类产品创意设计的比较等。

（3）产品或服务的价格调研。为了制定科学而合理的定价策略，就需要对产品或服务的价格进行多方面调研。通过对消费者关于价格的态度测量，企业就可以测定消费者对价格定位、价格表达方式等各方面的反应，从而将其作为文化企业制定产品或服务价格策略的依据。

（4）产品或服务分销渠道的调研。这一调研包括文化产品分销渠道的结构与文化产品及服务类型的覆盖范围、产品零售商与批发商的经营状况、服务连锁加盟店的信誉、消费者对零售商的态度以及分销的成本等。

（5）产品或服务促销方式的调研。这一调研包括企业所选择的促销方式的适应性、公共关系的方式选择与效果评价、广告的媒体选择、广告的效果考察、促销行为对产品或服务销售量的影响程度以及消费者对促销方式的接受程度等。

二、文化市场营销调研的方式

文化市场营销调研的方式包括调研的途径与调研的方法两部分。

1. 文化市场营销调研的途径。文化市场营销调研实质上是对有关信息的采集和整理。信息采集的是否全面、充分，将决定信息整理后所得出的结论是否正确。因此，文化市场的营销调研显然需要多条途径。参照方明光的观点，这些途径主要包括市场途径、行政途径、社会途径、传媒途径、个人途径等。

（1）市场途径。市场是文化市场营销调研最直接、最宽广、最主要的途径。文化市场如剧院、影院、书店、画廊、音乐厅、展览会等是文化生产者、经营者、消费者的交易场所，通过市场搜集到的有关信息一般来说会如实反映市场本身的方方面面，如市场的供求状况、容量大小、运行机制等。市场途径信息的搜集除了营销人员面对面访谈消费者这种最常见的形式之外，还可以参考和利用政府部门、公共部门甚至私营部门关于目标市场各种信息的数据资料。相关的政府部门、公共部门每年、每月甚至每周都会对特定的市场进行信息和数据的采集，这些资料可以通过这些部门的电子数据库或内部参考资料等查到。而社会上现在也有可供查询市场信息数据库的私营部门。它们有的还提供打印文件、拍摄缩微胶片和拷贝光碟的服务，有的需要付出一定费用，有的免费。调研者还不能忽视与目标市场相关的出版物。这些出版物有的属于公共出版物，如《市场营销》之类的杂志；有的属于专业期刊如《国际艺术管理》《文化经济》《艺术管理、法规与社会》等；有的就是与目标市场相关的文化企业的内部出版物。通过仔细查找阅读，会发现这些出版物能够提供很多关于目标市场的数据与信息。

（2）行政途径。是指通过政府机关颁布的各种法令、法规、政策、措施、办法以及有关文化市场运作情况的基本经济统计资料等信息，对文化市场进行分析研究。具有理论性、权威性、可靠性，特别对于从宏观角度把握市场运行的态势，有很重要的意义。也是文化市场营销调查的重要途径。在通过行政途径搜集市场信息时，应该注意区分直接材料与间接材料。政府机关颁布的许多文化市场的法规与政策是对其进行宏观调控和规范化管理的手段，本身并不能反映文化市场的供求情况，因此只是一种间接材料。而政府机关公布的许多关于文化市场的统计数据，如电影观众的人数、剧院的营业额、画廊的拍卖收入、演出团体的上演场次、文化企业新开张与倒闭的数目等，却可以比较准确地反映文化市场的基本供求和消费情况，可以作为直接材料。

（3）社会途径。社会机构主要指高等院校的文化系科、专门的文化研究单位、文化信息传播公司、文化信息咨询公司等。这些社会机构既是文化市场信息的汇集点，又是文化市场信息的扩散点。它们搜集的信息一般要经过分析研究，而它们提供的信息则会经过筛选和整理。各种社会机构所拥有的文化市场信息既有一定的理论性，也有一定的指导意义，还有一定的实践性，因此，对于文化企业来说具有比较重要的价值，是文化市场营销调研的又一条重要途径。不过，社会机构对于这些信息都做过调查、分析、研究、整理的工作，因此，文化企业在获取这些信息的时候需要付出一定的费用。

（4）传媒途径。大众传播媒介对于当代社会生活具有极强的渗透力和影响力。传媒搜集和散发的文化市场信息流量很大，对于文化市场营销调研来说，也是一条重要途径。当代大众传媒的主体为图书、报刊、电视、广播、网络等，但目前正有向综合化、集约化、小型化方向发展的趋势。以最流行的数字产品为例，各种数字产品如 IPAD、IPHONE、MP3、MP4、MP5 等利用多媒体技术将摄、录、放的功能，声、光、影等要素，采、编、播等过程集中起来进行处理，能够传播和交流更多的信息，到达和涵盖更广的层面，却又小巧、便携。使用这些产品十分有利于文化市场营销的调研。然而，与其他途径相比，大众传媒散发的信息十分繁杂。文化企业需要在大众传媒提供信息的基础上进行重新搜集、鉴别、选择，以利用其中有价值的部分。

（5）个人途径。某些特殊类型的文化市场，如电影市场、戏剧市场、曲艺市场、歌舞市场、音乐市场、绘画市场、雕塑市场、书法篆刻市场等，其兴盛和衰落在一定时期一定范围内可能会取决于某几个人甚至某一个人。也就是说，在这些市场中，一些著名的艺术家具有常人不能比拟的文化市场的号召力与文化市场消费的吸引力，如戏剧市场的梅兰芳、周信芳；电影市场的李安、周润发、周星驰；足球市场的马拉多纳、梅西、C罗；篮球市场的乔丹、奥尼尔；通俗音乐市场的崔健、齐秦、周杰伦、克莱德曼、雅尼等。这就是所谓的明星效应。因此，涉及这种特殊类型的文化市场，对于其中举足轻重的个人的调查是完全不能忽视的。他们的一言一行、一举一动对于文化市场的营销效果都会产生重要的影响。除明星之外，明星的经纪人也需要重点调查，因为在未来的这类文化市场中，有的明星的经纪人与明星一样也会声名显赫，对文化市场产生至关重要的影响。①

2. 文化市场营销调研的方法。良好的方法对于要实现的目的来说，是一种有效的保证。文化市场营销调研的常见方法主要包括询问法、观察法、实验法三种。

（1）询问法。是指在准备调查提纲和表格设计的基础上，通过各种手段向被调查者提出询问，使被调查者根据设计和安排来回答有关问题，从而获得市场有关信息的方法。询问法在调查者和被调查者之间建立起信息的双向交流，互为反馈，可以根据实际的调查情况随时修正调查的选题和计划，使调查得到完善的结果。询问法可以通过访问调查、电话调查和信函调查来进行。访问调查，是组织调查人员造访被调查者，进行面对面的询问，其好处在于可靠度大、可信度高、问题设计灵活、反馈信息详实。电话调查，是通过电话询问被调查者，从中获取有关信息。这种手段也属于同被调查者进行直接交流，但效果不如访问调查。信函调查，是通过发送、邮寄信函询问被调查者，从被调查者所发回或寄回的函件中得到有关信息的手段。② 信函调查简单易行，成本不高，适用于较大规模的文化市场营销调查，其缺点在于，通常回收率不高，因缺乏直接交流，故可信度不如其他的询问手段。

（2）观察法。是指在准备好调查提纲的基础上，组织调查人员到商店、市场或有关的交易场所对商品交换行为进行观察，从观察记录中获取市场信息的方法。可分为明观察法与暗观察法两种。明观察法是在商品交换场所向经营人员与消费者说明情况，然后在柜台内和柜台外对买卖双方的行为进行观察，随之记录在案。用明观察法进行市场调查，有时可以得

① 方明光：《文化市场与营销》，79—84页，上海，上海人民出版社，2003。

② 菲利普·科特勒著，高登第译：《科特勒营销策略》，96页，北京，中信出版社，2007。

到经营人员和消费者的合作，获取的信息量可能很大。暗观察法是在经营人员与消费者双方都不知情的条件下对其商品交换行为进行观察并记录在案。一般来说，用暗观察法得到的相关信息更符合市场的真实情况，因而也更可靠。①

（3）实验法。是将部分文化产品小规模地先行推向市场，通过市场来检验这些产品是否具有试销性和竞争性。实验法属于商品的营销试验，从试验中可以获取相关的市场信息。实验法分为展销与试销两种。展销是通过商品展览与销售相结合的方式了解商品在市场上的地位，总是能够迅速反映一种文化产品或服务的市场冷热。通常分为综合展销与专业展销两种。试销是在大规模将商品投入市场之前，先投入少量商品，然后观察市场的反映。对于刚刚开发的新产品来说，试销是进入市场必不可少的阶段。文化企业通常通过自己产品在市场上试销的反映，获取相关供需信息，以此来调整产品结构和营销策略。②

三、文化市场营销调研的技术

对应于文化市场营销调研的诸多途径与方法，文化市场营销调研的技术也很多，最常见的是抽样调研技术与问卷设计技术。

1. 抽样调研技术。抽样调研是相对于全面调研与典型调研而言的。全面调研也被称为普查，是对文化产品所涉及的对象毫无遗漏地逐一进行调查，从而得到比较完整、系统、可信度高、有效性强的信息。但调查工作面广量大，组织工作比较复杂，数据处理也比较麻烦，故一般用于分销渠道单一，客户不多的文化市场。典型调研是在某一范围内选择市场地位、功用、意义等方面具有代表性的企业进行调查。抽样调研与这两种都不同，它是指从总体中抽取部分个体或单位作样本，对样本进行调查研究，然后根据样本信息推算市场的总体信息。抽样调研的优点在于，工作量小、费用相对低、花费时间比较短。因此，抽样调研技术受到很多企业的欢迎。

抽样调研技术包括随机抽样与非随机抽样，其中随机抽样又包括简单随机抽样、分层随机抽样、分群随机抽样，非随机抽样则包括任意抽样、

① 菲利普·科特勒著，高登第译：《科特勒营销策略》，94页，北京，中信出版社，2007。

② 菲利普·科特勒著，高登第译：《科特勒营销策略》，96页，北京，中信出版社，2007。

判断抽样、配额抽样等，究竟选择哪种抽样技术，则取决于调研的范围、目的、对象的特点、调研经费以及调研时间等。

（1）随机抽样。是指在抽样调查时，每个总体单位都具有同等被抽中的可能性。在随机抽样中，为了排除人为主观因素的影响，调研人员必须严格遵守正确的选择程序，避免武断或带有偏见地选择样本。在具体的操作过程中，根据采用的技术和调查的总体特征的不同，可有三种抽样法。

①简单随机抽样。也被称为单纯随机抽样，就是抽样时不作任何有目的的选择，用纯粹偶然的方法从总体中抽取若干个体样本。这种抽样方法对总体中的所有个体单位不分组、不排队，而是完全随机抽取样本。这是随机抽样中最简单的一种，适用于个体之间差异较小，调查对象不明确，难以分组的情况。对一些男女老少皆宜的大众性文化产品如言情武侠小说、欧美影视大片等的调研就可以采取简单随机抽样法，以免漏掉对某类消费者情况的了解。

②分层随机抽样。也被称为分类随机抽样或类型随机抽样，就是先将总体按一定标准分层，然后在各层中采用简单随机抽样或系统抽样的方法抽取样本。分层随机抽样在分层时，要将同一性质的基本单位分成一层，使层内个体特性相似，基本体现某一特征，而使层与层之间基本单位的特性差异最大。分层随机抽样可以避免简单随机抽样带来的样本过于集中在某一地区，或具有某一特征的缺点，适用于整个总体所包含的个体有明显区别性特征的情况。比如书法、绘画、雕塑、工艺品等文化产品集中流行于艺术研究者、艺术爱好者与高收入阶层所组成的总体中，可以根据他们各自明显的特征把他们分成各种层次，如不同职业、不同年龄段、不同收入以及不同文化层次等。这样细分后再在各层中随机抽取样本，综合成一个调查样本。

③分群随机抽样。又被称为整群抽样，是先将整体分为若干不重叠的群，然后随机抽取一部分群，对抽中的群内的所有单元进行调研。其优点在于，工作简单方便，抽中的个体比较集中，可以节约开支。比如要调研山东地区消费者对月饼市场的看法，可以将山东地区的所有消费者根据地市的界限分成几个群体，再从这些群体中抽取样本进行调研。不过，由于样本集中在某些群体而不是均匀地分布在各群中，如果群与群之间差异较大，抽样的误差就可能会增大。

（2）非随机抽样。是从整体单位中有意识地选择具有一定特征的特定部分单位进行调研。一般也有三种抽样法。

①任意抽样。又被称为偶遇抽样或便利抽样，是调研人员按工作的方式随意抽取样本的抽样方法。比如在街头或在柜台销售产品的过程中，向过路行人或购买者询问对某种文化产品的态度就属于任意抽样调研。其最大特点是可以任意调换调研对象，能够及时获得所需信息，省时、省力、节约调研支出。但抽样的偏差是不可控制的，只能就调研样本本身做出推测性判断。这种方式一般用于非正式的探索性调研，在正式的市场调研中较少使用。

②判断抽样。又被称为目的抽样，指的是根据调研人员的经验或某些有见解的专家选定的样本进行抽样。根据专家选定的样本进行抽样，一般是在调研整体中挑选代表平均水平的单位作为样本，或是在调查整体中挑选占多数的单元作为样本，由专家通过对典型样本的研究来推断整体的情况和状态。利用统计判断选择样本，即利用调查整体的全面统计资料，按照一定的标准选择样本。判断抽样适用于调查整体中各调查单元差异较小，调研范围较小，选择样本有较大代表性的情况。其优点在于简便易行，能够适应特殊需要，容易与被调查者形成良性互动，资料回收率高等。不过，这种方法容易出现因主观判断而产生的无法计算的抽样误差，同时也无法确定各个调查单元被抽取的概率。因此，判断抽样对调研人员的业务素质要求很高，如果调研人员经验丰富、知识面广、判断力强，抽取的样本代表性就大，反之就小。

③配额抽样，又被称为定额抽样或计划抽样。配额抽样是先将整体按照调研的特点分层，并按照一定标准分配各层的样本数额，在配额限度内由调研人员任意抽取样本。它与分层抽样的区别在于，分层抽样是按随机原则在层内抽样，而配额抽样则是由调研人员在配额内主观判断抽取样本。尽管配额抽样法不具备从样本推断整体的科学依据，但由于其注重样本结构与总体结构在量上的类似性，只要抽样设计完善，调研人员素质好，调查结果的可靠性与准确性也很高。因此，配额抽样在实际营销调研中应用最广泛，尤其在较小规模的营销调研中，大多采用这种抽样法。

2. 问卷设计技术。调研问卷设计是根据调研的目的将所需要调研的问题具体化，使调研人员能够顺利地获取必要的信息资料，便于统计分析。问卷设计中常见的问题有：一是不能将所要调研的问题清楚、准确地传达给被调研者，使被调研者无法表达出自己真实的想法和感受；二是对被调研者的个性、知识水平、理解能力、道德观念、生活习惯、职业等存在差别考虑得不够周密；三是调研者自身的专业素质和技能高低不同，产生的结果参差不齐。这些都会对调研效果产生影响。为了最大限度地避免这些问题，在设计问卷时应该注意以下六个方面。

（1）主题明确。整个调研问卷的目的与主题必须明确。在设计问卷时，首先需要分析目的与主题。然后，在对目的与主题分析结果的基础上将目的与主题分解成为许多详细的题目，以具体询问的方式让被调研者回答。在设计具体题目时需要注意突出与目的、主题相关的重点，避免可有可无的问题。

（2）易于接受。要获得理想的调研结果，取得被调研者的合作是关键。在调研问题的内容确定之后，在设计技巧上需要多从被调研者的角度考虑，使他们乐于接受并愿意回答。因此，调研问卷首先需要在说明词，也就是问候语部分将调研目的明确地告诉被调研者，让对方知道该调研的意义和自身回答对调研最终结果的重要性。问卷说明词要诚恳、有礼貌、有亲和力。问卷问题的表述要简洁，意思要明确，口气要自然，适度地体现出趣味性和吸引力，使被调研者乐于回答并给出真实的想法与答案。

（3）顺序合理。在设计问卷时，调研问题的排列顺序必须合理、条理清楚，这样才能够提高问题回答的效果。问卷中的问题一般可以按照简单问题、封闭式问题、开放式问题的顺序进行排列。简单问题通常放在最前面，用来引导被调研者尽可能地回答更多的问题。封闭式问题下一般有调研人员预先拟定好的备选答案，回答起来简单，也便于统计，但缺乏被调研者的自主表达。开放式问题没有事先拟定的答案，对问题的回答也没有限制，被调研者可以根据自己的情况自由回答，答案通常比较真实但不确定，不便于统计和分析。

（4）问题合适。问卷设计中的问题是否合适至关重要，这直接决定了该问卷的整体质量与最终效果。要实现问题合适，最好能做到：①调研内容简明。没有价值或无关紧要的问题不要列入，同时避免出现重复提问。②调研时间简短。问题与问卷都不宜过长。调研内容过多，时间过长，会招致被调研者的反感，主动放弃回答，甚至是胡乱回答。③问卷设计合理。问卷设计的形式尽量简洁，内容做到简明、易懂、易答，不能让被调研者一看就产生畏惧或逃避的心理。④避免使用含糊不清的词语。问卷中的词语要尽可能意义明确，不要使用含义模糊或容易产生歧义的词，如“有时”“经常”“一些”等。⑤不能用一般性、笼统性的问题提问。问题应该尽量具体，这样得出的答案才会便于统计分析，而且产生误差较小。⑥不要使用带有引导倾向的问题。问卷中的提问不应该让被调研者感觉被强迫应该回答什么或不应该回答什么。这种提问方式往往会导致被调研者或是敷衍了事，或是不假思索地认同被暗示的答案，或是出于从众心理说出与事实不符的答案。⑦避免可能令人难堪的问题。如果有些问题非问不可，但涉及个人隐私或有碍声誉，就要考虑到被调研者的感受，应采用比较委婉的方式进行提问。⑧避免需要长时间思考的问题。大部分人很难马上想起时间过了很久的问题，如果强迫被调研者回答必须经过长时间回忆或思考才能够回答的问题，就很难获得理想的合作。

（5）分析方便。是指调研问卷的设计需要使被调研者的答案便于进行检查和数据处理，也便于作交叉分析。

（6）先期测试。营销经理或市场调研小组的负责人必须在问卷投入收集数据的运用前对问卷的设计进行先期测试。这个阶段通常能够揭示问卷中的矛盾之处，便于在问卷发出之前做出必要的改动。先期测试通常需要十几个被调研者来完成，而且这些被调研者最好符合需要研究的对象群体的一般特征。更有效的先期测试方式可以在真实的环境中去检测。先期测试是问卷设计的关键环节，它可以使企业提高问卷质量，避免在时间和金钱上做过多的花费。

第二节　数字调研与SPSS等调研软件的应用

询问法、观察法、实验法、抽样调研技术、问卷设计技术等属于当代文化市场中常见的调研法，但也属于传统的调研法。传统的调研，被调研者基本处于比较被动的地位，难以表达自身不同的意见和需求，有些被访者对于调研不予反应或回复。企业采用此种方式需要投入大量的人力物力，还难以实现针对不同个体的目的。如若调查面小，则不足以全面掌握市场信息；而调查面大则耗时、耗财、耗力。当代的数字化进程为市场调研提供了强有力的工具，也为企业开展市场调研提供了有效途径。虽然目前还没有发展到十分成熟的程度，但数字调研在日益全面数字化的今天已经得到了十分广泛的应用。数字调研目前做得比较好的是日本和美国。中国起步较晚，但近年来也有了长足的进展。据统计，在2000年，国内市场研究支出中仅有10％用于数字调研，而2003年，中国电子商务因为SARS肆虐，数字调研异军突起，将这一比例提高到大约23.6％，2006年则达到33％。中国市场信息协会调查分会的报告指出，2007年，使用借助互联网和相应软件技术进行调研的市场公司有28家，占了70％，越来越多的公司开始重视数字调研的应用。2009 年 8 月 12 日，中国首个“在线调研联盟”在北京正式成立，来自全国的近 50 家调研机构共同签署了承诺书。这是中国网络调研领域的第一个行业性组织。“在线调研联盟”的成立，预示着我国数字调研行业即将步入一个新阶段。

一、数字调研的特点

与传统调研法相比，数字调研具有涉及问题多、与消费者互动更频繁更深入、结果更全面更准确、方式更迅捷方便、监测更容易、在跨国执行中进行协调更有利等六个显著特点。

1. 数字调研需要考虑的问题更多。在传统媒体领域里，视频和声频处于相对独立的地位，电视提供视觉享受，广播提供声频效果。但是数字媒体的出现对传统媒体中的一些固有概念进行了挑战，比如在 IPAD 上既可以看电视，也可以听音乐、看报纸。从这一点来看，传统调研会相对容易操作一些，而数字调研所要考虑和涉及的问题可能会更多。比如传递调研信息时是使用视频、文字还是声音等都是需要考虑的问题。

2. 数字调研与消费者的互动更深入，也更频繁。传统媒体在调研受众时只关注触及率，如电视收视率、平面媒体阅读率。但在数字媒体时代，企业更注重品牌与消费者深入互动及紧密接触的程度。因为，这有利于消费者直接参与产品的宣传，使企业更好地了解和洞察市场的需求。

3. 数字调研结果更全面，也更准确。在数字媒体产生之前，许多调研结果都以抽样调研为基础，通过部分地区或者城市的调研结果预测大致趋势、受众等各方面情况，因为传统调研不会也不可能有全面样本调研的条件。但在数字化媒体环境里，根据每个人不同的 IP 地址就可以搜集到每个人的浏览习惯、喜好的产品类别。这样一个巨大的数据库为数字调研提供了非常丰富的资源。当然，以此为基础的调研结果也会比传统调研更准确，企业在进行广告投放时也会更具有针对性。

4. 数字调研方式更迅捷方便。数字调研通过网络、诸种数字媒体将信息传递给消费者，消费者可以随时随地接收到调研的信息并即时作答。而数字调研对反馈数据的整理和分析也十分迅速。虽然传统调研也会利用计算机对数据资料进行分析、整理，但数字调研的原始数据资料就是数字格式的，反馈的数据可以直接形成数据库。

5. 数字调研更容易对受众实行监测。在传统调研中，对受众的监测很难做到随时随地进行，但在数字媒体时代，从理论上讲，每一个人的即时行为都可以随时被监测到，因为网络和数字技术创造了一个开放的空间。然而，这也对数据调研人员提出了挑战。比如，已经被广泛应用于电视媒体的GRP（Gross Rating Points）总收视率评估方法在数字化媒体世界里被网络视频评估所借鉴，产生了针对网络视频的评估体系IGRP。但是数字媒体和传统媒体毕竟是两种不同的媒体，这样的简单平移给数据调研人员带来了众多实际操作上的困难：GRP反映的是一个有限的、静态的及时点或者时段，是在电视栏目排期已定的情况下，将收视率乘以到达率得出的某个特定时间段投放的某支广告的收视率总和。但是网络视频没有排期，每个节目都可以随时点击收看，所以IGRP如果采用GRP的思路去对广告进行效果评估，并无法真正反映一支广告的总体投放情况。目前，从某种程度上说，IGRP只是一个过渡产品。

6. 数字调研更有利于进行跨国执行中的协调。由于数字调研借助网络和各种数字媒体来进行，而网络和数字媒体上随时可以查找到或都装有各种语言的翻译软件，跨国调研语言的协调问题因此迎刃而解。而作为“全球高速公路”的互联网络，又使调研问卷的跨国传输变得方便快捷。因此，在跨国调研活动中，数字调研相较于传统调研能够体现出更大的优势。

二、数字调研的技术与技巧

1. 数字调研的技术。数字调研的常见技术类型有四种：在线访问、计算机辅助电话访问、虚拟店铺问卷以及虚拟店铺。

（1）在线访问。通过Java程序设计语言编写网站应用程序，随机选择访问者，并弹出以视频、声音或文字形式呈现的问卷窗口，邀请其参加访问，这种方式有时也被称为多媒体直接询问。在线询问与传统询问法相似，只是调研人员可以根据计算机显示器上读出的问题，同时向多个被调研者提问，并将他们回答的数据直接输入计算机。此法可以向几十个人同时进行询问，且具有较高的经济性；还可以避免从询问表输入到计算机过程的所产生的差错。比如主营儿童节目的著名有线电视频道公司Nickelodeon进行的一次在线访问，主题是“如何弄清每个孩子都在想什么”。孩子们在家使用个人电脑和一个调制解调器与Nickelodeon公司的网络调研员联系。网络调研员与孩子们每三周开一次定期网络会议，并在会议上引导他们讨论不同的话题。与话题有关的信息和消息会及时出现在电脑公告板上。支持这一在线访问的软件系统年平均费用为8～10万美元，仅为传统调研费用的一个零头。同传统调研相比，Nickelodeon 公司通过在线访问可以更快速、更廉价地得到更详细的资料。

(2) 计算机辅助电话访问。计算机辅助电话访问系统 CATI 目前在美国十分普及。它不仅加强了电话访问在时间和成本方面的优势，同时也突出了方法上的优势。当利用这种方法进行调研时，系统可以根据随机抽样得出电话号码并拨号。每位访问员都坐在一台电脑前，当被访问者电话接通后，访问员通过一个或几个键启动机器开始提问，需要提出的问题及备选答案便立即出现在屏幕上。同时，计算机系统还会根据被调研者对前面问题的回答，自动显示与被访者个人有关的问题或直接跳过去选择其他合适的问题；调研员也可以根据电脑列表统计的结果和问题回答的有效概率，删掉某些不合适或不必要的问题，或是加上某些必要的题目。此外，电脑还能够帮助整理问卷，省略了数据的编辑及录入工作。当访问完成后，有关被调研者的答案就会随之消失。CATI 的缺点在于：其一，CATI 是为“电话—屏幕”调研设计的，使得被调研者接受的屏幕格式会受到限制；其二，CATI 主要使用语言技术进行信息收集，不能充分显示网络调研在图片播放等方面的优势。

(3) EMAIL 问卷。这是一份简单的 EMAIL。有专门的程序进行问卷准备，列制 EMAIL 地址和收集数据。EMAIL 写好后，可以按照已经选好的地址发出，被调研者回答完毕将问卷回复给调研机构。这种方式通常收到反馈的机率相对较低，准确度相对较差，但却十分节省资金、人力、物力。

(4) 虚拟店铺。是在三维计算机图形技术基础上发展而来的。通过此项技术，市场营销人员可以快速而廉价地在计算机上构建一个零售商场环境。顾客可以通过电脑进入这个虚拟店铺，用鼠标在货架上点一下所感兴趣的商品，商品就立即出现在屏幕正中，可以随意地从数个角度进行观察。当他决定购买时，只需点一下小型手推购货车，商品就自动从货架中进入小车。在整个购物过程中，计算机会有条不紊地记录下每位消费者在不同类型商品上所花的时间、消费者购买的数量和购买的次序。这颇类似于传统营销调研中的试销实验。这种调研方式有很强的弹性，它能被应用于测试一种全新的市场营销理念，也可以用以调整原有的营销规划，而且能使企业尽可能地排除传统测试方式存在的干扰。

2. 数字调研的技巧。优质的调研结果需要适当运用调研技巧。数字调研的技巧包括：通过电子邮件或来客登记簿获得市场信息、提前制定调研提纲、科学设计调研问卷、巧妙提高被调研者的积极性、寻找竞争对手、数量调研与质量调研相结合、有针对性地跟踪目标顾客等。

（1）通过电子邮件或来客登记簿获得市场信息。电子邮件和来客登记簿是企业在网络上与顾客进行交流的重要工具和手段。电子邮件都附有HTML表单，访问者可在表单界面上点击相关主题并填写附有收件人电子邮件地址的相关信息，然后发回给企业。来客登记簿是让访问者填写并发回给企业的表单。通过电子邮件和来客登记簿，不仅可以使所有顾客读到并了解企业的情况，而且也可以帮助调研人员获得相关的市场信息。

（2）提前制定调研提纲。一个调研项目并不仅仅局限于纯粹的技巧，它常常包含与产品内涵或营销原则相联系的理念。通过调研提纲可以提前思考如何将这种理念贯彻到具体的调研活动中，将调研项目变成品牌与消费者沟通的工具。

（3）科学设计调研问卷。对网络调研问卷的设计与对传统纸质调研问卷的设计并没有实质上的不同，只是数字调研问卷的形式并不局限于文字，还可能通过视频或声音来进行，而且数字调研问卷一般应该附上问卷设计者和相关机构的联络方式。

（4）巧妙提高被调研者的积极性。提高被调研者的积极性是需要技巧的，常见的技巧比如：①给被调研者一定的奖励。提供奖励可以提高问卷的回收率，主要可以采取两种方式：一是提供线上折扣券、小礼物和抽奖这样的物质奖励；二是向被调研者提供调研结果。如摩托罗拉和惠普在进行数字调研时，都有奖品激励参与者。②给被调研者以安全的保证。一方面应当加强安全措施，采用最新的防黑客技术；另一方面，企业也应当向被调研者提供保证，使被调研者放心大胆地把自己的个人资料透漏给公司。这些都需要企业做出时间和金钱上的投资。③向被调研者强调调研的重要性。许多用户收到EMAIL问卷时会马上删除，因此一定要在问卷的开始就强调调研的重要性，强调问卷对公司和用户的重要作用，使被调研者感到自己肩负重任，具有成就感。④建立网上的情感纽带。调研人员可以在企业站点上展示产品的图片、文字等，还可以有针对性地提供公众感兴趣的时装、音乐、电影、家庭乃至幽默等有关话题，以大量有价值的与企业产品相辅相成的地址和免费软件吸引访问者，促使访问者乐于告诉你有关个人的真实情况。这样，调研人员就可以比较方便地与访问者在网上建立友谊，达到数字调研的目的。

（5）寻找竞争对手。调研人员还可以利用多种方式在网络上搜集竞争对手的信息，譬如利用导航台，锁定具体区域，设定与自己产品相同或相似的关键词来寻找竞争对手，仔细查看竞争对手的网址，注意竞争对手网站中值得借鉴的地方，注意竞争对手是否已做过类似的市场调研等。

(6) 数量调研与质量调研相结合。对于一般性的商业经济问题，如消费者的年龄、性别、所在地区及购买动机等问题，可采用数量统计的调研方式。但针对有关具体产品时，则宜采用质量调研的方式。

(7) 有针对性地跟踪目标顾客。一旦选定了目标顾客，与目标顾客建立了联系，就需要对目标顾客进行有针对性的跟踪，对其需求变化的迹象、趋向等做出及时的把握和分析，以适时、适度修改调研项目。

三、数字调研的问题与对策

1. 数字调研的问题。数字调研是一种新的调研方式，虽然现在正在被广泛应用，但因其技术上还未成熟，网络还没有做到全民普及等原因，不可避免会出现许多问题。数字调研的问题主要包括网络安全性、企业和消费者对数字调研缺乏认识和了解、技术层面的专业人员匮乏、网络普及率不高、拒访现象大量存在、无限制样本会困扰最终结果等。

(1) 网络的安全性问题。利用网络进行调查，容易将网络暴露于潜在的威胁之下。从国际网络病毒到黑客引发的数起案例来看，网络安全性问题需要引起足够的重视。

(2) 企业和消费者对数字调研缺乏认识和了解。与西方国家相比较，我国国内企业对数字调研在观念水平、技术运用方面还存在很大差距。消费者作为重要的调研对象，他们对市场调研和数字技术的不理解、不信任将直接影响调研的实际效果。

(3) 技术层面的专业人员匮乏。目前，数字调研仍处于发展阶段，现有的数字调研专用技术的欠缺将导致调研流程不畅通。尽管网络调研的专门研究单位和专门软件发展迅猛，但仍有许多不尽如人意的地方。虽然企业拥有一些优秀的网络技术人员和市场调研人员，但能熟练运用网络技术、调研实践经验丰富的专业网络人员还相当缺乏。

(4) 网络普及率不高。我国地广人多，各地区的经济技术、民众的文化素质发展方面存在巨大差异，使互联网络不可能在短期内覆盖所有地区及每一个人。而网络用户的数量却是数字调研发展的必要条件。

(5) 拒访现象大量存在。不少被调研者会出于各种原因而拒绝参加数字调研。拒访率居高不下会造成样本流失，影响调研结果的可靠性。

（6）无限制样本会困扰最终结果。由于网络的无限制性，使调研项目极有可能受到有些网民的骚扰。如果同一个人重复填写问题的话，就会把调研情况变得很复杂。比如著名的电脑使用者杂志 INFOWORLD 于 1997 年决定第一次在网上进行读者意向调查。由于重复投票，调研结果极其离谱，以致整个调研无法进行。

2. 数字调研的对策。针对数字调研的问题，应该注意制定相应的应对策略，如加快互联网的普及程度、剔除垃圾信息、提高互联网速度、积极打造互联网诚信度、注意控制被调研者和问卷的填报质量、将传统调研与数字调研相结合等。

（1）加快互联网的普及程度。与传统调研方式相比，数字调研的优势显而易见，但是由于国内网络发展在各地区的不平衡，导致数字调研很难在经济相对落后，现代化程度相对较低的省市实行。因此，加快互联网的普及程度是改善数字调研现状的必要之举。

（2）剔除垃圾信息，尽量避免信息过载。这一对策的关键就在于多开发有用的智能软件，并使其普及到越来越多的用户。如调研者可以通过更多的 MIS 软件把数据处理成更准确、更有用的信息；调研者也可以开发更强大的智能检索工具；调研者还可以开发能够根据用户喜恶随时做出调整的智能软件。然后，通过诸种途径如鼓励、推荐、赠送、代购等方式使用户、消费者也使用相应的软件。

（3）提高互联网的速度。由美国克林顿政府支持的 NGI（Next Generation Internet）项目以及美国 120 多所大学和相关协会、公司及政府机构共同努力建设的 INTERNET2 计划力图将互联网的速度再提高 100 到 200 倍，各种媒体如网络电视和许多公司如微软公司也将对低费用上网技术大力推广，互联网的速度很快将不会成为问题。我国也完全可以效仿美国，大力提高互联网的网速。

（4）打造互联网的诚信度。目前，所有调研都遵循保护隐私权原则，并会更详细地向被调研者解释收集数据的目的，此外，在线安全交易技术也正在得到大大的改进。

（5）注意控制被调研者和问卷的填报质量。要做到这一点首先最好不要用配额抽样，而要坚持随机抽样的原则。其次，要尽量控制选择答题者。调研者无法 100%保证按鼠标的人就是要找的人，因此需要调研者把邀请与相关链接发到被调研者的电子邮箱。

（6）传统调研和数字调研相结合。目前的数字调研因技术发展与时代发展的局限，其不成熟是不可避免的。因此，为避免数字调研不成熟带来的弊端，在进行调研的同时，以相应的传统调研活动作为辅助手段，纠正数字调研活动中出现的问题，既是必要的，也是可行的。

四、SPSS 等调研软件的应用

在今天，无论是传统调研还是数字调研都必然需要诸多调研软件的协助才能够完成工作。在调研的不同阶段通常需要不同类型的软件，不过也有能够处理各个阶段工作的通用软件。目前常见的市场调研通用软件有 FoxPro、SPSS、SAS、BMDP 等。其中 FoxPro 软件在市场调研领域曾经风靡一时，但随着 Microsoft 停止继续开发 FoxPro 版本，FoxPro 必将陆续退出市场。目前最流行的重量级调研软件当属 SPSS，还有 SAS 与 BMDP。在国际市场上，SPSS、SAS 与 BMDP 被并称为三大统计软件包。除了企业经常使用的这些大型软件之外，市场上还有许多可供参考使用的小型调研软件如闻道游戏账号会员管理软件、ChuanCRM 客户关系管理系统、网站多客宝在线客服、智络会员管理系统等。

1. SPSS 软件。是“统计产品与服务解决方案”（Statistical Product and Service Solutions）软件的简称。最初软件全称为“社会科学统计软件包”（SolutionsStatistical Package for the Social Sciences），但随着 SPSS 产品服务领域的扩大和服务深度的增加，SPSS 公司已于 2000 年正式将英文全称更改为“统计产品与服务解决方案”，标志着 SPSS 的战略方向正在做出重大调整。

（1）SPSS 的历史。SPSS 是世界上最早的统计分析软件，由美国斯坦福大学的三位研究生诺曼・H・奈（Norman H. Nie）、C・哈德莱・泰克斯・胡尔（C. Hadlai Tex Hull）和戴尔・H・本特（Dale H. Bent）于 1966 年研究开发成功，同时成立了 SPSS 公司，并于 1977 年成立法人组织，在芝加哥组建了 SPSS 总部。1984 年，SPSS 总部率先推出了世界上第一个统计分析软件微机版本由 DOS 环境支持的 SPSS/PC＋V4.0，随着 Windows 操作平台的面市，SPSS 开始由 DOS 版本升级为 Windows 版本，即最初的 4.0 版本。后来 SPSS 公司逐渐开创了 SPSS 微机系列产品更多的开发方向，极大扩充了它的应用范围，并使其能够很快地应用于自然科学、技术科学、社会科学的各个领域。世界上许多有影响的报纸杂志纷纷就 SPSS 的统计绘图、数据的自动化、资料分析的深入细致、使用方式的方便快捷、各方面功能的基本齐全等给予了高度评价。2009 年 7 月 28 日，

IBM公司宣布将用12亿美元现金收购SPSS公司。如今SPSS已出至版本20.0，而且更名为IBM SPSS。①

（2）SPSS的功能。SPSS是一个组合式软件包，它集数据整理、分析功能于一身。用户可以根据实际需要和计算机的功能选择模块，以降低对系统硬盘容量的要求。SPSS的基本功能包括数据管理、统计分析、图表分析、输出管理等等。SPSS的统计分析过程包括描述性统计、均值比较、一般线性模型、相关分析、回归分析、对数线性模型、聚类分析、数据简化、生存分析、时间序列分析、多重响应等几大类，每类中又可以分为好几个统计过程，比如回归分析中又分线性回归分析、曲线估计、Logistic回归、Probit回归、加权估计、两阶段最小二乘法、非线性回归等多个统计过程，而且每个过程又允许用户选择不同的方法及参数。SPSS还有专门的绘图系统，可以根据数据绘制各种图形。SPSS的分析功能也很强大，它的分析结果清晰、直观、易学易用，而且可以直接读取EXCEL及DBF数据文件，现已推广到多种各种操作系统的计算机上。最新的12.0版采用DAA（Distributed Analysis Architecture）分布式分析系统，全面适应互联网，支持动态收集、分析数据和HTML格式报告。SPSS使用专用的SPO格式进行储存，也可以转存为HTML格式和文本格式。对于熟悉老版本编程运行方式的用户，SPSS还特别设计了语法生成窗口，用户只需在菜单中选好各个选项，然后按“粘贴”按钮就可以自动生成标准的SPSS程序，极大地方便了中、高级用户。

SPSS虽然各项功能齐全，但很难与一般办公软件如Office或是WPS2000直接兼容，只能采用拷贝、粘贴的方式进行交互使用。另一个缺点就是在撰写调研报告时往往要用电子表格软件及专业制图软件来重新绘制相关图表，这已经遭到诸多统计学人士的批评。而且SPSS作为三大综合性统计软件之一，其统计分析功能与另外两个软件即SAS和BMDP相比仍有一定欠缺。

（3）SPSS的新发展。2010年，SPSS公司推出其旗舰统计分析软件的新版本SPSS18.0 for Windows。该版本除继承原有产品的特点外还增加了许多显著的新特性。SPSS18在数据管理、统计分析和可编程性方面进行了新的改装。除此之外，SPSS18还提供了新的图形选项以及PDF格式输出功能。对于企业用户来说，用SPSS预测企业服务以及用SPSS适配器

---

① 李国春：《SPSS统计软件简介》，《循证医学》，2003（3），249页。

能够让企业内部各个部门更有效地使用一致性的数据。

（4）SPSS的使用。以用SPSS建立调研高校本科在校生兼职情况的数据集为例，步骤如下：启动SPSS后，将自动打开SPSS的数据编辑器。在其左下端有两个页标签，其中“DataView”是数据窗口，“VariableView”是变量属性窗口，前者录入变量值，后者输入变量名并定义其各个属性。以问卷中对兼职目的调查一题为例，如您做兼职的首要目的是什么？所涉及的可供选择答案共有7种目的，将首要目的和被调查者的性别、年级设为变量，各取变量名。针对每一目的有“有”和“无”两种回答，则分别用变量值“1”和“0”来表示；对于被调查者的各变量，用“0”“1”分别表示“男”“女”；用“1”“2”“3”“4”分别表示“大一”、“大二”、“大三”、“大四”。值得一提的是，对于问卷中多项选择题的处理，可将每一个选项单独与题干组成一题，有“是”与“否”两种答案，并分别用变量值“1”和“0”来表示。以问卷中“您通过何种途径寻找兼职工作”为例，可供选择的答案有“校园宣传栏”“中介机构”“朋友介绍”“网络”“勤工助学协会”，可以“您是否以校园宣传栏作为寻找兼职的途径”的方式提问，将此多项选择题分解为单项选择题。确定好这些数据后，即可在“Variable View”窗口依次输入变量名及属性。属性中需要解释的有：Type是对变量名类型的规定；Width是对变量长度的规定；Label是对变量的补充说明；单击Values列格中的阴影方框，可以定义该变量的标签。在定义好变量后，就可以进入“Data View”数据窗口录入变量值。可以看到，变量名会自动显示在电子表格首行表头中，而样本编号会显示在表格左面第一列中。每一横行中所有数据则代表一个样本的全部答案，样本数与数据窗口中行数相等。数据录入力求准确、快速。最后，SPSS用“sav”类型保存其数据集。

要对收集的数据进行统计，具体步骤为：①运行SPSS，按Analyze→Descriptive Statistics→Descriptives顺序打开Descriptives对话框。②选定Y、X变量送入Variable（s）栏中；选中Save standardized values asvariables复选项，要求计算变量的标准化值，并保存在当前数据文件中。③单击Options按钮，打开对话框，选中均值、总量、标准差、最小值、最大值、极差复选项。④在主对话框中单击OK按钮，提交运行。输出结果为表格。在表中，从左到右看，分别为变量名称、观测量的频数、全距、最小值、最大值、和、均数以及标准差。

要利用SPSS绘制图形，其步骤为：①运行SPSS，按Graphs→Bar→

Clustered→Define 顺序打开 Define Clustered Bar 对话框。②选定年级变量送入 CategoryAxis 栏中，选定遇到困难的态度变量送入 Define Clusters By 栏中，在 BarsRepresent 中选中 Nofcases，单击 OK 按钮，提交运行。①

2. SAS 软件。SAS 是全球最大的软件公司之一，于 1976 年创建于美国，是全球领先的商业智能分析软件与服务供应商。SAS 的核心重点是提供商业分析软件与服务，其中包括数据管理、分析和报表技术。这些技术可独立使用或用于行业的商业解决方案。SAS 的商业解决方案基于信息管理、分析和商业智能三项主要功能：①信息管理对泛滥的结构化与非结构化数据进行治理和管理，以确保数据质量。SAS 的信息管理包括分析管理、数据管理和决策管理。②SAS 的分析体现为应用广泛的高级分析工具，在数据中找到答案。SAS 使客户能够测评出当前重要的事项、揭示最佳行为、预警风险并以超前的洞察力完成决策和执行。③SAS 的商业智能体现为可以随时随地基于事实获取正确信息并做出正确决策。SAS 提供一整套直观的界面可直接在移动设备上进行实时分析。无论身在何处，每个决策者均能监测关键数据指标并做出明智的决策。

3. BMDP 软件。BMDP 是 Bio Medical Data Processing 的缩写，是世界级的统计工具软件，至今已经有 40 多年的历史。BMDP 是一个大型综合的数据统计集成系统，从简单的统计学描述到复杂的多变量分析都能够应付自如。每一个 BMDP 程序的执行算法都经历了最严酷的实际专业测试才被予以应用。BMDP 为常规的统计分析提供了大量完备的函数系统，如：方差分析（ANOVA）、回归分析（Regression）、非参数分析（Non-parametric Analysis）、时间序列（Times Series）等等。此外，BMDP 特别善于进行出色的生存分析（Survival Analysis ）。目前最新的版本是 BM-DP2007。BMDP 已被 SPSS 收购。

第三节　撰写营销调研报告

无论是传统的一般调研，还是时尚的数字调研，最后都要涉及撰写调研报告的问题。文化市场营销调研报告指的是在对文化市场进行深入实际调查研究后所撰写的书面报告，主要通过文字、数据分析、图表等方式将

① 秦妮：《SPSS 统计软件在市场调研中的应用初探》，《边疆经济与文化》，2008 (10)，46—47 页。

调研结果表现出来，目的是帮助文化企业制定产品或服务的营销策略。它是文化市场营销调研活动的直接结果，也是衡量和反映一次调研活动质量高低的标志，还可以当作历史资料被重复使用。

一、营销调研报告的特点

营销调研报告的撰写一般需要具备4个特点：1. 要有明确目的。文化市场营销调研报告是为了满足文化企业制定营销决策时对信息资料的需求，无论是描述和评价，还是意见和建议，都是以开展企业营销活动为目的而撰写，一份报告直接对应一项营销活动，解决一个重要问题，有着明确的针对性。

2. 要以事实为依据。对事实现象和数据的收集、整理在文化市场营销调研报告中占据很大比重，即使是有一些主观的分析和推理，也还是建立在一定现象和数据基础上的。

3. 要有科学性。文化市场营销调研报告的科学性主要体现在三个方面：①调研报告撰写的前提是对文化市场事实客观、正确的掌握；②调研报告的撰写必须建立在运用科学分析方法，对数据、情况进行充分定性、定量分析的基础之上；③调研报告得出的结论应该能够科学地揭示文化企业经营活动或是文化市场变化情况的规律。

4. 要有时效性。在经济竞争全球化的今天，文化市场的情况瞬息万变，市场机会稍纵即逝。文化企业的决策者和管理者要使自己的营销与决策具有超前性，掌握市场的主动权，就必须及时、准确地掌握市场信息。而文化市场营销调研报告正是掌握这些信息的很重要的途径。

二、营销调研报告的撰写原则与要求

1. 观点鲜明。调研报告要观点鲜明，对要说明的问题立场明确，对材料的判断、分析及提出的意见建议必须十分清楚，绝不能模棱两可。

2. 态度客观。在营销调研报告中提出意见、建议和做出结论一定要从客观事实出发，不能把营销调研当作是为自己事先已有的主观定论寻找的依据。只有客观反映实际情况的调研报告才能够成为企业做出营销决策的可靠依据。

3. 语言精炼。调研报告必须文字简练、数字精确、图表一目了然，在表达上开门见山，不说废话、套话。

4. 结构严谨。调研报告的中心要突出，材料与观点要统一，提出的观点要有材料的分析说明，列举的材料要有观点的支撑。

三、营销调研报告的结构

营销调研报告通常没有一种被所有人都认可的格式，也不存在任何硬性不变的法则，而应根据不同的文化企业类别与不同的文化产品服务类型设计出合理的结构。营销调研报告的基本结构包括：标题页、目录、摘要、序言、调研结果、结论与建议、附录。

1. 标题页。是别人第一眼看到的报告的封面。好的调研报告标题页要能够引起阅读者的好奇心和兴趣。在制作标题时需要注意：

（1）标题要确切反映调研报告的内容，概括内容的中心，使读者一看便知道文中内容所要说明的问题，例如《帝亚传媒影音文化公司市场调查报告》。

（2）标题一般应该包括调研范围、时间、对象三个部分，但要尽量做到简明、新颖、醒目，例如《2012/2013 年度北京地区音像制品市场调研报告》。

（3）标题的形式有两种，即单行标题和双行标题。双行标题也被称为正副标题，一般正标题揭示调研报告的基本内容，副标题是对正标题的补充说明，说明调研的对象、范围和事项等，例如《流量成为门槛，体验成为障碍——2012 年度中国手机游戏用户调研报告》。

2. 目录。目录简要描述了报告的主要内容，是引导浏览者了解报告结构的导游图。目录要将标题的分类、层次写清楚，使浏览者对报告的大体内容一览无余。

3. 摘要。又称文摘或提要。它以简明扼要的文句，将调研报告的主要内容正确无误地摘录出来，使读者在最短时间内得知报告的大意。摘要的主要功能是节省阅读者的时间，在短时间内得知资料的大要，并据以决定是否要仔细阅读全文。不过，在有的调研报告中，摘要会被省略。

4. 序言。又称前言，是调研报告的开头。一般包括：调研的背景、目的、对象及范围；调研的内容、方法及过程；主要发现、结论、观点及建议等。在写作调研背景时需要描述导致委托研究的原因。引言是否一定涵盖一般包括的三个方面内容，应根据调研报告的撰写需要以及全文的统一安排而定。文字应该简明扼要，不要喧宾夺主。

5. 调研结果。是调研报告的主体，调研结果因项目而异，有时评价市场规模、市场份额和市场趋势；有时只限于形象或态度资料的归纳。不过，一般来说，调研结果作为调研报告的正文部分，应该包括对调研情况客观、直接的描述；对所掌握材料的分析说明；在分析基础上加以综合，得出结论；提出意见或建议等四个部分。

6. 结论与建议。是调研报告的展示窗口，它们为文化企业提供有兴趣的主题，有时还提供解决特殊问题的建议。这一部分是调研报告的结尾。不过，并不是所有调研报告都要特意安排一个结尾部分，有的营销调研报告就没有专门的结尾，正文阐述完毕即告结束。结尾的内容主要分五种情况：概括归纳全文、综合说明或重申调研报告的主要观点、形成结论、给出评语、提出意见和建议、提出新问题。

7. 附录。有的调研报告还有附录。附录是调研报告中包含不了或不宜列入，但与报告有关并需要加以补充说明的内容，一般包括问卷调查表、背景材料、数据汇总表、计算分析表等，是那些有可能对阅读者产生有价值或感兴趣的资料。

四、撰写营销调研报告应注意的问题

1. 语言朴实。调研报告不同于总结、新闻报道、文学作品等，语言要平易朴实、简洁明了，少用一些形容词或副词修饰，少用华丽的词藻，语言表达要符合语法规范。

2. 注意版面设置的生动性。为了使调研报告富有吸引力，最好设计一个统一的版面。在调研结果，即正文中适当安排一些快捷轻松的示意图、表格和其他有关的图片资料，以便使阅读者快速进入语境。

3. 恰当运用图表。调研报告一般会广泛运用图表进行显示和分析，在使用图表时应该注意：图表显示要完整，标明标题、计量单位等；表中资料若是已公布的资料，应注明资料来源；如果表格过长，可在调研报告中给出它的简表，并将详细数据列在附录里。

4. 注意调研报告的保密性。调研报告的保密是为了保守所涉及企业的商业秘密以及防止被调研者个人信息的资料泄露。否则，可能会给企业造成严重的经济损失，也会侵害被调研者的合法权益。

5. 注意对调研报告使用情况的反馈。调研报告使用的效果如何，存在什么问题，既是对前面调研工作的评价，又是下一步营销活动的重要参考。调研人员通过对调研报告使用情况的追踪了解，可以总结前次调研的经验教训，进一步提高调研的水平和质量。

6. 注重调研报告的时效性。时效性是营销调研报告的重要特性。市场信息瞬息万变，有的调研报告经过一定时间后很可能会失去应有的价值，所以，调研人员在完成数据资料的收集、分析、处理和形成意见之后，必须尽快形成报告并交给报告使用者。

文化市场营销调研报告是文化市场调研的总结，也是文化市场调研的目的。调研报告的质量直接关系到营销决策的正确与否，因此，对于文化产业管理专业的学习者来说，撰写文化市场营销调研报告是必不可少的基本技能之一。

第四节　文化市场需求的预测与评估

市场需求的预测是根据过去和现在情况对未来的事情或某些变量做出预计和推测。它是建立在信息、实践和经验基础上的科学推断。所谓文化市场营销预测就是根据文化企业营销信息系统提供的各种信息资料，运用一定的理论和方法，对与文化市场有关的未来状况和发展趋势做出估计和判断。文化市场需求预测与文化市场营销调研关系密切。营销调研是营销预测的前提和基础，营销预测是营销调研的继续和发展。文化市场营销调研的对象是过去的、现在的市场现象和事件，而文化市场营销预测的对象则是未来的、尚未形成的市场现象和事件。

一、文化市场需求预测的分类

文化市场营销预测根据不同的标准，可以有不同的分类：

1. 根据预测范围划分，可分为宏观预测与微观预测。宏观预测是文化企业对整个国民经济的预测，它的任务是考察和估计市场的总需求和总供给、国民收入、物价总水平、就业水平、消费、投资、储蓄、利息、汇率等国民经济总量指标的发展变化趋势。如果宏观环境形势良好，消费者就会更多地消费文化产品和服务，反之，这类消费就会受到很大影响。微观预测是文化企业从一个局部、一个领域或某种产品或服务的角度来预测整个文化市场上供需发展的前景，其主要任务是掌握本企业供应范围内市场的变化情况，为合理安排市场供应，扩大销量，提高经济效益提供依据。微观预测一般应在宏观预测的指导下进行。

2. 根据预测时间划分，可分为长期预测、中期预测、短期预测和近期预测。长期预测一般是 5 年以上的预测。它主要研究市场要素的发展趋势，为确定企业发展的长期规划和方向提供决策依据。长期预测的主体一般是政府文化管理部门和大型文化生产企业；对象一般是大型乃至特大型的社会文化工程项目，如某些区域文化消费的总体情况，大百科全书的出版等等。当然，由于预测是对未来情况做出的估计和推测，预测结果会与市场实际情况的发展有一定差距，所以预测期越长，预测不准确的风险也就越大。中期预测是指为期 1 至 3 年的预测。它为整个文化企业的中期营销计划服务。企业应根据中期市场预测结果调整现有经营规模，安排生产和服务，比如多集电视剧从创作到摄制完成，某些丛书从选题策划、创作到发行，城市社区内某一文化娱乐设施的建设，省际乃至国际的某些文化交流项目从确定到实施等。中期预测会影响企业相关设备的改良或增加、生产工艺或服务水平的改进、人员的招聘与培训等具体安排。短期预测是指 1 年以内 3 个月以上的预测。它一般是文化企业从目前的经营状况出发，对一个具体问题做的判断，目的在于根据预测结果安排近期的营销步骤。如果能够正确估计到 1 年之内的市场需求发展趋势，文化企业就完全有时间以此为依据调整产品结构，或者推出适应市场发展趋势的新产品。比如一个剧团排演一台新戏、一个乐团进行巡回演出、一个画廊举办一次画展、一个作家写作一部中篇小说等都属于短期预测。近期预测是指 3 个月以内的预测。在一般的市场预测中，近期预测主要是针对带有明显时令性的产品，而在文化市场预测中，近期预测的主要对象则是时间性较短、题材较小的文化产品。比如对传统节日里所需要的各类文化娱乐活动，一般就可以进行近期预测。

3. 根据预测区域划分，可分为全国性预测、地区性预测与当地预测。全国预测是把全国看作是统一的大市场，对其进行全面详尽的需求预测。而要进行全国范围内文化市场的需求预测，需要有良好的组织网络、雄厚的资金基础及有效的工作方法等，所以只有国家级的高层文化管理机构和大型文化企业才有实力进行。地区性预测主要指省、自治区与直辖市范围内的市场需求预测。而某些跨省市地区，如京津唐地区、沪宁杭地区；某些省市自治区范围内相对独立的地区，如珠江三角洲、成渝地区等也可以被看做是地区性的市场。地区性的市场容量适中，对于文化企业来说比较重要。当地预测主要指省辖市、地级市范围内的市场需求预测。省辖市、地级市一般人口较少、市场较小、地域不大、文化差异也不多，要进行准确的需求调研和预测通常并不困难。

4. 根据预测方法划分，可分为定量预测和定性预测。定量预测是文化企业根据营销变化的数据资料，运用数字和统计方法进行推算，寻找营销变化的一般规律，对营销变化的前景做出量的估计和判断。定性预测则着眼于文化价值的传播、文化产品的品质、对创作者声誉与名气的影响、对消费者心理的影响等。企业在现实的预测中，往往会将定性预测与定量预测结合，进行综合预测，以做出更加科学的推断。

5. 根据预测结果划分，可分为有条件预测与无条件预测。有条件预测是指预测结果准确与否要以相关事件的发生或实现作为先决条件。无条件预测是指预测结果不以相关事件的发生或实现作为先决条件，只是通过对制约市场运行和发展的因素有一个基本正确的估计，大致掌握这些因素的发展趋势，然后准确预测市场需求。

6. 根据预测的性质划分，可分为单纯性预测与干预性预测。单纯性预测是指预测者对影响预测结果的诸多因素不施加主观影响，完全根据市场调研的数据资料做客观冷静分析，从中得到预测结果的方法。这种方法客观性较强、准确度较高，在实际操作过程中应用最广。干预性预测是指预测者在实际预测过程中根据有利于本企业的原则以及企业自身的优势和条件，对制约市场运行和发展的诸多因素施加一定程度的主观影响，以便获得更有利于本企业结果的预测方法。比如，一个文化企业要在一个社区建一座电影院，如果它通过市场调研获得居民人数、年龄构成、文化层次、经济承受能力、文化消费水平、需求的程度和数量等数据，进行分析研究并得出客观结论。这就是单纯性预测。如果这个企业在进行市场调研时，不失时机地向当地居民宣传建设电影院的必要性和可能性，指出电影在社区生活中的重要意义，介绍目前国际国内电影业的发展趋向，从而影响了消费者在做决定时的选择。在这一前提下做出的预测就是干预性预测。干预性预测由于控制变量带有预测者明显的主观意图，其预测结果的准确率有时不如单纯性预测。因此，在实际操作中，干预性预测方法应该慎用。

二、文化市场需求预测的原则

文化市场的营销环境始终处于不断变化中，而文化市场的营销预测又是对未来状况和发展趋势做出的估计和判断，因此预测的难度系数是很高的。为了提高预测的准确性和科学性，在预测时一般应当遵循以下原则：

1. 连贯性原则。文化市场是一个连续性的发展过程，未来的市场是在现有市场的基础上演变而来的。所以在预测中必须把未来的发展同过去和现在的市场状况联系起来，用过去和现在的资料推测未来文化市场的变化趋势。

2. 关联性原则。市场是个相互彼此联系的复合体，市场上每一种商品的需求变化都会受到各种各样因素的影响。文化市场上的文化商品由于自身的特殊性，对各种相关因素的影响更敏感，也更明显。所以文化市场的营销预测必须全面、细致地考虑与之相关的多种因素，以提高预测的科学性和准确度。

3. 类推性原则。如果掌握了某一类文化市场运行发展的变化规律，就可以推测出其他类似市场的发展变化规律，这就是类推性原则。比如当某一地区的居民收入达到一定水平时便产生了对某种文化服务的需求，若另一地区的居民收入达到这一水平时，应该考虑到他们同样也可能有类似的需求。当然，在进行这种类推时还需要综合考虑其他因素，如文化、信仰、风俗、习惯、生活方式、流行时尚的差异等。

4. 规律性原则。在市场经济的运行过程中，对于某种经济变量所做的依次观察的结果往往是随机的，但多次观察的结果却具有某种规律性。经济变量的这种规律性是应用概率论及数理统计的理论和方法进行经济预测的基础。

三、文化市场营销预测的方法

根据预测方法的差别，营销预测可以分为定量预测和定性预测，那么，营销预测的方法自然就主要包括定量预测方法和定性预测方法两种。

1. 定性预测法。是通过社会调研，依据数据和直观材料，结合人们的经验加以综合分析。这一方法的优点在于简便易行，一般不需要先进的计算设备和高深的数学知识准备，非常易于普及和推广。但因其缺乏客观标准，往往容易受预测者经验、认识的局限而带有一定主观片面性。常见的定性预测法主要有：

（1）消费者意向调研法。是通过直接询问潜在消费者的意向，判断未来某时期市场需求潜量的预测方法。调查潜在消费者意向的方法有很多，如直接访谈、邮寄调查、网络调查、专业用户调查、顾客座谈会等。直接向顾客了解需求有时并不一定能够获得客观有效的信息，因为一方面有些消费者由于各种原因没有把自己真正的文化消费意图告诉调研者；另一方面消费者的行为往往也是多变的。他们在接受调研时会表示愿意购买某种文化产品，但过后受到其他因素的影响后有时会改变主意。企业在使用这种方法时，最终的预测结果还是要结合预测者对该类消费者文化意识和文化信仰的理解、自己的营销经验、自己的营销知识以及对相关信息的判断。本方法仅适用于作短期预测，否则，可靠性可能会降低。

（2）营销人员意见综合法。企业还可以通过听取营销人员的意见来预测市场需求。这些人员包括调研人员、推销人员、零售商、部门经理、代理商等。他们经常和消费者打交道，对市场需求变化有比较直观的掌握，所以预测结果通常比较接近实际，但他们的看法有时并不一致。为了使预测结果更合理，采用营销人员意见综合法进行预测时，一般可以将整体市场进行分割，让每个熟悉某个子市场情况的人员提供关于该子市场的信息。这样就可以在不同人员之间进行分工，每一个人或是几个人预测一个子市场未来一定时期的需求量，然后将各个子市场的预测值加起来就得到了整体市场的需求预测值。

（3）专家意见法。是利用专家专业方面的知识和经验，以及对市场变化的洞悉程度，对过去和现在文化市场中发生的现象进行分析和综合，并对发展前景做出个人判断。这种方法预测的结果是否准确，完全取决于专家的个人素质和专业水平。专家意见法有多种形式，主要包括：①小组讨论法。也叫集体论证法，即邀请若干名专家提出各自的预测结果，然后通过交换意见形成总体判断。②个人判断综合法。即分别请专家给出各自的预测结果，然后由分析人员综合成统一的判断。③德尔菲法。是美国著名咨询机构兰德公司于 1964 年发明的预测方法，现在被广泛运用。这种方法要求选择若干名专家，但不让专家之间相互认识和知晓，预测组织者直接联系各位专家，分别征询他们的意见，要求他们对某个项目进行预测。这样做是为了充分发挥每个专家的预测能力，避免专家之间互相影响。由于每位专家的经验各不相同，因此预测结果会有差异。为了消除差异，德尔菲法采取多轮反馈预测的方式，使专家意见逐渐趋于一致。这一方法的优点在于，能够使专家各自自由地阐述自己的意见，避免受其他人影响；了解其他专家的意见并吸收其中的合理部分，使自己的判断更加客观合理。缺点在于，不容易组织起代表性很强的专家组；预测周期相对较长；分析处理信息的工作量很大。德尔菲法一般用于预测长期的、大型的社会文化工程项目。

（4）市场试销法。是对某一特定地区或消费对象进行产品试销，然后根据试销时获得的数据对未来的市场需求做出预测。当消费者的消费意识还不够明朗，或消费者的消费习惯变化不定，或专家的意见不十分可靠时，就需要利用市场试销法进行预测。这种方法在预测各种新产品的市场需求情况、为现有产品开辟新市场、为旧产品启用新分销渠道时，效果比较好。

2. 定量预测法。也被称为数量预测法。该法根据市场调研得到比较充分的历史统计资料，运用数学特别是数理统计方法，建立预测模型，为市场未来发展得出定量预测结果。定量预测法大致可分为时间序列预测法和回归预测法。

（1）时间序列预测法。时间序列是指按时间前后顺序罗列有关经济变量形成的数据。运用时间序列预测法的重点在于对影响时间序列变动的各种因素进行分析，找出各种因素的影响状况和市场需求的变化趋势，以此来预测未来的市场需求。时间序列预测法有许多具体的方法，对于不同的预测对象或者预测对象的发展趋势就应该采取不同的方法：①预测对象的发展变化表现为围绕某一水平上下波动，呈现出水平型发展趋势。对此应采用一次移动平均法、加权移动平均法或一次指数平滑法进行预测。②预测对象在各时期的增长量接近于某个常数，呈现出线性变化趋势。对此应采用二次移动平均法、二次指数平滑法和直线趋势法。③如果时间序列的二次差接近常数，每期增长量大致相同，这种趋势被称为二次曲线趋势，可采用最小平方法、三点法、三次移动平均法、三次指数平滑法，配合二次曲线进行预测。④当某个时间序列资料各期的发展速度基本相等，或者资料在一定时期里增加或减少的百分率接近相等时，就应该配合对数直线趋势进行预测。⑤当原始数列初期增长速度快，随后逐渐减慢并且各期的增长速度大体相等时，这就是修正指数曲线趋势。这种趋势可用三段法配合修正指数曲线进行预测。⑥当时间序列出现这种情况，即初期增长速度较慢，随后增长速度渐次加快，达到一定程度后，虽然还有所增长，但增长率降低，终至平复，这时可使用“龚佩子”曲线进行预测。

（2）回归预测法。是将有关信息进行数学处理，从中寻求数据之间变化规律以预测未来市场需求发展趋势的统计方法。它以数学的方法研究变量之间的依赖关系，在变量关系中，通过一定的计算分析剔除某些随机因素，使之回归到事物本身的发展规律上来。利用这种方法能够预测文化市场未来的需求状况。常用的回归预测法有一元回归预测和多元回归预测。一元回归预测是指分析一个自变量和因变量之间的关系，使之回归，适合于预测比较简单的对象。多元回归预测法是指分析多个自变量和因变量之间的关系，使之回归，适合于预测较为复杂的对象。

四、文化市场营销预测的程序

科学的文化市场营销预测需要遵循一定的程序，按步骤、有计划地进行。营销预测程序的步骤主要有：

1. 确定目标。预测目标一般根据企业要解决的问题来确定。根据预测目标的不同，预测所采用的方法以及资料数据收集的要求也会不同。预测目标就是明确预测要达到的目的。包括要解决的具体问题的要求、地域范围的要求、时间的要求、各种评估指标及其准确性的要求等。预测目标是进行其他预测步骤的前提和依据。

2. 分析、整理调研资料。针对预测目标进行市场调研后，就要对所搜集的资料进行认真核实与审查，剔除不准确、不真实的数据，尽量减少由资料本身带给预测结果的误差。然后再进行归纳分类、分析整理，分门别类地编号保存，使之完整、准确、系统。

3. 选择方法。预测方法需要根据企业状况、预测目标和资料准备的情况进行选择，通常不只选择一种方法。因为在预测过程中，仅仅使用一种方法是不太多见，也是不太可靠的。多种预测方法互相比较，彼此印证其预测结果，才可以提高预测的准确度。

4. 建立模型。预测模型是以数学方程式表达的各种变量之间的函数关系，它抽象地描述了文化市场营销活动中的各种因素、现象之间的相互关系。预测模型选定后，就可以根据预测模型，运用数学方法或借助电子计算机做出相应的预测。预测模型的建立是定量预测中不可缺少的步骤。

5. 分析评价。根据预测模型计算所获得的预测结果与实际情况通常会有所出入。因此还必须对预测结果进行分析评价。分析评价时要充分考虑企业内外部的影响因素，充分估计这些因素对未来的影响范围和程度，然后把这些因素转换成预测的数量概念，找出规律性。

6. 修正结果。各种预测模型都基于一定的假设条件，它只能反映主要因素的关系变化，而照顾不到其他因素，因此，计算的结果会存在误差，不会完全准确地预测未来的实际。当误差超过允许的范围时，就需要对预测出来的结果进行及时修正：若模型有误，就立即改进模型；若预测方法不当，就重新选择更好的方法。

7. 撰写报告。检验、评价预测结果之后，应及时撰写预测报告。预测报告一般要求预测结果简单明了，并对预测过程、预测指标、资料来源等做出简明的解释和论证。报告撰写后应及时传递给决策者，以备决策使用。

五、文化市场需求的衡量

文化企业不仅需要预测未来的文化市场需求量，也需要注意衡量当下的文化市场需求量。对当下文化市场需求量的衡量包括对社会需求量、地区需求量和企业实际市场占有率的衡量三部分。

1. 衡量社会需求量。所谓社会需求量是指在一定地理区域，一定时间内与一定的营销环境下，整个社会消费者可能消费的某种文化产品的总量。社会需求量是促进文化市场运行和发展的根本动力，决定着文化市场的发展方向。在衡量社会需求量时，最重要的是要把社会需求看成一个变量，作为影响市场总需求因素的函数，而不是常量。影响市场总需求的因素大致可分成两类：一类是市场环境，如经济发展、国家政策、法律法规、人均收入水平、市场竞争等，是不可控因素；另一类是企业营销组合，是企业的可控因素。当文化市场的整体环境发生变化，或当文化企业的营销组合发生变化时，社会需求量也会随之发生变化。

衡量文化市场的社会需求量，一般采用的公式是 $Q=nqp$。其中 Q 表示社会需求量，通常以金额数来表示，n 表示某一文化产品在市场上的消费者数量，q 表示每一个消费者的平均购买量，p 表示这一文化产品的单价。比如要预测某地某种考研辅导用书的社会需求量。经过周密细致的调研和统计，得知全国明年有 300 万考生，平均每 4 人会购买一册该考研辅导用书，也就是每一个消费者的平均购买量是 1/4，而每本辅导用书的售价是 20 元。这样，将相关数字代入公式：$Q=nqp=3000000\times1/4\times20=15000000$（元）。从以上计算可知，全国明年此考研辅导用书的社会需求量是 1500 万元。

2. 衡量地区需求量。地区市场需求量是社会市场需求量的组成部分，所以地区需求量可以参照社会需求量的公式进行计算。但是具体到不同地区，市场需求量又会受各种因素的影响，因此不同地区的市场需求量在利用以上公式进行计算的同时，还要考虑到每个地区的具体影响因素。文化企业在实际的衡量操作中有必要比较不同地区的市场需求量。

3. 文化企业的市场占有率。是指企业在一定时期内某一产品的销售量在整个文化市场上同类同期产品总销售量中所占的比例，也就是文化企业产品在一定时期内所占有的市场份额。市场占有率是反映文化企业在市场上的地位和整体经济实力的重要指标。市场占有率高，说明该企业的产品适应消费者的需求，营销战略正确有效；反之，则说明该企业的产品不适应消费者的需要，或营销策略不当，或定价不当等。影响企业市场占有率的因素主要有两个方面：一是文化企业自身的生产经营条件和市场竞争能力，包括企业的地理位置、内部设施、资金、人员、技术力量、产品质量、服务等的竞争力，产品的成本、价格、利润状况，服务水平和推销手段、信息收集能力，领导者的预测、决策和应变能力等。二是文化企业竞争对手的生产经营条件和市场竞争能力，如现在经营同类产品的企业的生产经营状况、新的潜在竞争对手可能转向生产同类产品的能力、可以代替本企业产品的现有其他产品和可能投入市场的新产品的替代能力、企业的竞争策略和竞争手段等。市场占有率可以按产品销售量计算，也可以按销售额计算，还可以分地区、分市场计算。按不同的方法和市场范围计算的市场占有率，对市场的分析研究有不同的作用。

文化企业的市场占有率可以分为绝对市场占有率和相对市场占有率。所谓绝对市场占有率是指企业在一定时期内某一产品的销售量在整个文化市场上同类同期产品总销售量中所占的比例，即一般意义上的市场占有率。通过评估文化企业的绝对市场占有率，可以使企业对整个文化市场需求有一个清晰的把握，可以客观评价本企业在整个市场上的地位。绝对市场占有率的基本公式为：$A=K/Q\times 100\%$。其中，A 表示绝对市场占有率，K 表示某企业的某种文化产品在一定时期内的市场销售量或销售额，Q 表示市场上同类同期产品的销售总量或销售总额。假设通过严密细致的调研，测得济南一家 KTV 在 2007 年上半年的营业额为 200 万元，同期济南 KTV 营业额总收入为 800 万元。将这些数字代入公式得到：$A=K/Q\times 100\%=200/800\times 100\%=25\%$。因此，该 KTV 在 2007 年上半年在济南 KTV 市场上的绝对市场占有率为 25%。

所谓相对市场占有率是指企业在一定时期内某一文化产品在同类企业同期同类产品的销售量中所占比例。通过评估文化企业的相对市场占有率，可以使文化企业通过对相关同行产品销售量的比较和参照，及时发现本企业在各个方面的成就或不足，清楚自己在市场上的位置，以便及时改进工作。相对市场占有率的计算，类似于绝对市场占有率的计算，只是把市场同期同类产品的社会销售总量改为某同类企业的销售量，其公式为 $A1=K1/Q1\times 100\%$。为了便于理解，此处仍然用前面的例子进行说明。假设通过严密细致的调研，上文提到的那家济南 KTV 在 2007 年上半年的营业额为 200 万元，而同一时期济南的另一家 KTV 的营业额为 100 万元。那么将这些相关数字代入公式，就可以得到 $A1=K1/Q1\times 100\%=200/100\times 100\%=200\%$。可见，前一家济南 KTV 的相对市场占有率是后一家济南 KTV 的两倍。也就是说在 2007 年上半年这段时间内，前一家 KTV 与后一家 KTV 相比，在济南的整个 KTV 市场上占有明显的优势。

第七章　文化市场的细分及目标市场的定位

在对文化市场需求有了深刻的了解、准确的预测与合适的衡量之后，在具体展开文化市场营销活动之前，还需要选择一个市场作为营销的突破口和根据地。任何企业都不可能满足所有消费者对文化产品差异化的全部需求，从而垄断文化市场，因为消费者的具体消费需求千差万别，即使是面对同一类产品，差异也很大，而对于表达情感、意识、价值观念的文化产品，这种情况尤甚。要想在激烈的竞争中生存发展，企业只能选择性地确认一个或几个消费者群体作为目标市场，发挥自己的资源优势，满足这部分消费者的全部或部分需求。“大众化市场正在四分五裂；来自超市扫描的电脑销售数据随时可得，从而可以了解全国各地市场销售的优缺点；有机会使用针对某一特定消费群体的营销传播方案。”① 而选择目标市场的前提就是研究和识别各个不同的消费者群体的差别，也就是进行市场的细分。

第一节　文化市场细分的依据与程序

市场细分的概念是美国市场营销学家温德尔·斯密于20世纪50年代中期首先提出的。在以前很长一段时间，市场竞争不太激烈。企业都从产品出发，把消费者看作是具有同样需求的整体市场。因此，那时的企业大量生产单一品种的产品，采用的也是普泛式的分销方式和广告宣传方式，市场竞争主要体现为价格竞争。商品经济的发展使得消费者的需求日益受到重视，许多企业开始以现代营销观念进行经营管理。在现代营销活动中，销售者区分出主要的细分市场，把一个或几个细分市场作为目标，为

① 凯文·莱恩·凯勒著，卢泰宏等译：《战略品牌管理》，524页，北京，中国人民大学出版社，2009。

每个细分市场定制产品，开发营销方案，并且运用不同的分销渠道和广告方式来争取市场占有率的提高。温德尔·斯密在总结这样一些企业实践经验的基础上，提出了市场细分的新概念。这个概念一经提出，就受到了企业管理者的高度重视，并迅速地被广泛应用。

所谓市场细分，又叫市场分割，就是营销者通过市场调研，先发现消费者之间在需求、产品或服务的使用习惯、消费量和利益等方面的差别，然后根据这些差别，把有相似特征的归为一类，从而将整体市场划分成为由许多需求大致类同的消费者群所组成的子市场群的过程。① 其中，被分隔的一个个子市场被称为细分市场，每个细分市场内部的消费者具有大致相同的需求，而不同细分市场的消费者需求则有较大差异。不过，需要注意的是，市场细分一般情况下不能过度，一旦对市场的细分到了极致化的程度，就会“形成‘一对一’的营销。这样，要找到有利可图的营销规模变得相当困难”②。

一、文化市场细分的意义

文化企业进行市场细分的主要意义在于：

1. 有助于更深刻地认识市场。通过大量的市场调研与周密的市场预测，文化企业对市场会有一个基本准确的了解。然而，市场的复杂与多变是远超人想象的。一个文化企业不可能穷尽有关市场的全部信息。通过市场细分，深入考察研究市场内消费者的不同需求以及需求的不同特征，不仅可以更深入地掌握有关市场的信息，还可以补充、检验、修正已知的市场信息，使文化企业掌握的信息更丰富、更完善、更真实，也更具有权威性与商业价值。

2. 有助于把握市场机会。任何企业都无法满足市场上所有消费者所有时刻的需求，总会存在尚未满足的需求。只要对庞大的市场进行一次细分甚至是多次细分，把市场分割成若干子市场，并对这些子市场分别进行细致的分析研究，就有可能抓住可贵的商业机遇，并利用这些机遇使本企业的产品迅速而有效地打入并占领市场。比如曾有人认为激光唱片的主要市场在东南沿海地区。但是通过对唱片市场的重新细分，商家发现了激光唱

---

① 朱迪·斯特劳斯等著，时启亮等译：《网络营销》，215 页，北京，中国人民大学出版社，2007。

② 菲利普·科特勒等著，陈燕茹译：《水平营销》，9 页，北京，中信出版社，2008。

片的内地市场。目前，激光唱片不仅在武汉、重庆、成都、西安、兰州、贵阳、昆明等内地大城市销量大增，而且在中小城市也很走俏，甚至热度蔓延到了一些县城。

3. 有助于开展具有针对性的营销活动。通过细分市场，企业把市场分解，仔细分析比较，及时发现竞争动态，避免将生产经营过度集中在某种畅销产品上，又可以符合企业资源范围的潜力股顾客群作为目标，有的放矢地进行营销。这样就避免了很多浪费性的工作，会以最少的经营费用取得最大的成就。比如地处上海城乡结合部的一些文化馆所目前正在纷纷经营播放录像的业务，并取得了可观的经济效益。其原因在于这些文化馆所对市场进行了细分，发现在上海的城乡结合部居住着大量外来务工人员。他们的业余文化生活比较枯燥单调，迫切需要一定的文化娱乐，而观看录像既符合他们的文化消费形式，也符合他们的文化消费水平。

4. 对小规模的文化企业具有特殊意义。与大企业相比，小企业的生存能力和竞争实力要小得多，它们在整个市场或较大的细分市场上都无法建立自己的优势。但借助市场细分，小企业会发现一些被大企业忽略且尚未满足的消费需要。只要该细分市场是小企业力所能及的，小企业便可见缝插针，拾遗补缺，从而树立牢固的市场地位，成为这一细分市场的专家。此外，通过市场细分，小企业还可以不断寻找更新的市场空隙，迅速转产，以保证自己在日益激烈的竞争中得到生存和发展。

二、文化市场细分的原则

消费者任何方面的特点都可成为市场细分的依据，但并非每种细分都具有实践上的可行性，只有那些能够为企业实现文化传播目的与经济获利目的的市场细分才具有现实意义。参照科特勒的观点，有效的市场细分应该遵循可衡量、足够大、可接近、能区分、可操作等五项原则：

1. 可衡量性。是指市场细分的标准与细分之后的市场是可以衡量的，也就是不仅每个细分市场有各自明显的范围，而且各个细分市场的规模及其购买力大小是能够具体测量的。

2. 足量性。是指细分出来的市场，其容量足够大或该市场获利水平足够高，值得企业去开发。足量性不应该以消费者人数的多少作为衡量标准，而应该以消费者的文化水平、购买力水平是否能够使企业实现文化传播与经济获利的目的为衡量标准。

3. 可接近性。是指细分出来的市场能够使企业的产品有机会进入并能够占有一定的市场份额。这就要求市场的细分与选择必须与企业自身的营销能力和开发能力相适应，是企业在人力、物力、财力各方面力所能及的。

4. 区分性。是指各细分市场的消费者具有差别较大的需求，而且对同一营销组合方式或者营销组合方案的变动会产生差异性的反应。这才证明了市场细分的有效性。

5. 可操作性。是指细分出来的市场具有相对稳定的消费者群体，以便企业能够制订较长期的市场营销方案，从而有效地开拓并占领目标市场，获得相对稳定的预期经济效益。倘若细分市场变化太快或是太大，专门制定的市场营销措施就会很快失效，企业的营销活动也会随之前后脱节，给企业带来经营风险。①

三、文化市场细分的依据

市场细分的依据很多，造成消费需求特征多样化的所有因素，几乎都可以被看作是市场细分的依据或标准，即细分变量。科特勒将主要的市场细分变量划分为地理因素、人口因素、心理因素、行为因素四大类。② 不过，还可以加上获利因素，共五大类：

1. 地理因素。以地理因素为依据来划分市场，是一种传统的市场细分。地理因素包括洲际、国别、区域、行政省市、城乡、气候条件和其他地理环境等一系列的具体变量。由于受地理环境、气候条件、社会风俗和文化传统的影响，同一地区的消费者往往具有相似的消费需求，而不同地区的消费者在需求内容和特点上就有明显差异。不仅如此，处于不同地理环境中的消费者对企业所采取的营销策略，如产品的设计、价格、分销方式、广告宣传等，也会有不同的反应。此外，市场位置的不同往往也会导致某一产品的市场潜力和成本费用的不同。

2. 人口因素。包括年龄、性别、收入、教育水平、家庭规模、宗教和种族等直接反映消费者自身生理和社会特点的许多因素。由于人口因素中所包含的这些变量来源于消费者自身，而且容易通过测量获得，所以人口因素一直是消费者市场细分的重要因素。现在越来越多的情况是采用多种

---

① 菲利普·科特勒等著，卢泰宏等译：《营销管理》，186页，北京，中国人民大学出版社，2009。

② 菲利普·科特勒等著，卢泰宏等译：《营销管理》，179—181页，北京，中国人民大学出版社，2009。

人口统计变量来进行综合市场细分，尤其是当单一变量无法进行准确划分时，比如旅游业现在往往以性别、年龄和收入三个变量将受众市场划分为多个细分层面，对每个层面有十分细致的描述。

3. 心理因素。消费者的心理因素是关于消费者自身较深层次的因素，包括消费者的生活方式、个性等心理变量。在同一人口因素中可能蕴涵完全不同的心理因素，比如同一个人在不同年龄阶段会有不同的心理需求。所以，市场细分在考虑人口的生理和社会因素之外，还要综合考虑人口的心理因素。

4. 行为因素。是指和消费者购买习惯相关的一些变量，包括购买产品的时机和频率、追求的利益、使用情况和消费者对品牌的忠诚度等。①根据消费者产生需要、购买或使用产品的时机，可以将消费者们区分开来。比如电影行业每年新年专门推出的贺岁片，出版社每年在高考、研究生考试或公务员考试等大型考试之前推出的辅导类图书，就是采用这一细分变量进行市场细分的结果。②按消费者所追求的不同利益，将其归入各自的群体也是一种有成效的细分方式。消费者对产品和品牌的选择通常出于不同的动机，比如图书消费者都购买图书，但目的却千差万别：有的是为了获取知识，有的是为了放在家里装饰居室，还有的是为了当作礼品送人。③使用者的情况可分为非使用者、曾经使用者、潜在使用者、首次使用者和经常使用者几种。不同的情况在进行市场营销时需要区别对待。④消费者对某种产品的忠诚度也是重要的细分变量。这种忠诚度通常通过对产品的使用数量或使用频率表现出来。消费者的忠诚度一般可以划分为：坚定的忠诚者、不坚定的忠诚者、转移型的忠诚者与非忠诚者。

5. 获利因素。按照企业获利因素来细分市场也是一种重要的细分依据。所谓企业的获利因素就是企业从消费者处获利的主要依据。这些依据包括最终用户的要求、顾客的规模、消费者的经济状况等。①按最终用户的要求细分市场是一种通用的细分方法。在市场上，不同的最终用户所追求的利益不同，对同一种文化产品看重的方面也不同。比如，政府机构在集体购买图书时，往往更注意其教化作用；而企业单位购买图书时，则主要考虑它可能会给企业带来的效益；分销商购买图书时，则关注这种产品是否适销对路。最终用户的每一种要求就可以是文化企业的一个细分市场。②顾客规模是通过顾客对文化产品需求量的大小来衡量，为细分市场的又一个重要变量。许多企业会为规模大小不同的用户分别建立专门的服务系统，以便更好地适应其特点。比如出版社将其用户分为两类：像学校这样的大客户，往往由专门客户经理与地区经理一起管理；其他较小的客户则通过地区推销人员或零售商进行联系。③消费者的经济状况往往会对一个市场的购买力起到重大的影响和制约作用，因此也是一个重要的细分变量。比如我国东南沿海经济发达地区相对于西部不发达地区对文化产品的需求和购买力肯定要大得多。

一般来说，企业在进行市场细分时，不会仅限于一种细分变量。企业市场细分运用的细分变量越多，所获得的准确度和精细度就越高，每个细分市场的人数也就越少。同时，企业的细分成本也会随着细分市场的增多而递增。所以，恰当的市场细分应该既能够保证市场细分的有效性和精确性，又能够使成本降到最低。

四、文化市场细分的程序

文化市场中的购买者各具特点。文化企业可以根据实际情况，设计、选择细分变量进行市场细分。参照美国市场营销学家麦卡锡的观点，市场细分的程序可以分为如下七个步骤：

1. 选定产品的市场范围。所谓选定产品的市场范围就是确定所进入的行业和所生产的产品。产品应该以消费者的需求而不是产品的特性来确定。比如某图书集团准备安排一次书展，若只考虑产品特征，可能会认为它的服务对象仅限于知识分子，但从市场需求的角度看，其他行业受过良好教育的人或热爱文化知识的人都可能是其潜在顾客。还有一点需要注意，即当某种技术如数字技术或制作唱片的技术发生重大革新之后，原有的局部市场就可能会随之发生变化，这时就需要重新进行市场细分。

2. 列举潜在消费者的基本需求。在选定产品市场范围之后，通常会列出产品市场范围内所有消费者的全部需求。这意味着只要在这细分对象的市场内，凡是消费者，其倾向和需求都应该一一排列，不使遗漏；凡是需求，无论是现在需求、潜在需求还是大量需求、少量需求都应该一一排列，不使遗漏。

3. 列举不同消费者的典型需求。对于列举出来的基本需求，不同顾客强调的侧重点可能会有所不同。通过对这种不同的比较，可以进一步归纳出不同消费者的典型需求，剔除那些不足以明显区分消费者需求差异和不能代表一个消费者群体共同特点的一般因素，同时合并、归类一些特点类似的需求因素，然后初步识别不同的顾客群体。

4. 确定市场细分标准。市场细分的标准多种多样，如何选择和确定一种标准，应视实际情况而定。具体而言，可以在上述步骤的基础上，抽掉潜在消费者的共同需求，参照文化企业自身的优势，以特殊需求作为细分标准。

5. 根据选定的市场细分标准，将先前选定的产品市场范围划分成为不同的群体或子市场，并对这些子市场命名编号。在命名时要特别注意命名应遵循有意义、准确、形象、容易记忆的原则，以利于以后分析研究子市场与其他具体营销工作的展开。

6. 对已经细分完毕的子市场进行认真、仔细的分析研究。首先看有无不妥之处，如有误差应该及时进行修正和调整；如无误差，则需要对每一个细分市场上的需求与购买行为的特点、产生需求与购买行为的原因、消费者的数量、购买频率、平均每次的购买数量进行确定，还要考察各个细分市场的范围、规模、竞争状况、变化趋势，同时反观文化企业自身的经营目标、资源条件，以便在综合思考的基础上决定对这些细分出来的市场是保持原状还是进行合并，还是再作进一步的细分。

7. 文化企业通过分析研究，最后确定出若干有利可图的细分市场。选择关注哪个细分市场就是希望通过向那个市场销售产品和服务而获得巨大的销售额和利润。[①] 因此，需要将这些细分市场按照盈利程度排列，在综合考虑各种因素的基础上，从盈利程度最高的细分市场开始选择目标市场，直到企业能力的底限。

第二节　评估文化细分市场

文化细分市场的评估是目标市场选择和定位的基础。不过，在进入目标市场的实际选择和定位之前，还需要了解目标市场的选择模式以及目标市场的定位任务。

一、评估细分市场

评估细分市场通常可以从四个方面来进行：

1. 评估市场的潜量。细分市场潜量是一定时期内各细分市场中的消费者对某种产品的最大需求量。首先，细分市场应该有足够大的市场需求潜

① 安妮·T·科兰等著，蒋青云等译：《营销渠道》，55 页，北京，中国人民大学出版社，2008。

量。细分市场的潜量太小，则意味着该市场狭小，企业进入后发展前景暗淡。其次，细分市场的需求潜量应该规模恰当。对小企业来说，需求潜量过大并不合适，不仅需要大量的投入，而且太容易吸引大企业成为竞争对手。唯有与企业规模相当的潜量市场才是具有吸引力的细分市场。此外，要正确估测和评价一个市场的需求潜量，还需要特别注意消费者的数量和其购买力水平。

2. 评估市场的结构。如果一个或数个细分市场具有适当的规模和发展前景，文化企业就应该进一步评估这些细分市场结构的吸引力。评估市场的结构包括评估细分市场内现有的竞争状况、细分市场对新加入者的接纳程度、与细分市场相关联的替代产品的情况、细分市场内消费者讨价还价能力的情况、细分市场内供应商讨价还价能力的情况。

(1) 现有的竞争状况。如果某个细分市场已有众多或少数实力强大的竞争者，那么该细分市场的吸引力就会减弱。这类细分市场的特征通常体现为：市场处于饱和或萎缩状态、市场经营的生产成本或固定投资过高、现有竞争者投资规模庞大并坚守市场。如果要进入此类市场，无疑要通过价格战、广告战等方式来招徕消费者。这会使企业的经营成本加大、收益水平降低甚至可能会亏本破产。

(2) 接纳新加入者的程度。如果某个细分市场能够吸引许多潜在的竞争者轻易加入，那么，该细分市场就是一个缺乏吸引力的细分市场。因为大批新竞争者的方便进入会造成对市场份额的激烈竞争，从而导致该细分市场平均盈利水平的大幅度下降。有吸引力的细分市场应该是进入壁垒强大、退出壁垒薄弱的市场。

(3) 替代产品的情况。如果某个细分市场的产品存在有现实或潜在的替代产品的情况，即该细分市场面临着关联竞争者的挑战，那么该细分市场的吸引力会下降。替代产品市场以及关联竞争者的存在，必然会制约细分市场产品的价格水平，吸引甚至分流该细分市场的一部分客源。

(4) 消费者讨价还价能力的情况。如果某个细分市场上的消费者讨价还价能力很强或逐渐加强，那么该细分市场会丧失吸引力。消费者设法压低文化消费的价格，却对文化产品及其服务质量提出高要求，同时促使同业之间竞争加剧，这些都会导致该细分市场盈利水平的降低。

(5) 供应商讨价还价能力的情况。如果某个细分市场上的供应商讨价还价能力很强或逐渐加强，比如纸张、磁带、光盘等主要材料供应商、水电等消耗材料供应商、设备器材供应商提高售价，工程、运输、代理等服务商提高收费标准，金融商提高贷款利率等都会造成文化产品生产经营成本的上涨，从而使该细分市场的盈利水平相应降低。[1]

3. 评估市场的有效性。企业进行市场细分的根本目的就是要发现与自己的资源优势达到最佳结合的市场需求群。企业的资源优势表现在其资金实力、技术开发能力、生产规模、经营管理能力、交通地理位置等各方面。消费需求的特点如能促进企业资源优势的发挥将是企业的幸事，否则，将会发生事倍功半的情况，导致企业资源的浪费，严重时甚至会造成很大的损失。比如某些细分市场不符合企业经营的长远目标，对它们进行投入既牵扯分散企业的精力，又无助于经营目标的实现。企业对这些细分市场就应该果断放弃。再比如某些细分市场符合企业经营的长远目标，但如果企业不具备与该细分市场内任何竞争者抗衡，乃至战胜竞争对手的实力和优势，也应该果断放弃。

4. 评估市场的回报。在文化与资金的双重投资下，企业肯定希望能够获得高的投资回报率，因此必须对细分市场在文化传播与经济收益方面的投资回报能力做出正确的估测和评价。

二、目标市场的选择模式

参照王育济、张友臣的观点，目标市场的选择通常有五种模式：

1. 市场集中化模式。是指选择一个细分市场，集中力量进行营销。集中营销会使企业深刻了解该细分市场的需求特点，采取针对性的产品、价格、渠道和促销策略，从而获得强有力的市场、地位和良好的声誉，但同时也隐含有较大的经营风险。

2. 产品专门化模式。是指企业集中生产一种产品，并向所有细分市场进行销售。比如花卉商店生产花卉，既满足个人布置居室环境、探亲访友、婚丧嫁娶等方面的需求，同时也满足公共办公环境、活动典礼、慰问员工等方面的需求。这种模式有利于企业在一种产品领域迅速建立良好的声誉，取得规模性的经济效益。不过，一旦产品过时、替代产品增多或竞争者过强，则企业就会陷入困境。

3. 市场专门化模式。是指企业专门服务于某一特定消费群体，以多种产品满足他们的各种需求。比如某商店专门选择儿童市场，出售少儿类教

---

① 菲利普·科特勒等著，卢泰宏等译：《营销管理》，205—206页，北京，中国人民大学出版社，2009。

辅图书、期刊、玩具、音像制品、软件等。企业可以通过这种模式在某类消费群体中享有很高的知名度，但一旦这个消费群体的需求量和特点突然发生变化，企业就要承担较大风险。

4. 有选择的专门化模式。是指企业选择几个彼此之间很少或根本没有任何联系的细分市场，以若干种产品满足这些不同细分市场的需求。比如有些电影院在提供演出和放映服务之外，还利用剩余空间开设茶馆、酒吧、书市、画廊、网吧、陶吧、游艺场、电子游戏厅等。这种策略能分散企业经营风险，取得多种经营效益，即使其中某个细分市场失去了吸引力，企业还能在其他细分市场盈利。

5. 完全市场覆盖模式。是指企业将所有的细分市场作为目标市场，力图以各种产品满足各种消费群体的需求，例如大电影集团中影、华谊等每年都为不同职业、不同阶层、不同年龄层次的顾客提供各种类型的电影。完全市场覆盖模式是大企业为了满足大市场的需要而采用的方法。

三、目标市场的定位任务

“定位”这个词是由艾尔·里斯（Al Ries）和杰克·屈劳特（Jack Trout）在1972年提出来的。他们将“定位”解释为将产品在潜在顾客的心目中确定一个适当的位置。这样，目标市场定位指的就是，对企业的产品或服务的形象进行设计，使其在目标消费者心目中占有一个独特的位置，在这个意义上，它又被称为产品的市场定位。目标市场定位是为了对已经确定的目标市场，从产品特征出发进行更深层次的剖析，进而确定企业的营销策略。目标市场定位一般包括三项任务：

1. 寻求差异化的任务。差异化来自于迈克·波特的理论，指的是为使企业的产品与竞争者产品相区分而设计的一系列有意义的差异性行动。企业产品定位就是从差异化开始的。寻求差异化的任务可以从以下五方面着手完成：

（1）产品差异化。实体产品的差异化可以体现在产品的很多方面：形式差异，即产品在外观设计、尺寸、形状、结构等方面新颖别致；特色差异，即产品的基本功能与其他同类产品相比具有特别之处；风格差异，即不同产品给予消费者的视觉和感觉效果多有不同。此外，还有性能差异、质量差异、耐用性差异、可靠性差异、可维修性差异等。

（2）服务差异化。当前市场竞争的激烈和产品技术的进步，使实体产品越来越难以建立和维持差异化。于是，竞争的关键点开始逐渐向增值服务转移。服务的差异化开始变得日益重要。总体来说，服务的差异化主要体现在订货方便、交货及时和安全、安装、客户培训与咨询、维修养护等方面。

(3) 分销渠道差异化。企业可以通过设计分销渠道的覆盖面、建立分销专长和提高分销效率来取得渠道差异化的优势，比如戴尔电脑公司就是通过开发和管理高质量的直接营销渠道而获得差异化的。

(4) 人员差异化。培养训练有素的人员，是一些文化企业，尤其是文化服务企业取得强大竞争优势的关键。比如电视台新闻频道的工作者总以专家形象示人。

(5) 品牌形象差异化。品牌形象是公众对企业及其产品的认知与看法。有效的形象差异化需要做到：建立一种产品的特点和价值方案，借助可以利用的一切传播手段和品牌接触，如标志、文字、媒体、气氛、事件、员工行为等，富有感染力地向消费者进行传递。比如耐克因其卓越的形象，在瞬息万变的青少年市场中始终保持了其自身的吸引力。①

2. 寻找独特的卖点。卖点是一种产品最有意义、最有价值的差异特征。虽然一种产品可以进行各种角度、各种程度的差异化，但其卖点却屈指可数。独特的卖点是吸引消费者的关键。卖点必须具备以下七个特点：一是重要性，即能够使目标顾客感受让渡价值较高带来的利益；二是独特性，即企业以一种与众不同的方式进行提供；三是优越性，即明显优于消费者通过其他途径而获得；四是可传播性，即能被消费者看到、理解并乐于帮助传播；五是排他性，即竞争者难以模仿；六是可承担性，即消费者有能力为此进行支付；七是盈利性，即企业可以通过产品及卖点获得利润。

3. 确定价值方案，进行总体定位。价值方案是企业定位所依赖的所有利益组合与价格比较，消费者往往以此作为价值判断的依据。企业通常可以从以下五种价值方案中选择一种进行总体定位：高质高价、高质中价、中质低价、低质低价、高质低价。② 在进行总体定位之后，企业应该就其选择的定位与目标市场进行有效的传播和沟通。

企业在产品定位时容易犯的错误有三：一是定位不足，即由于企业差

① 菲利普·科特勒等著，卢泰宏等译：《营销管理》，203—205页，北京，中国人民大学出版社，2009。

② 菲利普·科特勒等著，何志毅等译：《市场营销原理（亚洲版）》，167页，北京，机械工业出版社，2009。

异化设计与沟通不足，消费者对企业产品难以形成清晰的印象和独特的感受。二是定位过分，即企业将自己的产品定位得过于狭窄，而不能使消费者全面认识自己的产品。比如一家同时生产高、低价位产品的企业在宣传上太过于偏重高价位产品，致使消费者误以为它只能提供高价位产品。三是定位模糊，即由于企业设计和宣传的产品主题太多或定位变换太频繁，致使消费者对产品的印象模糊不清。[①]

第三节　目标市场定位的方法与策略

在对文化细分市场进行评估，同时也对目标市场的选择模式、定位任务有了深入的了解之后，就可以进行实际的目标市场定位活动了。实际的目标市场定位活动集中体现在定位的方法与策略之中。

一、目标市场定位的方法

目标市场定位的方法可以具体分为四个操作步骤：

1. 建立市场结构图。任何产品都有许多属性或特征，比如价格的高低、质量的优劣、规格的大小、功能的多少等等。其中任何两个不同的属性变量或特征变量均可以组成一个坐标，从而构建起一个目标市场的平面图。目前比较普遍的是以产品的价格和质量分别作为横纵坐标建立起坐标系来分析目标市场，因为这两个属性特征通常是消费者最关心的。

2. 在市场结构图上大致描绘出竞争状况。目标市场定位的第二步就是在市场结构图上标明现有竞争者的位置及其市场份额大小。以图为例，A，B，C，D四个方框分别代表目标市场上已有的四个竞争者。方框的面积大小可以说明各个竞争者的销售额大小。坐标图可以反映这四个竞争者在目标市场中的实际定位。可以看到，A是市场中颇有声望的企业，它生产的是高质高价的产品；B企业生产的是质量中等的中档产品；C企业占据着低档产品市场份额，以低价提供低质的产品；D企业以高价提供着质量低劣的产

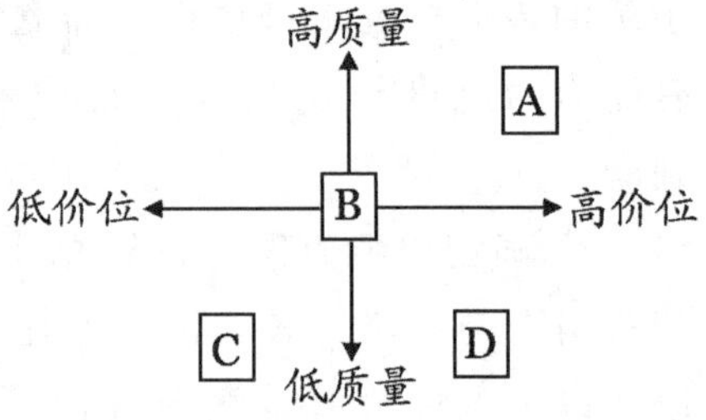

① 菲利普·科特勒等著，何志毅等译：《市场营销原理（亚洲版）》，166页，北京，机械工业出版社，2009。

品。这四个企业中，A企业的销售情况最好，市场份额最大。在市场结构图上，竞争对手的分布和实力可以一目了然。

3. 初步确定定位方案。根据企业自身的资金储备、产品质量、产品特色、产品定价等各方面相关条件，将代表本企业的字母插到市场结构图的适当位置，就意味着进行了目标市场的定位。在进行定位时，可以多做一些选择，多设计一些可能的方案，然后选出最理想的选择和方案作为初步的定位，经有关部门进行详细论证，最后由企业决策者确定。

4. 修正定位方案，进行再定位。企业定位的准确与否关系到企业的成败，所以在初步定位完成后，还应该做出调研和试销工作，及时找到定位偏差并立即纠正。即使初步定位正确，还应注意市场环境的动态变化，比如消费者的需求与偏好是否发生了转移，竞争者的定位策略与实力是否改变，企业自身有什么新变化等，然后随时准备对产品进行再定位。通常再定位可能会导致产品名称、价格、包装和品牌的更改，也可能导致产品用途和功能的变动。因此，企业需要认真考虑定位转移的成本和新定位的收益问题。

二、目标市场的定位策略

从理论上讲，文化企业可选择的目标市场定位策略主要有四种：

1. 产品特色定位策略。这种定位策略适用于目标市场上已经存在同类产品的竞争对手的情况。文化企业可以根据本企业产品的品种规格、内容质量、服务对象、经营方式等方面的特色与优势，来确定其市场位置，并通过各种营销手段对这些特色优势进行特别宣传。比如，工艺品优美时尚的品质、造型，图书报刊内容的丰富精彩，影院剧场的舒适宽敞等。

2. 产品价格定位策略。这种定位策略适用于某些价格较为敏感的文化产品。价格定位策略可分为两种：一是高价位策略，即推出高价位精品，以满足高档文化消费者的文化需求，比如高价格的歌星现场演唱会门票，高价位的体育比赛门票等。二是低价位策略，即推出低价位产品，使企业迅速占领目标市场，从而取得规模效应。一般的娱乐类报刊、室外台球局等实行的都是低价位策略。采用低价位策略需要注意：①产品质量需确保与竞争对手的一样或相当；②低价推销而企业仍然有获利的空间。

3. 市场空档定位策略。是企业将自己的产品定位在目标市场目前的空缺部分。市场的空缺部分指的是市场上尚未被竞争者发觉或占领的需求空档。企业选择市场空档定位策略，大都因为该策略能够避开竞争，获得进入某一市场的先机，先入为主地建立对自己有利的市场地位，获得争夺文化消费者的主动权。最典型的例子如，湖南卫视在产业化的浪潮还未波及到电视频道时，就参照英国相关的电视栏目创意，率先设置了娱乐性较强的“快乐大本营”“超女”“快男”等具有产业化特征的电视栏目，占得了电视产业的先机，进而奠定了它在娱乐电视频道的全国龙头地位。

4. 企业形象定位策略。由于不同文化企业在经济实力、经营规模、地理位置、服务对象、入市时间和产品品牌等各方面的不同，不同文化企业的形象也就不一样。文化企业应该采取与其形象相适应的定位策略。参照科特勒的划分方法，可将市场中的企业形象划分为领导者、挑战者、追随者、补缺者四种，[①] 其实还可以加上取代者，共五种。

（1）领导者定位策略。以领导者形象示人的文化企业一般占据最大的市场份额，通常受到文化消费者的深深信赖。“成为市场领先者、享尽荣华的秘诀颇为简单。你须有勇气舍大取小，做精做深，在10%的细分市场上站稳100%的市场份额，而不是贪多嚼不烂，在100%的大市场上只占10%的份额。重点突出，做强做大。”[②] 这类文化企业往往将企业形象定位于文化消费者偏爱圈的中心。对这类企业而言，它们应该有效地强化企业优势和品牌特色，拉大与其他文化企业的差距，进而影响文化消费倾向，引导文化产品发展趋势。通常采取领导者策略的如央视及各省市电视台、搜狐新浪等各权威娱乐网站、影视剧与流行音乐中的一线明星等。

（2）取代者定位策略。取代，顾名思义就是要将竞争对手赶出原来的位置，自己取而代之。取代者定位策略是一种竞争性很强的策略。企业这样定位是准备挑战现有的竞争者，从它们手中抢夺市场份额。选择这一策略的企业一般实力都比较雄厚，有能力，也有信心击败竞争者。采取取代者策略的企业通常具备三个条件：第一，企业推出的产品与现有产品相比较，在质量、功能或其他方面有明显优势；第二，企业能通过强有力的营销手段使消费者认同这些优势；第三，企业拥有足够的实力可以支持这种竞争和较量。比如那些正在成为一线明星的影视剧与流行音乐中的名演员、名歌手就属于取代者。

（3）挑战者定位策略。挑战者在市场环境中通常处于领先者之后但比

---

① 菲利普·科特勒等著，卢泰宏等译：《营销管理》，211—217页，北京，中国人民大学出版社，2009。

② 柏唯良著，朱宇译：《细节营销》，70页，北京，机械工业出版社，2009。

较接近领先者的地位，它们通常都在采取措施努力缩小本企业与领先者的差距，其中甚至包括实力较强的大型文化企业和实力很强的新入市企业。挑战者要想成为领先者，就必须采取各种进攻策略发动挑战，比如，挑战者可以通过同业合作、联营、兼并、收购等措施与领先者进行实力对抗。挑战者与取代者的区别在于：挑战者只是有实力并且在努力成为领先者，但结果并不一定成为领先者；而取代者则正在事实上成为领先者，结果一定会成为领先者。比如影视剧与流行音乐中正在努力奋斗的二线明星就属于挑战者。

（4）追随者定位策略。追随者位于挑战者之后，在市场环境中处于三流地位，大多是具有一定实力的中型文化企业。追随者应该注意与领先者保持适当距离，在产品上不要太靠近偏爱圈，而应当在保持自身经营特色的基础上，合理吸收领先者的营销策略，有时甚至可以追随领先者开拓新市场。追随者追随领先者到一定程度就会变成挑战者，而实行挑战者的定位策略。不过，企业要实行追随者定位策略，必须具备两个前提条件：一是在企业意欲进入的目标市场内还存在有未获得满足的消费需求；二是企业在推出自己产品的同时，可以与竞争者的产品相媲美，体现出自己的品牌特色。

（5）补缺者定位策略。补缺者通常在市场上处于末流地位，属于实力很弱的小型文化企业与个体文化经营户。补缺者活动的市场通常是大企业不屑于或不适合涉足余下来的小市场。补缺者在一个或多个市场缝隙缺口上，在小市场上获取较大的市场份额，比如农村边远地区的戏曲市场、说书市场等。

第八章　文化市场营销的战略目标

文化市场营销的战略目标是企业在某一时期经营战略的对象化与定量化。1945年，美国经济学家杜鲁克在他的《管理者实务》中指出，企业需要以目标战略控制和管理各个成员所承担的任务，进而实现总目标。所以，企业在执行具体营销策略进入具体营销程序之前，一般需要确立一个目标，而企业一旦确立了这个战略目标，也就有了对目标的管理。

文化市场营销目标的设立与普通市场营销目标的设立有所不同。普通市场营销的目标以增长经济利润、提高市场占有率为主，有时也包括树立企业的社会形象等非经济领域的目标。至于文化市场营销应该确立什么样的目标，许多学者都曾提出过自己的看法。K·狄格雷斯曾指出，艺术营销的基本目的是将适宜数量的人，以适当的形式与艺术家进行沟通，并且在这个过程中达到与实现企业目标可相提并论的最好的经济效益。M·P·莫克瓦（Michael P·Mokwa）也指出，（文化艺术）营销并非是让艺术家如何去创造一件艺术品，相反，艺术营销的任务则是将艺术家的创造、理解或表演传达给适宜的观众。[①] 根据这些看法，在文化市场营销的目标规划中，传播文化、创造文化占据了很大比重，当然，增长经济利润，提高市场占有率以及树立企业形象等也是其中必不可少的部分，而增强文化产品的创作能力、提高作品和作者的知名度等目标也会附带得到实现。这些不同性质的目标之间会产生一种相辅相成的关系。总之，文化市场营销的战略目标从总体上可以概括为传播文化的目标、创造意义的目标、增长利润的目标、占有市场的目标、企业形象的目标。

第一节　传播文化与创造意义的目标

文化企业营销的产品是文化产品，其区别于普通产品的特殊性不言而

① 方明光：《文化市场与营销》，140页，上海，上海人民出版社，2003。

喻。除与普通产品共通的盈利目标之外，还有着与文化相关的责任和目标。这体现为传播文化与创造意义的目标。传播文化指的是，企业通过对文化产品或服务的创意设计，将某种文化理念、文化价值观传递出去形成社会性的影响和效应，进而为建设全社会正向的共同文化做出贡献。创造意义指的是，如果企业在产品或服务的设计环节没有将要传达的文化理念与文化价值观表达清楚，或者表达得过于简略，或者表达得令消费者难以理解，就需要借助营销的手段，通过创意营销的方式进行意义的补充、增加和再创造，然后形成社会性的影响和效应，进而帮助全社会共同文化的建设。

传播文化的目标实现与否，可通过消费者文化观念的转变、文化心理的变化、文化思维方式的改变来衡量。这些改变主要源于文化作品或产品自身的创意，营销要做的只是对导演原创的意图进行顺畅、准确的传播与表达。比如未成年人群在通过观看深蕴人生内涵的电影，像《人到中年》《肖申克的救赎》《阿甘正传》《被人嫌弃的松子的一生》《霸王别姬》《简爱》等，能够对还没有经历的人生产生深入的认识与理解，这就表明这些电影传播文化的目标实现了。再比如消费者购买了具有生活意味和审美情趣的民间工艺品装饰家居，通过这些工艺品对家庭环境氛围的营造，从而强化了自己热爱生活、热爱本民族的文化心理，这也证明民间工艺品创作者达到了传播文化的目标。

创造意义目标的实现与否，也可以通过消费者在文化观念、文化心理、文化思维方面的改变进行衡量，只不过这种衡量是在创意营销作用于消费者之后。在衡量时要特别注意营销中的创意对文化产品原始意义的补充、增加和再创造。比如，在纽约大都会博物馆与现代艺术馆中，许多后现代主义风格的艺术作品、艺术产品、传媒产品的内涵很难让参观者马上理解。在这些作品与产品旁边通常或是有十分详细的讲解说明，或是有对这些作品或产品制作过程的录像播放，或是有某种与该作品或产品内涵相关但是意义表达更明确的衍生创意产品。消费者通过阅读讲解说明，观看制作录像，购买、欣赏衍生创意产品就能够获得对后现代艺术家深刻、准确的理解。这就表明文化营销中对意义的补充、增加和再创造获得了成功。再比如，2005 年 4 月 23 日“世界读书日”这一天，由湖南卫视、联合国教科文组织主办，团中央、全国 20 多家出版社、图书馆支持，艺术家舒勇主持策划了“春天漂流书”营销创意活动，其中核心创意项目是“知识因传播而美丽”。当天，国家图书馆核心广场被几万册书装点成书的海洋，刻着“中国国家图书馆”的巨型石头和升着国旗的旗杆，形成了一艘巨船。船尾上4个船夫不断划着桨，象征着人们在知识的海洋里前行。56个身着各民族服装的学生，围绕“巨船”形成螺旋扩散状。在音乐声中，舒勇站立船头不断向空中抛撒花瓣，身着民族服装的学生们在花瓣下阅读并将书传递到围观的观众中，现场呈现出既浪漫又严肃的意境，寓示着知识在生机勃勃的春天不断扩散，传播到社会各个角落生根发芽。① 由于这不是专门针对具体一本图书的营销，因此，产品本身的文化内涵并不明确。不过，通过文化营销的创意，为产品的原初意义赋予了一种文化精神，进而为消费者对图书产品的理解在总体上增加了“成长”“精神营养”“生机”等含义。文化营销创造意义的目标就这样实现了。

第二节　增长利润与占有市场的目标

文化企业的营销目标当然包括经济获利方面的目标。文化企业的盈利目标体现为增长利润的目标与占有市场份额的目标。

经济利润的增长是企业营销战略中最直接的目标，也是企业为了生存和继续发展的直接动力。企业一般都会根据前一年或前几年的利润情况，为自己今后的利润增长设定目标。企业衡量是否实现利润增长目标的指标有两个：总资本利润率与销售利润率。如果总资本利润率为C，企业纯利润为C1，企业资产总额为T，总资本利润率的计算就可以用以下公式表示：$C=C1/T\times100\%$。这是衡量企业在一定时期内总的营销状况的基本公式，也是反映企业盛衰的晴雨表。如华谊兄弟传媒集团截至2011年6月向社会公布的总资产为19亿元，2012年获得纯利润2.44亿元，那么华谊兄弟传媒集团2012年的总资本利润率就是$C=C1/T\times100\%=2.44$亿/19亿$\times100\%=12.8\%$。

如果销售利润率是C2，企业纯利润还是C1，企业的总销售额为S，那么销售利润率的计算则可以用以下公式表示：$C2=C1/S\times100\%$。还是以华谊兄弟传媒集团为例，如果该集团2012年获纯利润2.44亿元，2012年的总销售额是13.86亿元，那么华谊兄弟传媒集团2012年的销售利润率就是$C2=C1/S\times100\%=2.44$亿/13.86亿$\times100\%=17.6\%$。销售利润率的公式更直观地展示了销售战略目标实施的状况，同时也能够反映出企

① 舒勇、子月：《行为，艺术营销》，15页，广州，广东经济出版社，2005。

业营销战略目标执行的程度。文化产品销售额的增长或变化情况会反映出文化企业的发展情况。当某种文化产品的销售状态相对稳定的时候，销售额的增长与销售量的增长会基本保持一致，否则就说明企业文化产品处于销售不稳定的状态。

就盈利方面而言，文化产品的营销目标还包括占有的市场份额。当文化企业打开了某种文化产品的销路之后，通常都会为这一产品在市场竞争的环境中扎下深入的根基，为以后进一步扩大市场占有份额奠定良好的基础。而企业在扩大市场占有份额之前，通常也会对占有多少市场份额有一个大概的估量，设定一个大致的目标。市场占有目标的实施情况，可以用市场占有率公式表示。在前面讲述文化需求预测的时候，曾经提到过市场占有率的计算公式：绝对市场占有率的基本计算公式为：$A=K/Q\times 100\%$。其中，A 表示绝对市场占有率，K 表示某企业的某种文化产品在一定时期内的市场销售量或销售额，Q 表示市场上同类同期产品的销售总量或销售总额。相对市场占有率的计算，类似于绝对市场占有率的计算，只是把市场同期同类产品的社会销售总量改为某同类企业的销售量，其公式为 $A1=K1/Q1\times 100\%$。

市场占有率越高，企业竞争的能力就越强，该产品占有市场的潜力就越大。反之，如果企业的某一文化产品的占有率很低，就说明该产品的市场竞争能力很弱，很可能在激烈的市场竞争中被淘汰。所以，市场占有率通常是考察企业营销活动成绩的重要指标。

第三节　企业形象的目标

在文化市场环境中，产品的文化传播力、营销过程的意义、创造力以及产品的利润增长率与市场占有率都是企业营销的重要战略目标。然而，一种文化产品要想在市场上获得优势，文化企业、文化生产者自身的社会形象与社会声誉则是必不可少的。以艺术产品为例，艺术家的知名度与声誉会对艺术产品价值的评估起到极大的作用。街头画家或音乐家即使绘画或音乐技巧很高，其作品的评价和估值在市场上也不会高于著名画家或音乐家的作品。而街头画家或音乐家一旦有了较高的知名度，其作品就会备受青睐，进入文化市场后也会有比较好的销路。影视产品也是如此。传媒集团与影视公司往往会树立起几个明星，将明星捧红，这样，与明星相关的影视产品就会声名鹊起，获得高观看率与收视率，从而实现文化企业在文化与经济方面的双重战略目标。因此，企业对自身形象的塑造会很明显地改善企业营销的市场环境，有助于其实现战略总目标，并且不断地追加投资和扩大其经营活动。

企业的形象识别系统（CIS）通常通过企业的理念识别系统（MI）、行为识别系统（BI）、视觉识别系统（VI）三个方面来进行设计，具体而言，就是包括挖掘企业的知名度和美誉度；塑造企业文化；设计产品形象；设计员工形象；设计环境形象；设计服务形象；设计公关形象。[①] 企业的形象目标就是对这些设计在消费者群中的传播效果进行设定，并根据设定来设计企业形象识别系统的具体内容。而企业的形象目标是否实现以及实现的程度则可以通过消费者对企业和产品的认同程度获得测量。

值得注意的是，文化企业的营销在实现传播文化的目标、创造意义的目标、增长利润的目标、占有市场的目标、企业形象的目标这些主要目标的同时，还会附带性地实现一些相关的不主要的目标，比如增强了作者文化产品的创作能力，提高了作品和作者的知名度等。增强作者文化产品的创作能力是指，为了文化创造的责任，同时也为了在市场竞争中取得优势，创作者通常会想方设法增强自己的文化内涵以及创意与设计方面的技术能力。而提高作品和作者的知名度更是文化企业在文化类目标与经济类目标实现之后的一个必然结果。

不过，在总体上，文化企业营销的所有目标都是系统的、分层次的，这些目标及其实施方式彼此之间相辅相成，构成了一个完整的战略目标体系。这也是文化企业的营销被经常描述为，通过增长利润、占有市场、塑造企业形象来进行文化传播，创造意义的原因。

---

① 邱明锋：《CIS企业形象设计方案开发研究》，《中国西部科技》，2010（34），11—12页。

第九章　文化市场的营销程序

在进行了充分的市场调研，同时确定了目标市场并制定了各层次的战略目标之后，现实中的文化市场营销活动就可以开始了。现实中的市场营销按照实施的时间顺序可以分为四个步骤：创意的策划、设计与评估；对产品定价；进行文化市场分销；进行文化产品促销。这四大步骤构成了文化市场的营销程序。

第一节　创意的策划、设计与评估

对于非产业化的文化作品，对作品创意的策划、设计与评价并不能算是营销，因为它们无法带来经济效益；对于非文化性质的普通产品，对产品创意的策划、设计与评析也不能被归入文化市场营销，因为对它的理解不会因消费者个体的不同而产生差异。与它们相比，文化产品的创意策划、设计与评估有很大不同：由于文化内涵的多义性与复杂性，消费者对产品的理解与感受容易因个体的职业、性别、性格、心理、人生经历等的不同而产生很大的差异。这会给产品的定价、分销与促销等一系列活动带来比较大的困难，进而会极大影响产品的销路。因此，对消费者理解、感受产品的引导从产品创意的策划、设计就开始了，而企业对创意策划、设计的反思与评价也应归入此列。就这点而言，可以说文化产品的营销始自创意的策划、设计与评价。但需要特别注意的是，创意的策划、设计与评估并不能完全被看作是营销。

一、文化产品创意的策划

1. 创意的概念。关于创意最主要的理论是弗洛伊德的潜意识学说。弗洛伊德将人的意识分为可控的显意识与不可控的潜意识。在不可控的潜意识中，非逻辑与混乱占统治地位。潜意识经常处于肆虐无忌的状态，有时甚至会跃入显意识，让人显得失常。但是，潜意识一旦被显意识的秩序同化，又会丰富显意识，这就形成了创意。创意是经过思考而产生的。思考的依据是两个方面的资料：一方面是一般性资料，即创作人员个人必须具备的知识和智慧；另一方面是特殊性资料，即创作人员对对象要十分了解。通常情况下，创意者将一般性资料与特殊性资料融汇在一起进行系统性分析与研究的时候，就能在研究过程中产生创意。创意就其本质来说是一种辩证思维能力，体现为思想、点子、立意、想象等，是创造新事物或新形象的思维方式。① 它会使用到理论思维、直观思维、联系思维、倾向思维、逆向思维、形象思维、抽象思维等七种思维形式，也会应用到联想类比法、移植嫁接法、模仿创意法、组合创意法、重点转移法、逆向思维法等六种方法。②

2. 创意策划的过程。文化产品的创意并非凭空而来，它有四个必需的基础：企业调研前期产品与同类产品消费需求的情况与数据；委托者或企业对文化产品主题、设计的本意与要求；企业对此本意与要求在未来市场上发展前景的预测与衡量；企业自身在产品设计方面的各种有利及不利的条件。在深入理解、反思这四组数据、资料之后，才可以启动创意。一般来说，创意策划的过程分为四步：第一步是策划构思。首先是根据上文提到的四组基础性数据、资料，确定策划的大致方向；其次是找到解决问题与达到目标的关键，并逐步确立大致的抽象性观念；然后是将这一抽象性观念附着于某个实体，完成策划的构想。第二步则是制定具体设计规划，进行日程安排，确定何时何地做什么工作，需要何人何组织的协助与监督，需要何种设备与物资以及设备物资的具体数量等。第三步是写作策划书。策划书是策划人展开策划内容，并获得他人认同、据以组织实施的设计图纸与蓝本。通过策划书，策划人可以听取他人客观的建议与意见，对产品的策划方案进行改善。第四步是根据企业相关部门与成员一致通过的、改善后的策划书进行具体的组织实施。

3. 创意策划的重点。对于不同类型的文化产品，创意策划的重点是不同的。比如图书产品的策划重点在于选题对时代主题的呼应与新颖独特、版式开本装帧与随书附件等形式的完美、读者的广泛共鸣，以及能够陶冶精神或是提供实用丰富的知识，乃至使读者获得轻松愉快的感受，等等。

---

① 陈初友、王国英：《TOP创意学经典教程》，1—3页，北京，北京出版社，1998。

② 陈勤：《媒体创意与策划》，3—11页，北京，中国传媒大学出版社，2009。

报纸产品的策划重点在于舆论导向的正确健康、广大受众的广泛接受、高度的政治敏锐性和新闻敏感性、信息的实用性等。

杂志策划重在资讯的深度和广度、文字和图片的质量、图文结合的有效性、杂志品牌的塑造、文字功底的深厚、内容的趣味盎然等。

广播产品的策划重在：根据对象的职业、性别、年龄等特点和不同的心理需求有针对性地设置节目与栏目；设计特色鲜明的主题式栏目与版块式栏目；设计口语化、通俗化、朴实自然、亲切得体且与节目相适应的语言风格；报道容量尽量大，报道的时代特色鲜明，突出地方特色；等等。

电视节目的策划重在：选题、故事、述评、观点、标题等内容方面的创新；包装、制作手法、广告、特技等形式方面的创新；通过精深的思想、精湛的艺术、精良的制作突出栏目的个性化风格，打造电视栏目的品牌。

电影的策划看重选题与故事的创新、故事内涵价值观的正面导向、演员的身价名气、表演功底与风格、电影布景、特技创新等。

网站的策划重在确定网站主题、网站的主要功能、合适的网站名称，设计网站的标志、标准色彩、标准字体、宣传标语等。

手机平台产品的策划重点在于：点对点短信传输与移动聊天的畅通，娱乐、财经、新闻时事、生活指南、天气预报、特色菜馆、名牌折扣等增值服务短信的丰富和及时；个人相册类、信息类、娱乐类、游戏类、通信类、商业类、位置类等服务彩信的图片清晰、图文并茂；彩铃与炫铃的音乐旋律时尚优美、音质好；手机游戏种类丰富、生动有趣、益智开慧；手机电视画面清晰、音画同步；手机博客页面精美，上传图片质量好、速度快；博客链接音乐的播放效果好；通讯录空间大；等等。

流媒体产品的策划重点在于：娱乐内容如视频游戏、电影电视视频的丰富；尽最大努力鼓励消费者对流媒体产品制作的参与；增加消费者的各种体验如环绕立体声、三维交互、虚拟现实等；利用流媒体的低成本优势大力开发小众节目；对以往的媒体内容重新进行数字开发；通过建立信任网络、与新闻评论员记者直接联系、将时间日期和位置信息嵌入拍摄镜头、与当事人视频聊天等途径提供更真实、更可信的信息来源。

户外广告设计的策划要注意：尽量使户外媒体的内容无论文字还是美工设计都简洁明快、令人一目了然；采取易于记忆的创意、平实的创意或是能迅速引起注意的巧妙创意；提供简单而有感染力的建议，提高户外媒体的可见度，保证易读、易看、易记、醒目；等等。

艺术品、工艺品的策划重点在于产品文化内涵的精深、审美情趣的别致丰富、内容构思的巧妙、产品风格的独具匠心、包装对产品内涵的恰当衬托等。

旅游服务的策划看重旅游核心产品的地方特色、明确而有意义的旅游主题、旅游所在地的生态保护、观赏内容的创新、旅游地所在区域的综合发展、为消费者提供独特丰富的体验，以及景区与多种部门、多种行业之间的协调运作、系统组织，等等。

二、文化产品创意的设计

创意的设计就是对策划的具体组织实施，创意设计要将策划的意图在现有的智力、技术、材料基础上充分地体现出来。不同的文化产品、文化服务，其创意设计的方式也会有很大区别。

图书产品的创意设计包括选题设计、编校设计、版式设计、装帧设计等。选题设计包括选什么类型的题目、以什么口吻什么方式表述题目。编校设计包括如何修改润色文字、提高书籍内容质量。版式设计包括选择何种样式的开本、页边距、字体、字号、目录、页眉、页脚等。装帧设计包括封面、封底、书脊、勒口、腰封、扉页等的设计。其中，封面设计指如何通过构图、色彩、画面、格调等创造有感染力的氛围使主题突显；封底设计涉及如何对书籍内容和著作者进行简介、对封面要素进行重复，以及责任编辑和装帧设计者署名与条形码如何排列；书脊设计包括方脊与圆脊的选择，书名、作者、出版社如何体现，与封面、封底的设计风格如何统一。

报纸和杂志产品的创意设计主要体现为搜集有价值的信息，然后选择观众敏感度高、兴趣度高且可读性强的话题，将这些话题以合适、醒目的方式展示出来。展示的方式包括选择合适的字号、字的颜色、边框、底色等来设计话题题目，选择合适的版式设计话题内容的排列，选择合适的语气与风格来写作话题内容。报刊的创意设计还包括不同话题之间如何进行排列组合、如何突出重要话题、按照什么标准划分话题的层次性、图片与文字如何根据话题内容进行组合等内容。

广播产品的创意设计包括寻找社会关注度比较高、有价值、有意义的话题，将这些话题创造性地表达出来。表达的方式有选择合适的话题叙述风格、合适的播音语速与语气、合适的播音员、切题的背景音乐、精良的录音设备与录音室等，还包括不同话题之间、不同类型的节目之间如何进行排列组合、如何进行切换、如何突出重要话题等。

电视节目的创意设计体现为根据频道的性质寻找公众感兴趣的节目素材，将这些素材按照编导的创意进行再加工，然后展示在荧屏上。电视节目的设计包括确定节目的性质、确定合适的主题、设计主题的展开形式，选择合适的节目主持人，确定节目主持人的数量、着装与风格，确定节目的布景、选择节目的背景配乐与配音、确定摄像的拍摄角度与转换镜头的时间，以及确定不同类型节目之间切换的方式、间隔的时间、插播的广告的类型与风格等。

电影的创意设计在于寻找高水平的剧本，然后由制片人找到合适的导演组织演员、摄像以及各种剧务人员等组成团队，根据剧本设计场景、进行拍摄。电影的设计包括剧作家寻找素材主题进行写作、确定剧本，导演根据剧本进行再思考再创作、确定主角演员与配角演员、确定拍摄场地、设计电影的具体细节和噱头、设计演员的服装和化妆、指导演员的具体表演、确定摄像的技巧和角度，以及后期对拍摄后的初片进行的创造性剪辑、整理等。

网站的创意设计是在分析网站客户要求以及网站所要达到目的的前提下对网站的栏目、版块进行布局与设计。网站的创意设计包括配合网站目标，设计具体栏目与版块的布局、呈现顺序、呈现方式（如淡入、动画、鼠标对正放大等）、色彩搭配与使用、多媒体使用，以及设计插入的广告系统、导航系统、网站 LOGO 等。智能手机平台的网页设计以及流媒体网页的设计与网站的创意设计大同小异，因此不再赘述。

户外广告的创意设计是指在户外通过明晰的符号形式将销售语言转化为图形语言。户外设计包括根据所宣传产品的性质选择设置户外广告的地点，确定户外广告的形状、大小，确定户外广告的色调、色彩，确定户外广告的图案、文字以及两者的搭配，确定户外广告的标题与字体样式，等等。

艺术品、工艺品的创意设计是在一定的物化载体上所进行的艺术设计，包括：选择设计的材质、确定艺术主题、确定主题展示内容，确定艺术品工艺品的色彩、色调、风格、图形、线条以及它们之间的搭配，确定艺术品工艺品的外形、包装样式等。

旅游服务的创意设计是对旅游项目进行的策划与设计，包括：旅游项目主题的定位，旅游项目性质如观光、探险、休闲、度假、休学、疗养等的定位，旅游线路的设计，旅行社、导游、宾馆、餐饮服务点的选择，旅游景点的规划以及旅游景点区域内辅助设施的设置，等等。

三、文化产品创意的评估

对文化产品创意的评估既包括对其经济效益的测定，也包括对其传播效果的估量。评估并不全在创意设计完成之后进行，在创意设计开始之前、进行之中、完成以后都可以进行。

1. 创意经济效益评估。(1) 事前评估。创意经济效益的事前测定主要遵循目标性原则，对各种数据资料进行分析研究，从而预测出创意的经济价值。测定主要分三个步骤：第一步，调动尽可能多的人手搜集企业调研前期产品与同类产品消费需求的情况与数据，委托者或企业对文化产品主题、设计的本意与要求，企业对此本意与要求在未来市场上发展前景的预测与衡量，企业自身在产品设计方面各种有利及不利的条件等各种数据资料，确保资料的广泛性与真实性。第二步，与同行业进行类比，对类比后的结论性资料进行分析研究。第三步，请具有丰富经验和精确判断能力的管理人员对分析研究后的结论性资料进行再一次的分析评价。

(2) 事中评估。创意经济效益的事中测定以定性分析为主，主要目的是：以创意计划作为评价标准，看创意的执行是否与计划步调一致，其预期效果是否已经达到，当出现偏差时要注意及时进行调整。这样，创意的设计才能够向着既定目标顺利前进。

(3) 事后评估。创意经济效益的事后测定是以定量分析为主，主要目的有两个：一是结合创意社会效果的事后预测，对设计之后的创意进行经济效益预测，思考创意产品的定价问题；二是在创意投向市场之后，检测创意的经济效果是否已经达到预期目标，进而进行经验的总结和积累，作为下次创意的参考资料。其关键在于对创意实施前后经济环境的变化进行评价，对成本与收益情况进行分析。

2. 创意传播效果评估。对创意社会效果的评价一般采取定性与定量相结合的分析，通常也分为在创意设计开始之前、进行之中、完成以后三阶段的评估。

(1) 事前评估。创意社会效果评价的事前测定同样需要对前述各种数据资料进行分析研究，也需要与同行进行类比；然后请专家或经验丰富的从业人员从社会传播效果的角度对本次创意设计的社会传播问题提出建议，比如：分析评估创意的内容，探讨本次创意设计如何获得最广泛的目标市场，思考本次创意设计的重点、难点在哪里以及如何实现重点、克服难点，考虑如何与获取经济效益的目标进行协调，等等。

（2）事中评估。创意社会效果的事中测定同样以定性分析为主，关注点为：实际的创意设计活动参照与吸取专家建议的情况，事前的预测是否实现，以及设计中如何根据现实具体情况纠正偏差以保证创意设计能够实现预定目标。

（3）事后评估。创意社会效果的事后测定应该采取定性与定量相结合的分析方式，主要目的也有两个：一是对设计之后的创意进行社会传播效果预测，将预测结果作为创意产品定价的参考；二是在创意投向市场之后，检测创意的传播效果是否能够达到目标，同时也要注意分析创意实施前后的社会环境变化与目标市场上消费者的心理反应。①

第二节　产品的价格制定

产品的价格“从狭义来看，是为产品或服务收取的一笔钱。从广义来看，是顾客为享受产品和服务的利益所交换的价值总和”②。价格不仅是价值量的表现，也往往是文化交易过程中直接的利益体现。它是一个敏感又难以控制的因素，关系着市场对产品的接受程度，影响着市场需求量及产品销量的大小和利润的多少。制定文化产品的价格需要了解文化产品的价格构成、影响文化产品定价的因素、文化产品的定价方法、定价策略和价格变动方式。

一、文化产品的价格构成

1. 价格构成。文化产品因产品的文化特性而成为一种特殊的产品，因此文化产品的价格构成与其他普通产品相比也具有特殊性。普通产品的价格构成通常体现为：实用价格＋载体价格＋劳动力价格；而文化产品的价值核心在于其文化创意，因此它的价格构成就表现为：创意价格＋载体价格＋创意劳动力价格。文化产品载体价格的衡量比较简单，与普通产品区别不大，但是其创意价格以及与创意相关的创意劳动力价格就比较难以测定。其原因在于，创意是一个自我、独立、个别的劳动过程。每一个创意

① 陈勤：《媒体创意与策划》，15页，北京，中国传媒大学出版社，2009。

② 菲利普·科特勒等著，何志毅等译：《市场营销原理（亚洲版）》，221页，北京，机械工业出版社，2009。

过程都独一无二，重复的创意没有任何价值。因此，创意没有普通产品所具有的社会平均劳动条件，也没有社会平均劳动强度，它的劳动成果具有专有性。而且，任何一种真正的创意由于文化继承创新、厚积薄发的本性，不仅是某个人或少数人的能力损耗，而且其中也凝结了他人与前人的文化劳动。因此，对于创意是无法找到“社会必要劳动时间”这一衡量普通产品价格的要素的。

2. 创意的价格。王育济、张友臣指出，文化产品创意的价值可以通过知识产权来衡量。知识产权是智力创造性劳动取得的成果，是由智力劳动者对其成果依法享有的权利，是创造无形资产的权利。它是在法律层面对创意的确认。与知识产权相关的法律、法规赋予创意一种价值交换与价值实现的保障。在这种交换和实现的过程中，创意的价值一般是以大致约定的契约方式来确定的，并能够确定大致的价格。不过，这种契约也不是随意约定的，它需要以社会对该创意的整体价值判断为依据。其原因在于，创意是个体性很强的劳动，创意者往往根据自己的知识储备和精神思想独立地进行创作，常常比较容易忽略社会整体的价值判断，或者容易与社会的整体价值判断形成偏差。如果创意的主观价值与社会整体的价值判断不一致，依托于它的文化产品就很难获得较大的市场价值。通常来说，创意越符合社会整体的价值判断，其知识产权价值越高，货币表现越多。

3. 创意劳动力的价格。与创意密切相关的创意劳动力的价格也比较难以确定。尤其是影视剧产品、歌舞表演产品、艺术品、工艺品这些在“明星生产机制”中产出的产品，创意劳动力的价格会因主要劳动力如演员、导演、舞者、歌手、艺术家、工艺美术家的名气大小而有所不同。不过，在更多情况下，创意劳动力的价格还是与创意技术的难度以及其中凝结的普通劳动的强度相关。它的价格公式基本可以被表述为：创意劳动力价格＝创意技术价格＋普通劳动力价格。当然，如果是“明星生产机制”中产出的产品，它的价格公式就是：创意劳动力价格＝创意技术价格＋普通劳动力价格＋主要劳动力的身价。

值得注意的是，“文化产品的价格＝创意价格＋载体价格＋创意劳动力价格”只是文化产品价格构成的一般规律，并不是在实际市场运作中制定价格的方法。在实际运作中，企业会根据目标和实际情况的不同采取适当的价格策略来确定合适的产品价格，但实际的市场定价不能违背文化产品价格构成的一般规律，其价格策略和定价方法都要以文化产品价格构成的一般规律为基础。

二、文化产品定价的影响因素

科特勒认为，影响文化产品定价的因素包括：市场结构和需求特征，竞争者的成本、价格和产品，以及其他环境因素。其中，市场结构和需求特征具体包括不同市场结构下的定价、消费者价格和价格感知、价格和需求的关系、需求价格弹性等因素。① 参照科特勒以及王育济、张友臣的相关看法，再结合文化产品的文化特性，可以将影响文化产品定价的因素总结为企业的定价目标、产品因素、成本因素、市场因素、竞争因素、政府因素等六种。

1. 企业的定价目标。定价目标是在产品价格实现之后企业应该达到的目的。企业的定价目标一般是在不影响社会总体利益原则下的利润最大化。企业的定价目标通常有九种：

（1）扩大利润的目标。这是一个短期目标，也是一个高价目标。选择这一目标的企业通常要具备两个条件：企业的生产技术与产品质量居于市场的领先地位；产品在消费者中评价较高，市场供不应求。

（2）扩大销售额的目标。确定这一目标的企业通常想在保证一定利润的前提下，争取最大的销售额。对于需求价格弹性大的产品适合采取降低价格的方式来争取最大销售额，对于需求价格弹性小的产品如艺术品、收藏品等则宜采取高价策略。当消费者不看重品牌，不敏感于价格，而市场竞争又特别激烈的时候，根据销售目标定价不失为争夺市场的明智选择。

（3）获取投资收益的目标。就是企业以获取投资收益作为定价的基点，然后加上成本和一定的利润来制定产品价格。投资收益率一般高于同期的银行利息率。一些条件优越或是实力雄厚的企业如产品拥有版权或专利保护的企业，往往会采用这一定价目标。

（4）以稳定价格获取利润的目标。这一目标可以稳定市场价格，避免竞争，同时又会得到一定的利润，而且也照顾到了消费者的利益。在市场竞争激烈的情况下，文化企业为了减少风险、减轻压力，通常会设定这样的目标。

（5）扩大市场占有率的目标。这一目标通常指的是，通过价格优势占领尽可能多的市场。一般来说，通过价格的降低，可以占有较多的市场。

① 菲利普·科特勒等著，何志毅等译：《市场营销原理（亚洲版）》，226—228页，北京，机械工业出版社，2009。

不过，值得注意的是，由于文化产品本身的特殊性，有的产品可能会因为准确把握了消费者的心理而获得高市场占有率，与价格没有直接关系。设定这一目标的企业通常追求的都是长期利润。

（6）对付和阻止竞争对手的目标。在激烈的市场竞争中，价格也是竞争的重要手段。企业在定价之前会对同类产品的质量、价格及竞争对手的情况进行分析，从有利于竞争的目标出发制定价格。通常具有较强实力，在该行业中居于领袖地位的企业会以对付或阻止竞争对手为定价目标；具有一定竞争力量，居于市场挑战者位置的企业，会因为要攻击竞争对手和占有竞争对手市场将价格适当定低；而市场竞争力较弱的中小企业则一般会跟随市场领袖的价格，不使用价格战来对付竞争对手。

（7）以企业生存为目标。这种定价目标一般是陷入经营困境的企业定价时设定的目标。企业在经营过程中总会因为社会经济衰退、竞争过于激烈、消费需求突然转向、库存积压、资金周转失灵等各方面原因而陷入困境。在这种情况下，企业一般会以维持生存为目的，将价格定得很低，一般定为保本价格或亏损价格。不过，这种价格策略只是暂时的，是过渡手段，很快就会被其他定价目标所取代。

（8）以塑造企业形象为目标。文化企业有时会根据所设计的企业形象来制定价格，以便树立高品质的市场领先者形象。一般情况下，价格偏高意味着企业期待在消费者心目中树立起上等品质的形象，而定价偏低则说明企业的产品更易于接近大多数人。

（9）以文化传播效果为目标。由于文化产品具有价值导向的特殊作用，文化企业在定价时必然要考虑到文化产品的社会责任与社会效益，而不能仅仅单纯地片面追求高额利润。对一些能够陶冶情操、培养民族感情和使人在心理上积极向上的文化产品适当地采取低价策略，能够带来广泛的正面社会影响。

2. 产品因素。产品本身对定价的影响是根本性的，主要包括：

（1）产品特征。指的是产品的功能、质量、包装、服务等各个方面。文化品位高、知识性强、审美趣味浓厚、包装精致、服务周到的产品自然价格就高；而文化品位低、知识含量差、仅供消遣、包装粗糙或没有包装、服务一般的产品，其价格当然就低。

（2）品牌和名气。同样质量和成本的产品，品牌好、知名度高的产品价格就高，这就是所谓的“品牌效应”。文化产品的品牌主要体现为创作者与制造商的名气。

（3）生命周期。产品生命周期的特征在文化产品上尤为突出。普通文化产品的生命周期通常较短，原因在于消费者的文化需求总是复杂多变，这些变化使得原来能够满足文化需求的旧文化内涵丧失了原有的功能、趋向老化，文化产品的价格就会呈现出随时间的推移而逐渐下降的趋势。不过，有些艺术价值高的文化产品如名字画等或是具有特定历史意义的文物古玩等，其价格却会随时间的推移而逐步升高。

3. 成本因素。各种成本是企业产品定价的最低限度。只有产品价格高于成本，企业才能补偿生产和经营上的耗费，获得利润。成本的高低是影响定价的重要因素，但这并不排斥某些产品或个别产品在一段时期内由于特殊需要，会出现价格低于成本的现象，比如某些公共文化产品、积压的库存品和促销产品等。产品成本根据不同的标准，可分为四种类型：

（1）生产成本和营销成本。按照产品所处阶段的不同，成本可以分为生产成本和营销成本。生产成本包括企业在生产过程中实际消耗的直接材料、人工成本、因产品质量问题支出的费用，以及其他直接或间接的费用。营销成本包括流转税、分销成本、融资和风险成本等，在国际市场营销中还需要考虑关税和出口退税。

（2）固定成本和变动成本。按照成本与产量的股权关系，成本可以分为固定成本和变动成本。固定成本是在一定范围内不随产品产量或商品流转量变动的成本。固定成本大部分是间接成本，如企业管理人员的薪金和保险费、固定资产的折旧和维护费、办公费用等。变动成本是成本总额随业务量变动而呈正比例变动的成本。固定成本与变动成本之和就是总成本。总成本除以产量就是单位成本。掌握单位成本随产量变化的规律，对于产品价格的制定十分重要。

（3）机会成本，是指在经济决策过程中，因选取某一方案而放弃另一方案所付出的代价或丧失的潜在利益。一般来说，实际收益大于机会成本时，企业的资源才处于最佳配置状态。所以，很多企业在定价时会积极考虑机会成本，力求收益的最大化。

（4）知识产权成本，也被称为智力成本，是文化产品特有的成本。知识产权成本集中体现为创意和灵感，它是文化产品定价的重要因素。

4. 市场因素。供求规律是市场经济的基本规律之一，文化产品也同样遵循供求规律。产品供求关系的变动与价格的变动会互相影响。

（1）价格与供给。二者成正比例关系。文化产品的价格上升，就会刺激生产者扩大生产，产品市场供应量也会增加；而产品价格降低，生产者便会减少生产，而市场供应量则相应减少。

(2) 价格与需求。二者的关系成反比例关系。产品的价格上升，市场需求量就会减少；产品的价格降低，市场需求量就会增加。

(3) 均衡价格，是指产品供给与需求相均衡时的产品价格。在这个价格水平上，销售者愿意出售的量正好等于购买者愿意购买的量。不过，由于影响市场价格的因素复杂多样，供求之间的平衡是相对的，均衡价格也只能是相对稳定的价格，在实际的市场运行中基本是不存在的。

(4) 需求弹性，分为需求收入弹性和需求价格弹性。需求收入弹性是因收入变动而引起的需求的相应变动率。需求收入弹性大的产品，需求量会因为消费者收入的变化而大幅度变化；需求收入弹性小的产品，需求量变化的幅度则相应较小。大部分文化产品都属于需求收入弹性大的产品，只有少量低档的文化产品属于需求收入弹性小的产品。

需求价格弹性是用来衡量一种物品需求量对其价格变动的反应程度的。需求价格弹性的大小可用弹性系数来衡量。弹性系数等于需求量变动的百分比除以价格变动的百分比。弹性系数大于1，说明价格的变化会引起需求量的大幅度变化；弹性系数等于1，说明价格的变动和需求量的变动成相同比例；弹性系数小于1，说明价格的变化不会引起需求量的大幅度变化。奢侈品如古玩、字画等的需求弹性通常都较小。根据弹性系数就可以制定相应的价格策略。

5. 竞争因素。企业想制定合适的产品价格，必须对竞争者产品的价格、成本和质量等进行详细的调查和分析，找出自己的竞争优势和劣势。如果自己的产品和竞争者的产品在质量和性能等方面相似，就应该选择一个和竞争者价格接近的价位；如果自己的产品在某些方面不如竞争者的产品，那么应该选择适当低于竞争者的价格；如果自己的产品比竞争者的产品相对好一些，就可以制定一个适当高一点的价格，但要适度。

此外，市场的竞争程度也是需要考虑的因素。按照竞争程度的不同，市场竞争可以分为完全竞争、不完全竞争和完全垄断三种状态。完全竞争是指，市场上的经济主体规模都比较小，谁都无法完全影响供求关系和产品价格，因此企业一般只能被动接受公共市场价格，随行就市。不完全竞争是指，众多生产同种但不同质产品的生产者在市场上展开竞争。这就使某些生产者依靠自己产品在质量、性能等方面的优势，在一定程度上控制市场、提高价格，而不被动地接受价格。完全垄断是指，一种产品被一家或少数几家企业控制。这样的企业没有竞争对手，可以独家或几家通过协商来控制市场价格。这样的企业通常是拥有专卖权和专利权的企业。

6. 政府因素。市场经济中的许多自发行为如果不受限制，很容易对社会经济造成危害，所以政府的宏观调控总是作为市场经济的有益补充而存在的。价格就是政府宏观调控的一个重要方面。而文化产品由于涉及意识形态、价值观、民族精神、公民素质和文化安全等的特殊性，它的价格更是政府重点干预和调节的对象。政府的相关措施一般体现为：

(1) 价格补贴。主要体现在财政补贴、优先贷款、免税和退税等方面。比如为了鼓励更多的企业涉足文化领域、促进我国文化产业发展和保护一些传统文化资源，国家设立专门文化基金或进行专门拨款，并对一些文化企业采取税收优惠，以此来鼓励文化产业的发展。

(2) 价格控制。对某些关系国家文化市场兴衰和社会公众利益的产品，政府会严格进行控制和调节，甚至是直接干预；而对一般性的文化产品，国家基本采取一般性宏观调控手段，充分尊重企业的自主性。政府干预文化产品价格通常采取两种方式：一是限制最低价，目的是为鼓励某一行业的健康发展，防止盲目恶性竞争；二是限制最高价，目的是抑制物价上涨和照顾大众的利益。

三、文化产品的定价方法

定价方法是企业在特定定价目标指导下，给产品制定基本价格和浮动范围所使用的方法。在选择定价方法时，企业要考虑价格如何适应产品成本、市场需求和竞争态势这些因素。但在实际定价中，企业往往只能根据实际情况侧重考虑某一类因素，选择某一种定价方法，然后通过一定的定价政策修订计算结果，进而确定产品价格。科特勒将产品的定价方法总结为基于成本的定价方法、基于价值的定价方法、基于竞争的定价方法。[①]参照科特勒以及王育济、张友臣的相关看法，并结合文化产品的文化特性，可以将文化产品常用的定价方法总结为三种：成本导向定价法、需求导向定价法和竞争导向定价法。

1. 成本导向定价法是指以成本加上一个标准的或固定的利润来决定产品价格的方法，具体包括成本加成定价法、投资回报率定价法和盈亏平衡定价法三种。

---

① 菲利普·科特勒等著，何志毅等译：《市场营销原理（亚洲版）》，228—232页，北京，机械工业出版社，2009。

（1）成本加成定价法是指按产品单位成本加上一定比例的利润来制定产品价格的方法。这里的成本主要指固定成本，存在变动成本的情况在现实中也有，但不常见。具体计算方法为：价格＝单位成本＋单位成本×成本利润率。比如，某企业全年生产某种工艺制品，产品的单位总成本为10元，该企业要求的成本利润率为20%，则该工艺制品的价格＝10＋10×20%＝12（元）。通过公式可以看出，在产品单位成本一定的条件下，制定产品价格的关键在于确定成本利润率。成本加成定价法的优点为有利于保持价格稳定；缺点为忽视价格的需求弹性，对市场缺乏敏感性，不易获得最大利润。就文化产品而言，那些物质成本和物质投入量占成本比例较大的普通文化产品适合这种定价方法；那些需要巨大智力和精神劳动投入的文化产品则不适合成本加成定价，因为可以衡量的物质成本代表不了其价格的基本水平，对其价格影响大的是不易衡量的消费者偏好以及创作者的个人因素。

（2）投资回报率定价法也被称为目标收益定价法，是根据企业总成本或投资总额、预期销量和目标收益额来确定价格的方法。企业总成本包括固定成本和预期销量下的全部变动成本。基本公式为：价格＝(总成本＋目标收益额)/预期销量，或价格＝单位成本＋投资回报率×资本投资/预期销量。比如某件工艺作品，投资总额为5000万元，预期收益率为20%，预期销量为1000万件，那么该产品的单位价格就应该是：价格＝(5000＋5000×20%)/1000＝6（元）。投资回报率定价法依据的是预期收益率，而不是利润率；是预期销量，而不是产品产量。这种定价方法计算简单、目标明确，在销售状况比较稳定、销售量容易预测的条件下采用。但它颠倒了价格与销量的因果关系，把销量看成是价格的决定因素。一般来说，那些需求比较稳定、供不应求、受知识产权保护且价格弹性小的文化产品适合这种定价法。

（3）盈亏平衡定价法。在销量既定的条件下，产品的价格必须达到一定水平才能做到盈亏平衡、收支相抵，这一既定的销量就是盈亏平衡点，这种制定价格的方法就是盈亏平衡定价法。盈亏平衡定价的前提在于科学地预测销量和已知固定成本、变动成本。基本公式为：盈亏平衡点价格＝固定总成本/销量＋单位变动成本，用字母表示就是$P=FC/Q+VC$。比如，某企业年固定成本为10万元，单位产品变动成本为30元，年产量为2000件，则该企业盈亏平衡点价格应为：100000/2000＋30＝80（元）。盈亏平衡定价法反映了盈亏临界点的价格，这个价格只能使企业的生产消耗得到补偿，而不能得到收益。盈亏平衡定价法定的价格只是一种参考性定价。企业往往会根据这个价格来确定最终价格或实际执行价格。企业为了开展价格竞争、获得市场主动权或者为了应付供过于求的市场格局，会使用这种方法；企业在市场不景气的情况下宁愿保本销售，也不愿停工损失，也可以使用这种方法。

2. 需求导向定价法，又被称为“顾客导向定价法”或“市场导向定价法”。它不是根据产品成本状况来定价，而是根据市场需求状况和消费者对产品的感觉差异来确定价格。需求导向定价主要包括理解价值定价法、需求差别定价法和习惯定价法。

（1）理解价值定价法是指企业按照购买者对产品价值的感觉、理解以及需求的强度来定价的方法。其操作程序为：①通过市场调研，估计和测定购买者对产品价值的认定水平和需求强度；②确定能够被购买者接受的价格限度并拟定初始价格；③推测产品的销售量并估算产品的成本费用与盈利水平；④确定实际价格。理解价值定价法很适用于各种文化产品，因为对文化产品的接受过程本身就是一个对文化产品内涵价值的理解和认可过程。目前，运用理解价值定价法的文化企业越来越多。

（2）需求差别定价法是指根据消费者对同种产品或劳务的不同需求，制定不同的价格和收费方法。其主要形式有：针对不同消费者群的差别定价、针对不同产品式样的差别定价、针对不同地域位置的差别定价和针对不同时间的差别定价。一般来说，实行需求差别定价法需要一定的前提：①市场能够根据需求的不同加以细分，而且需求差别比较明显；②各细分市场之间无法相互流通，低价市场的消费者不可能向高价市场的消费者转手倒卖；③企业能够有效控制所生产经营的产品和服务，高价市场中出现低价竞争的可能性不大；④市场细分后所增加的管理费用应小于实行需求差别定价后所得到的额外收入；⑤不会因价格差异而引起消费者的反感；⑥差别定价不会违反国内外的相关法律。需求差别定价法也比较适合文化产品，因为：文化产品需求指向的满足具有很强的差异性；收入水平和文化水平不同导致顾客可接受价格的差异也比较大；不同地区和国家通常有不同的文化背景和文化偏好，容易形成文化方面的差异。

（3）习惯定价法即按照消费者的习惯价格心理来定价。消费者通常对日常的消费品在心里已经形成了一个习惯性的价格标准，符合这个标准的价格才会被接受。因此，企业在定价时，必须参照这个标准，以免导致产品滞销和消费者的不满。如必须变价，也要注意采取一定的技巧，比如改换包装，以避开习惯价格对新价格的抵触。常见的一般性文化产品比如学生文化用品、办公用品等通常会采用这种方法。但创作型文化产品、稀有文化产品和大型文化产品就不会也不适合采用这种方法。

3. 竞争导向定价法是指针对竞争对手同类产品的价格，结合企业自身的发展需求进行定价的方法。常用的竞争导向定价法有随行就市定价法、竞争投标定价法、主动竞争定价法和公开拍卖定价法。

（1）随行就市定价法是指以本行业同类产品的平均价格水平为企业定价标准的方法。这种方法适合竞争比较激烈的行业或部门。其优点在于：①在成本相近、产品差异较小、市场条件基本相同的条件下，有利于各企业获得平均利润；②在竞争激烈、市场供求复杂的情况下，可以为企业节省许多调研时间和费用，且风险较小；③有利于和同行业的竞争者和睦相处，避免价格战和激烈竞争。目前市场上很多生产大众型文化产品的企业以及各种中小型文化企业都喜欢采用这种定价方法，因为它既不用为定价耗费财力物力，又可以保证一定利润。

（2）竞争投标定价法是指在商品和劳务交易中，采用投标招标的方式，由一个买主对多个卖主的出价择优成交的定价方法。有密封投标和公开投标两种形式。企业首先要根据自己的主客观条件正确估算完成指标任务所需要的成本；然后需要对竞争对手的可能报价水平进行分析预测，判断本企业的中标机会；最后，综合所估算的成本与中标的可能性来制定自己的投标报价。在文化产业中，这种定价方法很少见，某些大文化项目的买卖、承包或文化企业的出售可能会用到这种方法。

（3）主动竞争定价法是根据本企业产品与竞争对手产品各方面的比较来确定价格的方法，分为四步：第一步是将市场上的竞争价格与企业的估算价格进行比较，分为高、一致、低三个层次。第二步是将本企业产品的性能、质量、成本、产量等与竞争企业产品进行比较，分析造成价格差异的原因。第三步是根据以上综合指标确定本企业产品的特色、优势与市场定位，并结合定价的目标来确定产品价格。第四步是跟踪竞争产品的价格变化，及时分析原因，相应调整本企业的产品价格。一些经营特色文化产品或经营有知识产权保护产品的文化企业，还有大型的跨国文化企业往往会采取这种定价方法，以获得竞争优势。

（4）公开拍卖定价法。先由卖方预先发布拍卖公告，买方预先通过展出看货；然后在规定时间公开拍卖，由买方公开竞价，无人竞争的最高价格即为成交价格，也就是文化产品的价格。在公开拍卖中，卖方起拍价的高低非常重要：报价高，利润高，但是成交几率低；报价低，利润低，但是成交几率大。所以要均衡利润和成交几率之间的关系，确定一个“理想利润”，然后再制定起拍价。值得注意的是，因为拍卖定价是处于公开竞争的氛围中，所以买方的竞争心理和卖方的广告宣传、氛围制造等因素往往会影响到拍卖的结果。公开拍卖定价法非常适合一些特殊的文化产品，如古玩、名贵字画等。

四、文化产品的定价策略

定价策略是企业在根据适当定价方法确定了基本价格之后，运用定价技巧对基本价格进行修改的方式。定价策略需要考虑商品的特点、市场供求状况、竞争状况、成本变动情况和消费者的心理特征等很多方面，是保证企业价格制定成功的重要途径。

1. 新产品定价策略。对于新产品来说，制定一个合适的价格会直接决定产品能否在市场上立足，也会影响企业的竞争能力，因此关系重大。但新产品上市之初，定价无从借鉴，所以难度很大。科特勒将新产品定价策略分为市场撇脂策略（高价策略）与市场渗透策略（低价策略）两种。[①] 参照科特勒的观点，常用的新产品的定价策略可以分为高价策略、渗透策略和满意策略三种。

（1）高价策略，是指在新产品开始上市时，将产品价格定得较高，目的是在短期内获取高额利润，尽快收回投资。这一策略适用于需求弹性较小的产品和高收入阶层的市场。因为这些产品多以质量好、性能高和竞争威胁小为特征；这些消费群体关注更多的是产品的质量性能，而不是很在意价格。很多难以被仿制或者具有知识产权保护的文化产品会采取这种策略。其优点在于：①能迅速获得高额利润，收回投资；一旦遭遇同行业挑战，还有余地降低价格，有利于企业在竞争中取胜。②产品的价格高暗示着产品的质量高，有助于树立企业和产品高品质的品牌形象。缺点为：①高价容易吸引竞争者的目光，招致竞争。②一旦因为竞争原因导致价格下降，反而会破坏企业和产品形象，不利于长期发展；在文化企业和文化产品里，情况尤甚。

（2）渗透策略，是指在新产品进入市场时将价格定得较低，目的是使

① 菲利普·科特勒等著，何志毅等译：《市场营销原理（亚洲版）》，237 页，北京，机械工业出版社，2009。

产品迅速渗透市场，扩大市场占有率。采用这种策略的产品一般需求弹性较高，较小幅度的价格变化就会导致销售量较大幅度的变化。其优点在于：通过低价可以提高市场占有率，阻止竞争者加入；低价容易赢得顾客的好感，吸引潜在消费者；有利于企业节约成本，提高总利润。缺点为：风险性很大，一旦销售量达不到预期水平，企业就有可能出现亏损。实力很强的企业与大众型的文化产品比较适合这种策略。

（3）满意策略介于高价策略与渗透策略之间，它以适中价格为基准。满意策略既避免了高价策略的风险，使企业获得一定的初期利润，又会使消费者感到满意。一般适用于价格弹性适中的产品与追求长期利润和长远利益的企业。但它毕竟是一种相对消极的定价策略，长期实施容易使企业在竞争中处于被动地位，且对市场变化反应迟钝。由于其风险性较小，这种策略还是能够获得一定利润的，故对于一般的文化企业和文化产品，这种定价策略值得参考和借鉴。

2. 心理定价策略，主要是针对消费者心理来制定价格的策略。采取这一策略的前提是要对消费者的心理进行准确的分析，抓住其心理特点。心理定价策略主要有以下六种：声望策略、尾数策略、整数策略、特殊偏好策略、分级策略和招徕策略。

（1）声望策略。声望定价是利用消费者相信名牌或求名的心理来定价的策略。它以把价格定高的方式来吸引顾客。这种定价方法一般有两个目的：一是提高产品的形象，以价格说明它是名贵名优的产品。二是满足购买者想要彰显身份地位的心理。消费者往往把声望和价格相联系，而且往往把产品的价格和品牌当作身份的象征。把产品价格定得较高，不仅能够给企业带来巨大的利润，还能够满足消费者的这一心理，十分有利于巩固和树立企业声望。所以，很多知名企业和产品都会采取声望策略。

（2）尾数策略。尾数定价也被称为零头定价，即给产品定一个以零头数结尾的非整数价格，如 0.99 元、9.98 元等。大多数消费者在购买产品时，尤其是在购买一般的日用消费品时，特别乐于接受尾数价格。尾数价格给消费者一种价格经过精确计算的信任感；又给消费者一种低价的感觉，符合他们求廉的心理；而实际上价格所差的几分或几角钱，丝毫不会降低企业的利润。不过，尾数策略只适用于小型的文化产品和日常文化消费品，如学习用品、小装饰品等。

（3）整数策略。整数定价与尾数定价正好相反，企业有意将产品价格定为整数，以显示产品具有一定质量。整数定价一般用于价格较贵的耐用品或礼品以及消费者不太了解的产品，会给顾客货真价实的感觉，有利于扩大销售和树立产品形象。除日常普通文化消费品之外的很多文化产品，尤其是高档文化产品，比如收藏品、艺术品等都可以使用整体定价。值得注意的是，在整数定价时，最后确定的整数不能与原来的实际价格差很多，如9955元、9865元等可以定为10000元，7855元最好定为8000元。

（4）特殊偏好策略。这是企业利用消费者对某些产品的偏好来制定价格的策略，这一策略尤其适合文化企业。每个人都有自己特殊的文化需求和偏好，文化企业如果能够抓住消费者的特殊偏好来制定产品价格，就会带来可观的经济效益。古玩店、文物店这类企业经常使用偏好定价，例如有人喜欢收藏钱币，经营钱币纪念品的文化企业就可以利用这种偏好心理，适当提高价格。但在以特殊偏好定价时，不能违背诚信原则，一定要保证产品的质量。

（5）分级策略，是指文化企业将所有文化产品划分为不同档次或等级，再对各个档次或等级分别定价的策略。这样的定价便于消费者按需购买，各得所需。比如KTV、台球厅、保龄球馆一般会按进场时间、点歌次数、打球局数收费，以满足消费者多样化的需求。该策略主要适用于可以拆分或以多种组合方式推销的文化产品及文化服务。

（6）招徕策略。有些企业利用顾客喜爱廉价的心理，将某几种商品以低于正常价格甚至低于成本的价格进行销售以刺激购买；或者利用节假日和换季时机举行“大减价”等活动，把部分商品按原价打折出售，吸引顾客。采用这种策略，虽然几种低价产品无法赚取高额利润，甚至亏本，但从总的经济效益看，由于低价产品带动了其他产品的销售，企业还是有利可图的。这种策略适用于生产经营产品品种较多的企业。

3. 折扣定价策略，是指企业根据销售对象、销售的时间地点、成交方式等的不同制定不同折扣，以书面价格减去折扣作为实际成交价格的定价策略。其目的是鼓励顾客及早付清货款、大量购买或是在淡季购买。折扣定价策略主要包括现金折扣、数量折扣、交易折扣和季节折扣四种。

（1）现金折扣是指企业为鼓励买方提前付清货款而对在约定日期之前付款的顾客给予价格折扣的策略。现金折扣可以加速企业资金周转，降低销售成本和经营风险。其折扣率的高低，一般由买方提前付款期间银行利息率的多少、提前付款期限的长短和经营风险的大小来决定。比如顾客付清货款的期限是30天，如果10天内付清则给予4%的折扣，如果20天内付清则给予2%的折扣，否则就没有折扣。

（2）数量折扣是指企业为鼓励顾客购买更多的物品而给那些大量购买某种产品的顾客的一种减价策略。数量折扣通常有累计折扣和非累计折扣两种方式。累计折扣是指顾客购买物品累加达到一定数量时给予折扣，非累计折扣是指顾客一次购买达到规定数量给予折扣。比如顾客购买某种商品在100单位以下时每单位要付10元，而购买在100单位以上时每单位就只付9元，这就是数量折扣。数量折扣是建立在数量的基础之上的，所以只适用于销售量能达到一定数目的一般性文化产品，而不适合价格较高的特殊文化产品。

（3）交易折扣是指企业根据各类分销商在产品流通中的不同地位和功能以及不同职责给予不同价格优惠的策略。比如某企业产品报价为“100元，折扣30%及10%”，意思就是给零售商折扣30%，即卖给零售商的价格是70元，给批发商则再折扣10%，即卖给批发商的价格是63元。在实行交易折扣时，为鼓励各类经营企业的积极性，折扣和差价应能够补偿其必要的流通费用，还能够提供合理的利润。

（4）季节折扣是指企业对购买非应季产品或服务的用户的价格优惠。它用来鼓励客户淡季购买产品，使企业的生产和销售在一年四季保持相对稳定，减少因存货造成的资金占用负担和仓储费用，加速资金周转。一些常年生产，却有着季节性消费特征的文化产品适用于这一策略。①

五、文化产品的价格变动

在竞争激烈的市场上，价格战在所难免。文化企业很多时候会主动降价、提价、分析顾客对价格的反应并考虑竞争对手对价格变化的反应。不过有些时候，企业的价格变动也是被动的。

1. 企业主动调整价格。（1）企业降低价格。当前企业降低价格的主要原因有：①产品供过于求，积压严重，占用大量的仓库和流动资金，影响生产正常进行；②企业的市场占有率下降；③企业试图通过降价来提高市场占有率。企业在调低价格时，需要注意选择合适的时机，特别是对于文化产品，更要格外注意：①尽量选择淡季降价；②新品牌降价效果可能比旧品牌更好；③对同一产品进行降价的次数不要太多。

（2）企业提高价格。虽然提价会引起消费者、经销商和企业推销人员的不满，但是一个成功的提价可以使企业的利润大大增加，而且有时企业

① 王育济、张友臣：《文化市场与营销》，280—283页，天津，南开大学出版社，2007。

需要被迫提价。引起企业提高价格的主要原因有：①通货膨胀，物价上涨，企业的成本费用提高；②企业的产品供不应求，不能满足所有顾客的需要；③产品本身的生产成本提高。企业提高价格包括明提和暗提两种。明提主要是直接提高产品价格，而其他条件不变；暗提则是看起来价格没变，但实际已经提高。暗提可能表现为：①企业产品价格不动，但原来提供的某些商品或服务要计价；②减少价格折扣；③取消返利；④降低产品质量，减少产品特色或服务；⑤企业暂时不规定最后价格，等到产品制成时或交货时再规定；⑥在合同上规定调整价格的条款。文化企业的正常提价，一般不会引起太多不满。企业在提价时应注意控制提价的幅度，向顾客说明提价的原因，并帮助顾客寻找节约途径，以保持客源。

（3）消费者对企业价格变动的反应。一般情况下，降价会刺激消费者的购买欲，有利于产品销售。但消费者对于降价也可能会这样理解：①产品已经过时，将被新产品取代；②产品有缺点，销售不畅；③企业财务困难，难以维持；④产品质量下降了。而消费者对于提价则可能会这样理解：①产品很畅销，如果不赶快买就买不到了；②产品很有价值；③产品价格还会继续提高，应尽早购买。尤其是文化产品，由于提价有着质量高、有特色的心理暗示，有时高价销售比低价还要畅销。

（4）竞争者对企业价格变动的反应。企业在变动价格时除了考虑顾客的反应之外，还得考虑竞争者的反应。如果企业的竞争者实力强大，并且该竞争者经常用固定的方式对价格变动做出反应，那么，就比较容易预计竞争者的反应。但是，如果竞争者对于每次价格变动都根据当时的利益做出即时反应，那么企业就需要对竞争者的财务状况、生产能力、近期销售情况、顾客忠诚度以及公司的定价目标等情况进行分析，充分了解竞争者的利益诉求。如果竞争者的目标是获取最大利润，它往往就不会随之调整价格；如果竞争者的目标是获取最大市场占有率，那么它就可能随之调整价格。如果各个竞争对手在规模、市场占有率等方面相似且差别不大的话，企业往往只需要对某个典型对手进行分析；如果几个竞争对手实力都比较强，且各方面差异较大，就应该逐个进行具体分析。

2. 企业被动调整价格。在市场竞争中，如果竞争对手率先调整价格，企业通常也会根据自身情况做出回应，这种回应就是被动调整价格的行为。

（1）在产品质量相同的条件下，如果竞争者降价，企业必须随之降价，否则顾客就会去购买竞争者的产品。

（2）在产品质量不同的条件下，企业对竞争者变价的反应可以多样化。因为顾客在购买时不仅考虑产品的价格，而且会考虑产品质量、服务、性能、外观、可靠性等多方面因素。所以，文化企业可以针对不同类型顾客的心理，从价格之外回应竞争者的变价。

（3）当企业作为市场领导者时，它经常会遇到一些较小企业的挑战。这些较小企业的产品可能在质量上低于市场领导者的产品，但它们会通过超低的价格来同市场领导者争夺领地。在这种情况下，市场领导者可以采取以下策略：①价格不变，同时改进产品质量、服务、沟通等，运用非价格手段来反攻其调低价格。②降价，以避免不降价市场占有率就会下降的危险。降价的前提是，市场领导者的产品可以通过降价增加销售量，进而增加产量，从而使成本费用下降。③提价。推出某些新品牌、新产品、新服务，围攻竞争者的品牌。

一般来说，在实际变动价格之前，竞争者可能花了大量时间来准备变价；而降价行为一旦实施，企业可能必须在数小时或几天内明确果断地做出适当的回应。因此，企业要随时做好准备，做出价格反应的决策。这些准备包括：预料竞争者的可能价格变化，预先准备适当的对策；在价格之外注重提高产品质量和服务水平；实施品牌战略，提高业内知名度；等等。[①]

第三节　文化市场分销

在专业生产能力达到很高程度的时候，社会分工会日益精细。大部分文化产品已经不可能由文化企业直销，而必须依靠一定的销售路线才能够进入消费者手中。如何选择合理的分销渠道，建构和谐的分销网络，快速有效地将文化产品传递给消费者，是文化企业面临的重大问题。

一、分销渠道的基本功能

参照蔡嘉清的观点，分销渠道的基本功能主要包括：信息反馈、协商成交、分担风险、降低成本、物流运输、促进融资、促进销售等。

1. 信息反馈。分销渠道的每个环节都处在市场、客户、消费者和竞争者等因素的包围之中，无时无刻不在反馈这些因素及其动态信息。

2. 协商成交。生产者与分销商（也称中间商）一般都会建立良好的合

---

① 菲利普·科特勒等著，何志毅等译：《市场营销原理（亚洲版）》，244—246页，北京，机械工业出版社，2009。

作关系，在产品的品种、价格、商标、包装、储存、结算等方面订立互惠互利的联合协议。而分销渠道成员也会与各类客户以及终端消费者就产品价格和其他条件达成协议。这有利于实现文化产品和服务所有权的不断换位和最终转移。

3. 分担风险。从事任何生产经营活动在客观上都存在一定的经营风险。当分销渠道建立之后，原本由生产商独自承担的经营风险就会转为由生产商与渠道不同层次的分销商共同承担。这就会在客观上提供和谐运作的市场环境，有利于建立互惠互利的双赢甚至是多赢的协作关系。

4. 降低成本。分销商介入文化市场分销活动后，会通过积累、分配、分门别类和拓展品种四种方式降低成本。积累是将几家企业的小批量文化产品集中运送，从而降低运输费用；分配是将货物准确配送到各个消费市场，减少库存积压，加速资金周转；分门别类是将产品按级别、颜色等标准分开，合理制定差异性价格；拓展品种则是指所提供的文化产品范围很广，有利于增加消费者的选择余地。

5. 物流运输。对于生产者与终端消费者而言，分销渠道自身就是一个运输通道，有着库存管理与按各种路线、各种方式运输的功能。

6. 促进融资。分销渠道成员之间为了补偿渠道工作的成本费用会不断取得与支出资金，这就实现了分销渠道的融资功能。

7. 促进销售。文化产品与文化服务生产商在寻找合作伙伴的时候，通常会考虑更大范围内的广告促销。文化产品批发商可能会协助零售商的地区性促销，与零售商共同承担地方性广告的市场推广责任。分销商还可以利用分销渠道将有关文化产品和服务的信息传递给消费者，吸引消费者了解、信任并购买产品，实现扩大产品销售的目的。

二、分销渠道的体系结构

文化消费者的消费形态、文化企业的营销战略都会影响到企业的分销模式。具体而言，不同分销模式之间的差异在于各个分销渠道上成员类别、成员数量及他们的功能、权限。总的来说，文化企业的分销渠道通常有五种结构：

1. 直接渠道与间接渠道。根据文化产品在市场流通中是否存在中间环节，分销渠道可分为直接渠道与间接渠道。

(1) 直接渠道是指生产者将文化产品直接供应给消费者或用户，没有分销商介入。比如，名人现场售书、名贵古董或字画现场展销等都是由产品生产者或所有者不经分销商直接销售给消费者。此外，一些艺术产品的国内或国际巡演也是在通过直接分销渠道销售产品，比如《大河之舞》的国际巡演。企业直接分销的方式有三种：①订购分销。生产企业与用户先签订购销合同或协议，在规定时间内按合同条款供应商品、交付款项，比如出版社派人到书店推销新版图书等。②自开分销部门销售。生产企业自开分销部门直接销售其生产的文化产品给消费者，比如一些艺术品公司常自产自销。③联营分销，比如一些出版社与书店实行的联合分销。直接渠道的优点在于：①销售及时，适合时尚产品和时效性强的文化产品；②效率高；③有利于信息沟通；④有利于提高影响，尤其是对于一些技术性很强的高科技电子产品。其缺点是：①使企业承担了更大的风险；②限制了产品的流通范围，不利于企业进一步扩大生产；③容易给企业增加许多额外负担，比如需费力掌握顾客购买心理，还容易造成资金分散、周转缓慢，甚至削弱企业的生产能力。

（2）间接渠道是指生产者通过分销商将文化产品供应给消费者或用户。企业通过间接渠道进行销售的方式有很多，比如厂商挂钩、特约经销、分销商直接从工厂进货、分销商为工厂举办展销会等。间接渠道的优点有：①简化交易。在间接分销渠道中，生产商不用花大量的人力、物力和财力与消费者打交道，只需要与分销商进行交易。②增加了分担风险的能力。分销商会与文化产品生产商建立起互利共生的关系，共同分享利润，承担风险。③能够间接促销。分销商通常经销众多企业的同类产品，分销商对同类产品的不同介绍和宣传对产品销售的影响很大。其缺点是：①分销商增加了销售环节，不仅使谈判及交易费用上涨，有时还会造成沟通不及时或信息传递错误。②对于技术性强或专业要求高的文化产品，分销商可能会由于缺乏专业技术造成服务不到位等问题。③分销商有时可能会因为利润分配不公等原因与企业产生冲突，造成分销渠道的运行效率低下。

2. 横向渠道与纵向渠道。根据渠道内部成员组合方式的不同，分销渠道可以分为横向渠道与纵向渠道。

（1）横向渠道是指由两个或两个以上的同级生产者、分销商进行联营的渠道形式。其特点是互惠互利，在产品的价格、促销、上市时机、采购供应、机构设置、服务保障等方面实施统一战略，订立联合协议。这种渠道形式有利于双方在生产、销售方面互相取长补短，不断扩大产品的市场占有率。

（2）纵向渠道是指由文化产品生产商将产品批售和委托给分销商，再由分销商进行销售的渠道形式。其特点是生产者与分销商建立合作关系，在产品的品种、价格、商标、包装、储存、结算等方面订立互惠互利的联合协议。通过厂商联营，生产企业可以减轻在产品销路方面的压力，而分销商则有了充足可靠的产品来源，从而使生产企业与分销企业的市场竞争力共同得到提高。

3. 传统渠道与垂直渠道。根据渠道内部成员之间相互联系的紧密程度，分销渠道可以分为传统渠道与垂直渠道。

（1）传统渠道是一种相互独立、高度分离的分销模式。在传统渠道中，生产者、批发商、零售商、代理商彼此之间分工明确，生产者只管组织产品生产，批发商只做转手买卖，零售商直接面对消费者，代理商不负责包销。四者之间缺乏融合，往往会为获得更多的自身利益讨价还价，合作关系比较紧张。

（2）垂直渠道是一种相互协作、紧密配合的分销模式。在垂直渠道内部，虽然有生产者、批发商、零售商、代理商的分工，但基本上实行不同程度的一体化经营或联合经营。垂直渠道大致采取两种形式：一是公司系统，即由一家公司拥有并统一管理若干个生产厂家、批发机构、零售机构等，总体控制市场分销渠道的层次和深度。二是联营系统，即由生产者、服务者与分销商以契约形式组建成联合经营体。联营系统又可以细分为特许经营和联构分销经营两种形式。特许经营是指生产者创办若干服务于商品销售的特许经营系统，如健身器材公司创办的健身俱乐部等。联构分销经营包括批发商出资的自愿连锁系统、批发商与零售商集资联办的自愿加盟系统、零售商集资入股合办的自由组合系统等等。

4. 长渠道与短渠道。分销渠道的长短一般是按照文化产品经历流通环节的多少来划分的，具体包括四层：第一层是零级渠道，是由文化产品生产者直接到达消费者；第二层是一级渠道，是由文化产品生产者通过零售商到达消费者；第三层是二级渠道，是由文化产品生产者到批发商到零售商再到消费者，或由文化产品生产者到代理商到批发商再到消费者；第四层是三级渠道，是由文化产品生产者到代理商到批发商到零售商再到消费者。其中，零级渠道最短，三级渠道最长。①

① 菲利普·科特勒等著，卢泰宏等译：《营销管理》，353页，北京，中国人民大学出版社，2009。

5. 宽渠道与窄渠道。渠道宽窄取决于渠道每个环节中使用同类型分销商的数目。若文化企业使用的同类分销商多，产品在市场上的分销面广，分销渠道就称为宽渠道。如一般的日常文化消费品如报刊、影碟等，由多家批发商经销，又转卖给更多的零售商，能够广泛而大批量地销售产品。若企业使用的同类分销商少，分销面窄，分销渠道就是窄渠道。窄渠道使产品生产企业容易控制分销活动，但市场分销面受限，一般适用于专业性强或比较贵重的文化产品。

三、分销渠道的设计

分销渠道设计是指设计以前不存在的新的营销渠道的发展决策，或对现有渠道的调整。[①] 分销渠道对于文化企业树立品牌知名度、扩大市场占有率等具有很重要的意义，因此如何设计分销渠道就成为一个重要的问题。文化市场分销渠道的设计涉及销售价格、返利管理、销售培训、销售服务、广告推广、品牌宣传、仓储物流等很多因素，尤其是对分销商的选择十分关键，对主要市场类型的分销途径应该格外重视。

1. 选择分销商。分销商的角色比较复杂，主要分为经销商、代理商、服务商三种类型。其中经销商包括批发商和零售商；代理商包括代销商、经纪人和拍卖公司；服务商包括生产商、流通商，还包括生产服务者与一般服务者。

（1）经销商是从事商品流通业务并拥有商品所有权的经营者。它具有四个特点：①拥有商品所有权和经营权；②有一定的经营场所和经营设施；③有独立购买产品的流动资金；④能够承担产品的经营风险。经销商可以按照产品销售对象的不同，细分为两类：批发商和零售商。

批发商是从生产者或其他批发商购进产品，再转售给其他批发商和零售商的经销商。批发商按照经营商品类别，可以分为专业批发商和综合批发商；按商品业务范围，可分为一级批发商、二级批发商、三级批发商等。一级批发商处于商品流通的第一道环节，体现为总经销商、总发行商以及进出口商等形式，比如中国图书进出口总公司等。二级批发商和三级批发商分别处于商品流通第二和第三道环节，可以统称为地区批发商或地区发行商，比如省区电影发行公司等。

---

① 伯特·罗森布洛姆著，宋华等译：《营销渠道》，177 页，北京，中国人民大学出版社，2006。

零售商是从文化生产企业或批发商那里购买产品直接销售给文化消费者的分销商。文化产品零售商包括专业商店、百货商场、专业超市、打折商店、连锁店、特许经营店、简易货亭、简易摊位、流动商贩与快递公司等。

(2) 代理商是指从代办业务中抽取一定数量佣金的经营者。代理商包括代销商、经纪人和拍卖公司三类。

代销商包括文化企业代理商与销售代理商两种。文化企业代理商专门替某些文化企业销售产品，不拥有产品所有权。他们负责仓储、保管、运输文化企业的现货产品，并组织多种促销形式向消费者进行宣传和讲解，从中抽取一定数额的佣金，同时他们还会向文化企业提供营销情报。文化企业尤其是资金薄弱的公司在很多情况下都会通过文化企业代理商分销产品。因为处于创业阶段、基础薄弱的小企业在未全面了解市场营销情况时，一般都会先找一个较好的代理商进行试探性的分销，然后再制定下一步的营销和销售计划。销售代理商是指受文化企业委托并代替企业销售产品的代理商。尽管销售代理商不拥有产品所有权，但它可以向生产企业提供需求信息，指导生产，进行市场调研，并且对投资广告、促销价格和付款方式等都有很大的控制权，而且不受销售地区的限制。比起文化企业代理商，销售代理商抽取佣金的比例低。企业可以委托一个或者多个销售代理商分销产品。

文化经纪人也是一种文化产品代理商。文化经纪人既没有文化产品所有权，也没有文化产品现货，不负责仓储、运输等工作，只负责联系买卖双方，为双方提供产品、价格等的市场信息，协助双方完成交易，然后根据销售额从中抽取一定的佣金。根据经纪人代表的不同卖方，可以将其分为三种：①文化演出市场经纪人。其既可以代表文化企业也可以代表演艺个人；可以为文化消费者寻找合适的文化企业或艺人，也可以为文化企业或艺人联系合适的消费者，还要具体安排时间、地点、演出形式等。②文物和工艺美术字画市场经纪人。其既为出售文物或其他艺术品的卖主介绍消费者，又向消费者介绍有商品的卖主，并协助他们进行交易。③旅游市场经纪人。其主要联系文化旅游市场供给和需求的双方，从旅游商品的价值中抽取佣金。

拍卖公司是一种特殊的代理商。它负责联系文化产品贸易的双方，协助二者当场成交，从中抽取一定的佣金。拍卖公司对拍卖品进行鉴定、估价，为拍卖品的交易提供一个成交的场所，向公众发布拍卖公告，鼓励竞价交易，出价最高的人即可获得拍卖品。世界各地都有拍卖公司，有的地方也叫拍卖行，著名的有纽约苏富比拍卖行、纽约佳士得拍卖行、香港太古佳士得拍卖行，它们都进行过文化珍品的拍卖。

（3）服务商。文化服务商可以分为生产服务商和一般服务商两类。生产服务商是兼营文化知识生产以及借助实物、设备、设施或通过提供辅助性劳务等传播文化产品信息的组织和个人。比如，导游既向游客介绍观光知识又代办交通食宿业务，电视台既制作新闻节目又传播各类电视节目，类似的服务商还包括展览馆、照相馆、培训学校、咨询机构、广告公司等。一般服务商是单纯通过辅助性劳务或借助实物、设备、设施等传播文化产品信息的组织和个人，如影院、剧场、网吧、娱乐场所、有线电视广播系统、互联网络传播系统等。①

2. 设计分销渠道结构

渠道管理者应当选择一个最佳的渠道结构，这样的结构会在履行分销任务时以尽可能低的成本提供尽可能理想的效率。② 设计分销渠道结构除需要考虑选择分销商之外，还需要考虑分销商的层次和数量、渠道成员的条件和责任等因素，最后还要对分销渠道的设计进行评估。

（1）分销商的层次就是渠道的长短，应该综合考虑市场销售量、分销商的销售能力、文化产品的类型、消费者的选购要求等因素。选择分销渠道的层次需视具体情况而定，不同国家、地区或行业均有不同。不过，目前的趋势是，分销渠道越来越少，直接渠道越来越广泛和重要。

（2）分销商的数量就是分销渠道的宽度或是分销的强度。按照渠道宽度的不同，分销可以分为专营性分销、独家分销与密集性分销三种。

专营性分销严格限制分销商的数量，比如一些文化产品的专卖店。一般情况下，这种分销商一旦与某一文化产品生产企业签订协议，就不会再经营其竞争者的品牌，而企业往往要对分销商提供很高水平的服务。专营性分销适合于高端的特殊文化产品，如瓷器、陶器、珠宝首饰等。

独家分销也叫选择性分销，是在分销商中选择数家来经销文化产品。它有利于和数个分销商建立和保持良好的关系，获得较高的市场占有率，同时成本较低，对分销商的控制也比较强。独家分销适用于一般的日常性

① 蔡嘉清：《文化产业营销》，241页，北京，清华大学出版社，2007。

② 伯特·罗森布洛姆著，宋华等译：《营销渠道》，194页，北京，中国人民大学出版社，2006。

文化产品，比如笔墨纸砚等。

密集性分销是指使用大量分销商来经销产品，以便消费者能够随时随处购买。密集性分销多见于便携式文化产品，如报刊、影碟等。

（3）评估分销渠道的设计。评估分销渠道设计的方法有很多，如财务信息分析法、储运成本法、管理科学法和加权计分法等。以加权计分法为例，这种方法由科特勒首创，强调在方案筛选中的定量分析，主要分五个步骤：①将影响分销渠道设计的因素明确列示，尽可能将所有对分销渠道设计产生影响的具体因素分类并排列展示。②对每项影响因素都根据其相对重要性尽可能精确地给予一定的权数。企业分销的设计者应该根据文化企业的特点对所有影响因素做出评价，并根据影响程度的大小给每项影响因素一个权数，权数越大说明对企业越重要，所有权数的总和应该是1。③对每个可能方案的每项影响因素进行评分，分数越高说明企业在该方面做得越好或者该项因素对企业越有利。④对所有方案进行加权计算，得到最终评分。对评分进行加权计算是为了更精确地反映各项影响因素对企业的影响程度。比如：企业的品牌知名度很高，可以打4分，销售增长率却只能打2分；但品牌知名度的权数很小，只有0.02，那么其权分就只有0.08分；而销售增长率的权数有0.15分，其加权分就有0.3分。在这种情况下，可以判定销售增长率这个因素对企业制定策略的实际影响更大。⑤得到最终分数后，从中选出分数最高者，就可以认为该方案是所有已列出方案中的最佳方案。

四、分销渠道的管理

文化企业通常会对设计出的分销渠道进行管理，目的是提高分销渠道的有效性，更好地实现分销的目标和文化企业的整体目标。分销渠道管理包括对渠道成员的管理、对分销渠道的调整以及对渠道冲突的处理等。

1. 管理渠道成员。企业与分销商在一定程度上存在利益一致性，但两者之间也存在利益的冲突。从企业方面考虑，它需要对分销商进行有效控制。这些控制包括：

（1）选择渠道成员。文化企业在选择渠道成员之前，应该明确其选择条件和标准，如分销商经营时间长短、声誉好坏、经营绩效、偿付能力、人员素质、协作精神和发展潜力等。对于独家零售商，还需要考虑其店铺位置、地点、顾客类型等。不过，值得注意的是，并不是企业选定的渠道成员都愿意与它合作，文化企业本身的声誉及其产品的畅销程度会影响到渠道成员的决定。

（2）培训渠道成员。分销商是文化产品生产企业获取利润的伙伴。企业通常会为分销商安排相关培训、市场调研及其他能力的培养，以促进分销商工作业绩的改善。培训内容取决于企业所提供的服务水平及其文化产品的特性。

（3）激励渠道成员。没有激励，分销商是不会为某种产品付出销售努力的。因此，生产者应该对分销商进行针对其特性的激励。这种激励包括：①提供适销对路、物美价廉的文化产品。②提供较高的毛利。文化产品生产商应全面分析利益的分配，在取得共同利益的前提下最大限度地给予分销商以利润。③提供必要的资金支持，如提供合作性广告补贴、绩效津贴等。④由生产者提供产品推销或宣传的全部或部分费用，与分销商共同进行产品的宣传和推广工作。⑤将获得的市场信息和产品的生产情况及时传达给分销商，达到双方的有效合作。

（4）评估渠道成员。文化企业选定分销商之后，不仅要对他们实行激励，还要对分销商的工作业绩进行定期评估。定期评估通常包括完成销售额情况、存货情况、向顾客交货的时间、对损坏或遗失产品的处理、与企业促销和培训的合作情况等。[①]

2. 调整分销渠道。文化市场情况复杂，变化无常，要保持渠道的高效性就需要不断调整渠道以适应复杂多变的市场。调整渠道的方式主要有三种：

（1）增减渠道成员，即在某一分销渠道里增减个别分销商。在增减分销商之前，需要对文化产品的分销活动做出经济效益的分析，考虑这种增减对企业盈利是否有影响，是否会引起渠道其他成员的反应，是否会影响其他成员的销售活动，等等。

（2）增减分销渠道。当某一渠道在销售产品方面不理想时，或者当原有渠道不能满足现有市场的需求时，就可以考虑增加渠道，反之则可以考虑减少渠道。不过，在增减分销渠道之前，企业或生产者需要慎重考虑可能对经济效益带来的影响，最好提前制定相应的针对性预防措施。

（3）调整全部渠道，即生产者对所有渠道进行调整的活动。这种调整十分困难，因为它不仅使全部销售渠道改观，而且还会涉及销售组合因素

---

① 菲利普·科特勒等著，卢泰宏等译：《营销管理》，360—361页，北京，中国人民大学出版社，2009。

的调整和营销策略的改变。因此，在调整全部渠道时要特别谨慎，需要进行系统的分析，以防因考虑不周而影响企业的全部销售。将直接渠道改为间接渠道、单一渠道改为多渠道等都属于调整全部渠道的活动。

3. 分销渠道的冲突与处理。分销渠道由不同的企业组合而成，因此利益之间的冲突在所难免。文化企业必须正视各渠道之间的冲突，并采取切实可行的措施协调各方面的关系。

（1）渠道冲突的类型。渠道冲突有两种类型：横向冲突与纵向冲突。横向冲突是存在于渠道同一层次的成员之间的冲突。比如某文化产品的分销商有超市、便利店、大卖场等，由于各家公司的进货数量、进货环节不同就会引起进货成本的差异，加上各分销商不同的促销策略，同一产品在不同分销商那里就会有不同的零售价，这些企业有可能为此发生冲突。纵向冲突则是分销渠道不同层次成员之间的冲突，比较典型的是文化生产者与分销商之间的冲突。比如文化生产者要以高价出售，并倾向于现金交易，而分销商则想支付低价，并要求优惠的商业信用交易；生产者希望分销商只销售自己的产品，而分销商只要有销路就不关心销售的产品是谁生产的；生产者希望分销商将折扣让给买方，分销商却宁愿将折扣留给自己；生产者希望分销商为产品品牌做广告，分销商则希望生产者付出相关报酬。

（2）处理渠道冲突的原则。渠道冲突可以敦促文化企业管理层不断地进行检讨并改善管理。处理原则主要有三：①促进渠道成员合作。分销渠道是一个体系，一个成员的行动往往会对其他成员能否实现销售目标产生很大影响。因此，一旦意识到渠道中的矛盾，即使矛盾是潜在的，也要及时做出处理。比如某家文化企业希望分销商只销售自己的产品，但分销商却希望多经营一些同类生产者的产品，这就需要文化企业与分销商一开始就要对这一问题达成共识，以避免以后可能会产生的矛盾。②密切关注渠道冲突。在分销渠道体系中经常会发生拖欠贷款、相互抱怨、推迟完成订货计划等情况，渠道管理者应该关注实际问题或潜在的问题，并及时找到真正的原因。③及时制定解决冲突的策略。解决冲突的策略有三种：一是与渠道成员分享渠道管理权，二是出现问题时采取说服、协商的方式，三是用奖励或惩罚的办法促使渠道成员听从自己的意见。④渠道管理者发挥关键作用。合作是处理冲突的根本途径，要达到目标，渠道管理者应该主动走出第一步，带头做出合作的努力。⑤调整渠道成员。单纯地注意冲突和增进合作并不一定能够解决冲突。如果有些渠道成员确实缺乏必要的销售条件，如规模太小、销售人员不足、专业知识贫乏、财务状况不良等，这时就应该果断做出调整的决策。①

五、文化分销新思路

进入21世纪之后，人类就进入了信息化时代。文化产品的分销在数字化、网络化、信息化的大潮中也出现了新的趋向。传统的分销形式与新兴技术相结合，涌现出了一批有别于传统形式的新分销形式。当前比较典型的新分销方式有电子商务、网络分销、直复营销。

1. 电子商务是利用因特网进行的商务活动。它的范围比较广泛，涉及各种数码产品、联机网络等，可分为广义和狭义上的电子商务。广义的电子商务是指以现代网络技术为依托进行的一切有偿商业活动和非营利业务交往或服务活动的总和。狭义的电子商务是指以现代网络技术为依托进行的物品和服务交换，是商家和客户之间的新型交易方式。

电子商务可以为文化产品提供在网上交易和管理的全过程服务，包括广告宣传、咨询洽谈、网上购买、服务传递、意见征询、业务管理等各项内容。广告宣传是指各文化企业凭借网络服务器，在因特网上发布各类商业信息，利用网页和电子邮件在全球范围内做文化产品的广告宣传。同时，客户也可以借助网上的检索工具迅速找到所需要的产品信息。网上的广告宣传通常成本低廉，但给客户的信息量却相当丰富。

咨询洽谈指的是文化企业借助电子邮件、新闻组和实时讨论组来了解文化市场和文化商品信息以及洽谈交易事务。网上咨询洽谈能降低交易成本，而且能够提供多种方便的异地交谈形式，往往能够突破人们面对面交谈时的局限。

网上购买包括网上订购和网上支付两项内容。网上订购指的是消费者借助电子邮件或网站订单实现产品订购。各文化企业可以在文化产品的介绍页面上提供订购信息的操作提示，顾客可以据此填写订购单，并得到系统确认。订购信息一般采取加密的方式使客户和商家的信息不至于外泄。网上支付指的是，客户和商家之间在网上采用多种支付方式，保证交易的可靠性，节省费用，加快资金周转。网上支付必须要有电子金融中介的支持，如网络银行、信用卡公司等提供的网上操作的金融服务；也需要更可

---

① 菲利普·科特勒等著，卢泰宏等译：《营销管理》，368—369页，北京，中国人民大学出版社，2009。

靠的信息传输安全机制，以防止讹诈、窃听、冒用等非法行为。

服务传递指的是对已付款的客户，将其订购的文化产品尽快传递到他们手中的服务，适合在网上直销的文化产品，如网络电影、网络杂志以及一些网络信息可以直接从电子仓库发到用户端。即使货物在异地，也可以通过电子邮件或其他网上工具进行调配。

意见征询体现为，文化企业能够方便地采用网页上的不同格式文件收集客户对文化产品或服务的反馈意见，使文化企业的市场运营保持信息的畅通。客户的反馈意见不仅能够提高售后服务水平，还能够使文化企业获得关于产品改进的宝贵意见，发现新的商机。

业务管理包括人、财、物等多个方面，涉及与相关部门和单位、个人的多角度关系，比如企业与企业、企业与消费者以及企业内部各方面的协调管理。电子商务技术为提高文化企业各项业务管理的效率提供了重要的基础。

因此，电子商务的社会价值体现为：突破地理局限，提供全球扩展的潜力；交易流程便捷；信息处理既有效率又有弹性；创造了基于数据的管理和协调能力；[①] 节约时间、社会劳动和经济资源；优化配置社会资源；推动科技知识和信息经济发展；促进社会分工细化；等等。

2. 网络分销是电子商务的一项子集，是利用网络通信技术进行分销的电子商务活动，指的是由因特网代替诸如报刊、邮件、电话、电视、广播等传统分销的中介媒体进行分销。它一方面具有传统市场分销形式的许多优点，另一方面又对传统市场分销形式有所超越。随着网络和电子商务的快速发展，网络分销也迅速兴起。网络分销不仅限于企业为客户提供产品和服务信息，而且贯穿了企业与企业之间、企业与消费者之间的商品买卖、产品促销、商务洽谈、信息咨询、广告发布、市场调研、付款结算、售前售后服务、技术协作等各种商业交易。网络分销的特点体现为：①网络分销具有全球性，可以使文化企业的分销拓展到最大的市场范围；②网络分销具有交互性，使文化企业面对市场问题时可以快速应变、及时应变；③网络分销的定制化有助于实现以消费者为中心的营销理念；④网络的互联性可加强企业间的协作关系；⑤网络分销营造了相对公平的市场竞争；⑥网络分销的商品多、成本低。基于上述特点，网络分销的功能体现

① 伯特·罗森布洛姆著，宋华等译：《营销渠道》，424 页，北京，中国人民大学出版社，2006。

为：能够推广企业形象与经营理念；能够推动产品的推广与信息发布；可以与客户进行在线交易；能够通过网络收集各种有用的信息；可以提供多元化的客户服务。

3. 直复营销（Direct Marketing），源自欧美市场营销学，意思是“直接回应的营销”或“直接回复式营销”，还可以被译为“直接营销”“直效营销”“直线营销”等。美国直复营销学会（Direct Selling Association，DSA）将直复营销解释为：一种通过个人的、面对面的销售（销售人员对顾客），主要在家庭内而不是在固定商业设施内销售消费产品和服务的一种方式。[①] 这是目前对直复营销最权威的解释。

直复营销起源于美国。1872 年，蒙哥马利·华尔德（Montgomery Ward）创办了第一家邮购商店；20 世纪 30 年代，由于连锁店的兴起，这家邮购商店衰落了。20 世纪 80 年代后，随着信息化社会的迅速发展以及受人们希望方便地购买产品的心理驱使，直复营销再度兴起。现在直复营销已经遍及全球，主要集中在图书、报刊、音像、电子出版物等领域。国际上最著名的直复营销文化商当属美国亚马逊网上书店（www.amazon.com），它通过直复营销媒介已经发展成为全球最大的互联网书店。

文化产品的直复营销形式包括直邮营销、电话营销、图文传真营销、自动音控声讯台营销、手机短信营销、报纸期刊等印刷媒介营销、广播营销、电视营销、网站营销、电子邮件营销、电子显示屏营销、光盘营销、小区闭路电视营销、电视电话会议营销、电影电视剧贴片广告或剧情广告营销。直复营销主要有互动性、可衡量性、空间广泛性、营销手段隐蔽性、媒介选择精确且有针对性等特点。

第四节　文化产品促销

当今社会科技发展迅猛，生产的社会化程度进一步提高，市场竞争日趋激烈。企业必须合理运用促销策略才能保证在激烈竞争的市场环境中让消费者认同自己的产品，并在竞争中取胜。促销是指企业运用多种方式、手段向消费者传达其产品的相关信息，使消费者了解、熟悉、认同该产品，产生购买欲望并进行购买的活动。促销的手段在一般意义上主要包括

---

① 伯特·罗森布洛姆著，宋华等译：《营销渠道》，438 页，北京，中国人民大学出版社，2006。

人员推销、营业推广、公共关系、广告等，其中人员推销属于人员促销，营业推广、公共关系、广告等属于非人员促销。企业可以采用单一的一种手段进行促销，也可以根据具体市场情况，将几种单一的手段组织起来，实行促销组合。

一、人员推销

人员推销是指企业派出推销人员亲自向消费者介绍、推广、宣传产品以促进产品销售。人员推销的优点在于具有很强的灵活性、能够与消费者建立长期联系、带给消费者很多信息等。其缺点也很明显，表现为成本太高、推销传播范围太狭窄，如果企业的目标市场很大并且很分散就不宜采取这种方式。

1. 人员推销的过程。参照科特勒的观点，可以将人员推销的过程分为相互关联的七个阶段，即寻找顾客、做好准备、接近顾客、介绍产品、克服障碍、达成交易、售后服务。

(1) 寻找顾客，主要是寻找潜在的顾客。潜在的顾客是具有一定购买欲望和购买能力并且还未实施购买行为的顾客。推销人员寻找顾客的方法有很多，比如老顾客介绍、其他推销人员介绍、查找工商名录或电话号码簿、逐户访问、通过广告或展销会寻找顾客等。其中逐户访问、查找电话号码簿等方法成功率比较低。

(2) 做好准备。推销人员确定了推销对象之后，为了顺利推销必须做好充分准备。主要有三项准备工作：①在电脑上建立顾客资料数据库，对目标顾客的需求特点、购买模式、购买能力、性格特点等各方面情况做到心中有数，以在推销过程中做到有的放矢、有效交易。②熟知企业和其产品方面的知识。推销人员要熟悉所推销的企业以及产品的特点、使用方法、功能，能够回答顾客关于企业和产品的所有问题，以赢得信任。③熟悉市场竞争方面的知识。推销人员要了解竞争对手的情况和所推销产品的特点，在介绍产品的时候能够有针对性地突出自己产品的特点和优势。

(3) 接近顾客，是指推销人员正式与顾客接触，赢得推销产品机会的过程。接近顾客常用的方法有四种：介绍接近法是推销员通过自我介绍或者通过第三者介绍接近目标顾客的方法；产品接近法是直接利用所要推销的产品引起顾客注意和兴趣的方法；利益接近法是利用顾客对其利益如更省钱、更省时间、增加利润等的关注引起他们兴趣的方法；兴趣接近法是寻找一些顾客感兴趣、推销人员也比较熟悉的话题来接近顾客的方法。

(4) 介绍产品，就是推销人员对自己将要推销的产品进行介绍。介绍的内容包括产品的特点、优点、顾客购买产品后可以得到什么利益和好处等。在介绍产品的时候要注意运用多种方法进行展示，其中视觉展示很重要，比如通过样品进行展示。在介绍产品的过程中需要注意顾客的意见和反应，判断顾客的真实意图。

(5) 克服障碍。在推销过程中顾客总会有些抵触推销的意见，比如对推销人员介绍的产品漠不关心、对产品表示怀疑或者不满意产品的价格等，这些都是达成交易的障碍。这时候就需要推销人员运用他们的技巧和应变能力来克服这些障碍。克服障碍的时候需要态度真诚、冷静；对于顾客的漠不关心，要想方设法引起其兴趣；对于顾客的怀疑，要运用数据、事实、资料等给予解释和证明；对于顾客不满意交易条件如认为价格过高等，要注意与之协商。推销人员如果可以克服这些障碍，就可以达成产品交易；如果不能克服障碍，也应该尽量保持友好，为以后的推销工作留下余地。

(6) 达成交易。在克服障碍后，推销人员应该注意抓住机会，促成交易。机会隐藏在与顾客的谈话中。如果推销人员过早提出交易要求，有可能会引起顾客的反感；如果错过了交易时机，顾客则有可能失去对产品的兴趣。推销人员应该从与顾客的谈话中判断出其真实意图，及时促成交易。为了使顾客乐于购买产品，推销人员还可以向顾客提供一些优惠条件。达成交易之后，推销人员需要告诉顾客付款方法、取货方式、如何联系推销人员本人和公司相关机构、如果产品有问题如何退货等，并向顾客表示感谢。

(7) 售后服务。达成交易并不意味着推销过程的结束。在这之后还有一系列的售后服务和售后跟踪活动。在售后服务中，推销人员应该认真履行达成交易时的承诺，如保证按时交货，产品到达时负责安装、调试，产品出现问题时负责维修，等等。售后跟踪则要注意了解顾客是否满意产品的质量、注意解决顾客在使用过程中的问题等。只有做好售后工作，才有可能使顾客重复购买产品，并且愿意帮助传播企业和产品的名声，使企业获得新的顾客。①

2. 人员推销管理，主要包括选择推销人员、确定推销人员的规模和组

---

① 菲利普·科特勒等著，何志毅等译：《市场营销原理（亚洲版）》，346—347页，北京，机械工业出版社，2009。

织形式、评估推销人员、推销人员计酬四个方面。

（1）选择推销人员。在推销过程中，很多时候都需要依靠推销人员的个人素质和能力来实现目标，所以对推销人员的选择很重要。判断推销人员素质的标准为：①良好的业务素质，包括：能够掌握营销的基本理论和技能；熟悉企业，熟悉产品，能够随时应对顾客的咨询；了解市场上同类产品的情况并能够进行正确的比较和鉴别。②基本的业务能力，包括观察、综合判断、应变、谈判等各方面的能力。③良好的身体和心理素质。④过硬的文化素质。素质高有利于在推销文化产品的过程中，与顾客产生共鸣，达成交易。

（2）确定推销人员的规模和组织形式。确定推销人员的规模有两种方法：一是销售百分比法，即企业根据以往的资料计算出推销人员的各种耗费占销售额的百分比以及推销人员的平均成本，再根据企业预测的销售额来确定推销人员的规模；二是工作负荷量分析法，即企业根据每个推销人员可以负荷的工作量和企业的促销目标来确定推销人员的规模。而推销人员的组织形式主要有四种类型，即顾客型、产品型、区域型和综合型。顾客型是根据目标顾客的不同类型对推销人员进行组织，每一个或每一组推销人员负责向某一类顾客推销；产品型是当企业有多种产品时，每一个或每一组推销员负责推销一类或几类产品；区域型是把目标市场按区域进行细分后，每一个或每一组推销人员负责不同区域的市场；综合型是综合考虑顾客、产品、区域因素来组织推销人员。企业应该根据具体情况选择相应的组织形式。

（3）评估推销人员。企业应该定期对推销人员进行评估，以考察所选择的推销人员是否合格。评估的指标主要有销售量增长情况、每天访问顾客的平均次数、每次访问的平均时间、每次访问的费用、每一定数量的访问后得到的订单数、一定时期内新顾客的增加数及老顾客的流失数、推销费用占总销售额的比重等。实际评估需要综合各个方面的指标进行考察，并且可以以多种方式进行，如推销人员定期交工作总结报告、管理人员进行考察、对顾客进行调查等。

（4）推销人员计酬。推销人员的报酬主要有三种形式：①纯提成，即根据推销人员的销售结果（一般是销售额或者销售利润额）来确定报酬；②固定工资，即在固定时期内给予推销人员固定的工资，工资不会因销售量的变化而发生变化；③混合报酬，即销售人员的报酬由固定工资和提成两部分组成。三种方法的特点分别为：纯提成把推销人员的报酬与销售量直接挂钩，能够提高推销人员的积极性，但没有基本保障；固定工资使推销人员收入有保障，但容易促成推销人员的惰性；混合报酬相对来说比较合理，既有一定的收入保障，又能够提高推销人员的积极性。此外，企业一般还会通过评奖、表彰等各种方式给予推销人员以精神上的鼓励。①

二、营业推广

营业推广是企业为了刺激消费者购买或提高经销商的营业效率而采取的非常规性、非经常性的促销手段，包括陈列、展览、表演、赠品等方式。营业推广见效快、形式灵活，具有非常规性、非正式性的特点，但营业推广不能经常使用，否则会降低产品的价值。

1. 营业推广的方式。针对消费者的营业推广方式主要有样品、广告式赠品、优惠券、现金退款、光顾奖赏等；针对经销商的营业推广方式主要有批发回扣、交易会或博览会、推销奖金等；针对推销人员的营业推广方式则包括销售竞赛、销售提成、免费旅游奖励等。

（1）样品是指向消费者提供的产品的货样或者试用品。样品一般是免费的，可以上门赠送、邮寄、在商店门口发放，还可以随其他产品附赠。对于介绍新产品，赠送样品是最有效的方式，不过它的成本也很高。

（2）广告式赠品是指将印有企业名字的有用物品作为礼物送给消费者。一般这样的物品有雨伞、笔、台历、钥匙扣、T恤、帽子等。这些赠品是很有效的促销方式。

（3）优惠券。消费者持优惠券在特定商店购买特定商品时，可以获得一定比例（通常是5%—20%）的价格优惠。优惠券可以直接赠送，可以邮寄，可以附在其他商品中，也可以登在杂志和报纸广告里。这种方式可以用于刺激消费者购买品牌产品，也可以用于推广新产品。

（4）现金退款。消费者购买产品后，将“购买证明”还给或寄给产品生产企业，企业将购买价格中的部分退款寄回给消费者。

（5）光顾奖赏是指企业给经常使用产品的消费者的惠顾回报，一般是现金。这种奖赏可以保持消费者对产品品牌的忠诚度。比如一些书店给老顾客办理会员卡，在他们拿会员卡购书的时候会给予适当折扣。

（6）批发回扣。企业为了促进经销商包括批发商和零售商更多地购买

---

① 菲利普·科特勒等著，何志毅等译：《市场营销原理（亚洲版）》，341—345页，北京，机械工业出版社，2009。

自己的产品，会按照经销商购买产品的数量给予他们一定的回扣。

（7）交易会或博览会。为了推销自己的产品，企业也可以举办或参加交易会、博览会。交易会或博览会通常能够集中大量优质产品，并且现场的环境气氛也很有利于交易的进行。

（8）推销奖金。企业给予经销商现金或礼物让经销商去推销其产品。

（9）销售竞赛。在企业的推销人员中开展销售竞赛，可以比谁最先达到销售目标，也可以比谁的销售量最大。对于在销售竞赛中表现突出的推销人员应该给予奖励。

（10）销售提成。根据推销人员完成销售的情况，按照事先约定好的比例从销售额中提成奖励推销人员。

（11）免费旅游，用于奖励那些在推销产品方面做出较大贡献的推销人员。旅游奖励方式在中国已经兴起，很多大企业已经开始选择这种方式奖励员工。①

2. 营业推广的过程。营业推广过程分为制定目标、选择方式、制订方案、实施控制、效果评估五个阶段。

（1）制定目标。企业的营业推广目标是企业总营销目标在促销策略上的具体化。企业营业推广的对象不同，目标也就不同。针对消费者的目标一般是鼓励经常购买、重复购买或者吸引潜在消费者，针对分销商的目标一般是刺激分销商扩大原有产品的购买量或者购买新的产品项目，针对推销人员的目标是鼓励提高销售水平等。

（2）选择方式。营业推广有多种方式，每种方式的特点和适用范围都不一样。制定了企业的营业推广目标以后，还要根据市场竞争情况、促销预算和每种营业推广方式的成本效益等因素来选择合适的方式。企业不一定只选择一种营业推广方式，可以通过几种方式的优化组合来实现营业推广的目标。

（3）制订方案。在确定了目标和选择了营业推广方式之后，要想使企业的营业推广取得好效果，就需要提前制订营业推广方案。制订方案时需要注意解决五个问题：①选择时机，决定期限。营业推广的时机应该根据消费需求的时间特点，并结合市场营销的总战略来确定。营业推广的持续时间也要同时决定，注意长短适宜，太长了会增加开销，而且会引起消费

① 菲利普·科特勒等著，何志毅等译：《市场营销原理（亚洲版）》，329—330页，北京，机械工业出版社，2009。

者质疑，太短了则达不到预期目标。②选择激励对象。对象选择的正确与否会直接影响营业推广的效果。因此，需要在方案里明确营业推广的对象有哪些、营业推广的范围有多大等。③决定激励程度。营业推广要想达到预期目标，也需要一定程度的激励。激励程度越高，销售反应越大，但不一定越好。要根据费用最低、效果最好的原则来确定合适的激励程度。④选择送达方式。营业推广的送达方式与营销推广的展开方式有关。比如确定了优惠券这种方式后，需要进一步确定优惠券如何送达消费者，是随商品附赠、邮寄还是登在广告里。每种方式的送达率和所需费用是不同的。⑤确定预算。预算的大小会极大影响到推广方式的选择。预算的大小取决于企业的资金储备。企业要在合理估量资金实力的基础上比较各种方式的成本和效益，以确定推广的合理预算。

（4）实施控制。营业推广方案制定以后，实施和控制是一个关键问题。在实践中，一般会在实施之前进行实验以检验制定的方案是否合理。实验可以采取询问消费者、让消费者填写调研表、在小范围的地区试行等方式来进行，如果发现此方案的效果与预期目标相同或者相近，就可以在现实中实施了。不过，方案在具体实施过程中并非一成不变，企业要根据市场的反应，及时调整推广的强度和范围、管理控制推广过程以保证目标的实现。

（5）效果评估。营业推广效果的评估一般可以通过消费者调研法和销售变化比较法来进行。消费者调研法是通过调研消费者对本次推广的看法，或者通过调研本次推广对消费者购买行为的影响进行评估。销售变化比较法是通过对开展推广活动之前、之中、之后的销售量进行比较来评估推广效果。

三、公共关系

公共关系是企业为了树立和维护良好形象而长期、有计划地进行的各种活动。企业、公众、信息传播是公共关系的三要素。在市场竞争激烈的背景下，公共关系逐渐成为文化企业重要的促销方式。“人们可能随着公关的摇摆来转换操作系统，而不是麦当娜音调优美的声音。”①

1. 公共关系促销的方法。企业的公共关系促销一般采用四种方法：

---

① 艾·里斯等著，寿雯译：《广告的没落，公关的崛起》，90页，太原，山西人民出版社，2009。

（1）利用新闻。新闻是以第三者名义通过大众媒体传播的相对客观的特定信息。企业利用新闻进行宣传，既达到了人员推销、企业自我宣传甚至广告宣传的目的，同时对于公众更有说服力，更具可信度。企业利用新闻的途径主要有三种：召开新闻发布会和记者招待会；向新闻界通报企业的情况；提供新闻素材。比如电影在首映的时候，通常会举行首映式和新闻发布会，以吸引媒体的注意，争取通过媒体的竞相报道，给电影做免费宣传。

（2）运用广告。企业在公共关系活动中可以运用广告来树立良好的企业形象，向公众传达必要的信息。这种广告通常不是对文化产品的促销，而主要是宣传企业的整体形象，提高其知名度。公共关系的广告包括：①祝贺广告，即在与本企业有密切关系的企业和单位举行重大活动时，或者在各种节日时，本企业表示祝贺的广告。②道歉广告，即企业向公众表示歉意，以取得公众谅解和好感的广告。这一般是由于企业原因发生危机事件时使用的致歉广告。③声明广告，即一些必须要让公众尽快知晓的重要信息，比如企业更名、迁址等。④活动广告，即为了配合企业开展的各种公关活动所发布的广告。

（3）企业资料，包括书面资料和视听资料。书面资料是企业设计的小册子、画册、报纸、刊物等，企业通过向公众散发书面资料以加深公众对企业的印象。视听资料是企业制作的包含企业信息的录像片、幻灯片、电脑多媒体软件等，企业通常将它们在各种公共场合进行播放，以吸引公众的注意。

（4）举办活动。企业也可以通过举办活动进行宣传。这些活动通常分为两类：一是公益服务活动。企业在社会公益事业上投入一定的资金、精力，以体现企业的社会责任感，增加公众的好感和企业的辨识度。比如在汶川地震时，各大电视台所组织的各种类型的赈灾义演活动。二是企业的各种庆典活动，主要有企业成立庆典、周年庆典、新建筑落成庆典等。①

2. 公共关系促销的步骤。在实践中，公共关系管理过程一般要经历相互衔接的四个步骤，即确定目标、选择方法、组织实施和评估效果。

（1）确定目标。公共关系目标是公关活动开展后要达到的效果，它受企业总营销目标的制约。确定目标时，企业首先要明确自身及其产品在公

---

① 菲利普·科特勒等著，何志毅等译：《市场营销原理（亚洲版）》，332—333页，北京，机械工业出版社，2009。

众心目中的形象及地位；然后参照想要达到的形象与地位，找到差距，制定目标。在企业运转的不同时期，公共关系的目标是不同的。比如当企业开发了新产品时，公共关系的目标就是积极传递信息，使公众尽快了解新产品的情况；当企业出现了经营危机时，公共关系的目标就是开展危机公关化解危机，帮助企业渡过难关。

（2）选择方法。公共关系的方法多种多样，每种方法都有不同的特点和适用对象，有的用于增进公众对企业的支持和理解，有的用来提高企业的知名度。企业要根据所确定的目标来选择合适的方法。

（3）组织实施。公共关系活动面对的是非常复杂的公众，因此会存在许多不确定的因素。企业在开展公共关系活动时，一定要很好地进行组织。各个公共关系部门都需要明确自己的职责，保证实际的实施能够顺利进行。

（4）评估效果。公共关系活动是长期、有计划的活动，主要用来提高企业和产品的知名度。不过它的实际效果的出现是比较慢的，不像人员推销和营业推广那样立竿见影。它的效果很难用数据表示，而且也不能单纯用数据来表示，而应该能够显示出公共关系在企业长远发展方面的作用。

四、广　告

广告是企业促销组合中一种很重要的方式，也是文化企业应用最多的促销方式，比如有关电影首映、推出新旅游线路、畅销书排行榜、新专辑上市等的广告一直被广泛应用。其优点在于信息传播面广、速度快、表现力强、诱导性强；主要缺点为，广告不能针对不同消费者进行灵活变通，而且广告的促销效果具有滞后性。

1. 广告的分类。按照不同的标准，广告有着不同的分类。其中最主要的分类标准是广告依托的媒介。按照广告媒介，一般可以将广告分为实物广告、叫卖广告、招牌与幌子、户外广告、纸媒广告、电媒广告、网媒广告、数字广告等。其他的分类标准还有广告目标、广告内容等。以目标为标准可以将广告分为告知性广告、说服性广告和提示性广告。以内容为标准可以将广告分为产品广告、公共关系广告、观念广告等。

2. 广告促销的步骤。广告促销包括确定目标、制定预算、设计信息、选择媒体、评估效果五个步骤。

（1）确定目标。广告目标就是企业借助于广告活动所期望达到的最终效果。广告的直接目标主要有三种，即告知、说服、提醒。在产品不同的生命周期，企业广告的目标也不同。比如在产品刚刚投入市场时，企业的广告目标主要是告知；当产品处于成长期和成熟期早期时，广告目标主要是说服；而当产品处于成熟期后期和衰退期时，广告目标则主要是提醒。除直接目标外，广告还有提高企业和产品知名度、改变消费者观念等附带目标。

（2）制定预算。广告预算是企业用于广告活动的资金的使用计划，它包括资金总额、使用范围和使用方法。确定广告预算的方法，比较常见的有四种：①企业在自己财力允许的范围内，拿出一部分资金当作广告预算，能拿多少就拿多少。这种方法忽视了广告目标和市场竞争的需要，简单易行，但不科学。②企业根据目前或者预测的销售额，从中提取一定比例当作广告预算。这种方法使广告预算和销售额直接挂钩，不过容易因果颠倒，而且不够灵活，不能适应市场的多变。③根据广告目标，核算出实现目标所需要的资金，做出广告预算。这种方法比较科学，可以灵活适应市场营销环境的变化。④按照竞争对手的广告费用确定自己的广告预算。这可以使企业在竞争中避免处于劣势。不过，竞争对手的广告费用支出不一定就是合理的，对于本企业来说也不一定完全适用。因此，在采取这种方法时要充分考虑本企业的具体情况。

（3）设计信息。广告信息是否吸引人，对广告目标能否实现具有很大影响。不过，对于一种产品来说，方方面面的信息是很多的，因此企业要注意从产品的所有信息中选择出最能反映产品特点、对消费者最富有吸引力的信息。选择了广告信息之后，还要有好的表达方式，才能取得预期效果。广告信息的表达方式有写实、比较、权威、示范、警示、幽默、比喻、叙事等，企业可以根据具体情况，选择最合适的表达方式。

（4）选择媒体。选择广告媒体就是确定企业借助于哪种媒体传播信息。广告媒体有电视、电影、广播、报纸、杂志、网络等。企业可做通盘考虑，根据各种媒体的优缺点、自身产品的性质和生命周期、目标市场的接受习惯、消费者偏好、广告预算等一系列相关因素做出最终的选择。

（5）评估效果。评估广告效果就是检测广告促销的目标是否实现。评估可以从两个方面来进行：一是考察消费者通过广告所接收的企业产品的信息量，可以询问消费者是否还记得广告内容，记得多少；也可以让消费者在观看广告时对广告打分。二是对比广告促销活动实施前后销售额的变化，以此来考察广告的效果。不过，由于广告促销效果的滞后性，加上引起产品销售额变化的因素有很多，所以判断广告的效果比较困难。而且需要注意的是，评估广告效果时，不能只关注销售额的变化这样的短期效应，还要注意广告在提高企业和产品知名度、影响公众消费和购买习惯等方面的长期效果。[①]

五、促销组合

促销组合是企业根据实际需要，对各种不同促销手段所进行的适当选择和合理搭配，有时也可以泛指“被组织用来达成传播目标的工具”[②]。合理的促销组合能够有效增加销售量，提高经济效益。而要选择和搭配出合理的促销组合，就需要了解影响促销组合的因素。影响促销组合的因素可以分为企业自身因素、产品因素、市场状况、促销目标等。

1. 企业自身因素。如果文化企业自身的管理水平比较高，销售队伍素质比较强，一般就可以采取公共关系和营业推广这些复杂的促销手段；如果文化企业自身管理水平比较低，则可以选择管理起来相对容易的广告和人员推销，还可以适当依赖分销商。

2. 产品因素，包括产品的生命周期及产品性质。

（1）产品的生命周期。任何产品在市场上都会经历由导入到成长、由成长到成熟、由成熟到衰退的一个生命周期。产品促销的重点和手段在产品生命周期的不同阶段必定不同。在产品的导入期，主要是通过广告再加上公共关系的配合使消费者认识、了解企业的产品；有时也可以加上一些人员推销和营业推广，鼓励消费者试用新产品。在产品的成长期，广告依然是主要方式，但是广告的形式要发生变化，主要任务是使消费者对企业的产品产生认同感，形成一定的品牌忠诚度。在产品的成熟期，赠送礼物等营业推广方式比单纯的广告活动更有效。在产品的衰退期则需要继续加强营业推广以促进销售，同时还要辅以少量广告来保持消费者对产品的记忆。文化企业促销时，需要根据产品生命周期不同阶段的特点来调整促销方式，确定最合理的促销组合。

（2）产品性质。产品的性质对促销手段会产生重大影响。不同性质产品的目标市场不同，因此不能采用相同的促销手段。文化市场上的文化产品类型各异，从报纸、书刊、电影、电视剧、艺术品、收藏品到演出、娱

---

① 菲利普·科特勒等著，何志毅等译：《市场营销原理（亚洲版）》，320—328页，北京，机械工业出版社，2009。

② 乔治·贝尔奇等著，张红霞等译：《广告与促销：整合营销传播视角》，17页，北京，中国人民大学出版社，2006。

乐、旅游等无所不包。文化企业一定要在分析、确定产品的不同性质之后，再采取相应的促销手段。比如书报杂志这类的产品就适合在纸质媒体上做广告，而电影、电视剧、演出等产品则更适合在电视台或互联网上以视频的方式来做广告。

3. 市场状况，包括目标市场特征及市场竞争状况。

（1）目标市场特征。文化企业在制定促销组合时需要考虑目标市场的特征。如果目标市场很大而且分布广泛，就不适合采取人员推销，可以利用广告把产品信息尽可能地传达给更多人。如果目标市场小而且比较集中，就可以考虑使用人员推销。目标市场上消费者的收入水平、风俗习惯、受教育程度等也会对促销手段的效果产生影响，在促销时需要考虑这些因素。

（2）市场竞争状况。在当前市场竞争激烈的背景下，企业要考察竞争者的促销手段和策略，有针对性地对自己的促销组合进行调整。比如现在大制作、高成本的欧美电影大片的引进对国产影片造成了强烈冲击，这就要求国产影片在提高影片质量的同时不断加强宣传，采取各种方式如新闻发布会、影迷见面会等来促进销售，提高票房收入。

4. 促销目标。企业要确定最佳促销组合，就必须考虑每次促销的目标。相同的促销手段对于不同的促销目标，其效果是不同的。比如广告、营业推广在让消费者简单知晓产品方面，比人员推销的效果好；但如果想要消费者对产品产生更深层的信任和认同，则还是人员推销的效果更好。文化企业应该根据具体的销售目标来确定促销组合。而且需要注意的是，促销组合确定之后并非一成不变，如果市场在促销过程中出现了新状况，就应该注意对促销组合进行调整。

第十章　文化市场的营销策略（上）

第一节　产品创意策略

所有的文化市场营销活动都围绕着文化产品展开，文化产品是文化市场营销活动的中心。文化产品是人类在精神生产或称非物质生产领域内劳动创造的智力成果，既包括有形的物品，也包括无形的劳务。文化产品通常由核心产品、形式产品和延伸产品三个层次构成。核心产品是消费者购买某种文化产品时所追求的基本效用，是此种文化产品令消费者产生需求的中心内容。形式产品是核心产品借以实现的形式，也就是核心产品向市场提供的实物和服务的形象，包括产品的形态、品质、外观、品牌、包装、风格等。延伸产品是人们购买形式产品时所获得的各种附加服务和利益，包括保证、指导、保管、运送、安装、馈赠、优惠和信贷等。文化产品的营销通常始自其核心产品的创意设计。在策划、设计核心产品的创意时，文化企业都会考虑到营销的因素。美国著名的布鲁明戴尔（Bloomingdale）百货店运营副总裁兼创意总监乔·科图尼奥（Joe Cotugno）曾这样形容创意对营销的重要性："激发你的想象力吧，有了它，后面的事将迎刃而解。"① 文化产品的创意策略包括产品创意策略与服务创意策略。

一、产品创意策略

文化产品的创意就是针对人们文化生活的物质和精神需要，运用创新思维对各种形态的文化产品内容和文化服务形式进行反复提炼和精心策划，将满足各种文化需求的产品符号转换成为消费者认同的形象或意念。

---

① 托尼·摩根著，陈望译：《视觉营销：零售店橱窗与店内陈列》，6 页，北京，中国纺织出版社，2009。

为了使文化产品在创意上能够具有明确区别于其他同类产品的特色和优势，设计人员必须具有高超的创造性思维、不断勃发的直觉和创造力、高度的审美敏感和扎实的表达技能，这样才能不断提升产品的创意内涵。产品的创意策略主要体现在产品创意的策划方法与产品创意的设计方法两个方面。

1. 产品创意的策划方法。创意的策划方法一般包括六种：①产品属性列举法。先将准备设计的文化产品的属性一一列出，然后设法改进其中每一种属性，从中探索新的创意。②强行关联法。先列举一些不同的文化产品，考虑每种产品与其他产品之间的关系，再把某种产品与其他一种或几种产品结合起来，产生新的产品构思。③结构分析法，即分析问题的结构以及各个结构面之间的关系，通过对不同结构面进行新鲜的排列组合产生构思。④头脑风暴法。将若干名专业人员或有关专家集合在一起，提前向他们提出问题并给予时间准备，然后让各位专家畅所欲言，相互激励启发，提出种种建议和设想。在会后对这些建议设想进行归纳整理，就可以形成一些新的构思。⑤征集意见法。文化产品的设计人员通过发放调查问卷、召开座谈会等方式了解消费者的需求和市场状况，征求科技人员、大中专院校实验室人员、专利代理商等各方面的意见来形成构思。⑥创意筛选法。这是一个过滤过程。它采用适当的评价系统及科学的评价方法对各种创意进行分析比较，从中将最有价值的设想挑选出来，然后通过分析市场条件、企业内部条件、销售条件和收益条件等各种因素，权衡各个创意的执行成本、潜在效益和风险，剔除那些与企业目标或资源不协调的新产品创意。

2. 产品创意的设计方法。无论以何种方法策划和设计产品创意，都要通过对产品的形态设计最终体现出来。文化产品的设计是借助于产品造型元素，用符号化的方式来表征某一事物，进而传达产品意义，实现产品与人的沟通。设计师不能够离开消费者的普遍经验而进行设计，所创造的形态只有让大多数消费者能够理解其中的语义符号并产生共鸣，设计才会被认同。

在蔡嘉清看来，文化产品的设计要求主要有三点：①表达直观而准确的功能语义。文化产品设计的第一个要求就是要能够直观而准确地描述产品的形态与功能。每件文化产品都有它的主要功能，有些文化产品甚至会结合其他辅助功能构成一条功能链，这些功能需要通过设计进行语义表达。比如要体现文化产品的拆装功能，就要设计出拆卸组接的零件或是螺旋组接的零件或是通过挂钩来组接的零件；要体现文化产品的结构功能，就要设计出产品形体上使用的各种扣结，是使用连扣、扣结、抽结、黏结、钩结还是旋结等；要体现文化产品的符号功能，就要考虑使用什么样的色彩、符号、标志与警示等；要突出文化产品自身的材质，就要注意选择是使用金属、塑料、玻璃、陶瓷还是木料；要突出文化产品的加工工艺，就要注意选择是运用机器加工、手工、浇注还是吸塑的工艺方法。

②表达生动而形象的情趣语义。文化产品设计的第二个要求就是需要思考如何使文化产品在形态的表达上更富有情趣，更加生动、悦目、有趣味。产品设计表达情趣的关键就是要设计出产品的表情性与表力性。产品的表情性是产品形态作用于消费者的感觉、知觉、情感等所产生的效果。比如产品的味觉、触觉、嗅觉、听觉等所产生的芬芳感、清新感、光滑感、粗糙感、柔软感、弹性感、干燥感、潮湿感等；产品的线条所产生的高科技感、精美感、简洁感、现代感等；产品的色彩所产生的雅俗感、刚柔感、巧拙感、强弱感、清浊感、显晦感、动静感等。产品的表力性是产品形态所表达出的具有生命力、运动力的语义。比如产品的气味、线条、色彩所综合表达出来的生长感、膨胀感、扩张感、孕育感、扭曲感、抵抗感、舒展感、反弹感、聚集感、组合感、分裂感，或气势感、速度感、冲击感、反抗感、方向感、流动感、起伏感、跳跃感、凝练感，或体量感、结实感、厚重感、整体感、雕塑感，等等。

③表达和谐而悦目的审美语义。产品在形态上的美感通常是通过高度、宽度、深度的三维立体形态体现出来的。消费者的视觉力在立体形态中不断地运动变化，从而产生审美的张力，进而产生审美的体验。这就要求设计师在外观造型上做出归纳，处理好视觉构图的主要部分和从属部分的关系，做到同一性与差异性的统一。同一性意味着，所有的造型均围绕一个特定目标来确定格调，利用一个主题来统一全局，选择形态与大小较为统一的元素组成同一化的视觉效果；差异性意味着，利用材质或结构要素的有序变化，产生有规律的触觉视觉差异或形成差异化的触觉视觉效果。视觉同一性容易使消费者产生统一的视觉认知冲击性效果，有规律的视觉差异化则会使消费者产生有节奏、有韵律的审美感受。设计者在实际操作中通常会运用连续、渐变、起伏、交错等表现手法，按顺序对单个要素采用疏密、厚薄、左右、大小的组合编排的表现手段，以及改变产品体量的轻重、形状的大小、空间的虚实、位置的远近、线形的刚柔、材质的软硬等表现方式来加强产品形体的节奏感和韵律感。[①]

---

① 蔡嘉清：《文化产业营销》，194—196页，北京，清华大学出版社，2007。

二、服务创意策略

文化服务要在创意上显示出明确区别于其他同类产品的特色，就需要对文化服务的组织结构、包装等方面进行创新。

1. 文化服务的组织结构创新。文化服务可以综合组织多种服务形式进行创新，比如将旅游与表演产业项目结合起来，形成好的卖点。像张艺谋导演的桂林山水实景演出《印象·刘三姐》就成功地将桂林山水资源与刘三姐文化资源进行有机整合，形成了很好的市场卖点。再如将展览与咨询、培训结合起来，可以形成参观、学习一条龙的服务。还有的文化服务企业将旅游与展览或旅游与咨询、培训相结合，目的是寓教于乐，使游玩也带有学习的意义。

2. 文化服务的包装创新，主要体现为自身形象创新、人员形象创新、环境形象创新。文化服务自身形象创新体现为在经营场所利用富有创造性和吸引力的告示、传单、名片、报刊简介等方式来展示文化服务的类型、功能、品质、档次、收费标准等内容，并运用市场定位准确的语言突出服务的特色、创造个性化的服务来引导文化消费者的需求。摄影、娱乐、展览、旅游、咨询、培训等类文化服务都可以进行这样的形象包装创新。

文化服务人员形象创新就是对参与文化服务生产经营活动人员的仪表和社会形象进行创造性的装饰和展示，通过他们的知名度、感召力和亲和力吸引文化消费者。人员形象包装分为两个层次：一是明星偶像包装，比如对服务行业中的摄影师、展览解说员、导游、培训师、律师、会计师、评估师、拍卖师、设计师、策划师、经纪人等的发型、服装、体态、表情进行有新意的包装设计，重点在于社会形象的塑造与推广，通过明星偶像的社会知名度与市场感召力来吸引文化消费者。二是普通员工包装，比如对各类服务场所的营业员、服务员、业务经理等进行有特点的包装设计，重点在于仪表和行为的规范与展示，诸如统一着装、佩戴企业标志、规范服务用语等，通过普通员工所展示的规范性和亲和力来吸引文化消费者。

文化服务环境形象创新体现为对文化服务活动的经营场所和氛围进行适当的装饰和美化，最典型的就是通过音乐、各种香味或各种植物来做到这一点。[1] 不同的文化服务活动应该有不同的文化服务环境形象，比如书

---

① 托尼·摩根著，陈望译：《视觉营销：零售店橱窗与店内陈列》，170页，北京，中国纺织出版社，2009。

店需要塑造高雅整洁的形象，游乐场就需要塑造绚烂夺目、五彩缤纷的形象，影剧院则需要塑造安静、舒适、宽敞的形象，等等。

总之，文化服务的包装创新就是要以其外在形象向人们传递文化服务的内在品质信息，引起消费者对文化服务的关注和兴趣。

第二节　组合开发策略

大多数文化企业都不止生产一种文化产品，而是生产若干种。文化企业在组织营销活动的时候通常会考虑到各个产品系列之间的内在联系，从而科学、合理、高效地安排营销活动。产品组合是企业生产和经营产品所涉及的范围，它通常包括若干条产品线，每条产品线又由许多生产项目构成。产品线就是那些制造原理和技术相同、用途相同、目标市场与销售渠道大致相同且密切相关的一组文化产品，比如报纸和杂志就是两条产品线。而产品项目则是被文化企业列入市场销售目录的产品名称，指某条产品线中不同品种、规格、型号、式样、形状、色彩、质量或价格的具体产品，比如报纸有晨报、日报、晚报等品种，杂志有 8 开、16 开、32 开等版本。

一、文化产品的组合策略

文化产品的组合策略是文化企业针对其经营目标与市场需要，对文化产品组合的广度、深度和密度进行的决策。文化产品组合的广度是一个企业生产和经营的文化产品线的数量；文化产品组合的深度是一条产品线中包含的产品项目的数量；文化产品组合的密度是企业生产经营的各条生产线之间在最终使用、生产条件、分销渠道等方面的相关度。文化产品组合策略包括扩展策略、缩减策略、延伸策略、填补策略、更新策略、现代化策略等。

1. 扩展策略。文化产品组合的扩展策略包括三方面：一是扩大文化产品组合的广度，即增加文化产品线，扩展文化企业经营的范围。如唱片公司不断推出新人，增加出版新品种，吸引各个层次的歌迷消费者。二是拓展文化产品组合的深度，也就是增加文化产品的产品项目，增加文化产品组合的某些关联性。比如出版社发行某人的著作可以出选集、全集或各个时代的不同版本，以吸引层次不同、兴趣爱好不同的消费者。三是在市场竞争不太激烈而文化企业的实力又很强时，可以考虑向文化市场提供尽可能多样化的文化产品，形成产品的系列化、品牌化。

2. 缩减策略。缩减文化产品组合的策略包括两方面：一是缩减文化产品组合的广度，减少文化产品线，缩小经营范围；二是缩减文化产品组合的深度，减少文化产品的品种和规格。这通常在文化市场不景气、文化消费疲软或是文化企业经营不景气的情况下进行，是企业对市场变化的适应。企业实行这种策略就是要实行集中经营管理，以退为进，欲张先缩，帮助企业渡过难关。

3. 延伸策略指的是增加文化产品线，增加经营品种，扩大经营范围。延伸策略包括三种方式：向上延伸、向下延伸与双向延伸。

向上延伸是指有些生产经营低档文化产品的文化企业渐次增加一些较高档的产品项目，比如一直生产小手工艺品的民间工艺品生产商可以采用上等材质精雕细琢出大型工艺精品。生产和销售高档文化产品，不仅可以获得高额利润，还可以充分展示文化企业的高端形象，以此吸引那些具有求高、求贵、求独特心理感受的文化消费者和相对更有经济实力的消费者。不过，使用这种策略的前提是文化企业必须具备生产和经营高档文化产品的实力。

向下延伸是指有些生产经营高档文化产品的文化企业渐次增加一些较低档的产品项目。比如某歌舞团体除排演大型歌舞剧目之外，还可以排演小型歌舞剧目，并以演出队的形式深入边远地区巡回演出。当文化企业的高档文化产品在市场上受挫、产品销售量增长缓慢或者企业实力下降的时候，企业就需要采取向下延伸策略。这是为了适应市场的变化，避免被动局面。

双向延伸是某些生产经营中档产品的文化企业，在掌握市场优势以后逐渐向高档和低档两个方向延伸。比如旅行社在标准团费的基础上，整合交通、住宿和餐饮等服务内容，分别推出豪华团、标准团、经济团三档产品，以满足不同层次消费群体的旅游需求。这种策略在一定条件下有助于最大限度地占领市场，能很好地展示和巩固文化企业的形象，建立起企业声誉，产生长时间的良性效应。

4. 填补策略就是文化企业在现有产品线内增加一些产品项目，拉长原有的产品线。这主要是为了利用企业剩余生产能力，填补市场空缺或防止竞争者进入，使自己成为一个产品线饱满的领先文化企业。比如娱乐场所可以充分利用设施空间，开办画廊、书吧、酒吧、网吧、陶艺吧等项目。这实际就是在文化企业原有产品线内发现尚未满足的市场需求，在某个子市场上增加特色文化产品。

5. 更新策略。如果某种文化产品不能获取最大利润或是该产品的资源、材料用于其他用途会有更高回报时，那么就应该剔除该产品，这就是产品线的更新策略。不过，对于文化企业而言，在决定使用产品线更新策略之前，需要进行全面的通盘考虑，比如需要考虑政策管制、文化普及等各方面的相关因素。

6. 现代化策略指的是将现代文化传播技术及时地应用于文化产品生产过程之中。有些产品组合的广度、深度虽然合适，但产品线的生产形式仍停留于传统的技术水平，这就需要利用先进的传播技术对落伍的产品线进行改造，使自己在市场竞争中立于不败之地。①

二、文化产品的开发策略

文化企业与其他企业一样，应该有专门从事新产品研发的部门。新产品的开发对于企业的生存发展具有重要意义。它是文化企业不断满足消费者新需求的根本途径，能够给企业带来长远的利益，可以减少企业的投资风险，是科技创新得以发挥作用的途径，也是企业在激烈市场竞争中胜出的关键。

1. 新产品的概念与分类。新文化产品是指在结构、性能、材料、制造工艺等某一方面或几方面比老产品有改进或有提高，且在市场上首次出现的文化产品。新文化产品大致可以分为四类：

（1）全新产品，是指采用新原理、新技术、新设计、新材料制作出来的崭新产品。全新文化产品能够开辟全新的市场，但往往需要花费大量的人力、物力和时间来开发，有一定难度。

（2）革新产品，是指采用各种技术工艺，对现有产品进行较大革新后生产的更新换代的产品。这种文化产品一般采用新技术、新材料、新结构，比原有产品增加了更多新功能和新性能。

（3）改进产品，是指使用各种改进技术和方法，对现有文化产品的质量、结构、规格、性能、花色、款式、特点进行改良，降低成本，提高质量，翻新款式，使其规格、型号多样化。这类新产品与原有产品区别不大，是对原有产品的改善。进入市场之后，容易被消费者接受，不过也存在着被模仿、被挑战的可能。

（4）新型号产品，是指企业对产品本身仅做很小的改动或不做改变，

---

① 赵玉忠：《文化市场概论》，281—282页，北京，中国时代经济出版社，2004。

只是使用新的包装或者新的型号，突出产品某一方面的特点，将其作为一种新的文化产品推向市场。

2. 新产品开发的风险。新产品的开发和进入市场自然会给生产者带来一定风险，比如始终不能满足消费者的需求、总是不能达到市场目标或者公司财务目标始终不能实现等。文化产品也是如此。文化产品开发的风险虽然不像一般消费品那样突出，但也会给文化产品的销售带来潜在危险。文化产品开发的商业风险体现为：①在文化产品的制作过程中，产品的失败率极高，可能在60个创意中最后只有一个能够被开发成为在市场上出售的产品。②即使被开发成为产品进入市场，在商业上也很难获得成功。据美国《商业周刊》报道，在77个生产服务部门和消费品公司生产的1.1万个进入市场的新产品中，只有56%的产品在5年后仍然在市场上出售。[①] ③即使新产品在商业上能够取得成功，也不能使大多数文化企业实现目标，具体体现为：新上市产品不被接受；生命周期有限；无法储藏产品。

新上市产品不被接受的原因在于：①许多文化企业不得不在尚未事先检验的情况下使新产品进入市场。而一旦上市，文化产品就不能被更改。比如，博物馆要举行一次新的展览，无论是毕加索的还是一个名气较小艺术家的作品，博物馆都需要把产品展示给潜在的消费者，但没有任何一名艺术家能够预先为其成功做出担保；而消费者也受到限制，因为他们无法尝试或接触产品样品。所以，博物馆的展览并不必然成功。通常，作品越新颖，生产者得不到认同以致财务亏损的风险就越大。不过，对于经典作品来说，由于它已为大众所知，尽管风险依然存在，但已经大大降低了。②有些文化产品撤出市场的时间已经被预先决定。博物馆就属于这种情况。展览的期限是预先决定的，因为借来展示的作品将在展览结束后为其他博物馆所使用。③有些文化产品不能够被储存。有的文化产品比如图书，可以随时被阅读，早晚消费都可以。但有的文化产品如剧院的演出，一旦在表演时有了空置的座位，就意味着票房收入已经丧失了。这就增加了消费者必须在作品表演期间而不是在他们有时间或有金钱的时候来看戏的压力，也增加了消费者拒绝消费的风险。

为规避风险，文化企业会采取以下措施：①在表演艺术方面，那些拥有自己剧场的生产者或分销商可能会提供给潜在消费者某一作品在不同时

---

① *Flops*, *Business Week*, 1993 (8), p. 77.

间段演出的季节性预订票。这样，消费者所感受到的压力就会减少。②文化产品在开始出售、展出或首次公演后，企业会组织专家提供意见。这些专家包括职业评论家、艺术团成员以及普通大众中的行家里手。不过，值得注意的是，专家也可能对产品的商业成败做出错误的预测。③为了避免专家可能做出的错误预测，有些艺术家，尤其是表演产业的艺术家会提前将他们未成型的产品有限地展示给有限的观众，目的是为了测试某些创意或产品对顾客的影响。当然，这样有时会造成样品与最后成品之间的巨大差异。[①] ④注意创造新的销售机会，[②] 将新产品与消费者新的价值主张、消费需求结合起来，进行产品宣传。

3. 新产品开发的程序。一种新文化产品的开发一般可以分为产生创意、创意筛选、产品形象测试、制定营销计划、效益分析、实体开发、市场试销与商品性投放八个阶段。

（1）产生创意。这是开发新产品的第一步。创意就是对新产品的构想。企业在构想之前应该先确定新产品开发的目标和要求，如新产品的类型、准备打入的市场、期望目标等。创意的源头包括企业工作人员、消费者、竞争者、分销商，以及政府机关、院校、营销咨询公司、市场调研机构、广告代理商、企业顾问、学术会议、文献资料、专利代理等。

（2）创意筛选，是指企业通过分析市场环境、企业条件、销售条件和效益目标等各项因素，对各个创意的成本、潜在效益和风险进行分析比较，然后挑选出最有价值的创意，剔除与企业目标或资源不协调的创意。

（3）产品形象测试是指企业根据产品的创意设计出几种具体方案，用文字、图形或模型描述出比较明确的产品形象，随之逐个进行评价鉴定，衡量其潜在价值，并择其优者与市场上的现有产品比较，分析其竞争能力的测验过程。测试验证的内容包括：新产品形象的可信度与可传播性；新产品形象与现有产品形象的差距；潜在消费者对新产品形象的需求；潜在消费者对新产品形象的认知；潜在消费者的购买意愿、购买场合和购买频率等。

（4）制定营销计划。企业的营销计划主要包括：①描述目标市场的规模、结构和消费者行为，新文化产品在目标市场的定位，市场占有率及前

---

① 方明光：《文化市场与营销》，199页，上海，上海人民出版社，2003。

② 菲利普·科特勒著，李健译：《科特勒：混沌时代的管理和营销》，183页，北京，华夏出版社，2009。

若干年的预计销售额和利润目标等。②规划新文化产品的价格、分销和第一年的营销预算。③预计长期销售量、利润目标以及不同时期的具体营销策略。

（5）效益分析。在初步拟定营销计划的基础上，从财务方面对新产品进行复查，判断其是否满足企业的开发目标，包括估计销售额以及推算成本与利润两个步骤。

（6）实体开发。在这一阶段里，企业需要投入资金、设备和劳动，完成对新产品的具体制作、测试、鉴定以及包装和品牌设计等实体化过程。实体产品生产出来后，方能对产品在技术上、经济上是否可行做出评价。

（7）市场试销是在新产品正式上市前做的测试，目的是测试新产品在消费者中的受欢迎程度。在将新产品投放到目标市场内小范围的代表性地区进行试销后，企业才能对该产品的市场前景产生确切的了解。

（8）商品性投放。新产品试销成功后，就可以正式批量生产、进行商品性投放了。在正式投放时，企业应该慎重考虑投放时机、投放地区、目标市场以及营销组合。就投放时机而言，新产品要注意选择恰当的时机投放：如果新产品是用来替代本企业其他产品的，就应该选择在原有产品库存较少的情况下上市；如果新产品的需求具有较强的季节性，就应该在旺季投放；如果新产品还有不完善之处，就应该注意改进之后再进行投放。就投放地区而言，企业应该根据市场潜力、企业在该地区的信誉和影响力、供货成本、营销费用、该地区对其他地域市场的影响、市场竞争情况等指标，选取最好的地区市场。就目标市场而言，企业应该根据市场试销和产品开发以来所搜集的资料，选取最有希望的目标市场。最有希望的目标市场应该是最具潜力的消费者群，他们通常最早购买新文化产品、具有一定的传播力和影响力、对价格比较敏感。就营销组合而言，企业要在新产品投放前制定尽可能完备的营销预算和营销组合方案，并根据市场情况的变化进行合理调整。

第三节　文化品牌策略

在简单商品经济的条件下，人们并没有品牌意识。市场经济的到来使商家逐渐认识到将自己的优质产品或服务与他人产品或服务区分开来的重要性。于是，树立产品的品牌构成了企业营销策略的重要组成部分，对于文化企业而言更是如此。

一、品牌与文化品牌

品牌通常指生产经营者的一个或一群产品的某一名称、符号、象征、设计及其组合。品牌的基本功能是将不同企业之间的同类产品区别开来，使竞争者之间的产品不致发生混淆。品牌的内涵十分丰富，主要包括品牌名称、品牌标志和商标等内容。品牌名称是品牌中可以用语言和文字表达的部分，比如“星海”牌钢琴、“联邦”软件连锁店、地中海俱乐部等。这些名称就是产品的名字，易于称呼和书写。品牌标志是品牌中可以被识别却难以用语言来表述清楚的部分，通常体现为一些线条、符号、色彩、图案的组合，如金色拱门是麦当劳的品牌标志、一只奔跑猎豹的剪影是彪马运动服饰的品牌标志等。商标是企业或个体经营者在国家商标局注册登记的品牌名称及其标志。拥有注册商标的企业或个体经营者享有商标的专用权，从而保证了产品品牌及企业名称的单一性和排他性。除此之外，品牌还包括与品牌名称、品牌标志和商标等形象化内容相适应的产品形象、市场地位等抽象化内容。

文化品牌的内涵在于它能够以品牌的形式为文化消费者提供文化价值，同时还可以体现文化企业或文化经营者保证消费者利益的服务承诺。比如好莱坞这一品牌的文化价值就在于演绎了美国人的自由主义、英雄主义、生活信念、道德精神，同时也暗示了高票房、大明星、大导演、大场面、大制作、惊险刺激的情节等一系列的好莱坞电影特征。

二、文化品牌资产

品牌资产是从 20 世纪 80 年代起被西方营销学界广泛使用的术语，目前还没有统一的解释。有学者认为品牌资产概念由财政人员发明，主要用来反映品牌的财务价值。有学者认为品牌资产包括品牌强度和品牌价值：品牌强度即品牌的顾客、渠道的成员等；品牌价值则指品牌拥有者通过战术和战略行为来使用品牌强度，以获得丰厚的利润与卓越的降低风险的能力。还有学者直接从对消费者的承诺角度来理解品牌资产。总之，品牌资产是一种超越产品或服务本身价值的价值，它通过为消费者和企业提供的附加利益来体现自身价值。文化品牌资产就是指一般产品的文化内涵和特定文化产品带给文化消费者的、超越文化产品或服务自身的精神文化价值和愉悦感受。文化品牌资产的构成包括其物质载体如品牌名称、品牌标志、商标等，以及其内在构成如品牌知名度、品牌美誉度、品牌品质认知、品牌联想、品牌忠诚度以及附着在品牌上的其他资产等。

品牌资产有许多测量方法，主要有五类：品牌认知、品牌联想、品牌态度、品牌情结、品牌活动。也有许多企业生产了测量品牌资产的工具，比如扬·罗必凯（Young & Rubicam，简称 Y&R）广告公司的品牌资产计算器、国际调研公司（Research International）的品牌资产引擎、明略行（Millward-Brown）公司的 Z 品牌等。①

三、文化品牌策略

文化品牌策略是文化企业以品牌的营造、使用和维护为核心，在分析研究自身条件和外部环境的基础上制定的企业总体行动计划。一般包括品牌有无策略、品牌归属策略、品牌统分策略、品牌扩展策略与品牌更新策略五种。

1. 品牌有无策略。20 世纪 70 年代，欧美市场上出现了“无品牌”产品。这些产品包装简易、价格低廉、没有品牌，通常在超市里销售以满足低收入消费者的需要。无品牌策略能够将产品的广告、宣传费用降到最低，是专门针对低收入消费者制定的文化品牌策略。

2. 品牌归属策略。文化企业在确定产品应该拥有品牌后，就面临品牌的归属问题。在品牌归属上，文化企业通常有三种选择：一是文化企业品牌，即文化企业自己的品牌；二是分销商品牌，如画家可利用“荣宝斋”的店铺品牌来展销其书法和绘画作品；三是文化企业品牌与分销商品牌混用，即文化企业对文化产品使用两种品牌，既有注册在文化企业名下的品牌，又有注册在经销企业名下的品牌，如在音像制品、软件制品的封面上同时标明某公司出品、某公司经销的字样以及两种品牌的标记。采用文化企业品牌在早期的品牌运营实践中能够快速促进企业的发展。采用文化分销商品牌，可以使众多分散的小文化生产者在节省品牌创建费用的前提下拥有稳定、可靠的分销渠道；也可以使文化经销商做大做强，从而确立市场竞争的优势地位。采用混合品牌策略能够在某种程度上强化对产品的促销。

3. 品牌统分策略。无论使用文化企业品牌、分销商品牌，还是混合品牌，文化企业都需要决定是不同类别、特色的产品统一使用同一个品牌，

---

① 唐纳德·R·莱曼等著，王永贵译：《营销策划分析》，130 页，北京，北京大学出版社，2008。

还是不同种类、质量的产品分别使用不同的品牌。品牌统分策略可以细分为四种：①统一品牌策略，即文化企业对所生产的各种产品统一使用同一个品牌。这有助于节省品牌设计和广告费用，彰显企业实力，塑造企业形象，推广新产品，建立稳定的信誉。不过，如果某类产品有问题，也可能会波及企业其他种类的产品，进而影响产品销售与企业形象。②个别品牌策略，即文化企业对各种不同产品分别使用不同的品牌名称。这样，既可以使企业避免因某一商品的信誉下降而影响企业所有产品的信誉，也便于消费者识别、选购不同质量、档次、特色的产品，同时还有助于新产品的渗透。③分类品牌策略，即企业对不同类别产品使用不同的品牌名称。这可以避免混淆企业生产或销售的不同类型的产品，也可以有效区分不同质量档次的产品。④企业名称加个别品牌策略，即企业对不同的产品分别使用不同的品牌，然后在这些品牌前面冠以企业名称。这有利于推出新产品，既可以使新老产品统一化，共享企业的整体信誉，节约广告宣传费用，又可以保持新老产品各自不同的特色。

4. 品牌扩展策略，是指文化企业凭借已经成功的、具有市场影响力的文化品牌推出改良产品或新产品。其优点在于：可以降低新产品的营销成本，避免新品牌的失败；给予消费者以更多选择；增加分销商接受的可能性。缺点为：可能会使消费者产生混淆；可能会使企业承担损害原有品牌形象、信誉的风险；可能会面临经销商的抵制。品牌扩展策略总体上包括品牌延伸策略、多品牌策略、新品牌策略以及合作品牌策略。

（1）品牌延伸策略，是指企业把一个现有品牌名称直接运用到一个新类别产品上。其优点在于：节约了新产品宣传费用，使新产品比起处于同一起点的产品具有较强的优势，有助于新产品迅速打入市场；能够为母品牌或母公司整体提供反馈利益。[①] 缺点为：如果品牌延伸过长，新产品推出过多，比如一个品牌代表两种以上的有差异产品时，会使消费者对产品的认知发生模糊；如果新产品质量不合格，就会降低消费者对该品牌的信任，可能会损害原有的品牌形象；可能遭到零售商的抵制；可能成功但会挤占母品牌的销售；可能稀释母品牌的含义；可能错过开发新品牌的机会；等等。[②]

① 凯文·莱恩·凯勒著，卢泰宏等译：《战略品牌管理》，441 页，北京，中国人民大学出版社，2009。

② 凯文·莱恩·凯勒著，卢泰宏等译：《战略品牌管理》，448 页，北京，中国人民大学出版社，2009。

（2）多品牌策略是文化产品生产厂家在同一产品类别中采用多个品牌的策略。其优点在于：能够更大程度地满足细分市场的需要；使企业有更多机会最大范围地覆盖市场；把竞争机制引入企业，提高效率；能够保护主要品牌资产。缺点为：多品牌内部相互竞争，可能会导致产品的销售无法扩大，每个品牌占有市场份额较小，影响企业盈利；企业把仅有的资源分配给了过多的品牌，就无暇顾及那些获利能力较强的少数品牌，自然无法取得优化资源配置的经济效益。

（3）新品牌策略是为新产品设计新品牌的策略。企业开发出新产品之后，可能发现原有品牌名称不适合于新产品，或者有更好、更合适的品牌名称赋予新产品，企业就会为新产品设计新品牌。

（4）合作品牌策略。这是两个或更多的品牌在一种产品上联合起来使用，每种品牌的发起人都期望另一个品牌能够强化该品牌的形象。不同行业的不存在竞争关系的企业能够借此产生名牌叠加效应，实现双赢。

5. 品牌更新策略。文化产品在经营了一段时期之后，都要面临新产品开发、企业兼并等结构性变化。对于通过开发或兼并而形成的企业新产品，品牌更新就是一个可供选择的策略。文化品牌更新的内容包括：

（1）形象更新。品牌形象更新是根据消费者对品牌的反应而对品牌进行的阶段性调整。当消费者观念发生变化或者企业需要开辟新市场的时候，企业就会积极调整品牌策略，塑造新的品牌形象。品牌形象的更新首先是对品牌内涵的更新，即修正或挖掘品牌的文化价值，以适应市场的需求；其次，品牌形象更新表现为品牌外延的更新，即对品牌名称、标志、包装方面的更新。

（2）重新定位。如果竞争者的品牌抢占了企业的市场份额，或者部分消费者失去了对本企业品牌的信任，或者企业进入细分市场后大部分策略均不适用，企业就会对原有品牌进行修正或重新定位。在重新定位时，文化企业需要综合考虑两方面的影响因素：第一是成本，即重新定位自己品牌所需要的成本，包括改变产品品质、包装和广告的费用等；第二是品牌重新定位之后所增加的收益。

（3）管理创新。企业与品牌是紧密结合在一起的，企业的发展必然推动品牌的成长。管理体制的创新是从企业生存的核心内容来维系与培养品牌，它包含与品牌有关的观念创新、技术创新、制度创新以及管理过程创新等。

四、文化品牌保护

当文化企业的某一品牌在文化市场上获得较佳声誉时，必然会出现职业道德不佳的同类产品生产经营者假冒此品牌的情况。这种情况是市场竞争造成的难以避免的负面效果。这不仅使假冒品牌者获取非法暴利，还会危害品牌合法所有者的市场声誉，损害品牌消费者的消费权益，扰乱市场交易和社会生活秩序。因此，文化企业在扩大品牌社会效应、扩张品牌经营范围的同时，必须采取有效的品牌保护措施。赵玉忠指出，有效的品牌保护措施可以通过四个方面来进行：①设置专门机构或专职人员进行企业的品牌保护工作；②应用先进的文化商品防伪标志；③建立举报假冒品牌和非法盗版行为以及奖励举报的制度；④关注市场营销动态，依靠文化、工商、质监的行政部门与公安、检察、法院等法务部门查处仿造、假冒品牌的违法、犯罪事件。[①]

第四节　上市时机策略

文化产品有了有创意的内容，就有了征服消费者的资本。但文化产品要想获得尽可能多的市场，在恰当的时间上市也是至关重要的。“恰当”意味着消费者有充裕的闲暇时间、适时的消费需求、迫切的购买欲望等。正确把握产品的上市时机是成功营销的关键一步。

文化企业可以根据季节、节日、假日等规律性的时间条件，或者突发事件、临时集会等偶然性因素引发的市场机遇，结合企业产品特性采取不同的产品上市策略。上市时机策略一般可以分为随季节上市、随节假日上市、借势上市、市场饥饿、轮番上市等五种。

1. 随季节上市策略就是文化产品选择市场需求旺盛的季节上市。常年性的文化产品可以以季节的变更作为契机集中上市，比如主办春季的书市、秋季的旅游产品展销会、冬季的服饰订货会等。季节性的文化产品一般在使用该产品季节之前或前期投放，如教材教辅类图书、花卉和宠物产品、寒暑假的演出专场、各种旅游项目的夏令营冬令营等。

2. 随节假日上市策略就是文化产品选择传统或法定的节日、假日或双

---

① 赵玉忠：《文化市场概论》，285页，北京，中国时代经济出版社，2004。

休日上市。在各种节假日期间，文化市场的潜在文化消费者数量明显上升，这是文化产品上市的最佳时机。不过，采用节假日上市策略应该注意：新产品的上市应尽可能地选择在节假日期间；节日上市产品尤其是文艺作品的内容应该尽可能地与节日性质或节日氛围吻合；节假日上市产品的组合应最大限度地适应大众的消费习惯。比如，演出、电影、娱乐、展览等服务产品可以考虑延长周五和周六的晚间营业时间，推出午夜场和通宵场等；在“五一”“十一”和寒暑假期间，旅游、培训等服务产品可以设计并推出多种旅游线路组合和培训教育模式。

3. 借势上市策略就是利用突发事件、临时集会、舆论焦点等偶然因素所创造的机会推出产品。比如抗击突发性传染疾病时期所采用的限制人群密切接触的系列措施，为广播、电视、网络等非群体性文化产品营销提供了难得的机遇，如不少电台开办了空中课堂和在线咨询、电视台投放了大批新电视剧和疾病预防专题节目等。

4. 市场饥饿策略指的是采取暂缓新产品上市供应的措施，使现有市场短期内供不应求，等最佳上市时机出现时再推出新产品。这典型体现于文艺产品的营销中。文艺产品排演出来后，一般不急于上市，而是先运用广告和宣传攻势诱发文化消费者的购买欲望，造成市场的饥饿，然后再选择适当季节、节日或假日上市推出。这种策略与随季节、随节假日上市的策略相辅相成，有利于扩大目标市场、开拓市场领域、扩大文化产品覆盖面、保护文化产品知识产权。

5. 轮番上市策略就是选择新的市场时机多次推出老的文化产品。老产品多次上市的客观原因有三种：①由于文化消费的多样化选择，在既定时间内总有部分消费者错过了某种文化产品的消费，而这部分消费者就可以成为这种文化产品新的目标市场。②在老产品第一次上市之后，随着时间的推移，大约25年一个轮回，新生代消费者又会成为老产品新的目标市场。③经典文艺产品往往拥有一批忠实的欣赏者，为满足他们怀旧的消费需求，老产品也可以针对这批消费者再一次上市。轮番上市策略的要点在于：一是要大量调研、收集市场的反馈信息，以便确认新的目标市场规模和文化产品再次上市的时机；二是两次上市时机的间隔时间要适度，以便能够实现一定规模的经营效益。①

① 赵玉忠：《文化市场概论》，295—296页，北京，中国时代经济出版社，2004。

第五节　生命周期策略

产品在市场上的销售与盈利会随着时间的推移而不断变化，这种变化过程与自然界生物的生命历程一样，会经历出生、成长、成熟、衰退的周期过程，文化产品也是如此。文化产品的生命周期指的是文化产品从试制成功投入市场开始，直到最后因某种原因被淘汰出市场所经历的全部时间。这里的“生命”不是文化产品的使用寿命，而是其市场寿命。

文化产品的生命周期一般分成四个阶段：导入期、成长期、成熟期和衰退期。市场上的大多数产品都处于成熟期。[①] 导入期是文化产品刚进入市场的初期阶段；成长期是文化产品已经开始为大多数购买者所接受的阶段；成熟期是文化产品的市场已经趋于饱和的阶段；衰退期是文化产品已经陈旧老化而逐步被市场淘汰的阶段。经历了这四个阶段的文化产品，其生命周期在数轴上一般呈现为典型的S曲线。然而在市场营销现实中，并非所有文化产品的生命周期曲线都呈现为S型。有的文化产品在经历了成

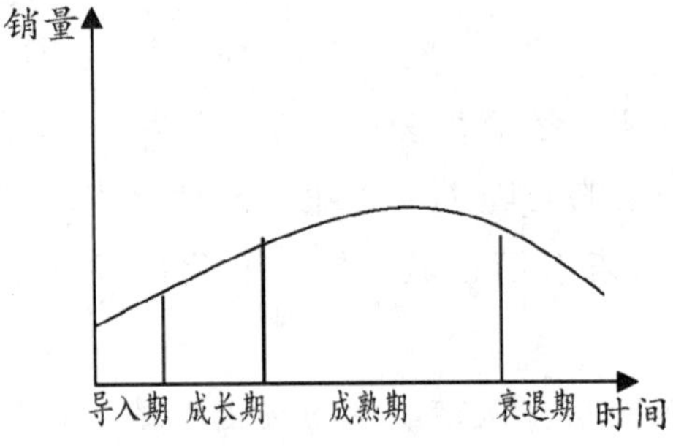

（S型曲线）

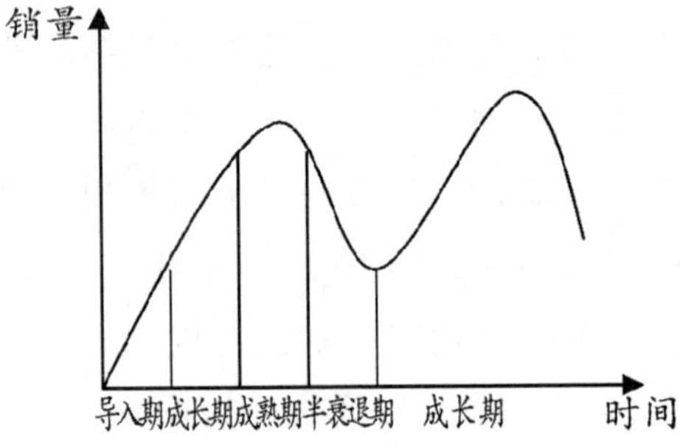

（循环型曲线）

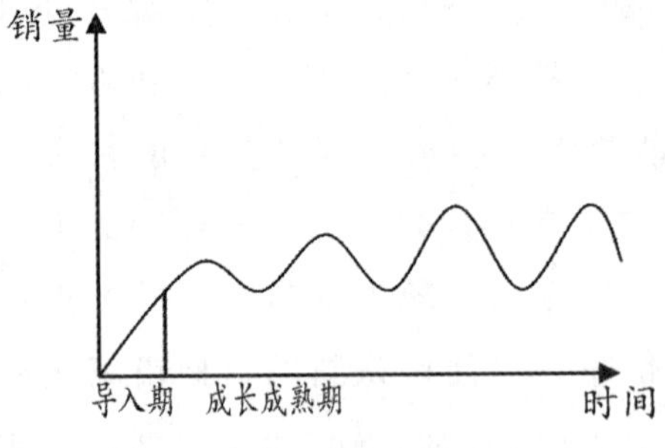

（伞状型曲线）

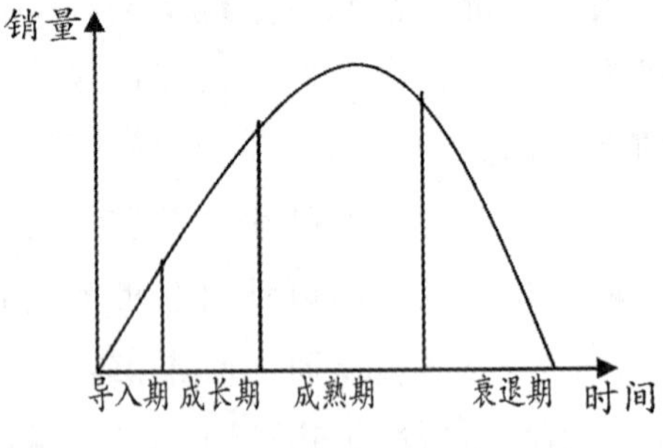

（时尚型曲线）

---

① 菲利普·科特勒等著，卢泰宏等译：《营销管理》，288页，北京，中国人民大学出版社，2009。

熟期、半衰期之后还会再次进入成长期，如音乐、舞蹈、京剧、电影等经典剧目，其生命周期呈现为循环型曲线。有的文化产品由于发现了新的产品特性、开辟了新的用途或者扩展了新的市场而使其生命周期不断延长，呈现为伞状型曲线，如同一内容的图书开辟了仿线装书、礼品书、口袋书等形式，其生命周期就是如此。有的文化产品由于流行或时尚性因素，产品销量很快达到高峰，之后又很快滑入低谷乃至退出市场，如飞盘、呼啦圈、电子游戏卡、电子宠物等，其生命周期相对短促，呈现为时尚型曲线。

一、导入期的特征与营销策略

1. 导入期的特征。文化产品的导入期主要体现出四个特征：①生产成本较高。新产品刚刚投入市场时，一方面因为更新机器、设备、人力，花费了较高的成本；另一方面又因为技术工艺还不过关，工人技术尚不熟练，而导致次品、废品率高。②销售额增长缓慢，销售成本较高。这是因为消费者对新产品不够熟悉，需求量不大，而且新产品的销售渠道尚未完全搭建好，所以需要企业投入大量费用进行推销。③利润较少甚至出现亏损。新产品在导入期的目标基本定位于收回成本。④市场上同类产品的竞争威胁不大。

2. 导入期的营销策略。在导入期，企业的基本策略就是缩短市场投放时间，促使所生产的文化产品尽快进入成长期。不过，也要兼顾其他各种策略，以取得更好的效果。比如给消费者树立良好的第一印象、尽快完善销售渠道、做好开拓性广告、慎重选择价格等。因此，这一时期的营销策略体现为：

（1）高价高促销策略，是指企业以提高价格、加强促销的方式推广新产品。高价格就是提高产品售价，是为了使企业尽快收回成本并获取高额利润。高促销则是通过各种促销手段，比如大规模的广告宣传、免费赠送样品等，增大对顾客的刺激强度，使更多的人知晓新产品，尽快扩大销售量，取得较高的市场占有率。该策略适用的市场环境是：绝大部分消费者还不知晓该新产品，市场上有较大的需求潜力；知道该新产品的人有购买欲望而不太在乎价格；有潜在的竞争对手；企业想提高产品声誉、树立品牌。

（2）高价低促销策略，是指企业以提高价格、减少促销的方式推广新产品。高价格可以迅速收回成本加大利润，低促销又可以减少营销成本。

这种策略比较保守，风险较小，但如果推销不利，市场推广过慢，则容易让竞争对手抢占市场，还不能收回促销费用。该策略适用的市场环境是：市场规模有限，大多数消费者对该产品已有了解，购买者对价格不是很敏感，潜在竞争对手的威胁也不大。

（3）低价高促销策略。低价高促销的目的是以最快的速度把产品打入市场，抢占优势地位。该策略可以使企业最快地获得高市场渗透率和高市场份额，但也存在着入不敷出的危险。该策略适用的市场环境是：市场规模大，消费者对该产品不了解，购买者对价格敏感，潜在对手众多且竞争激烈。

（4）低价低促销策略。使用这一策略一方面可以以低价避免竞争，促使消费者尽快接受新产品；另一方面可以用较低的促销费用降低风险，确保企业利润。该策略比较稳妥，但不能快速拓展市场。该策略适用的市场环境是：产品的市场容量大，消费者对价格比较敏感，产品的知名度已经较高，潜在的竞争压力较大。

在整个导入期的营销过程中，企业并非只能选择上述一种策略，而应该从文化产品整个生命周期过程的总体战略去考虑，对多种策略进行灵活交替使用。

二、成长期的特征与营销策略

1. 成长期的特征。文化产品成长期阶段会出现四个特征：①文化产品已经开始被大量购买者接受，销售量急速上升，销售利润开始增加，规模效应开始显现，产品的单位成本开始下降，产品价格也趋于下降。②企业的促销费用基本稳定，有时会为适应竞争和市场扩张需要而略有提高，但占销售额的比例下降。③通畅的营销渠道体系基本建立。④大批竞争者纷纷加入，开始出现市场竞争。

2. 成长期的营销策略。经受住了市场的严峻考验，文化产品就进入了成长期。在这一阶段，产品的销售前景良好，营销的关键在于巩固现有成果，继续扩大销售量，使产品尽快进入成熟期。具体策略有：

（1）改进产品品质。企业要从质量、性能、式样、包装等各方面努力改进文化产品的品质，努力拓展产品的新用途，以吸引更多顾客，对抗竞争者。

（2）拓展新市场。进一步细分市场，找到尚未满足的新市场，进行重点分析并努力进入。同时，努力扩大销售网点，以方便消费者的购买。

（3）加强宣传，树立产品的市场地位和品牌影响力。广告宣传由建立产品知名度逐渐向建立产品信赖度转化，主要通过宣传产品特色，树立产品及品牌在消费者心目中的优势位置，以增强竞争力。

（4）调整产品的价格。在适当的时候给产品降价或是推出折扣价格，既可以吸引更多的购买者，又可以阻止竞争对手的进入。

在成长期，使用上述策略虽然会大大增强文化产品的竞争力，但也会加大企业的营销成本。因此，企业应根据需要在“高市场占有率”和“高利润”之间进行抉择。许多成功的大企业通常放弃“高利润”，而选择“高市场占有率”，然后在成熟期阶段取得补偿，并取得了良好的效果。

三、成熟期的特征与营销策略

1. 成熟期的特征。文化产品成熟期的特征表现为：①产品销量达到最大，但市场已趋于饱和，出现了强有力的替代产品，产品销售量的增速开始减缓，直至停止，甚至开始出现负增长。②成熟期持续时间长，利润大，但到了成熟期后半段，销售利润达到顶峰后开始下滑，为维持市场而投放的销售费用开始上升，但产品成本已基本压缩到底线，销售价格往往也无法再降。③市场竞争特别激烈，各种品牌、式样的同类产品不断出现。

2. 成熟期的营销策略。在成熟期，文化企业需要采取积极的进攻策略，突出建设和宣传该文化产品的特定优势，增加或稳定产品的销售量，努力使成熟期延长，或促使产品生命周期出现循环。成熟期的营销策略主要体现为：

（1）改进产品。这是为了吸引新的消费者，也是为了对抗竞争对手。产品的改进包括提高质量、改善性能、改变特色、增加式样、提供新服务等方面。企业通过改进产品，使顾客对产品产生新鲜感，从而提高对产品的购买率。

（2）改良市场。其目的是提高产品的市场销售量。市场销售量是每个使用者的使用率与产品使用人数的乘积。因此，企业一方面可以从刺激现有顾客增加对产品的使用次数和每次的使用量入手，另一方面可以通过开发产品的新用途或重新为产品定位来寻找新的细分市场、增加产品的使用人数。

（3）改进营销组合。企业的营销组合一般会随着企业内外部环境的变化做出相应的调整。文化产品到了成熟阶段，内外部条件自然会发生不少重大的变化，企业应根据实际情况调整营销组合中一个或几个因素的配套关系，比如改变定价、销售渠道及促销方式等，以延长产品的成熟期。

四、衰退期的特征与营销策略

1. 衰退期的特征。文化产品衰退期的特征主要表现为：①产品消费者的兴趣发生转移，替代产品已开始逐步占领市场，产品的销售量开始急剧下降，直至产品完全退出市场。②产品价格经过成熟期的激烈竞争，已经降到最低，促销手段开始失灵，企业的利润很低甚至出现亏损。③大量竞争者已经退出市场，留下来的企业被迫削减开支，维持最低水平的经营。

2. 衰退期的营销策略。在衰退期，企业针对市场形势，可以做出两种抉择：

（1）留在市场。这时，企业就应该把能力和资源集中在最有效的销售渠道、最好销售的品种和最有利的细分市场上，缩短战线，集中优势；同时减少营销费用，精简销售人员，尽力维护市场占有率。

（2）退出市场。企业也可以考虑放弃该文化产品，退出市场；但与此同时，企业应该积极做好新产品的开发工作，有计划地使新旧产品实现无缝衔接。①

---

① 菲利普·科特勒等著，卢泰宏等译：《营销管理》，284—286页，北京，中国人民大学出版社，2009。

第十一章　文化市场的营销策略（下）

第一节　包装营销策略

包装是在流通储运过程中为保护产品、方便储运所用的容器、材料和辅助物等的总称，有时也指对所用容器、材料和辅助物施加的技术方法与操作手段。从广义上说，一切事物的外部形式都是包装。包装营销就是通过优美、精致的包装为商品增光添彩，进而吸引顾客、促进产品的销售。因此，在包装活动中要特别注意包装与产品的整合，将产品的概念、产品的销售主张转化为视觉形象。①

一、包装的要素与层次

1. 包装的要素。包装一般包括六要素：（1）商标和品牌。商标和品牌是包装中最主要的构成要素，在包装整体上通常占据突出的位置。

（2）包装形状。合适的包装形状有利于储运和陈列，也有利于产品销售。因此，形状是包装中不可缺少的组合要素。

（3）包装颜色。颜色是包装中最能够产生刺激销售作用的元素。突出商品特色的色调组合，不仅能够加强品牌特征，而且对顾客有着强烈的感召力。

（4）包装图案。图案在包装中好比广告中的画面，其重要性不言而喻。

（5）包装材料。包装材料的选择不仅影响包装成本，而且也影响产品的市场竞争力。

（6）产品标签。在标签上一般印有包装内容、产品所包含的主要成

① 郝新新：《整合营销传播中的包装策略》，《企业改革与管理》，2006（9），74 页。

分、品牌标志、产品质量等级、生产厂家、生产日期和有效期、使用方法等。

2. 包装的层次。包装的层次一般分为：（1）首要包装层次。首要包装是文化产品的直接包装，比如图书、期刊的封面，书法、绘画作品的衬纸、画轴、画框，花卉和盆景的花篮、花盆、花托。

（2）次要包装层次。次要包装是保护文化产品及其首要包装的间接包装，比如包裹图书的护封、塑封，装置磁带、软盘、光盘的塑料盒，存放电影拷贝的片盒。

（3）装运包装层次。装运包装是为了便于储存、运输以及识别某些产品的外包装，比如装运图书、磁带、光盘用的纸箱，储存工艺品用的木箱，发行电影拷贝用的片筒。

二、包装营销策略

包装营销策略多种多样，主要体现为18种：

1. 类似包装策略。企业对所生产的产品采用相同的图案、近似的色彩、相同的包装材料和相同的造型进行包装，以便于顾客识别出本企业的产品。对于本企业的忠实顾客，类似包装无疑具有促销的作用；企业还因此节省了包装的设计、制作费用。但类似包装策略只适用于质量相同的产品，对于品种差异大、质量水平悬殊的产品则不宜采用。

2. 配套包装策略。将数种有关联的产品配套包装在一起成套供应就是配套包装策略。该策略便于消费者购买、使用和携带，同时还可以扩大产品的销售。有时在配套产品中加入某种新产品，还可以使消费者在不知不觉中习惯使用新产品，有利于新产品的上市和普及。

3. 附赠包装策略。这种策略是在文化产品包装之内或之外附赠各种小礼品，以吸引消费者的惠顾甚至重复购买。比如赠送精美书签、年历卡、明星肖像画、小饰物、吉祥物、小玩具、礼品券、奖品等。

4. 改变包装策略。这是指改变和放弃原有的产品包装，改用新的包装。由于包装技术、包装材料的不断更新，消费者偏好的不断变化，企业通常会采用新包装以弥补原包装的不足。不过，企业在改变包装的同时必须做好配套的宣传工作，以消除消费者的种种误解比如以为产品质量下降了等。

5. 更新包装策略。更新包装，一方面是通过改进包装使销售不佳的商品重新激起消费者的购买欲，另一方面则是为了使产品顺应市场变化。有些老产品改进质量比较困难，数十年如一日的老包装也使消费者感到厌烦，此时对其包装予以更新，还可能通过带给人新鲜感的方式促进销售。

6. 复用包装策略。复用是指再利用。包装的再利用根据目的和用途可以分为两类：一类是回收再利用，如产品运储周转箱、啤酒瓶、饮料瓶等。这种复用可以大幅度降低包装成本，有利于减少环境污染。另一类是变废为宝，即产品使用后，其包装还可以作为其他用途。比如瓷制的酒瓶在酒喝完后可以当作花瓶；各种形状的香水瓶可以用作装饰物；精美的食品盒可以再利用来做糖盒或果盒；用手枪、熊猫、小猴等造型的塑料容器做糖果包装，糖果吃完后，包装可以当作玩具；等等。这种复用需要在设计包装时，考虑到再利用的特点。这种包装策略可以使消费者感到一物多用而引起其购买兴趣。不过，也应该注意避免因成本加大引起产品价格过高而影响销售。

7. 企业协作包装策略。企业在开拓新市场时，其知名度可能并不高，而所需的广告宣传费用又太大，很难立刻见效。这时就可以与当地具有良好信誉和知名度的企业联合共同推出新产品，并在包装设计上重点突出联合企业的形象。在欧美、日本，这是一种比较普遍的做法。

8. 绿色包装策略。随着公众环保意识的增强，绿色环保成为社会发展的主题，而随之而来的绿色包装也逐渐构成了企业经营的主流。在设计包装时，选择可重复利用或可再生、易回收处理、对环境无污染的包装材料，容易赢得消费者的认同与好感，也有利于环境保护，有利于与国际包装技术标准接轨。比如用纸质包装替代塑料袋装，用轻柔垫纸来取代硬质衬板，都属于绿色包装策略。

9. 系列包装策略，是指企业生产经营的所有产品都使用相同或相似的包装。拥有 CIS 即企业视觉形象识别系统的企业往往采取这种包装策略，因为系列包装可以使产品乃至企业形象更加鲜明。

10. 开窗包装策略，是指在包装物上留有“窗口”，让消费者通过“窗口”来直接认识和了解产品，目的在于让消费者直接体会、认识产品的品质。

11. 合并包装策略，是将具有消费关联性的产品包装在一起，给予消费者以便利感和整体感。

12. 分量包装策略，指的是根据消费者不同的购买时间、地点以及不同的购买量采用重量、大小不同的包装。

13. 等级包装策略。消费者的经济收入、文化程度、审美眼光等存在差异，因此对包装的需求心理也不同。一般来说，高收入者、文化水平较高者，比较注重包装设计的审美、品位和个性化；而低收入者、文化水平较低者，则偏好经济实惠、简洁便利的包装。企业通常会针对不同层次消费者的需求特点为同一产品设计不同等级的包装。

14. 情趣包装策略。情趣包装追求包装造型、色彩、图案的艺术感，通过包装的造型、色彩、图案等来表达一定的象征意义，目的在于激发消费者的情感，使消费者产生联想。

15. 年龄包装策略，是按年龄段设计相应的包装，亦即包装采用不同年龄段偏好的造型、图案、色彩等，目的在于满足不同年龄段消费者的需要。

16. 性别包装策略，是指与不同性别相适应的包装，比如男性用品包装追求工整、质朴，女性用品包装崇尚温馨、可爱、清新、典雅等。

17. 礼品包装策略，是指包装必须华丽，富有喜庆色彩，包装物上常冠以“福”“寿”“喜”“如意”等字样及问候语，目的在于增添节日气氛，满足人们交往、礼仪的需要。

18. 新技术包装策略。这种包装是应用现代新型包装材料和技术，以缩小包装体积、降低包装重量、提高包装质量和美化包装外观。比如图书的覆膜包装就是一种新技术包装，它将透明薄膜覆盖在书皮表面，加热使之紧贴书皮成为一体。通过覆膜包装可以使图书外观亮丽、经久耐磨、便于收藏。

三、包装营销策略的问题与对策

1. 包装营销策略的问题。文化企业在包装营销方面主要存在三个问题：

(1) 包装营销观念上存在误区，包装策略没能与“6P”策略即产品策略、价格策略、分销策略、促销策略、权力策略、公共关系策略有效整合。很多企业在包装营销活动中，对包装的认识没有摆脱最初的简单看法，只注重经济效益，不注重社会效益，忽视其他营销策略对包装的影响，忽视对“6P”策略的综合考虑。比如企业为扩大品牌的市场占有率，大打价格战或通过优惠券、赠品来增加购买行为，这不仅会伤害消费者的品牌忠诚度，增加他们对价格的敏感度，还会导致利润滑坡，高档优质的产品内涵受损。

(2) 包装设计忽视与文化艺术的有机结合，呆板、陈旧、缺乏竞争力。许多国产品牌之所以相较于外国品牌显得逊色，其中很重要的一个原因就是产品包装相比之下显得呆板、陈旧、缺乏竞争力。消费者在选择产品时，通常会存在“第一印象”，而产品的包装就是实体产品与消费者接触的第一层面。包装设计呆板，产品就很难被消费者接受，也很难大量销售出去。

（3）包装过度导致忽视了产品质量，抬高了包装成本。优美、精致的包装可以为产品增光添彩。但一些企业不恰当地运用包装策略，片面追求产品的包装效果，而忽视产品本身的问题，容易使一些伪劣产品在精美包装外衣下大行其道，极大侵害消费者的利益。而且过度包装会增加一些不必要的费用，抬高产品成本。

2. 解决问题的对策。针对这些问题，解决的对策有：

（1）树立包装的社会营销理念，与“6P”营销策略有效整合。在看到包装积极作用的同时，要深入联系包装对社会、环境等方面的影响，确立包装的社会责任观念，树立可持续发展的态度，产生与社会和谐、协调发展的良好效果。要做到这一点可以较多考虑包装营销的“差异化”“功能化”“附加价值”“共鸣”等因素，与“6P”策略达到有效整合。

（2）不断创新包装，构建包装的文化竞争力。在包装策略实施的过程中，包装不仅局限于保护产品，要充分发挥包装其他方面的功能，如宣传产品、美化产品、给消费者带来附加利益、提高产品价值、保护环境，从而增强消费者购买产品的兴趣。比如柯达胶卷的外包装装潢设计一直变化不断。20世纪80年代初进入中国的柯达胶卷外包装文字全是英文，20年后的柯达胶卷已几乎全是中文，以适应中国市场。包装的不断创新会逐渐形成某种文化，达到包装与文化艺术完美的融合，进而构成一种文化竞争力，帮助企业在市场竞争中取得优势。

（3）重视产品质量，谨防包装过度，降低包装成本。在市场竞争中，产品本身的质量是第一位的，包装只是辅助手段。企业只有建立全心全意为消费者服务的营销意识，根据产品质量第一的顾客消费心理设计包装，限制包装成本，从心理上、感情上打动消费者的心，增强消费者的记忆，才能影响消费者的购买态度，使之产生购买愿望和购买行为。

第二节　娱乐营销策略

面对铺天盖地的广告和令人眼花缭乱的产品，文化消费者现在已经变得非常挑剔，越来越难以被打动。[①] 传统的营销方式目前难以为继，营销对创造力的要求越来越高，渴望“更不具选择性但更富探索性、可能性和诱导性的创新思维”[②]。于是，创意营销，又称娱乐营销，应运而生。娱乐营销借助创意与娱乐的元素或形式在产品与客户之间建立情感联系，从而达到销售产品、培养忠诚客户的目的。娱乐营销本质上是一种感性营销，是通过感性共鸣诱发顾客的购买行为，而不是从理性上去说服客户购买。这种方式有时更适合中国的文化环境。娱乐营销的形式多种多样，在文化营销领域应用得尤其多。娱乐营销策略包括病毒营销、故事营销、活动营销、植入营销、细节营销、体验营销等。

一、病毒营销

病毒营销是由奥莱理传媒公司（O'Reilly Media）的总裁兼 CEO、开放源码概念的缔造者蒂姆·奥莱理（Tim O'Reilly）率先提出的。病毒营销就是通过用户的口碑宣传，使产品信息像病毒一样传播和扩散，利用快速复制的方式传向更多的受众。它也常常被称为口碑营销。“病毒营销的好处是由顾客传递信息并找出目标市场：容易被影响的人，或非常喜欢该产品服务或影片的朋友。病毒营销真的是数字版的口碑、口耳相传或社交营销。”[③] 病毒营销已经成为文化营销的独特手段，被越来越多的企业和网站成功利用。

1. 病毒营销的形式。病毒营销无疑是复杂的，有多种可能的根源和动机，主要体现为经验性病毒营销、继发性病毒营销、有意识病毒营销三种形式。

（1）经验性病毒营销。这是最常见、最有力的形式，通常在任何产品类别的病毒营销活动中都占到 50%—80%。它来源于消费者对某种产品或服务的直接经验。经验性病毒营销分正面和反面两种。反面的经验性病毒营销意味着产品或服务偏离了消费者的预期，这会对其品牌感受产生不利影响，并最终影响品牌价值，降低受众对营销活动的接受程度，还有损出

① 菲利普·科特勒等著，陈燕茹译：《水平营销》，11 页，北京，中信出版社，2008。

② 菲利普·科特勒等著，陈燕茹译：《水平营销》，63 页，北京，中信出版社，2008。

③ 肯特·沃泰姆等著，台湾奥美互动营销公司译：《奥美的数字营销观点：新媒体与数字营销指南》，116 页，北京，中信出版社，2009。

自其他来源的正面病毒营销的效果。反之，当产品或服务符合消费者预期时就会产生正面的病毒营销效果，正面的病毒营销会让产品或服务营销顺利，在消费者心目中树立起良好的品牌形象。

(2) 继发性病毒营销。营销活动本身也会引发病毒营销，这就是继发性病毒营销。当消费者直接感受传统营销活动所传递的信息时，这些信息对消费者的影响通常比广告的直接影响更强。

(3) 有意识病毒营销。还有一种不常见的病毒营销形式就是有意识的病毒营销，比如营销者利用名人代言为产品上市营造正面气氛。投资进行有意识病毒营销的企业并不多，部分原因在于其效果难以衡量，许多营销商不能确信是否能成功地开展有意识病毒营销的推广活动。

2. 病毒营销的实施。在具体操作病毒营销时要特别注意五点：

(1) 病毒性营销的“病毒”有一定的界限，超出这个界限的病毒性营销方案就成为真正的病毒。病毒性营销的重点是“营销”，“病毒性”只是描述营销信息的传播方式，本身并不是病毒。病毒性营销不仅不具有任何破坏性，还会为传播者以及病毒性营销的实施者带来好处。不过，在实际操作中，如果没有认识到病毒性营销的本质是为用户提供免费信息和服务这一基本点，有时可能会成为真正的病毒传播。这种情况多发生在利用技术手段所实现的病毒性营销活动中，比如有的病毒性营销自动为用户电脑安装插件、强制修改用户浏览器默认首页、在QQ等聊天工具中自动插入推广信息等，这些活动其实就是传播病毒的行为。

(2) 成功的病毒性营销是有条件的。参照美国著名电子商务顾问拉尔夫·F·威尔森（Ralph·F·Wilson）的观点，有效的病毒性营销需要具备六个基本条件：①提供有价值的产品或服务；②提供毫不费力向他人传递信息的方式；③信息传递范围很容易从很小向很大的规模扩散；④能够充分利用公众的积极性；⑤充分利用现有的通信网络；⑥充分利用别人的资源进行信息传播。一般来说，在制定和实施病毒性营销计划时，应该进行必要的前期调研和有针对性的检验，以确认自己的方案是否能够满足这六个基本条件。

(3) 病毒性营销需要遵照一定的步骤和流程。成功实施病毒性营销需要五个步骤：①对病毒性营销方案进行整体规划和设计；②为病毒性营销设计出独特的创意；③对网络营销信息源和信息传播渠道进行合理安排，有效利用通信网络进行信息传播；④将病毒性营销的原始信息在易于传播的小范围内进行发布和推广；⑤对病毒性营销的效果进行跟踪和管理。这五个步骤充分展示了病毒性营销在实践应用中应该遵循的规律。

(4) 病毒性营销的实施过程通常无需费用，但病毒性营销方案的设计需要成本。病毒性营销通常不需要为信息传递投入直接费用，但病毒性营销方案不会自动产生，需要根据病毒性营销的基本思想认真设计，在这个过程中必定需要资源投入。因此，不能把病毒性营销理解为完全不需要费用的网络营销，尤其在制定网络推广计划时，应充分考虑到这一点。此外，并不是所有病毒性营销方案都能够获得理想效果，这种风险是病毒性营销的隐性成本。

(5) 病毒性营销的信息不会实现自动传播，需要借助一定的外部资源和现有的通信环境来进行。这种传播可能不需要直接费用，但需要合理选择和利用有效的网络资源，因此需要工作人员具有专业的网络营销知识。

二、故事营销

故事营销由品牌战略专家李光斗提出，指的是在产品相对成熟阶段，采用故事的形式为品牌注入情感，增加其文化内涵，然后在营销过程中释放注入品牌的情感，同时辅以产品的功能性及概念性诉求，意在打动消费者的心灵，使产品的销量在稳定上升之后有一个爆发性的增长。成功企业的品牌联播与故事营销有不少相通之处，但企业品牌联播更注重企业在网络上的品牌推广。实际上，可以把企业品牌以故事的形式联播到互联网上，让企业同时做到品牌联播和故事营销。故事营销包括六个基本要素：

1. 来源。文化产品或服务的故事可以是产品的故事、企业的故事、相关人物的故事，也可以是纯粹编造出来的故事。产品的故事包括：以产品名称为基点讲的故事，比如玉石饰品“石头记”；以产品来源为基点讲的故事，比如木制工艺品“谭木匠”；以产品经历为基点讲的故事，比如ZIPPO打火机从战场走向商场的历程。企业的故事主要是企业成长的故事，比如Levis牛仔裤以企业的诞生传说为基点讲的故事，巴国布衣餐饮以企业的成长经历为基点讲的故事。相关人物的故事主要包括：领导者的故事如文化地产大亨李嘉诚的故事，消费者的故事如各种文化产品文化服务的消费者对自己消费过程、消费感受、消费效果的现身说法，代言人的故事如经常为体育服饰代言的“飞人”乔丹的故事。文化产品或服务的故事也可以是纯粹编造出来的，比如迪士尼公司为其各种主题公园所创作的具有童话梦幻色彩的各种故事、英国维尔特郡为其旅游产业创作的闻名世界的“麦田怪圈”故事等。

2. 母题。故事营销的第二个要素就是为各种来源的故事找到具有永恒性的合适母题，比如爱情、生命、美德、尊重、个性等。母题可以提升故事的内涵，也可以增强故事的感染力。

3. 传播。故事营销的传播要素包括故事的讲述者、故事的内容、故事的讲述平台、故事的讲述方式。故事的讲述者可以是文化产品或服务的代言人，可以是文化企业的领导人，可以是文化产业的领袖式人物，可以是文化产品或服务的消费者。故事的内容可以是历史，可以是文化，也可以是声誉。故事的讲述平台可以是广告，可以是媒体，可以是电影，可以是自己搭建的舞台。故事的讲述方式需要注意选择恰当的时机，故事的讲述语言需要注意丰富的感情色彩。

4. 营利。故事营销的营利诉求首先需要注意找准、找对讲故事的角色。其次还要注意对不同听故事的人采取不同的讲述方式。比如对消费者讲故事，就要讲“别针换别墅”这样消费者感兴趣的话题；对相关利益方讲故事，就要包含不同利益追求的合作与共赢的道理；对投资者讲故事，就要明确投资者的市场权利。再次要注意在故事营销活动的开展中运用创造人文氛围、与名人热点相联系的技巧。最后要注意故事营销过程的时间安排，即所谓的30秒法则：第一个30秒引起听者的注意，第二个30秒引发听者的兴趣，第三个30秒创造出引人入胜的情节，第四个30秒激发听者的行动。

5. 生命力。故事营销的中心要素就是故事一定要具有生命力。要使故事具有生命力，需要做到：①让故事内容富有魅力。有魅力的故事通常具有四个特点：承载着美好的梦想、有着吸引人的道具、具有永恒的意义、故事的发展具有不可预知性。②讲故事的方式一定要富有时尚气息，与时代的风潮保持一致，这样才易于各种类型、各个年龄段的听者接受。③给故事一个好的传播平台。好故事需要好的传播媒介平台，好的传播媒介平台也需要好的故事；故事就像是火车，而媒体则是它的推动力，两者相辅相成，缺少任何一个都不会达到双赢的效果。

6. 创新。故事营销的最后一个要素就是故事在内容和讲述方式上的创新。内容的创新可以是从新角度讲传统的故事内容，也可以是讲述完全创新的新故事内容。讲述方式的创新意味着运用当前社会最新的科技手段如网络化手段和最新的意识观念如国际化观念来讲述、展示故事内容。[①]

① 李光斗：《故事营销》，203页，北京，机械工业出版社，2009。

三、活动营销

活动营销是指企业通过介入重大社会活动或整合有效资源策划大型活动而迅速提高企业及其品牌知名度和影响力，从而促进产品销售的营销方式。简单地说，活动营销就是围绕活动展开的营销，目的是使企业获得品牌的提升或者销量的增长。活动营销不仅集广告、促销、公关、推广等为一体，还融合了品牌营销、关系营销、数据营销等各种营销模式。因此，活动营销的传播达到率高，效果好，有利于企业将产品信息和品牌信息传递给目标受众，并最终促进产品的销售。活动营销的步骤主要有：

1. 搜集消费者信息，建立数据库。活动营销的第一步是通过各种渠道广泛搜集特定消费者的数据信息，建立数据库。消费者数据信息的搜集渠道包括：熟人，如亲戚、朋友、同事、邻居等；通过熟人介绍的人；拜访的陌生人；各种社会活动。所搜集的信息包括：消费者姓名、年龄、家庭住址、联系电话、家庭收入、健康状况等。将这些信息归拢，建立消费者档案数据库，并对数据进行分析整理，把消费者根据需求状况分类，确定目标消费者群。

2. 组织实施活动营销。在确定活动的时间、地点后，文化企业就可以针对目标消费者群发出邀请。活动营销以服务为主，多以健康保健理念的宣传、免费的健康咨询诊断以及消费者喜闻乐见的文娱活动来吸引目标人群参加，然后通过专家推荐、老顾客对产品良好效果现身说法以及业务员一对一的沟通等来促成销售。

3. 跟踪服务。对购买产品的客户进行售后跟踪服务，同时指导客户使用，并对使用前后的效果进行对比，形成良好的口碑宣传。对未购买产品的客户实行持续跟踪，通过一对一的沟通，消除其顾虑，促成销售。

四、植入营销

植入营销也被称为植入广告，是将产品或品牌及其代表性的视觉符号甚至服务内容，策略性地融入电影、电视剧或电视节目等各种内容之中，通过场景再现，让观众在不知不觉中对产品及品牌留下印象，以达到营销产品的目的。植入营销相当于隐性广告或者软广告。植入式广告不仅应用于电影、电视，还可以“植入”各种媒介如报纸、杂志、网络游戏、手机短信甚至小说之中。

1. 植入营销的形式。植入营销具有多种形式。按照植入的方式可以分为实物植入、风格植入、整体植入、文化植入等，按照植入的内容可以分为场景植入、对白植入、情节植入、形象植入等。

（1）实物植入，是指产品仅仅作为媒体节目中的道具被植入节目，如电影《天下无贼》中无处不在的诺基亚手机、佳能DV等。这种植入式营销植入的都是受众极多的媒体节目。但这种植入方式稍显生硬，有时会让观众明显感觉到这是广告。

（2）风格植入，是指企业根据自己产品的风格特征和目标客户定位，选择一个具有同样风格的、有潜力的或者已经成熟的媒体产品，主动与其合作来塑造企业或产品品牌，如百事可乐冠名“百事音乐风云榜”电视栏目。百事可乐的品牌定位是年轻、活力，而“百事音乐风云榜”的消费者群大多是有活力的年轻人，与百事可乐的品牌定位十分契合。同时，企业还可以通过植入式营销改变自己的品牌定位，如老牌家电荣事达通过冠名中央电视台主持人大赛、冠名大型娱乐资讯电视栏目《娱乐现场》，蜕变成为“年轻、时尚、活力、高品质”的形象。

（3）整体植入，是指节目本身就是在介绍一个企业，如电视剧《天下第一楼》讲述了全聚德烤鸭店的成长历程、《大宅门》和《大清药王》讲述了同仁堂的故事。它们通过完整的故事情节，使观众在品味电视剧的同时全面地了解了产品或企业。这种植入形式更容易被观众所接受，能够起到非常好的宣传效果。

（4）文化植入。这种形式植入的不是产品和品牌，而是一种文化。通过文化的渗透，宣传在该文化背景下生产的文化产品。韩国电视剧《大长今》就是一个典型的例子。该剧用大量篇幅介绍韩国料理的制作、韩国的针灸方法，韩国的服饰、建筑、伦埋道德，这些韩国文化因素潜移默化地留在观众心中。2014年热播的韩剧《来自星星的你》也是韩国文化植入的典型。从近些年流行的“韩潮”来看，这种文化植入的经济效果是非常明显的。文化植入注重长远利益，从影响受众的消费观念着手，改变他们的消费行为，最终达到植入者的经济目的。

（5）场景植入，主要是指品牌视觉符号或产品本身作为媒体内容中故事发生的场景或场景的一部分出现。在电视剧《龙门镖局》中，反反复复出现的申州租车就是指神州租车。在该故事中，申州租车在大明朝也是个租车公司，马脑袋上套着宝马、奔驰、凯迪拉克、劳斯莱斯的标志，而且老板介绍马匹的时候把现在进口车、国产车、合资车的性能套用到进口马、国产马、混血马身上。

（6）对白植入，就是在电影、电视剧、小说等中通过人物的对话巧妙地将品牌植入其中。在《阿甘正传》里有一句台词："见美国总统最美的几件事之一是可以畅饮'彭泉'汽水。"在《一声叹息》里，徐帆时刻不忘提醒亲朋好友："我家特好找，就在欧陆经典。"在《武林外传》中，奸商裴志成被郭芙蓉撬开牙鲜血直冒时，吕秀才说："快快拿牙康，给他消炎止痛。"

（7）情节植入，是指某一品牌的产品成为推动整个故事情节的有机组成部分。品牌或产品不再仅仅是在生活场景或人物对白中出现，而是几乎渗入整个故事。比如在《阿甘正传》中，阿甘拿着一张印着苹果商标的纸说自己投资了一家烂水果公司，这很明显就是苹果公司在情节中的植入广告。而电视剧《北京青年》几乎成为中兴手机的品牌秀场。

（8）形象植入，是根据品牌具有的符号意义，将某一品牌产品或服务，植入电影、电视或其他媒体中，使其成为故事主人公个性和内涵的表现形式。形象植入能够不断演绎品牌原有的意义，丰富品牌的内涵，增强品牌的个性，进一步提升品牌形象。比如电影《007》中，邦德酷帅、智慧、勇敢的英雄形象，其实离不开邦德所驾驶的同样又酷又帅的各种汽车。虽然影片中并没有刻意突出品牌，但汽车厂商的线下宣传，其实已经巧妙地将电影故事演绎成为品牌故事，而主人公邦德俨然已经成为汽车品牌的形象代言人。

2. 植入营销的注意事项。相对于普通营销广告，植入营销强制性强、到达率高，容易产生名人效应，而且持续时间长，影响广泛。其不足之处在于：容易增加企业的风险，对提高品牌知名度的效果有限，容易受到节目情节的限制而无法充分或正确地表达产品的功能或品牌的内涵，如果对插入内容和位置考虑不周全甚至会对品牌形象造成负面影响。因此，植入营销在操作时要注意：

（1）植入营销要选择与品牌定位相契合的传播载体。植入营销在运用过程中需要根据品牌自身的形象、个性及市场定位来选择传播载体。如果品牌不加考虑地随意选择载体，就会影响其传播效果。

（2）植入的品牌或产品应该具有一定知名度。不是所有的产品和品牌都适合做植入广告。观众们在收看影视剧时，首先还是被剧中人物和情节吸引，不会刻意去注意剧中出现的品牌标志和符号。如果植入的是人们耳熟能详的品牌，那么观众可能会有一些印象，但如果是不知名的品牌，就不会取得预期的效果。

(3) 植入的品牌或产品必须具有鲜明的个性。植入的产品或品牌除了应具有一定知名度外，还需要具有鲜明的个性。植入式广告不像传统商业广告，产品或品牌不是引人关注的主角，而是作为场景或背景出现的。因此植入的产品或品牌必须具有独特鲜明的特点，使观众能够立刻将其与其他产品或品牌区分开来，深刻感知到它区别于其他品牌的个性化内涵。

(4) 植入式广告需要持续投放。广告要想达到理想的传播效果，不是短短播放几次就能够实现的。品牌要将其内涵和个性向消费者持续传播，才能获得消费者的认可和拥护。广告的重复是促使营销成功的重要因素。

(5) 避免硬性植入广告。当一些与情节、道具、场景等无关的广告生硬地植入影片或者节目中使观众明显感觉到这是广告时，广告的效果就会适得其反。植入广告必须自然而然，只有当营销不像是在营销、广告不像是在做广告时，植入营销才达到了最高境界。

五、细节营销

细节营销，是指企业营销工作的每一个细节都设身处地地为消费者着想，以最大限度地满足其物质和精神需求的营销工作。细节营销的产生有着深刻的社会背景，那就是在产品设计和生产过程中除了满足消费者基本需要外，同时使消费者在消费商品时享受简便、安全、舒适和高性价比，也就是充分考虑消费者的多层次需求，使营销工作更加人性化。美国北卡罗来纳大学的广告学教授鲍勃·劳特波恩认为，细节营销就是用4C来代替4P，即用客户（Customer）的需求代替产品（Product）、用成本（Cost）代替价格（Price）、用沟通（Communication）代替促销（Promotion）、用便利（Convenience）代替渠道（Place）。[①] 与劳特波恩所见略同的是强调顾客关联、提倡4R营销的艾略特·艾登伯格与唐·舒尔茨。[②]总之，细节营销是真正为消费者考虑的营销。细节营销由六部分构成：

1. 产品开发中的细节营销。这是指在产品设计和生产过程中除了满足消费者基本需求外，还要在细节上做文章。比如在台历的设计和生产中，仅仅将年月日印制清楚是不够的，还应该考虑年月日如何排列比较美观、背景如何设计让人感觉舒适、材质如何选择才能耐磨耐用、支架如何设置才能安全稳固等。

---

① 柏唯良著，朱宇译：《细节营销》，4页，北京，机械工业出版社，2009。

② 蔡嘉清：《文化产业营销（第2版）》，30页，北京，清华大学出版社，2013。

2. 产品促销中的细节营销，是指企业在促销的每一个环节和每一个细节都充分考虑消费者的需求，使企业的促销事半功倍。任何促销都是一个复杂的系统工程，每个细节都会关系到促销的成败。促销中的细节营销从细处为消费者着想，构造和谐的消费环境，把传统的购物过程转变成为享受消费的过程。比如提供免费 WiFi 上网、饮用水，免费寄放老公、儿童、包裹，提供座椅，等等，均是细节营销的具体体现。

3. 渠道拓展中的细节营销，是指企业在产品的渠道拓展和维护中实施的细节营销。企业产品渠道的拓展和维护，关系到产品的顺利流通，决定着产品价值和使用价值的实现。细节营销的实施，有力地巩固了流通链中各个企业的战略同盟地位。渠道拓展中的细节营销主要体现为对客户经常走访沟通、经常提建设性意见、节假日致电问候、赠送礼品等。

4. 服务中的细节营销，是指企业关注服务的环节和细节，努力使消费者在愉悦中完成对产品的购买。服务中的细节营销包括销售前为消费者传递企业和商品信息、免费提供必要的培训等，销售中提供微笑服务、免费包装等，销售后严格履行承诺、及时排忧解难等。

5. 企业文化建设中的细节营销，是指在企业文化建设中将企业的宗旨、营销观念、精神等在细微处体现出来。企业的文化建设是企业营销工作的重要组成部分。细节营销贯穿于企业文化的建设，有利于企业文化的传承和发扬，更有利于在企业经营中打造企业品牌，强化消费者对企业及其产品的认知度，增强企业员工的凝聚力。

6. 满足消费需求的细节营销，是指在企业营销中充分考虑消费者心理、生理和具体需求的特点，在产品销售及使用过程中提供性价比高的产品、创造最佳的消费氛围和环境。消费者的需求是企业赖以生存的根基，挖掘、拓展和满足消费者的需求并使其得以延续是企业的重大任务，而细节营销则是完成这一任务的主要方式。只有通过大量、深入、细致的营销，才能找准企业的目标顾客，继而找准他们需求的关键，有的放矢地开展营销，使其物质、心理和精神的需求得到全面的满足。

六、体验营销

菲利普·N·库克在《回到未来》中说，我们正在见证“市场营销的美学殖民”[①]。通过商品美学，产品正在从形式上，也就是从风格、设计、

---

① Philip N. Cooke. *Back to the Future*, p. 117, London: Unwin Hyman, 1990.

包装、广告上彼此区分开来，[①] 这自然而然地催生了体验营销。体验营销是企业采用让目标顾客观摩、聆听、尝试、试用等方式，使其实际感知、亲身体验企业所提供的产品或服务，促使其认知、喜好并购买的营销方式。体验营销涉及的消费者体验包括知觉体验、思维体验、行为体验、情感体验、社交体验等。知觉体验即感官体验，即视觉、听觉、触觉、味觉与嗅觉等知觉器官的体验，可用来增加消费者对公司与产品的识别度、引发消费者购买动机和增加产品附加值等。思维体验是以创意的方式引起消费者的惊奇、兴趣、思考，为消费者创造认知和解决问题的体验。行为体验是通过增加消费者的身体体验，帮助他们意识到做事的替代方法和产品以及替代后的生活状态，从而使消费者自发地或被动地改变生活状态。情感体验体现为消费者内在的感情与情绪，也就是使消费者在消费中感受到各种情感，如亲情、友情和爱情等。社交体验体现为通过实践改进自我，使别人对自己产生好感。它使消费者和广阔的社会系统产生关联，并因此产生对某种品牌的偏好。

1. 体验营销的操作步骤。主要操作步骤为：

（1）识别消费者。要对目标消费者提供购买前体验，先要明确消费者的范围，并对目标消费者进行细分，然后向不同类型的目标消费者提供不同方式、不同水平的体验。

（2）认识消费者。认识目标消费者就要深入了解目标消费者的特点、需求，知道他们的担心、顾虑。企业必须通过市场调研来获取有关信息，并对信息进行筛选、分析，以便有针对性地提供相应的体验服务，比如根据目标消费者利益点和顾虑点决定在体验式销售过程中重点展示的部分。

（3）确定体验参数，使顾客体验后进行评价。比如在旅游服务中，可以把收费是否合理、导游服务是否到位、餐饮是否合乎要求、旅行交通是否顺畅、景点门票价格是否合理等作为体验的参数。顾客在体验之后，就可以从这几个方面对产品或服务的好坏形成一个判断。

（4）践行体验。在这个阶段，企业应该预先准备好让顾客体验的产品或设计好让顾客体验的服务，还需要确定到达目标对象的渠道，以便于目标对象进行体验活动。

（5）评价控制。企业在实行体验式营销后，需要对前期的运作进行评

---

① Bella Dicks. *Culture on Display*：*The Production of Contemporary Visitability*，p. 34，Beijing：Peking University Press，2007.

估。评估总结要涉及效果如何、消费者是否满意，是否让消费者的风险得到了提前释放，风险释放后是否转移到了企业自身、转移了多少、企业能否承受，等等。通过评估这些方面，企业可以了解前期的执行情况，并修正运作的方式与流程，以便进入下一轮运作。

2. 体验营销的模式。一般有八种模式：

（1）节日模式。每个民族都有自己的传统节日，传统的节日观念丰富人们精神生活的同时，也对人们的消费行为有着无形的影响。企业可以使产品的意义、内涵、包装等与节日氛围挂钩，使消费者在体验节日的过程中产生购买产品的兴趣。

（2）情感模式。通过寻找消费活动中导致消费者情感变化的因素，掌握消费态度形成的规律，进而激发消费者积极的情感，促进营销活动顺利进行。

（3）文化模式。利用某种文化，使企业的产品和服务与消费者的消费心理共融，从而形成一种文化气氛，进而有效地影响消费者的消费观念，促使消费者自觉地接近与文化相关的商品或服务，发生购买行为，甚至形成对这种产品的消费习惯和传统。

（4）美化模式。这种模式充分创造美的氛围，让消费者体验到美，满足消费者的审美需求，使消费者在美的享受和愉悦中对企业产品产生好感，进而购买产品。对美的氛围的创造有两种方式：一是通过产品为消费者创造出美和美感，二是产品本身存在客观的美或美感。

（5）服务模式。优越的服务模式，可以征服广大消费者的心，取得他们的信任，从而使产品的销售量大增。

（6）环境模式。消费者在感觉良好的听、看、嗅的体验的过程中，容易产生喜爱的感觉。良好的购物环境会提高产品与服务的外在质量和主观质量，促使消费者出手购买。

（7）个性模式。企业有时会为了满足消费者的个性化需求而开辟出一条富有创意的双向沟通的销售渠道，在取得消费者的热爱与忠诚的同时，还满足了消费者参与的成就感，以此来增进产品的销售。

（8）多元化模式。这是指销售场所不仅装饰豪华，舒适典雅，设有现代化设备，还集购物、娱乐、休闲为一体，使消费者在购物过程中得到娱乐和休息，这使消费者自然而然地进行了心理调节，并能够创造出更多的销售机会。

体验营销在中国已经有了一定的发展，在某些领域、某些行业取得了一定的成功。但就总体而言，中国体验营销的发展还远远不够。主要原因在于大多数企业的营销观念滞后、对体验营销还存在着认识上的误区，消费者的参与度相对来说还比较低，文化产品的品质大部分也还不尽如人意。[①]

第三节　数字营销策略

1999年，日本的NTT DoCoMo（DO Communications Over Mobile Network）公司开发了富有革命意义的I-Mode即信息模式。I-Mode与众不同的地方就是证实了“拇指族是可行的”[②]，数字营销自此拥有了广阔的市场。数字营销是使用数字传播渠道来推广产品和服务的活动，它借助于互联网络、电脑通信技术和数字交互式媒体来实现营销目标，以一种及时、关联性强、定制化和节省成本的方式与消费者进行沟通。数字营销包含了很多网络营销的技术与实践，还包括了很多不需要互联网的沟通渠道，涉及手机、短信、彩信、显示类广告、横幅广告以及户外数字广告等十分广泛的元素。要成功进行数字营销，营销人员不能只简单地将一些数字营销活动加进传统的营销策划中，必须围绕新媒体及数字营销的特质，从根本上重新设计营销方案。[③]

一、数字营销的类型

目前的数字营销大致可以分为四种类型，即广告型、公关型、非专业型和公众型。

1. 广告型。广告型数字营销主要是从传统广告中衍生出来的。随着互联网的兴起，国内以及国际广告巨头纷纷开辟了互动广告业务，并逐渐成为各大网站重要的广告来源，比如“奥美”“阳狮”“电通”等广告巨头成为各大互联网企业的重点客户。不过，由于互联网广告的特殊性，专业从事互联网广告代理的企业在这方面比传统广告企业更有优势。比如，“好

① 本节对病毒营销、活动营销、植入营销、细节营销、体验营销的阐述参考了“百度百科”的相关资料。

② 托米·T·艾荷南等著，钱峰等译：《3G营销》，4页，北京，清华大学出版社，2009。

③ 肯特·沃泰姆等著，台湾奥美互动营销公司译：《奥美的数字营销观点：新媒体与数字营销指南》，25页，北京，中信出版社，2009。

耶”公司拥有自己的检测统计软件，是国内互联网广告的巨头；分众传媒对“好耶”的收购，使得“好耶”成为第一家试图在美国上市的广告数字营销代理企业。国内重要的广告数字营销代理企业还有华扬联众、龙拓互动、新意互动等，它们各具优势和特色。不过，广告型数字营销企业有着不可忽视的劣势：它们技术含量不高；缺乏互动广告和公关的结合，比如缺乏媒介策略、广告创意和执行；客户比较容易流失。就目前的经济形势来说，如何稳住当前客户、开拓新的营销产品成为他们面临的重大课题。

2. 公关型。公关型数字营销已经成为本土公关公司重要的收入来源。国内公关公司“蓝色光标”，2008 年上半年仅论坛营销的网络公关收入就高达 3000 万。国内公关公司很早就意识到了网络尤其是论坛和博客的重要性。传统的营销活动都是由公司发起的，向尽可能广泛的受众进行单向沟通，例如通过广告、网页上弹出的窗口等；有了论坛和博客之后，营销则要吸引顾客参与，因为每位读者浏览某一博客都是出于自愿，他们自主选择是否与博主进行互动、是否需要得到更多的信息。“这种强有力的交流方式培养出一群自愿的推广大使，这在博客出现以前几乎是不可能发生的。”① 重庆长安汽车股份有限公司就曾委托公关公司制作了网络营销的经典案例“奔奔族”，一举成功，成为国内其他汽车公关代理公司研究和模仿的对象。不过，公关型营销企业也面临着数字营销人才严重缺乏的现状。现有的公关型网络营销更多是把传统的公关手段直接或者间接地复制和转移到互联网上，而缺乏完美的创意和执行，取得的效果也比较一般。

3. 非专业型。非专业型数字营销企业以在网络上进行炒作为营销特色。这种企业一般是由早期的网络写手、网络名人、网络推手等成立。非专业型数字营销的特点表现为借助热点事件，从社区论坛最先发起，制造网络舆论的热点，比如“王老吉亿元捐款”“最美女清洁工”等。但非专业型数字营销企业大多不是科班出身，靠经验进行数字营销，没有科学理论的指导，没有稳定的长期客户，资金储备不足，在人才引进上也缺乏吸引力，在经济不景气的大环境下比较容易遭到市场淘汰。

4. 公众型。公众型营销是数字营销领域的一大特色，是传统营销领域所没有的独特现象。公众型营销的实施者大多是兼职，包括通过 QQ 群集结的大量的在校学生、中小城市清闲的上班族、数字营销企业的外包人。

---

① 杰里米·莱特著，洪慧芳译：《博客营销》，3 页，北京，中国财政经济出版社，2007。

公众营销的特点表现为，实施者多是出于乐趣，组织混乱，多数是执行发帖和顶帖之类数字营销最底层的初级工作。公众营销使得营销在执行上具有一定的不确定性，“网络打手”和“网络黑社会”就是从公众型数字营销衍生出来的特殊现象。

二、数字营销的模式

数字营销的模式目前包括网络综合营销、网络话题营销、微博营销、网络视频营销、网络漫画营销、网络搜索营销、网络事件营销、数字技术营销、电子邮件营销九种。

1. 网络综合营销。这种营销模式包含了话题、事件、活动、视频、图片、动漫等多种元素，其中任何一种元素都可能衍生出一套整合营销的计划。网络综合营销的实施平台除了微博、主流媒体、大型论坛外，还包括主流的图片和视频分享网站等。

2. 网络话题营销。话题营销的起点在于“话题”，要求主题与内容必须有深度、有新意、有争议。这些主题和内容被通过多种渠道传播，形成一个热门话题。话题营销与品牌价值、产品卖点相结合，能产生很好的推广效果。网络话题营销以媒体、论坛、微博、社交网络（Social Networking Services，即 SNS）等为主要传播平台；如果是高端品牌，还需要借助奢侈品媒体。话题营销的话题可以是论坛上的一般话题，也可以是微博话题，以分享讨论为主，吸引大号微博、加 V（经实名认证过的）微博的参与，当热门程度上升到一定水平时可以进一步安排媒体的参与。

3. 微博营销。这是从微博开始的网络营销，即通过大号微博主推、官方微博发布、加 V 微博佐证、主力微博分享、种子微博扩散等形式，提升品牌热度；最终可能不仅在微博上形成热门话题，引发上万粉丝转发评论，而且还会吸引媒体跟进报道，当然最终目标仍是将微博上扩散和形成的注意力转移到品牌上。

4. 网络视频营销。这是从视频开始的网络营销，比如剧本征集大赛、经典的病毒性视频传播、微电影的连载等。这既需要好的视频创意与制作、拍摄等，也需要购买醒目的位置，并组织一些活动来造势。在当今视频分享成为潮流的时期，视频营销模式非常需要媒体、论坛、微博等的助力。即使是大牌作品，如果仅靠自发传播，也很少有成功的案例。

5. 网络漫画营销。这一模式从漫画做起，连续的多组四格漫画或者微漫画等都可以用来进行营销。可以从一个主题展开，揭示一种现象，引起人们的共鸣；或者以一个品牌或产品的卡通形象组织一系列漫画，吸引人们的分享转发。平台主要有论坛、微博、SNS、媒体等多种媒介。“3A族”“H族”“四维先生”等通过网络漫画走红的品牌就是网络漫画营销的成功案例。

6. 网络搜索营销。这是非常受欢迎的网络营销方式，主要涉及关键词搜索排行、问答、文库、百科词条、百度经验等平台，这些平台组织起了立体化的搜索营销方式。百度旗下各种搜索页面尤其是关键词搜索排行长期领跑网络营销市场，而百度知道、百度文库、百科词条、百度经验、百度贴吧等也很快发展成为网络营销的重要阵地。

7. 网络事件营销。这是企业比较中意的营销模式，它通常会引爆品牌和产品的知名度。其路线很多，比如有争议、有亮点的广告投放，分享同一主题并大量传播的IM信息，地铁、闹市区发生的一些另类事件，等等，都能够引发转发和关注，成为焦点，也能够引起一场事件整合营销。这是因为这些事件通常来自生活，深度贴合网民的心理。网络事件营销的典型案例有近年走红的“封杀王老吉”“金质炫富女”“奢侈品全球风云榜”“度娘”“元芳，你怎么看”“京东三国杀”“史上第一支可以剥开吃的冰淇淋”等。

8. 数字技术营销。目前比较流行的数字营销技术有APP、AR、LBS三种。APP的英文全称是Application，即应用程序。APP营销通过手机、社区、SNS等平台上运行的应用程序来开展营销活动，通过各种各样的程序来实现与消费者之间的亲密互动。

AR的英文全称是Augmented Reality，即“增强现实”。这是一种能够往现实世界里混合视频信息的技术。它将真实的环境和虚拟的图像同时叠加到同一个平面或空间，令使用者充分感知和操控虚拟的立体图像，让使用者超越空间束缚、感受全新的网络互动体验。比如百分通联信息技术有限公司就利用AR技术实现让观众虚拟抓取手机道具来参与互动游戏，成功地将线上视频互动营销与线下互动游戏完美结合，取得了非常好的效果。

LBS的英文全称是Location Based Services，是一种定位服务技术，也被称为MPS，全称Mobile Position Services，即移动定位服务。LBS有两层含义：一是确定移动设备或用户所在的地理位置的服务；二是提供与移动设备或用户所在的位置相关的各类信息的服务。通过LBS可以找到手机用户的当前地理位置，并搜索出手机用户当前位置周围的宾馆、影院、图书馆、加油站等手机用户需要寻找的地点名称和地址。商家信息通过这种途径，可以很快到达目标消费者。

9. 电子邮件营销。这是最传统的数字营销方式。电子邮件营销有八个要点：①通过电话中心、面对面询问、出版物广告、张贴布告、建立服务类电子邮件等方式获取消费者的电子邮件地址。②通过色彩的运用、图片的设计、HTML代码的编写，融入更多的创意性因素，使邮件的设计创意脱颖而出。③要注意从不同数据来源获取等量信息，并且尽可能多地收集用户的行为数据，给用户分类。④通过多种渠道进行营销数据的整合。⑤熟悉电子邮件营销的相关技术，比如分配不同员工不同权限，以及邮件群发、数据整合、数据存储、退信处理等各种相关的技术。⑥会撰写电子邮件营销报告，并对营销中出现的问题进行深入的分析。⑦要有效保护客户隐私，遵守相关的法律法规。⑧懂得如何重新激活老用户。[①]

三、数字营销的特点

数字营销主要具有以下六个方面特点：

1. 集成性。数字营销实现了前台与后台的紧密集成。这种集成是快速响应消费者个性化需求的基础，可实现由提供产品信息至收款、售后服务的一条龙服务，因此也是一种全程的营销渠道。数字营销的集成性还体现在，企业可以借助互联网络对不同的传播营销活动进行统一的规划设计和协调实施，避免不同传播渠道的不一致产生的消极影响。

2. 个性化服务。数字营销按照客户的需要提供个性化的产品，也可以跟踪每个客户的消费习惯和爱好并据此推荐相关产品，这使网络营销成为一种人性化的营销方式。

3. 更丰富的产品信息。互联网可以提供十分详细的产品规格、技术指标、保修信息、使用方法等，甚至对常见的问题提供解答。消费者还可以方便地通过互联网查找其他产品、价格等信息。

4. 更大的选择空间。数字营销不受货架和库存的限制，提供产品展示和销售的巨大平台，为消费者提供几乎无限的选择空间。

5. 更低的成本。数字营销在网上发布信息，成本很低，节省宣传费用；直接面向消费者推销产品，可缩短分销环节；发布的信息谁都可以自

① 大卫·丹尼斯著，薛剑韬译：《电子邮件营销密码》，70—91页，北京，人民邮电出版社，2009。

主索取，可拓宽销售范围；前来访问的大多是对此类产品感兴趣的客户，受众准确，避免了许多无用的信息传递；还可以根据订货情况来调整库存量，降低库存费用。

6. 更灵活的营销方式。产品的种类、价格和营销手段等可根据消费者的需求、竞争环境或库存情况等及时做出调整。

此外，由于利用了数字产品的各种特性，数字营销在改造传统营销手段的基础上，还增加了许多新的营销特质，比如多媒体、跨时空、交互式、拟人化、超前性、高效性、经济性等。基于以上特点，数字营销具有许多传统营销从未有过的竞争优势：①能够将产品说明、促销、客户意见调研、广告、公共关系、客户服务等各种营销活动整合在一起，进行一对一的沟通，真正达到营销组合所追求的综合效果。②营销活动不受时间与地域的限制，综合文字、声音、影像、图片、视听等动态或静态的方式展现。③能轻易、迅速地更新资料，同时可以重复地上线浏览、查询。

四、数字营销的贡献

数字营销能够解决目前市场上存在的四大问题：

1. 解决企业营销信息不对称的问题。企业通常容易按照自己的主观估计，将同一种产品制造出成千上万件，再一级一级地批发到各地商场。如果有产品不符合消费者的需要，这些产品就会大量积压，待长期库存后，企业再做削价处理。此外，分销渠道中有些分销商受利益驱动，有时会把所经销的产品跨地区销售，造成市场倾轧、价格混乱，严重影响生产企业声誉，而生产企业可能对此毫不知情。这种企业对市场销售的情况无法及时统计和做出反应的情况，不仅降低了企业的投资回报率和盈利能力，也影响了企业的形象，降低了企业品牌的价值，甚至影响了企业的生存发展。数字营销能够随时随地收到消费者或经销商反馈的信息，使企业在第一时间针对产品的分销量与分销渠道采取措施，做出调整，这就轻而易举地解决了上述问题。

2. 解决假货横行、打假无力的问题。一些统计数据表明，假货在中国依然肆虐，不仅数字在增长，造假的方式也在不断翻新。比如近年来一些造假者假冒进口品牌所有人或被许可人，在国内市场上销售所谓的进口产品；还有些造假者将假冒出口产品出口到其他国家和地区。假冒产品的肆虐源于造假的隐蔽性强、人们对产品假货的识别能力差、防伪技术不精、法律支持力度不够、企业或个人打假效果不佳等多种原因。数字营销的公众参与性强，公众在网络上关于产品质量、价格等的直接交流可以比较好地实现打假，使假货无处遁形。

3. 解决促销的局限性问题。传统促销目前出现的问题很多，比如促销的单一性问题：有的产品促销是以发票抽奖或凭产品上带有的刮开型标识物抽奖，也有生产企业直接把奖品或现金放在产品的包装盒内，这种方法虽然简单易行，但只有一个促销作用，并没有将市场营销的其他元素有机结合在一起，而消费者也认为这种促销现在越来越缺乏新鲜感。再比如促销的费用过高问题：很多企业为了促销，投入了大量人力、物力、财力，甚至削减了在产品生产上的费用，这必然会导致产品的质量下降，使消费者不满，进而导致企业利润下滑。数字营销多媒体、跨时空、交互式、拟人化的促销方式能够解决传统促销的单一性问题，而它对于促销成本的低要求可以解决传统促销费用过高的问题。

4. 解决广告效率不高的问题。经济的高速发展带来了媒体的高度发达和广告的过于频繁。有一种说法是，每个中国人平均每天大概要受到 500 次广告的骚扰，而在美国这个数字是 5000 次。生活的快节奏和广告的繁盛必然导致消费群体对广告的接受程度大大降低。相比之下，数字营销的营销方式灵活，特别注重个性化与人性化服务。数字营销对消费者的消费习惯和爱好都进行筛选记录，并可以针对这些消费习惯和爱好推荐相关产品，自然可以解决广告效率不高的问题。[①]

数字营销的市场贡献当然不止于此，它还能够催生出一些更新鲜、更人性化、更有效率的营销方式，比如强调消费者结合自己的主观想法亲身参与营销、"身体力行"的"刚左（Gonzo）营销"[②]，还有前面提到的以 AR、APP、LBS 为代表的数字技术营销等。

第四节　生态可持续策略

20 世纪 70 年代以来，传统的主流市场营销理论就一直受到来自其他理论领域包括非主流市场营销理论的批评，例如批评市场营销战略导致了对自然资源的任意开采和对消费者实际需求的漠视、导致生产出太多的对

---

① 对数字营销的阐述参考了"百度百科"的相关资料。

② 克里斯托弗·洛克著，李华芳等译：《刚左营销：网络时代的商业艺术》，1 页，上海，上海人民出版社，2006。

健康和环境有害的产品。在这种形势下，营销学界围绕环境保护问题进行了卓有成效的讨论，并提出了一系列有影响的营销概念，其中以生态营销、可持续营销最具代表性。

一、生态营销策略

生态是指一切生物的生存状态，以及它们之间和它们与环境之间环环相扣的关系。企业如同生物有机体一样，要同其生存环境相协调。企业必须从实际出发，善于把市场的需要和企业自身的资源与技术特长结合起来，扬长避短，生产既能够满足市场需要又符合企业自身特长的产品。与传统营销相比，生态营销更强调人类社会生存环境的利益，重视企业活动和发展与生态平衡、环境保护相协调，强调文化企业营销活动要有利于环境保护和人类健康、降低污染、合理利用资源，从而在根本上维护消费者、社会特别是生态环境与企业三者之间的共同利益，最终实现企业和人类社会的一体化发展。在这个意义上，生态营销也被称为绿色营销。埃加·梅农与安妮尔·梅农将生态营销策略界定为：通过规划和执行有利于环境保护的营销活动，促成同时满足公司经济目标和社会责任目标的交换活动，最终实现盈利。①

1. 企业生态营销机制的建立。建立生态营销机制重在使文化企业的整体资源配置以及文化企业与外在环境包括市场环境、社会环境、自然环境的关系协调达到最优，从而形成一个整体和谐的生态营销系统。文化企业在建立生态营销机制时，需要注意三点：

（1）在售前营销重视文化分析，实施“形象营销”。形象营销本质上是通过各种有效的管理，形成一种极具凝聚力、积极向上的文化心理和精神氛围，展示自身的个性特色，使营销活动与客户认同的文化相适应、相融合，让目标客户快速熟悉和接受新产品。形象营销具体包括经营理念、产品包装、制度建设和促销机制的建设。其中，经营理念是形象营销的精髓，主要有从企业主导型向顾客主导型转变、从利益驱动型向义利并重型转变、从近视营销向战略营销转变、从低品位型向文化创新型转变等。

（2）在售中营销重视以市场为导向，以客户为中心。具体措施为：①全面推行客户经理制，架起客企沟通的桥梁。有效的市场营销沟通体系

---

① 甘碧群、郇金涛：《美国企业生态营销演进历程及对我国的启示》，《经济评论》，2002（5），126页。

是开展市场营销工作的前提和基础。实行客户经理制，一切从客户和市场的有效需求出发，对外以市场为导向、以客户为中心，对内以效益为根本、以质量为标准、以现有优质客户为基础，在首席客户经理的带领下，依托客户经理小组，建立全行联动的市场营销沟通体系。②进行市场细分，明确目标客户群。准确的市场定位、明确的目标客户群是能否找到有价值市场的关键，是顺利开展市场营销的又一重要前提。按国家政策、经济周期、行业发展、人口、地理、社会心理和客户利益等各种因素对客户群体进行细分，并深入了解客户需求，确定自身的实际业务范围和服务特色，为客户量身定制个性化的文化产品，使客户能够清晰辨认出特色业务。③培养高素质的营销人员，打造职业客户经理队伍。营销人员不仅是文化企业服务的营销员，也是文化产品的初级设计员、客户信息采集员和客企关系的协调员，营销人员素质的高低直接影响着营销活动的成效。在培养和打造高素质营销人员和职业客户经理时应该注意：一要建立对客户经理的选拔条件、责任机制，以及任务量化、业绩评估考核等各方面的科学考核体系，完善客户经理激励机制；二要注意强化理论知识与实际技能相结合的培训，打造规范化、市场化、职业化的队伍；三是培训方式可以多样化，可以采取脱产培训和观摩学习、内部岗位轮换和自我学习相结合的方法，也可以与高校建立合作关系，定期或不定期地举办高端客户经理中、短期理论培训班，请专家学者讲解股票、基金、保险、黄金、书画、古玩等各方面的专业知识。

（3）在售后营销中构建售后服务及产品缺陷弥补机制。售后服务水平高低是衡量营销机制完善程度的标志。它以服务内涵的延伸和服务方式的创新实现服务的良性循环，还可以及时修正营销过程中出现的偏差，大大增强品牌的市场吸引力和竞争力。售后服务及产品缺陷弥补机制的内容包括：一是建构产品信息的反馈机制。二是多渠道加强对外沟通。坚持召开传统的银企座谈会，充分利用现代化手段如设立服务咨询电话、服务咨询网站等加强与客户的沟通和联系，加强对客户信息资料的采集、管理和及时更新。三是成立“售后服务受理中心”，设立客户服务热线，专门负责受理和承办售后服务。

2. 生态营销的基本策略，包括生态产品策略、生态价格策略、生态促销策略。

（1）生态产品策略包括开发生态文化产品或对现有产品进行生态改造、使用生态包装、申请生态标志和认证、开展生态服务等。①开发研制生态文化产品或对现有文化产品进行生态改造是关键。生态文化产品应当满足生产和使用过程中的节能、低耗、无污染，以及用毕处理的无污染、易分解的特点。生态文化产品的研发与改进与政府的倡导支持和消费者自我保护意识的增强是密不可分的。②生态包装是生态文化产品生产的重要环节。应该尽量降低包装及其残余物对环境的影响，符合“可再循环”“可生物分解”的要求。铁路沿线“白色污染”的解决就是生态包装策略实施的成果。③申请生态标志和生态认证是生态产品的重要品牌策略。生态标志是各国政府对生态产品认证后颁发给符合环保认证标准产品的一种标志。企业一旦获得本国和进口国的生态标志，就取得了进入国际市场和冲破绿色贸易壁垒的“绿色通行证”。④随着中国市场与国际市场接轨，国内企业应尽快提高服务质量，对全体员工实行生态服务培训，弘扬为消费者提供绿色服务的企业精神，并将其体现在企业的生态形象上。

（2）生态价格策略。基于这样一种现代观念——环境必须有偿使用，生态文化产品的价格自然需要提高。企业可以通过宣传，使消费者愿意接受生态文化产品并支付更高的价格；同时，企业还可以借助良好的绿色形象增加销售量，形成一定的经济规模，以获得更大的利润。

（3）生态促销策略。生态营销要求企业更新促销内容，摒弃以往单纯刺激消费、鼓励消费的传统模式，正确引导消费者进行“生态消费”。比如精心设计企业名称和产品名称，使之反映企业的生态理念，并传递给消费者良好的生态信息。再如，把很大一部分的促销努力放在支持社会公益活动尤其是与环境质量相关的绿色公益活动上，同时保持与环保组织、环保管理部门的和谐关系，主动承担环保义务。在这方面，美国麦当劳公司开展的绿色公关活动及其与环保团体的成功合作都提供了很好的启示。

二、可持续营销策略

可持续营销策略指的是个人和组织在不损害未来世代需要的前提下，为满足当代人的需要，通过生产创造、提供销售产品和价值等方式来获取利润的社会管理过程。它要求个人和组织在分析、计划、执行和控制营销时，要兼顾环境保护、社会公正，与可持续发展相适应，使经济、社会、环境三大系统协调发展。

1\. 可持续营销的内容包括关系营销、定制营销、人性化营销、适度营销。

（1）关系营销，由美国营销学家巴巴拉·本德·杰克逊（Barbara B.

Jackson）于1985年提出，一经提出就很快传遍了世界。它把营销活动看作是企业与消费者、供应商、分销商、竞争者、政府机构及其他公众发生互动的过程，其关键是企业与其他各种社会角色建立起良好的关系，通过互利交换及共同履行承诺来实现各自的目标。要实现关系营销，企业必须提供优质的产品、良好的服务和公平的价格，讲究商业伦理道德，这样才能够与各方面建立起长期、互惠的良好关系。

（2）定制营销。当代消费者的消费需求彰显个性化与差异化，使统一市场需求向多元化市场需求转变，这就要求企业根据每位消费者的特定要求，单独设计、生产产品并迅捷交货，而消费者也愿意为此付费，这就是定制营销。定制营销在时装、电子消费品、汽车等方面已经获得了成功的应用。定制营销之所以被企业接受并不断付诸实施，是因为它具有传统营销所不具备的优势：第一，产品生产可以具有针对性，从而为企业赢得更多顾客。定制营销为顾客量身定做产品，顾客自身能够积极参与到生产过程中，得到最大限度的需求满足，自然就成为企业的忠诚消费者。第二，可以降低成本。定制营销防止了传统营销过程中生产的盲目性，避免了产品积压和生产资源的浪费，也节省了流动资金，减少了流通费用。如果实施大规模定制，就像传统的大规模生产那样，更可以大大降低生产成本。

（3）人性化营销。当代消费者对文化产品和服务的要求越来越高，产品和服务必须更加精细，给人带来精神上更大的愉悦。因此企业生产的产品和服务更加人性化，文化含量大大提高，能够最大程度地满足消费者各方面的文化心理需求。人性化营销提高了企业的核心竞争力，使企业得以可持续营销。

（4）适度营销。就是企业在适应国情国力、经济发展水平和自然资源存量水平的前提下，充分利用企业的现有资源条件，开展营销活动。与适度营销相反的是过度营销。当代市场竞争日趋激烈，企业为了在竞争中处于优势地位，通常会想方设法开展营销促销活动，争夺市场。在利润的驱使下，不少企业甘冒巨大的市场风险，投入巨额资金开展促销活动，因而会出现过度营销。比如20世纪90年代，很多经销企业热衷于装饰公司的大厅，他们投入了大量资金将大厅装饰得富丽堂皇，有些企业甚至一年搞两次装潢，一次比一次豪华。这样的过度营销必然会造成资源的巨大浪费，而对企业产品的销售在实质上没有太大帮助，却使企业营销活动难以持续，这是企业应该竭力避免的。①

2. 可持续营销的策略包括可持续管理策略、可持续产品策略、可持续价格策略等。

（1）可持续管理策略指的是要把环境保护和社会公平等纳入企业的决策中，从整个可持续发展系统来研究企业为保证环境、社会、经济的可持续发展而应采取的管理对策。要积极参加社区内的环境整治，参与社会的福利事业，加强对员工环境保护和社会公平意识的培养。

（2）可持续产品策略指的是产品生产、使用和处理过程符合可持续原则，对环境和社会公平无损害，有利于资源再生及回收利用，有利于社会的长远利益。可持续产品的生产和开发主要包括：采用新技术、新工艺，减少或消除有害废物排放以保护环境；减少高消耗的开发、生产、销售以节省能源；减少重复投入供大于求的行业以利于社会资源的合理利用。

（3）可持续价格策略指的是企业在对可持续产品定价时应以生态、经济、社会环境的可持续发展为出发点，按照多消耗多付款、多占有多付款、谁污染谁付款的定价方法，推行区别性定价。值得注意的是，企业在生产经营时均要产生一些“副产品”，如废水、废气、废渣，需投入一定的成本进行改良处理，而改良成本则需要部分转移到产品的价格上，这需要得到消费者、有关部门和其他企业的认可。

第五节　跨国营销策略

虽然中国的文化市场尚处于初步形成与发展阶段，但文化产品营销与国际文化市场的接轨已经是大势所趋。而文化产品的国际营销环境不同于国内营销环境，“全球文化工业中，生产和消费是建构差异的过程”②。文化产品的跨国营销首先面临的就是要适应这些差异，即不同国家的价格体系、语言、文化消费观念与习惯的差异。文化产品进入别的国家，首先遭遇的就是价格体系和价格政策的区别、语言的不同以及消费者理解的难度，然后便是文化的差异及历史背景的不同。而且一旦国际金融界或政治、文化界产生突发性事件，产品的文化市场营销活动就会受到影响，文

---

① 张静中：《论可持续营销》，《武汉大学学报》，2008（6），876页。

② 斯科特·拉什等著，要新乐译：《全球文化工业：物的媒介化》，8页，北京，社会科学文献出版社，2010。

化企业的经营者需要尽快适应这种国际环境的变化。不过，在全世界各国的年轻一代中，区域性的文化消费差异并不那么明显：“区域空间在年轻人的日常生活中已被大大忽视，与认同和消费相关联的地区差异性已被隐藏了。”① 这也是在进行跨国营销时需要特别注意的。

跨国营销包括三种模式，即国际化营销、多国化营销、全球化营销。①国际化营销指的是由国内市场向国际市场扩展，营销活动的重点在国内市场，供应国际市场的产品一般来自国内的制造点，与国内销售的产品没有什么差别。这种营销有时也被称为本国中心主义的国际营销。②多国化营销是指企业选择若干不同国别、不同地区、不同细分市场的国外市场作为其国际营销的目标市场，并分别制定不同的营销组合，通常在不同地域市场分别生产适应当地市场需求的产品。这种战略将国外市场与国内市场并重，营销中心多元化，也被称为多中心主义的国际营销。③全球化营销指的是综合利用全球各个市场的资源优势，实现以资金调配为中心的全球资源调配和全面跨国营销管理。这一战略也被称为全球中心主义的国际营销。全球化营销战略把若干地区或整个世界当作市场，在市场营销策略上强调一体化。它的优点在于能够获得生产和分销的规模经济、实现较低的营销成本、获得强大的实力和范围、塑造品牌形象的全球一致性、培养迅速有效产生新观念的能力、实现营销实践的一致性。② 它的缺点在于标准化的全球营销方案会忽略不同国家、文化间的根本差异，“会导致战略缺乏想象、效率低下”③。国际化营销、多国化营销、全球化营销的侧重点不同，但都属于跨国营销，在营销的方式、步骤与策略上具有相通之处。

一、跨国营销的方式

文化企业的跨国营销方式主要有三种：出口方式、特许营销方式、投资方式。

1. 出口方式是将企业的最终产品即有形产品输入到目标国家。出口方式风险不大，简单易行，通常会受到国家鼓励。出口方式分为直接出口方

---

① Dannie Kjeldgaard. *Youth Identities in the Global Cultural Economy*, *European Journal of Cultural Studies*, 2003 (6), p. 285.

② 凯文·莱恩·凯勒著，卢泰宏等译：《战略品牌管理》，528 页，北京，中国人民大学出版社，2009。

③ 凯文·莱恩·凯勒著，卢泰宏等译：《战略品牌管理》，530 页，北京，中国人民大学出版社，2009。

式和间接出口方式。

（1）直接出口是企业不使用分销商和中间机构，而是在海外直接设立销售机构，包括专门销售部、企业分支机构、派遣外销员等，一切出口业务均由企业独立完成。直接出口可以使企业基本上掌握国际市场营销态势，及时获取产品销售信息，更好地保护自己产品的商标、信誉等。不过，直接出口也存在缺点，如企业付出的投资代价较高，承担的风险也大，在宏观控制能力不强的情况下往往会产生很多弊端。

（2）间接出口是企业将产品卖给国内的出口贸易公司或国外代理商，由他们把产品销往国际市场或在国外推销。间接出口可以使产品迅速地销售到国际市场，因为这些国内外贸公司和国外代理机构专门经营和销售进入国际市场的产品，更有经验和能力，而且企业不需要设立专门机构，所承担的风险很小。这种方式特别适于经营文化产品的企业。其缺点为，企业与国外客户相隔离，无法及时地获取各种反馈信息，对企业产品的更新改造等不能够及时提供建议。

2. 特许营销方式指的是国际化企业与目标市场之间建立长期的非股权联系，前者向后者签发许可证，转让专利、商标、工商秘密、专有技术等无形资产。特许营销方式最显著的优点就是可以绕过增加出口产品成本的进口壁垒，企业转移的是无形资产和劳务，这些都不受进口商或出口商限制。其缺点在于，企业失去了对国际市场营销规划的控制，产品的生产和销售都交给了许可合同接受方。特许营销方式分为转让专利、转让专有技术和工商秘密、转让商标三种。

（1）转让专利。专利是在法律规定的有效期限内，专利拥有者对自己的发明享有生产、使用和销售的权利，比如工艺专利、文化产品制作专利等。与物质产品相比，它们具有难以被伪造或复制的特点。

（2）转让专有技术和工商秘密。这两者都是企业所拥有的重要知识技能，是企业使产品进入国际市场的有力武器。

（3）转让商标。商标是一个企业产品质量和产品信誉的象征，一个成功而影响大的商标反映了企业的综合能力。作为企业的无形财富，商标在国际营销中的作用与影响越来越大。商标的转让与技术的转让一样，都是企业进入国外市场的方式。不过，对这种无形资产进行定价比较困难。

3. 投资方式包括合资经营和合作经营。

（1）合资经营是使产品进入国际市场的一种重要方式。合资是指两个或两个以上的国家或地区的公司、企业、经济组织乃至个人联合投资。在全球化的当代，地区间的竞争日益激烈，地方政府都在尽最大努力吸引合资。[①] 合资的好处在于这种方式比较受进口国的欢迎，能够解决进口国的就业与技术问题。而对于出口国来说，合资经营则有利于出口事业的发展。此外，合资企业还可以通过双方和多方的努力迅速打开国际营销渠道，建立知名度。这种经营方式适用于各种类型、各种规模的文化企业。

(2) 除合资经营外，国际合作经营也是目前发展较快的投资方式。国际合作经营包括技术合作、技术与资金的合作、原材料的合作、劳动力的合作等。合作经营的途径多种多样，只要在协议或合同上明确规定合作各方的权利和义务，并使产品有效地进入市场，这种合作就是成功的。[②]

二、跨国营销的步骤

文化产品进入国际市场的步骤分为三个阶段：进入阶段、渗透阶段和扩展阶段。

1. 跨国营销的进入阶段。一个未曾涉足国际市场的企业要使其文化产品在国外市场上立足，在进入阶段一般会采取以下四个步骤：

(1) 立足国内市场试行出口。这一步具有试探性。它是在确保国内市场稳定的情况下，拿出一部分产品在国际市场上推销；如果销路良好，就会逐步扩大出口。

(2) 循序渐进。当企业的产品在国际市场上拥有了一定的发展潜力之后，企业与顾客、用户就开始逐步增加联系，进行长期合作，逐渐把产品引向市场腹地，销售渠道也逐步拉长。

(3) 齐头并进。如果企业的产品线较宽，企业就可以利用各种销售渠道和销售方式，把自己的产品向几个国家的市场同时进军，目的是选择更适宜的目标市场，向市场的纵深处拓展。

(4) 集中力量大举进攻。一旦企业选中了有前途、有潜力的市场，就应该集中力量向这一市场扩大销售。当国际市场成为自己最重要的营销目标时，企业就应该在时机、条件成熟之后，集中力量打开销路。

2. 跨国营销的渗透阶段。随着产品进入国际市场的机会增多，文化企

---

① K. Robins. *Tradition and Translation. National Culture in Its Global Context*, in J. Corner and S. Harvey (eds) *Enterprise and Heritage: Crosscurrents of National Culture*, p. 28, London: Routledge, 1991.

② 菲利普·科特勒等著，卢泰宏等译：《营销管理》，530 页，北京，中国人民大学出版社，2009。

业可以采用各种营销方式使产品顺利营销。

（1）研究改进。产品进入国际市场之后，企业既不能满足于现状，也不能急于求成，而要注意企业自身的完善与发展，比如改进文化产品质量、改良包装、增加品种、薄利多销等，以争取更多的用户和顾客。

（2）堵漏补遗。国际市场五花八门、层次各异，有眼光的外销公司与外销人员往往会利用各种条件抢占被遗忘的有潜力的市场。

（3）机动灵活。当文化企业面临同行竞争的时候，尤其是面对国外强有力的竞争对手，要采取机动灵活的竞争方案。如一方面在其他市场上做出有力的竞争姿态，另一方面针对强大竞争对手的优势市场或者薄弱环节突然出击。

（4）逐步扩展。文化企业在已有出口产品的前提下，要及时组织系列产品和配套产品，以点带面，逐步扩大销售量，开拓国外市场。

不过，与此同时，企业在国际市场上承担的各种风险也增加了，这就要求文化企业要小心谨慎、稳扎稳打。

3. 跨国营销的扩展阶段。文化企业成为有实力的跨国文化企业后，就需要有立足于国际市场舞台的长远目标，不断扩大自己在国际市场上的销售份额，以壮大自己的地位与实力。

（1）稳步发展。企业根据自己的长远规划，详细分析研究市场消费者的状况及竞争对手的战略实施情况，逐步占领每个小市场，步步为营，层层推进，使产品由小到大、由点到面、由浅入深地进入更多市场。

（2）低价突破。低价竞争是企业扩大市场、参与竞争的有效手段。跨国企业凭借雄厚的实力，低价压垮对手，一举占领市场，确立自己在国际市场上的竞争优势。

（3）抓住机会。企业要在强手如云的竞争市场中脱颖而出，就要善于抓住机会。一旦发现有机会可以占领市场，就立即发挥自己某些方面的优势特长，彻底占领市场，最大限度地扩展自己的销售领地。

（4）不断创新。当企业成为领先者后，要想保持领先优势的地位，必须头脑清醒，不断创新，紧紧跟踪用户，获取最新信息，才能巩固其国际市场的领先地位，使其市场优势经久不衰。

三、跨国营销的策略

文化企业的跨国营销策略包括产品策略、定价策略、分销策略、促销策略等四个方面。

1. 产品策略。文化企业对国际文化市场调查研究之后，开始确定有利于自己企业产品营销的策略。这些产品策略通常包括四个方面：

（1）直接延伸策略，就是以现有的产品和原有的广告宣传方式，直接将产品出口销售到国外某一市场。这种策略快捷经济，前提是国外目标市场的购买者对该产品的要求和使用与国内基本相同。比如具有中国传统儒家文化特色的产品在东亚文化圈，即港澳台地区、东南亚、日本、韩国等都会受到顾客的青睐，但一旦被销售到非洲和阿拉伯世界则很难打开销路。文化企业在采取直接延伸策略时，一定要注意选择合适的目标市场，切忌将产品向任何国外市场任意投放。

（2）间接适应策略。这种产品策略是改变产品宣传的方式和内容，根据新的市场环境和国外顾客的新需要，对产品进行局部改装，以适应国际市场的营销环境。这一改装当然不是针对产品自身，而是对产品外观、包装以及功能效用的宣传进行适应国外环境的改装。比如可口可乐在中国就将产品与“喜庆团圆”的意思联系起来，在美国则有了“酷帅”“个性”的内涵，在法国增加了“浪漫”“感性”的意义，在意大利又被赋予了“荣誉感”。

（3）开发新产品策略。设计开发新产品是企业发展的重要手段。这种策略以提供新产品来满足国外目标市场的需要。当国外市场有需求，而企业又有能力并期望向国外开拓市场时，就可以有针对性地研制新文化产品。比如开发反映中国传统文化精神的工艺产品，并大胆地投放到港台、东南亚市场，也许开始会有一定风险，但一旦企业有了声誉和地位，前景就会非常广阔。

（4）模仿产品策略，是指企业在开拓某国市场时，产品仿效该国市场流行的某种产品。文化企业进行这种模仿性生产有一定难度，需要具备以下前提条件：第一是企业资金雄厚；第二是企业人员力量配置齐全，拥有国内外各种风格的设计专家，熟悉多国的相关业务；第三是对国际市场同行业营销活动非常了解；第四是与该国同类行业有友好关系或贸易伙伴关系。实施模仿产品策略的企业通常都具有十分强大的国际经营与国际贸易能力。[①]

2. 定价策略。文化产品的定价是决定产品销路的关键。文化产品开拓

① 菲利普·科特勒等著，卢泰宏等译：《营销管理》，538页，北京，中国人民大学出版社，2009。

国际市场的难度要比一般物质产品大得多。一旦文化企业使其产品进入国际市场，价格就将成为一个敏感而重要的因素。国际定价具有特殊意义，并有一定风险。

（1）竞争导向定价策略，主要为文化大企业采用。当面临国外同行强硬的竞争态势时，企业必须制定适当的价格策略。

（2）成本导向定价策略。这是经营特殊文化产品的企业在国际市场上采用的方法，主要是以收回成本并最大限度地获取利润为目的。

（3）需求导向定价策略。这是一种基本的定价方法，适用于各个国际市场。这种方法以需求变动为定价基础，任何文化企业都可以考虑采用。

（4）低价定价策略。对于已经打入国际市场的文化产品，企业把价格定得低一些，并给顾客一定的折扣，有利于初期的销售，能够打开局面。

（5）降价定价策略。文化产品由国内进入国外，肯定面临各种客观环境的压力，尤其是国外同行业竞争的压力。在特定的时期和场合，企业需要通过分析与研究，对自己的产品尤其是前景难测的产品采取适当的降价才能够打开销路。

（6）稳价提价策略。这一策略适用于经营特殊文化产品的企业。企业可以利用产品的特殊性及唯一性，对其采取稳价甚至提价的策略，力争使利润稳定增长。①

3. 分销策略。跨国分销渠道一般分为三种：第一种是最短的国际分销结构，即出口国的生产商使产品通过生产商自设的出口机构直接到达国外的消费者。第二种是出口国的生产商使产品通过生产商自设的出口机构到达进口国的进口贸易商，再由进口国的进口贸易商通过进口国的批发商、零售商到达国外的消费者。第三种是最长的国际分销结构，体现为出口国的生产商使产品通过各种分销商到达出口贸易商，再从出口贸易商到达进口国的进口贸易商，再由进口国的进口贸易商通过进口国的批发商、零售商到达国外的消费者。②

文化企业选择哪种渠道进入国际市场不仅需要依据企业自身的条件，还要依据国际市场的各种客观环境及条件。文化企业选择跨国营销渠道时，需要考虑多种因素，比如文化企业所在国的规定与限制以及产品进入

---

① 菲利普·科特勒等著，卢泰宏等译：《营销管理》，538—539页，北京，中国人民大学出版社，2009。

② 菲利普·科特勒等著，卢泰宏等译：《营销管理》，539页，北京，中国人民大学出版社，2009。

国的规定与限制、创汇额、营销人员的能力与才华、投资的高低、进入国际市场的风险与难度、企业能够在何种程度上掌握与控制分销渠道、投资的成本以及维持分销渠道所需要的成本、分销渠道的灵活性与连续性如何等。尤其是进入发达国家的成熟市场，需要创造性地探索进入的战略和渠道，比如确立支持和鼓励出口、培育新市场的共同机制，在享有优惠的国家和地区设立常驻代表机构或代理商。①

4. 促销策略。这是营销过程中必不可少的。就文化产品而言，国际促销策略主要包括三种：

（1）国际展览与展销策略。展览与展销实际是变相的广告销售。比如以学术研讨、艺术品展览或是博览会的名义，直接展示和展销产品。文化企业可以先在本国城市举行展览，给国外企业、媒体、消费者造成积极的印象，然后出资到国外进行展销。

（2）国际广告推销策略。国际广告形式早已遍及世界各国，虽然需要巨额费用，但仍为大批企业所采用。不过，在使用这种直接广告形式的时候需要注意：考虑国际广告标准化因素以节省开支；注意该国的广告法；认真考虑语言限制、文化差异、风俗习惯；广告词需要专家帮助推敲，必须十分谨慎。因为不注意国际广告推销策略而导致失败的例子在现实中不在少数。美国耐克公司2004年在中国投放了大型广告片《恐惧斗室》，男主角是大名鼎鼎的NBA巨星勒布朗·詹姆斯。这部让耐克公司颇为得意的广告片却被认为侮辱了中国人的尊严，伤害了中国人的民族自尊心。同年12月3日，中国国家广电总局发出了《关于立即停止播放“恐惧斗室”广告片的通知》。②

（3）国际公共关系策略。要进行国际化推销，优秀的国际推销员是获得良好效果的重要条件。国际推销员包括出口推销员、驻外推销员以及外籍推销员。营销者通过优秀的国际推销员可以有计划地同国外公众沟通，进而在国际上树立企业的形象和声誉。

① 李怀亮：《当代国际文化贸易与文化竞争》，311页，广州，广东人民出版社，2005。

② 菲利普·科特勒等著，卢泰宏译：《营销管理》，419页，北京，中国人民大学出版社，2009。

第十二章　文化企业的营销管理

第一节　文化企业的营销信息管理

21 世纪是信息的时代，信息是文化企业在市场竞争中取胜的关键。文化企业所有的活动都离不开信息的辅助，信息因此成为文化企业的决策基础，也构成了文化市场营销活动的基础。所以，文化企业有效管理文化营销信息的必要性就不言而喻了。

一、文化营销信息系统

文化营销信息通常以系统化方式出现。文化营销信息系统是文化市场中由人、设备和程序组成的持续的、彼此关联的结构，其任务是准确而及时地对相关市场的信息进行分类、分析、评估和发散，从而为文化企业的营销活动提供依据，保证对文化产品营销计划的实施和控制的科学性和准确性。

李康化指出，一个完整的文化营销信息系统通常包括三个子系统：内部信息系统、营销情报系统以及营销信息分析系统。它们各司其职，共同完成文化企业内外环境的沟通与交流，形成信息准确、反应灵敏、决策及时、行动有效的营销信息循环过程。文化企业的营销决策者通过该过程可以密切关注和了解营销环境中的各种动向，收集和处理相关信息，据此做出营销决策，制定具体的营销计划和方案，使文化企业的能力得到充分发挥，帮助文化企业获得市场竞争优势。

1. 内部信息系统，由文化企业内部的信息和相应的信息通道组成，可以用来评价营销业绩、指明营销存在的问题和分析营销面临的机遇。组织化的运作保证了信息传递的经常化、规范化，使文化企业各环节组成一个可以始终相互感知的系统。其中，组织结构各司其职：财务部门提供财务报表，对发行、广告收入、成本和现金流量给予详细的报告；采编部门报告关于报道、刊登、播出的计划，或现有产品内容的存量和规划；发行和广告部门报告现有收入中两者的结构比例、发行和播出渠道的现实结构和能力状况、广告时段和版面的销售情况、竞争对手的现实反应；营销部门提供有关目标消费人群的人口构成、心理状况和购买行为的资料；客户服务部门通过收集、抽取、迁移、存储、集成、分析、设计信息数据库等方式报告文化消费者满意程度和售后服务的情况。[①] 与其他信息来源相比，内部信息的获得具有成本低、速度快等特点。但是，由于内部信息形成的目的各异、用途不同，在使用这些信息时，营销部门需要进一步整合和筛选，对于其中的问题要及时反馈。文化市场营销人员经常使用到的信息包括发行量或收视率、视听市场占有率、广告市场占有率、利润报告、传播费用等。

2. 营销情报系统，是营销人员为了获取营销外部环境发展变化信息所使用的一整套程序和信息来源。营销情报可以从许多渠道获得，营销人员常常利用各种报刊和广播电视节目，或者通过与文化企业内外各种人员交谈等方式获取信息。为了增加营销信息的数量并改善其质量，营销人员可以采用下列措施：①训练和鼓励文化企业的内部员工尤其是广告、发行、客户等部门的员工发现并提供相关情报。②建立稳定的战略同盟关系，鼓励文化产业上下游市场的商业伙伴通报相关信息。③从专业的情报供应商购买情报。④建立文化企业自己的信息中心。随着文化产业集团的规模不断扩大，企业对外部环境情报的需求量逐步提高，文化企业有必要建立自己的信息中心，一方面为集团提供服务，另一方面也可以为其他文化企业提供一定的增值信息。

文化营销情报系统在运作中需要注意：①情报搜集要注意将定向搜集与全面搜集相结合，提高信息搜集的效率。②要配备专业人员管理和分析情报。大部分情报来源复杂而混乱，必须经过专业筛选和分析才能够成为对文化企业营销活动有用的情报。③情报的传播要及时有效。当代文化产业竞争激烈，企业必须对市场环境保持随动式关注，以最大限度地抢占市场先机。营销情报系统要确定情报的具体接收人、接收方法、接收时间和频次等；要建立科学的检索系统，指引使用者方便地获取情报；还要注意定期清理过期和无效的情报。

---

① 侯涛：《网络营销中的客户信息管理》，《情报杂志》，2003（4），50页。

目前许多文化企业使用信息技术，凭借开发定制的专业软件来实现经常化、系统化的信息搜集和传递。比如，《扬子晚报》从2002年3月开始使用北大方正开发的客户关系管理系统，采用信息、技术、服务综合一体的运作模式，既为报社提供采编方面的新闻材料和新闻调研服务，又实现了对读者投诉、广告发行等经营行为的监控，还可以成为开展如预订机票、客房服务、会员企业服务、商品零售业务等增值业务的平台。

3. 营销信息分析系统，是一组用来分析市场资料和应对现实文化市场问题的技术复合体。这个系统通常采用两种分析方式：一种是在软件支持下的数据、系统、工具和技术等的组合分析方式，强调以市场营销的常态模式分析当前文化企业面临的市场问题。它一般包括一个统计库和一个模式库。统计库是统计分析方法的集合，是通过对输入的市场信息的分析，找出各个市场营销变量之间的关系；模式库是各种市场营销模式的集合，文化企业决策者可以在其中选择不同的模式进行组合，从中找出能够实现最佳经营效率的方法，进而选择最佳的市场营销策略。这种分析方式在我国部分企业中已经开始应用，但在文化企业内却很少被使用。另一种是决策者凭借个人经验对相关数据做出应对性分析。它往往与决策者前期的市场营销经验相关，灵活性和适用性都很强，适合用来发现和解决市场营销活动中的特殊问题和偶然问题。

内部信息系统、营销情报系统以及营销信息分析系统共同构成了能够基本满足文化企业市场营销信息总体需求的智能营销网络。该网络良好运行的关键在于要实现对文化企业内外环境的连续监控和对相关数据的系统化存储和分析，以逐步形成文化企业自己独有的数据库资源。营销信息系统根据企业规模的大小、企业资源水平和对信息需求的复杂程度，可以选择采用或不采用计算机系统来建设和运行。①

二、文化营销信息系统管理

对文化营销信息系统的科学化管理是保证文化企业营销信息被充分利用从而发挥其最大效益的前提条件。通常情况下，文化企业对营销信息系统的管理主要包括营销信息管理、系统设备管理和建立信息管理制度三个方面。

---

① 李康化：《文化市场营销学》，70—73页，太原，书海出版社、山西人民出版社，2006。

1. 营销信息管理。各种类型的营销信息和情报是企业花费了大量人力、物力、财力搜集和生成的，这些信息对于企业来说至关重要。当前电脑技术发达，电脑应用普及，几乎所有的企业和部门信息都存储在电脑系统里。这有许多方便之处，但也需要更多的保护与更好的管理，体现为：

（1）备份营销信息。防止信息丢失最容易和最基本的方法就是制作备份。定期地、系统地备份营销信息是一切电脑用户都需要进行的重要活动。备份计划必须包括所有的信息。备份可以使用移动硬盘、光盘和软盘等完成。软盘的稳定性和安全性都不高，现在基本被淘汰。备份要保存在不同的安全地点；注意防热、防潮、防水、防磁辐射；应该保存在不同建筑物中，防止在同一建筑物中同时受到破坏；也可以存放于专门从事保存信息的保险公司里。

（2）防止营销信息被盗。营销信息被雇员或外来人员偷盗，然后被卖给同行其他企业以换取非法收入，这是许多企业与部门都曾遭遇的情况。目前的电子存储使得信息的偷盗更难以被察觉，因此需要采取特别严密的保护措施。企业最重要的也是竞争对手最关注的信息包括企业的消费者信息、新产品计划、财务部署等，防止这些信息被盗的具体方法有：①对各种信息进行加密。②对操作和接近存储重要信息的电子设备的人员进行严格控制。③在系统软件中使用口令，而且口令只授予被允许使用营销信息系统的人。④为一些特殊的系统或应用增加口令和安全存取限制，比如限制用户对特定文件的存取，只有被授予了修改权的用户才能够对某些文件进行拷贝或修改。

（3）预防计算机病毒。计算机病毒是指人为编制或在计算机程序中插入的破坏计算机功能、毁坏数据、影响计算机使用，甚至能够自我复制的一组计算机指令或者程序代码。计算机病毒就像生物病毒一样，可以很快蔓延，却又难以根除。它们能够将自身附着在各种类型的文件上，当文件被复制或从一个用户传送到另一个用户的时候，它们就会随文件一起蔓延开来。为了预防病毒的危害，企业营销系统的电脑一定要安装防毒、杀毒软件，并保证能够对病毒库进行及时更新，以便及时发现和清除病毒，维护系统和信息的安全。

（4）防止黑客侵入。在信息化的今天，越来越多的文化企业使用网络交换重要信息，甚至进行网上交易。虽然网络便于文化企业促进交易、扩大客源以及查询相关信息，但同时也存在着一些非授权人员比如网络黑客非法盗取或者破坏信息的情况。黑客善于发现计算机系统和网络的缺陷和漏洞，并针对这些缺陷和漏洞实施技术攻击。这些黑客有的是为了证明自己的技术，有的是为了盗取信用卡信息、商业机密，有的只是为了破坏系统。计算机系统与网络的缺陷漏洞包括软件缺陷、硬件缺陷、网络协议缺陷、管理缺陷以及人为失误等。黑客技术很显然对网络具有极强的破坏能力。目前还没有企业能够完全防止黑客入侵，但可以采取一定的预防措施，比如使用防火墙。防火墙通常安装在企业内部网络和外部网络之间，是用来检查进入企业内部网络的用户是否可靠的程序。它的功能为：①通过扫描所流经的网络通信，过滤掉一些不允许的信息和程序，以免在目标计算机上被执行。②可以关闭不使用的端口。③禁止特定端口的流出通信，封锁特洛伊木马，禁止来自特殊站点的访问，以阻止来自不明入侵者的通信。企业的营销信息系统都会安装防火墙，并由专业人员进行管理和维护。

2. 系统设备管理。系统设备是储存、分析和使用营销信息的必需的物质保障。当今的文化营销信息系统几乎完全建立在计算机网络系统之上。要保证文化营销信息系统的正常运行，必须对系统设备进行科学管理，包括系统管理、操作管理等。

（1）系统管理包括硬件管理、软件管理、互操作性管理等。

硬件管理是对组成文化营销信息系统的各种物理设备的管理。计算机硬件设备管理要注意：①注意防火，注意周围环境的温度和湿度。②计算机终端或微机应放置在专门或固定的房间里。③对计算机依赖性很强的业务要求有相应的应急措施，如配备 UPS 不间断电源、设置多条线路通道等，以防在停电或电源发生故障等紧急情况下丢失数据。④及时更新陈旧设备和故障设备，保证企业的营销信息系统能够正常运行。⑤所有的计算机网络即使运转正常也要注意对其按期进行必要的维护和保养。⑥对于一些大的文化企业集团或跨国文化公司，其营销网络特别庞大，营销信息数量巨大，应该设置规模较大的专业营销信息系统控制室，由专人管理，禁止其他人随便进入。

软件管理是指维护软件正常运行、监控软件使用过程、防止未经允许的人员访问系统软件或应用程序。软件管理一般分为系统软件管理与应用软件管理。系统软件负责管理计算机系统中各种独立的硬件，使它们可以协调工作。系统软件包括操作系统和一系列基本的工具如编译器、数据库管理、存储器格式化、文件系统管理、用户身份验证、驱动管理、网络连接等。应用软件是为了某种特定用途而开发的软件。它可以是一个特定的程序，如一个图像浏览器；也可以是一组功能联系紧密、可以互相协作的程序集合，如微软的Office软件；还可以是一个由众多独立程序组成的庞大软件系统，如数据库管理系统。应用软件管理就是对已经安装的应用程序进行管理，防止对程序做出未经许可的修改或破坏，以保证程序的正常运行。

互操作性管理是在不同厂商设备之间使用通用的数据结构和标准传输装置，使之可以互换数据和执行命令。互操作性保证了信息技术设备或软件的互相兼容，是信息系统设计的目标之一。不过，一个信息系统可能会包括许多不同品牌的计算机、存储设备和网络设备等，这些系统联网时就会出现许多互操作的兼容问题。软件也同样存在互操作性问题。不同的操作系统和网络协议都会存在不同格式的信息，如文本、声音、图形和视频等，甚至连普通的文本信息都可以使用不同的编码形式进行存储，将这些信息组合在一起共同使用就会出现许多问题。解决互操作性问题的最好办法是文化企业在购买软硬件设备时，尽量选择同一品牌或者能互相兼容的软硬件设备；当然也需要有专业人员对软硬件设备的专门管理，以保证在出现问题时能够及时解决。

(2) 操作管理包括计算机操作管理、信息应用管理、故障恢复管理等。

计算机操作管理一般包括软件安装管理、软件运行管理、计算机运行管理和异常情况下数据及程序的备份及恢复管理。软件安装管理一般解决安装什么样的软件、怎样安装以及安装后会不会出现故障等问题。软件运行管理通常包括为发现和防止错误而设计的手工管理规程，主要有专门的系统软件操作指令、重新启动和恢复程序、对光盘或磁盘的保存和管理、特殊应用程序操作指令等，这需要专门人员管理。计算机运行管理可以建立系统日志，以详细记录系统运行过程中的所有活动。日志可以打印出来，在系统发生故障的时候用作分析问题原因的依据。

信息应用管理是对信息系统每一个功能所采取的特定管理措施。应用管理一般包括自动化和手工两种管理规程，一般由三部分组成：输入层管理，负责向系统输入数据时检测数据的完整性和正确性；处理层管理，负责在数据修改过程中保证数据的完整性和正确性；输出层管理，保证计算机的处理结果正确、完整并能够正确传输。应用管理的原则：一是保证信息的完整性，即保证所有当前处理信息进入计算机，并能够完整记录在相应的文件里；二是保证信息的正确性，即计算机必须准确获取数据，并将其正确地记录到相应的计算机文件中；三是保证信息的可维护性，即计算机文件中存储的信息不是固定不变的，可以进行修改。

故障恢复管理是在信息系统发生灾难或故障时，为减少损失、尽快恢复营销信息系统的继续运行而采取的应急措施，包括：①在系统发生故障后，用最迅速的方法及时通知与信息系统有关的各方人员，使企业利益损失降到最小。②有条件的企业可以建立另外一套完整的系统，这样当一套系统发生故障时可以立即切换到另一套系统。也可以准备一些关键部件的备份，比如磁盘镜像、备份电源等。③信息设备使用人员应该事先知道发生故障后如何继续工作，尽最大可能不让系统故障影响企业的工作进程。④有效保护业务信息的方法就是将信息备份作为日常业务过程中的一部分。

3. 建立营销信息管理制度，就是通过制定营销信息系统管理标准、规则、操作规程和制度，保证信息系统管理的贯彻和实施。管理制度最重要的部分一般包括三个方面：管理职责分解、操作规程制定和监督管理。

管理职责分解是文化企业进行内部管理的基本方法，其目的是使误操作或欺诈性操作的风险降到最低，提高企业的工作效率。管理职责分解的内容包括：负责系统操作管理的人员不同时负责系统设备管理；输入、处理和输出工作由不同人员分别负责。也就是信息系统部门的程序员、系统分析员的责任与计算机设备操作人员的责任应该是分开的。在管理职责分解的同时，还要处理好各个分解部分的关系，使之各司其职、分工合作、提高效率。

制定操作规程是指，为了保证信息管理系统的科学操作，通过书面形式确立管理标准，制定工作流程和规章制度，由相应管理部门下达执行。所有员工都必须明确自己应有的责任和义务。

监督管理是对工作流程进行监督，以保证信息系统按照规章制度要求正确运行。在监督过程中要及时发现系统的薄弱环节，纠正在操作方式或操作内容上产生的错误。没有监督管理，相应的管理制度通常很难真正落实。①

营销信息管理、系统设备管理和建立信息管理制度等三个方面，可以为文化企业的营销活动提供比较可靠的信息，也为企业营销系统高效有序地运转提供了基础和保障。

---

① 王育济、张友臣：《文化市场与营销》，69页，天津，南开大学出版社，2007。

第二节　文化企业的营销控制

与管理文化营销信息并行发生的是文化企业对营销活动的管理和控制。文化企业的营销控制包括营销策划、组织与最终的控制。

一、文化企业的营销策划

营销策划是在营销原理的基础上，通过搜集营销活动的各种信息和预测营销活动的发展变化趋势来确定营销的目标，并进行创造性的营销谋划，设计能产生最佳效果的资源配置与行动方式，为科学的营销决策提供依据，为企业在整个计划期间的营销项目及部署提供指南。[①]

1. 营销策划的内容。不同类型的文化企业和不同类型的文化产品的营销策划都会有所不同，不同管理层次制定的营销策划也会存在一定的差别。尽管如此，大多数文化企业的营销策划包含的主要内容是基本相同的，大致包括七个方面：

(1) 核心摘要。在策划书的开头可以对策划的要点、目标、策略做出简要的概括，使高层主管很快掌握策划的全面情况与核心内容。核心内容一般包括任务综述、基本营销目标、产品服务的结构及改变的设想、目标市场简明状况、市场潜力、具体运用的整体战略、竞争战略、预算情况、潜在的问题、策划实施的时间表、主要附件一览。

(2) 营销现状分析。在相关背景数据及客观资料的基础上，对文化企业当前的营销状况做出明确分析。内容一般包括：①宏观环境分析，主要介绍影响文化企业及文化产品的各种宏观环境及其发展趋势，包括技术水平、经济状况、政治法律环境、人文统计、社会文化等各方面内容。②文化市场分析，主要对文化企业的目标市场的基本数据进行分析介绍，如市场规模、市场细分标准、市场发展的历史状况及平均水平趋势、市场占有率及年增长情况，以及消费者需求、购买行为、购买期望方面的主要趋势。③文化产品情况分析，即分析产品近几年来的销售、价格、利润等情况。对于新产品，则可以直接描述或预测产品的收入和利润构成比例。④竞争情况分析。识别竞争对手，描述每个竞争对手的规模、目标、市场份

① 唐纳德·R·莱曼等著，王永贵译：《营销策划分析》，1页，北京，北京大学出版社，2008。

额、产品特点、营销策略、竞争优势等情况，还要对竞争对手的意图及行动做出预见性分析。⑤分销情况分析，即介绍企业的分销系统及发展趋势，包括各分销商为文化企业创造的收入和利润，以及它们与文化企业之间的关系。⑥机会问题分析。根据文化企业内部环境和外部环境的情况，以文化市场为基础，对文化企业的综合素质、能力和市场营销的目标进行SWOT分析，明确找出企业的优势和劣势、机遇和威胁。

（3）确定营销目标。制定营销目标一般应该遵循SMART原则，即具体（Specific）、可衡量（Measurable）、可操作（Available）、现实性（Realistic）与时限性（Timed）。[①] 营销目标一般有两类：一类是财务目标，包括预期的利润指标、长期投资收益率等；一类是营销目标，包括销售额、市场占有率、目标利润率和相关定价、分销网点和广告效果等。营销目标应避免用文字形式表述，而应该尽量以数量的方式表述出来，还要注意其中的一致性。

（4）制定营销策略，主要是确定目标市场以及与之对应的营销组合。营销策略具体内容包括产品的组合开发、产品创意、文化品牌、上市时机、生命周期、包装营销、娱乐营销、数字营销、生态可持续、跨国营销等多种形式；不仅要准确描述策略的内容，还要说明此策略所需要的资源和实施过程中具体的责任分工。此外，营销策略还需要综合考虑其他部门的情况，在征求其他部门意见的前提下制定。

（5）行动方案是营销策略的具体化，包括文化企业的营销行动、行动时间、行动人员、行动花费等具体问题和安排。行动方案可以通过图表的形式，表明日期、活动费用、责任人等信息。

（6）编制各级收支预算。在确定行动方案之后，要针对该方案编制一个类似于损益表的预算。在收入栏中列出预计的文化产品的单位价格、销售数量，在支出栏中列出文化产品的生产成本、运储成本、广告费用、支持经销商的费用、市场调研费等营销费用。收入与支出之差就是预计盈利。各级收支预算必须是准确详尽的，这样才能有效配置资源，评价不同市场行为的成本有效性，为控制策划提供标准。

（7）组织、执行与控制策划。策划的最后一步是对整个策划过程的检查和控制，主要包括对策划的执行过程和进度进行管理、检查和监督年度

---

① 孟韬等：《营销策划：方法、技巧与文案》，33页，北京，机械工业出版社，2009。

的销售和利润目标是否顺利实现等。其作用在于：将目标、预算等内容按照月份或季度分开，以便上级主管能够定期检查完成情况；如果发现实际的策划发生偏离，可以找出其中的原因进行纠正；如果策划本身出现问题，还可以对策划进行及时的调整。

2. 营销策划的类型。文化企业的营销策划按照多个标准可以划分为多种类型：

（1）按照策划时间的长短可以分为短期策划、中期策划与长期策划。短期策划以年度计划为主，主要分析当前的营销形势、压力和机会、年度营销目标、营销策略、行动方案和预算等。长期策划是企业未来发展方向和奋斗目标的纲领性计划，期限在 5 至 20 年之间，一般采取滚动式编制方法，即每年根据文化市场调研资料和文化产品营销情况对长期计划做出调整、修改或补充。中期策划介于短期策划与长期策划之间，通常在两者之间承上启下。

（2）按照策划程度的强弱可以分为战略策划、策略策划与作业策划。战略策划是关于文化企业营销活动全局和长远的计划，其期限一般较长，是其他营销计划的总纲。策略策划是针对文化企业营销某一方面做的计划，带有局部性和战略性特点。作业策划是营销活动的执行策划，具有具体性和详细性。

（3）按照策划涉及的范围可以将文化营销策划分为总体营销策划与专项营销策划。总体营销策划是文化企业营销活动全面、综合的计划，是制定专项营销计划的依据，其反映的是文化企业的总体营销目标，以及为这一总体目标制定的营销策略和行动方案。专项营销策划是指解决某种特殊问题或销售某件产品的单项计划。专项策划在一定时期里可能是文化企业的主要任务，但计划完成后，往往不再持续。专项策划有很多种，比如产品策划、市场策划、品牌策划、定价策划、营业推广策划、广告策划、人员推销策划等。专项策划比较单一，需要注意与总体策划的协调。

这三种策划彼此之间并不是孤立的，比如长期策划可看作是战略策划，短期策划有时可看作是策略策划，而专项策划则可能是作业策划。[①]

二、文化企业的营销组织

文化企业的营销策划必须通过有效的组织才能够得到实施。组织职能

---

① 孟韬等：《营销策划：方法、技巧与文案》，29 页，北京，机械工业出版社，2009。

就是把总任务分解成为一个个的具体任务，然后再把它们合并成为单位或部门，同时把权力分别授予每个单位或部门的管理人员，通过任务结构和权力关系的设计达成各单位、各部门关系的综合协调。

1. 营销组织的类型。文化企业的营销组织类型会受到营销环境、营销管理，以及文化企业自身的发展阶段和经营范围、业务特点等多种因素的影响。一般来说，文化企业的营销组织类型大致可以分为专业化营销组织与结构性营销组织，而每种又可以细分为各种不同的小类型。

（1）专业化营销组织包括四种小类型：①职能型，即根据文化市场营销职能分工建立的营销组织，这是最传统也最常见的组织形式。营销职能主要有五种，即营销行政事务、广告与促销、销售、市场营销研究和新产品开发。这种组织方式将销售职能作为重点，将广告和促销等其他职能置于次要地位，分工明确、易于管理。当文化企业只有一种或几种产品，或企业文化产品的市场营销方式大致相同时，按照市场营销职能设置组织结构比较有效。不过，它的缺点也很明显，即容易造成各部门之间在利益上的竞争，进而导致各部门发展不平衡并难以协调关系。

②产品型，是指文化企业为满足开展产品管理的需要、适应文化产品生产多样化状况而分类设置营销机构。它在文化企业内部建立产品经理组织制度，由产品经理主管若干个文化产品线经理，每位文化产品线经理又领导若干项目产品经理，以协调职能型组织中的部门冲突。这种营销组织方式适用于文化产品类别差异大、品种多，无法按职能设置机构的大型文化企业。

③市场型。许多大型文化企业拥有单一的文化产品大类，根据顾客的购买行为、习惯和偏好的不同而划分不同的细分市场，针对不同细分市场的不同分销渠道而设置营销机构。市场型组织由一个文化市场营销经理领导若干个细分文化市场经理。这种组织的优点在于，文化企业的营销活动针对各类不同顾客的需求来组织和安排，有利于文化企业促进销售和开拓市场。不过，它也会产生债权不清和多头领导的问题；随着文化企业业务范围的扩大，这种组织必须雇佣越来越多的销售人员。

④地理型。这是按照地理区域设置的文化营销机构。从事全国性销售业务的营销组织通常采用这种形式。它一般由一名负责全国销售的经理和若干名区域销售经理、地区销售经理和地方销售经理组成。这种组织有利于发挥每个地区部门熟悉该地区具体情况的优势，并且在文化产品同质的情况下，能够迅速覆盖许多地区。但是如果经营的文化产品差别较大，则

很难按照不同文化产品的使用对象来综合考虑，各地区之间协调起来也很难。

（2）结构性营销组织包括三种小类型：①金字塔型。这种组织形式比较简单，在经理和一般员工之间建立起一种自上而下的垂直领导关系，管理幅度逐步加宽，下级对上级直接负责。它的优点是上下级之间权责明确，沟通迅速，管理效率较高。职能型组织大多按照这种方式建立。

②矩阵型。这种组织是在垂直领导系统的基础上建立横向领导系统，两者结合起来组成一个矩阵。在营销实践中，很少有文化企业在组织结构的选择上采用单一的结构类型，而往往是根据实际情况，将各种营销结构进行不同程度的组合，一般有职能—产品型、职能—市场型、产品—市场型和职能—市场—产品型。在这些矩阵型营销结构中，基层的营销人员一般处于多个营销管理人员指挥链的结点上。这种组织结构在一定程度上弥补了单一营销结构的不足，适用于多元化经营的文化企业。但矩阵组织也有缺陷：首先，职权划分不清、多头领导。处于结点上的营销人员要服从自身所属部门的上级领导，还要配合相关部门的工作。当多方面领导产生矛盾时，营销人员往往不知所措。其次，考核难度大。矩阵结构决定了对营销人员和部门的考核必然同时来自不同的上级部门，这就加大了考核的难度。再次，营销人员太多会造成营销成本的增加。

③事业部型。这是不同文化产品或地区实行独立核算的组织形式。随着企业规模的扩大，其文化市场业务需要从国内扩大到国外，文化产品项目也需要由一个行业跨到多个行业。这时，企业就需要按照产品项目或地区划分设立事业部组织，把各大产品部门或市场部门升格为独立的事业部，各事业部再设置各自的职能部门和服务部门，建立自成体系的事业部营销组织结构。而文化企业总部的各职能部门对全企业的经营实行统一监督管理、合理安排统筹。这种组织形式有利于发挥产品或地区事业部的主动性、积极性和创造性，使主管人员迅速成长，有利于经营组织的稳定，使之迅速适应激烈的文化市场竞争并参与开拓国际文化市场。事业部型主要有三种模式：一是公司一级不设营销部门。二是公司一级保持较小规模的营销部门，承担有限的营销职能，主要协助公司最高管理部门全面评价营销机会、给事业部提供咨询、促进公司其他部门树立营销观念等。三是公司一级保留强大的营销部门。这类营销部门除上述职能外，还需要为各事业部提供多种营销服务，如专门的广告服务、销售促进服务、营销研究服务、销售队伍建设与培训服务及其他杂项服务等。

值得注意的是，营销策划组织依照策划主题而设，具有临时性的特点。当营销策划项目任务完成，策划小组便可以宣告解散，其后续工作可由企业的常设组织结构如企划部来负责实施、监督及控制等。虽然是临时性的组织，但营销策划组织仍具有较强的权威性、专业性和严密性，它对整个营销活动的成败起着关键性的作用。①

2. 设计营销组织的步骤。文化企业对营销组织的设计，一般要经历分析组织环境、规划内部活动、设计组织职位、设计组织结构、配备组织人员、组织评价与调整等环节。

（1）分析组织环境分为外部环境分析与内部环境分析。外部环境因素主要包括：①整体外部环境的稳定性。当文化企业所面临的市场不稳定性较强时，营销组织多采用柔性的、有机性的组织结构；当市场较稳定、变化性不大时，多采用刚性的、机械式的组织结构。②文化市场的规模及增长状况。文化市场规模大，增长态势良好，就需要庞大的营销组织；反之，则应设计比较简单的营销组织。③文化市场的地理位置特征。它决定了文化市场营销人员的分工和负责的地理范围。④竞争者的组织结构类型以及文化企业自身在竞争环境中的位置。文化企业必须明确了解竞争者是谁，他们在干什么；还要知道如何对竞争者行为做出反应，然后根据实际情况来决定有无必要改变自身的组织结构或选择跟随市场领先者的组织结构。文化企业的内部环境主要包括：①文化企业的类型。它决定了市场营销的侧重点，从而决定营销组织结构的设计。②文化企业的规模。它决定了营销组织的规模。③文化产品的类型。面向市场的产品通常较少依赖广告，但需要庞大的推销部门。④文化产品的种类。产品种类较多的企业需要设立产品经理等职位。

（2）规划内部活动。文化市场营销组织内部的活动主要有职能型活动和管理型活动。职能型活动涉及文化市场营销组织的各个部门，范围十分宽泛。文化企业在制定战略时需要确定各种职能如广告、调研、行政、新产品研发、营销策划、产品储运、顾客服务等在文化市场营销组织中的位置，以便开展有效竞争。管理型活动主要指营销部门经理及其下属各个职能部门的负责人具体开展职能工作时，进行的计划、组织、指挥、协调、控制等管理性质的活动。

---

① 孟韬等：《营销策划：方法、技巧与文案》，47 页，北京，机械工业出版社，2009。

（3）设计组织职位。文化企业还需要建立组织职位，以使组织活动有所归附。企业必须明确各个职位的权力、责任及其在组织中的相互关系，需要考虑职位类型、职位层次和职位数量。①划分职位类型有三种方法：一是划分为直线型和参谋型。处于直线位置的人员行使指挥权，能领导、监督、指挥和管理下属人员；而处于参谋职位的人员只具有辅助性职权，包括提供咨询和建议等。但在实际工作中，两者往往界限模糊。二是划分为专业型和协调型。专业型的职位需要协调型职位的协调和平衡。三是划分为临时型和永久型。临时型职位是为文化企业短期任务设立的。②职位层次是每个职位在营销组织中地位的高低，职位的高低取决于它所从事的营销活动在文化企业整个营销战略中的重要程度。③职位数量是文化企业所设立组织职位的合理数目，它同职位层次密切相关。通常职位层次越高，辅助性职位数量越多。

（4）设计组织结构。其任务首先是使各个职位与所要建立的组织结构相适应；其次是为了满足组织的高效率目标，以较少的人员和上下隶属关系以及较高的专业化程度去实现组织的目标。因此，在设计时需要考虑三个因素：一是分权化程度，即权力分散到什么程度才能够使上下级之间更好地沟通；二是管理幅度，即每一个上级能够直接有效地领导的下属的可能人数；三是未来发展，即营销组织总要随着市场和企业目标的变化而变化，要充分考虑文化企业未来发展，为未来组织结构的调整留下余地。

（5）配备组织人员，是将各有所长的营销人员安排到适合其发挥特长的各个部门。文化企业首次设计营销组织主要通过外部招聘的途径来配备营销组织人员；如在原组织基础上进行革新和调整，则可以有内部和外部两种招聘途径。文化企业在配备组织人员时必须严格按照职位工作说明书的要求，争取为适当的职位配备适当的人员。此外，临时工作小组的人员配备也应该引起重视。临时工作小组一般是文化企业为完成某项特殊任务而设立的临时单位，其成员多是从组织各部门的现有人员中抽调。要使小组顺利地完成营销任务，营销组织必须使小组成员与其他成员之间保持协调关系。

（6）组织评价与调整。由于内部环境的变化，营销组织设立之后，在日常运行中会产生不同程度的各种矛盾和摩擦。自营销组织建立之时起，营销经理就需要经常检查、监督组织的运行状况，针对出现的问题及时采取对策，进行调整。营销组织需要调整的可能原因有：①外部环境发生变化，如文化市场环境的变化，竞争加剧，新生产技术的出现，工会政策、政府法规、财政政策、产品系列或销售方法等的调整。组织需要针对这些变化做出相应的调整。②现存组织结构存在明显缺陷，如管理幅度过大、层次太多、信息沟通不便、部门协调不够、决策缓慢等。高级决策层对此应该及时做出合理调整。③组织主管人员变动。新主管人员总是会试图通过改造组织来贯彻其创新的管理思想和管理方法。④组织内部主管人员发生矛盾。企业为了不使组织结构变得呆板、僵化和缺乏效率，会适当地、经常地对组织结构进行调整，这有利于解决组织内部主管人员之间的矛盾。

3. 营销部门与其他职能部门的关系。主管营销的经理不但要协调营销组织内部各部门的关系，还要促使其他职能部门树立营销观念，以共同满足顾客的需要和期望。但由于各职能部门都有自己的利益重点，而且与营销部门之间是平行关系，所以，营销经理必须依靠说服而不是指令来进行动员。其他职能部门主要包括研究开发部门、工程技术部门、采购部门、制造部门、财务部门、会计部门、信贷部门。在研究开发方面，营销部门偏重应用研究、认知质量、市场特点，研究开发部门偏重基础研究、产品内在质量、产品的功能性特点。在技术方面，营销部门侧重设计前置时间短、零件型号较多、定制的部件，工程技术部门则侧重设计前置时间长、零件型号较少、标准的部件。在采购方面，营销部门注重宽产品线、非标准部件、原材料的质量、大量采购以免断档、为满足顾客需求而即时采购，采购部门注重窄产品线、标准部件、原材料的价格、批量采购的经济性、定期采购。在制造方面，营销部门侧重生产前置时间短、短期生产许多型号、型号经常变化、定制订货、造型美观、严格控制质量的产品，制造部门生产前置时间长、长期生产少数型号、型号不变化、标准订货、产品结构简单、标准控制质量的产品。在财务方面，营销部门侧重直观开支、弹性预算、定价着眼于市场开拓，财务部门则侧重严格开支、刚性预算、定价着眼于回收成本。在会计计算方面，营销部门注重特殊的交易条件和折扣、众多的报告，而会计部门注重标准化的交易、极少的报告。在信贷方面，营销部门侧重于对客户做最低限度的信用审查、信贷风险适中、信贷条件宽松、收款程序简便，信贷部门侧重于要求客户全面公开财务状况、信贷风险小、信贷条件严格、收款程序严格。①

① 王育济、张友臣：《文化市场与营销》，69页，天津，南开大学出版社，2007。

三、文化企业的营销控制

文化企业的营销控制是通过对文化市场营销计划执行情况的监督和检查，发现和指出计划实施过程中的缺点和错误，提出纠正和避免错误的对策和建议，以保证营销战略目标的实现。文化企业的营销控制与宏观环境的性质、市场竞争的强度、市场占有率、营销团队的规模、营销与其他部门的关联度、营销团队的目标、营销组织的产权关系与客户的产权结构构成、市场形态的变化、供需双方的地位、消费者的个性化文化需求、营销组织的财务状况等因素都密切相关。①

1. 营销控制的步骤。营销控制一般包括七个步骤：

（1）确定控制对象。控制的内容越多，范围越广，自然可获得越多的信息，但是任何控制活动本身都会引起费用的支出。因此，在确定市场营销活动控制对象时，管理者应当注意控制成本要小于控制活动所带来的收益。最常见的控制内容是销售收入、销售成本和销售利润，但对市场调研、推销人员工作、为消费者服务、新产品开发、广告等营销活动，也可以通过控制进行评价。

（2）设置控制目标，即确定所要达到的预期目标，这是将控制与计划连接起来的主要环节。

（3）建立衡量尺度，即建立一套能够测定营销结果的衡量尺度，比如销售人员的工作效率可用一年内新增加的客户数目及平均访问频率来衡量、广告效果可用记住广告内容的人数占全部人数的百分比来衡量，等等。在很多情况下，文化企业的营销目标如目标销售收入、利润率、市场占有率、销售增长率等，决定了它的控制衡量尺度。大多数文化企业都有着若干营销管理目标，所以营销控制的衡量尺度也会有很多种。

（4）确立控制标准。控制标准是指以某种衡量标准来表示控制对象的预期活动范围或可接受的活动范围，即对衡量尺度加以定量化，如规定每个推销员的全年新增客户数量、新产品投放市场后所应达到的市场占有率、市场调查中访问每个用户所需的费用等。制定控制标准要尽可能用明确的数量形式来表示，要切实可行，一般应允许有一个浮动范围。

（5）比较实绩与标准。在将控制标准与实际效果进行比较的时候，需要决定比较的频率。比较的频率取决于控制对象是否经常变动。比较的结

---

① 吴志刚：《营销控制的影响因素及类型选择》，《煤炭经济研究》，2003（8），63页。

果若未能达到预期标准，就需要进行下一步工作。

(6) 分析偏差原因。计划执行后的实际情况与预期一般不可能完全相符，一定程度的差异是可以接受的。因此，在制订计划时，需要确定一个衡量偏差的界限；当偏差超出界限时，文化企业就应当采取行动纠正偏差。产生偏差可能有两个原因：一是实施过程中的问题，这种偏差比较容易分析；二是计划本身的问题，这种偏差通常难以确认。

(7) 采取改进措施。设置控制系统的主要目的是为了纠正错误。采取改进措施一般有两种情况：一是在发现现实与标准之间的偏差时要注意修改标准；二是维持原来的标准但需要改变现实行动。文化企业一般采用后一种方式。

值得注意的是，在营销控制中，由于需要对不同情况采用不同的控制方式，所以控制程序并不是唯一的，应该根据具体情况进行选择。

2. 营销控制的方式。文化企业对营销过程进行控制通常会采用五种方式：

(1) 跟踪型控制，是指对系统运行全过程实施不间断的控制。比如对战略规划决策、外部市场环境变化、新产品开发等的控制就属于对实施过程全程跟踪式的控制。

(2) 开关型控制，是指将某一标准确定为控制的基准，决定某项目工作是否可行。比如确定合理的公司投资报酬率，以此来评价文化市场机会或产品项目。像产品质量控制、库存控制、财务控制等都属于开关型控制。

(3) 事后控制，就是将结果与期望标准进行比较，检查其是否符合预期目标。如果有偏差，则比较偏差大小，找出偏差产生的原因，吸取经验教训，以有利于后面的行动。比如文化市场占有率控制、销货控制等大都属于事后控制。

(4) 集中控制与分散控制。集中控制是最终决策的制定和调整均由最高一级系统决定；分散控制则把控制权限分给各个子系统即各级主管部门和职能部门分担，这些子系统有一定的独立行使控制权的自由，而最高级系统起到协调平衡的作用。

(5) 全面控制与分类控制。全面控制是对某一活动各个方面的控制；分类控制则是对活动不同方面分别进行的控制，比如按照市场类型、销售地区、产品种类、销售渠道、销售部门等进行区分就属于分类控制。

3. 营销控制的类型。文化企业的营销控制按照内容不同可以分为四类，即年度计划控制、盈利水平控制、营销效率控制和战略控制。

（1）年度计划控制是指在本年度内采取控制的步骤，检查实际绩效与计划的偏差，采取必要措施，予以纠正。这一计划控制是短期的及时的控制，由高层经理具体负责，有时也被称为“目标管理”或“目标控制”，①其目的在于保证文化企业实现年度计划中制定的销售、利润及其他目标。实施年度计划控制要做好几项工作：①销售分析。对照销售目标，检查和评价营销实绩，判断各种因素对计划完成情况的影响。具体体现为：将实际销售额与销售计划进行对比，分析销售计划的完成情况；对销售计划执行过程中造成销售差额的各种因素的影响程度进行分析；将总销售计划指标分解为各个产品或地区的具体指标，然后逐一分析，弄清各产品或各地区销售的差异，并找出原因。②文化市场占有率分析。对企业在整个市场竞争中的地位做出判断和评价，从中找出原因，克服不利因素。③营销费用分析。确定营销费用的各项开支是否合理，杜绝文化企业的不合理支出。可以按照不同地区或不同产品将销售额与相应的费用支出进行比较，以确定各地区或各文化产品营销费用支出的差异。④顾客态度追踪分析。建立专门机构，负责追踪顾客、分销商以及营销系统中其他参与者的态度变化，进而监控这些态度变化对产品销售产生的影响及作用，并设法使其对文化企业销售产生积极影响。顾客态度追踪分析一般通过服务质量典型调研、定期的用户走访以及搜集消费者意见和建议等方式来进行。

（2）盈利水平控制一般由财务部门负责，主要用来测量各类产品在不同销售地区、不同市场、不同分销渠道以及不同订货规模的获利水平。盈利水平控制的步骤是：①确定功能性费用，主要包括推销、广告、包装、运送等各项费用。②将功能性费用分配给各个营销实体，以衡量每条分销渠道在交易过程中发生的功能性费用支出。③为每条分销渠道编制损益表。以每条渠道的销售额占总销售额的比例为依据，将使用的营销费用分摊到各条销售渠道，从该渠道的毛利中减去这笔费用，就可以得到该渠道的利润。损益表的主要栏目有销售额、销售成本、毛利等。④确定改进方案。先根据损益表来确定调整对象。对出现亏损的分销渠道要分析找出原因，进行必要的调整，以确保公司整体的利润水平。

（3）营销效率控制主要是对销售队伍、广告、促销和分销等具体营销

---

① Philip Kotler，Joanne Scheff. *Standing Room Only*：*Strategies for Marketing the Performing Arts*，p. 456，the President and Fellows of Harvard，1997.

活动的效率进行管理。当企业通过销售控制或盈利水平控制等方法发现某个文化产品或地区的销售情况不好时，就可以通过营销效率分析来找到改进业绩的方法。营销效率控制包括销售队伍效率控制、广告效率控制、促销效率控制、分销效率控制等。销售队伍效率控制的主要指标是推销员平均每天推销访问的次数、每次推销访问的平均销售额、每次推销访问的平均成本、订货单百分比、每一周期新增或减少的客户数目等。广告效率控制需要企业分析各种媒体类型、每种媒体工具接触每千名购买者花费的广告成本，顾客对每种媒体工具注意、联想和阅读的百分比，顾客对广告内容和效果的意见、顾客在广告前后对产品态度的变化，由广告激发的询问次数、每次广告调查的成本，等等。促销效率控制主要分析因促销而增加的销量、由于优惠而销售的百分比、每一销售额的陈列成本、赠券回收的百分比、因示范而引起的询问次数等。分销效率控制的指标有销售网点的覆盖面，销售渠道中各级各类人员发挥作用的潜力，存货控制、仓库位置和运输方式的效率，等等。①

（4）战略控制是营销管理中最高层次的控制，其目的是确保企业营销战略和计划与动态化的营销环境相适应。文化企业在进行战略控制时，一般会使用市场营销审计这一重要工具。文化市场营销审计包括营销环境审计、营销策略审计、营销组织审计、营销系统审计、营销效率审计、营销职能审计等。营销环境审计包括宏观环境审计和微观环境审计。文化市场的宏观环境因素有政治法律、人文统计、经济、技术、社会文化等，文化市场的微观因素有文化企业、竞争者、协作者、消费者、公众等。营销策略审计主要考察企业的营销目标、战略以及当前与预期营销环境的相似程度。营销组织审计主要检查营销组织实施战略的能力，以及进行营销工作的分析、规划和执行的能力，具体包括营销组织正式结构的审计、营销组织功能效率的审计、职能部门互相之间联系效率的审计等。营销系统审计就是审计文化企业是否具备一些基本的营销系统如市场营销信息系统、市场营销计划系统、市场营销控制系统等，以及这些系统之间是否协调一致、在实际工作中是否按照系统程序来运行等。营销效率审计包括对各营销单位的获利能力和各项营销活动成本效率的审查，主要是进行利润分析和成本效益分析。营销职能审计包括对营销组织每个因素如产品、定价、

---

① 王育济、张友臣：《文化市场与营销》，436—437页，天津，南开大学出版社，2007。

渠道、分销和促销、广告、公共宣传等方面策略的效果的检查评价。

第三节　文化企业的营销效果评估

文化企业营销策划、营销组织与营销控制的最终目的就是能够顺利实现营销的目标。对营销活动而言，内外部的环境因素总是在不断地发展变化，经常会发生营销目标或营销行为无法适应环境的情况。因此，文化企业必须定期对自身营销活动的实绩进行评价，从中发现问题，及时调整行为或计划，以保证营销目标的实现。营销效果的衡量可以通过三个指标来进行：目标达成率、效果递进率、战略影响。

1. 目标达成率是营销目标内容的数量表现形式。通过评价具体的目标值，就可以直观地说明文化企业营销目标的完成情况。

（1）营销业绩目标达成。常用的目标项目值是：总资本利润率、销售利润率、资本保值率、销售增长率、利润增长率、资产增长率、市场占有率、文化企业产品品牌、文化企业形象知名度、文化企业形象美誉度、资产负债率、流动资金比例、应收账款周转率、存货周转率、盈亏平衡点等。

（2）营销能力目标达成。常用的目标项目值是：战略决策能力、集团组织力、企业文化、专利数量、技术创新能力、新产品比例、成本降低值、质量水平、合同执行率、推销能力、市场开发能力、服务水平、职工稳定率、职务安排合理性、劳动生产率、资金效率、资金筹集能力等。

（3）环境适应目标达成。常用的目标项目值是：分红率、股票价格、股票收益率、战略测定能力、经营与组织能力、员工能力开发水平、工资水平、职工福利、凝聚力、参加工会人数、工会参与管理程度、产品或服务的质量、改善服务水平、业务往来条件、销售条件、利息水平、信用度、预贷款、公害防治程度、缴纳税金情况、执行政策程度、国际协作关系等。

文化企业对目标达成率的评价通常会按照在制定营销目标时规定的内容来进行。但是，由于营销过程会受到多方面因素的影响，营销情况会经常发生变化，企业需要不时地对某些目标值进行实事求是的适当调整。因此，除了初期的目标值之外，对目标达成率的评价标准还应该包括文化企业在营销活动中新增加的目标值，还应该扣除因为各种原因而减少的目标值。而对于那些无法定量的目标值，如战略决策能力、经营与组织能力、国际协作关系等，可以采用问卷调查、意向调查以及同其他文化企业对比等方法进行综合评价。

2. 效果递进率。在文化企业的实际营销活动中，营销效果的优劣不一定完全反映在一定时段内的营销实绩上。比如，一个零售企业的某个销售部门由于偶然的机会取得了短期的高销售增长率，这并不代表这个部门已经具备了优质的营销管理水平。

营销效益的等级评价标准包括营销导向的五种属性：顾客宗旨、整体营销组织、充分的营销信息、战略导向和营销效率。每一种属性都可以被衡量，并且可以通过对它们的具体分析来发现文化企业具体营销活动取得不同程度绩效的原因。这种对效果递进率的评价，有助于文化企业纠正自身的营销缺点，保证营销目标的最终实现。

3. 战略影响。对文化企业营销活动产生的影响做出科学的、宏观的评价也是评价营销效果的重要方面。这种评价不需要十分精细，但需要抓住相关的评价项目，评价营销的优势和劣势，帮助文化企业从整体上考虑发展，在及时抓住外部环境机会或避免外部环境威胁的同时，发挥企业优势并避开企业劣势，顺利达到营销目标。

评价文化企业营销的战略影响主要是评价文化企业的营销理念与竞争能力。营销理念是团结文化企业全体成员的精神纽带，其中心内容为：文化企业的营销目标、营销理念、营销理念的正确性，以及现行营销业务如目标受众的需求、规模等。文化企业竞争能力的中心内容是：文化企业的历史、创立的动机、获利的能力、新产品的开发能力、行业竞争能力，文化企业的管理水平如领导层素质、管理体制等对执行营销计划的影响，文化企业的经营水平如生产能力、技术能力、销售能力、财务状况，文化企业的结构如职工队伍状况、企业文化建设、人事管理、收入分配，等等。①

除了目标达成率、效果递进率、战略影响这三个主要指标之外，文化企业的营销效果衡量有时还需要考虑客户保留率、客户满意度、相对的产品质量、相对的服务质量等微观指标。②

---

① 以上评价指标参见李康化：《文化市场营销学》，255—259页，太原，书海出版社、山西人民出版社，2006。

② 菲利普·科特勒著，高登第译：《科特勒营销策略》，201—202页，北京，中信出版社，2007。

第十三章　文化市场营销的社会管理

文化市场营销活动不仅需要企业自身的组织与管理，还需要整个社会的监督与规范。文化市场营销的社会管理既包括在文化市场上建立一套较为完善并具有活力的政策、法律体系，也包括社会公众对文化营销活动的自发监管与批评。

第一节　文化市场营销的政策与法规

文化市场营销的政策使政府对文化产业的管理从更高的层次纵向深入到市场机制里面，促进市场机制和市场结构的完善和优化，提高整个文化产业的劳动生产率和文化综合竞争能力。[①] 政府对文化市场营销的管理在具体层面上必须是依法管理，相关法规体系的建立和完备是政府依法管理文化市场营销的前提。[②]

一、国外文化产业政策、法规概览

国外文化市场管理的重要特色是对整个文化市场实行人文化概念下的集中协调管理，在这种集中协调管理下也会对具体文化市场的具体问题做出规定。

1. 欧洲国家的文化产业政策与法规。20 世纪 80 年代末，英国议会和内阁将包括新闻、广播、影视、出版、娱乐等在内的各门类文化产业划归文化媒体体育部统一管理。1990 年，英国政府对影响最广泛的电子媒体产业做出了规定，颁布了《1990 年广播法》《1990 年有线和无线广播法》

① 胡惠林、单世联：《文化产业学概论》，384 页，太原，书海出版社、山西人民出版社，2006。

② 潘嘉玮：《加入世界贸易组织后中国文化产业政策与立法研究》，269 页，北京，人民出版社，2006。

等。1993年，英国政府以《创造性的未来》为题公布了英国的文化政策。1998年英国政府将属于贸工部管辖的音像业划归文化产业中，实现了文化管理体制的大一统格局，同时出台了《英国创意产业路径文件》，随后又颁布了各种政策文本和法律法规规范文化产业的行业市场。

法国一直不太信赖文化市场的作用，更相信国家政府对文化的扶持与庇护。1988年颁布的《法国文化政策》几乎不提文化的产业化。1994年，法国出台了《杜邦法》，通过法律要求新闻传媒与互联网产业要主动捍卫法语在国际上的地位。法国政府对文化事业及相关产业给予不同形式的财政支持或赞助，主要形式有三种：一是中央政府直接提供赞助、补助和奖金等；二是来自地方财政的支持；三是政府通过制定减税等规章鼓励企业为文化发展提供各类帮助。①

德国不排斥文化的产业化，不回避文化产业的提法。2002年，德国政府出台了《德国文化政策》，一方面强调政府扶持文化，一方面支持将发展文化的责任赋予私人部门与企业。为了配合和促进具体文化市场的发展，德国政府很早就出台了一系列的政策法规，如1968年的《电影促进法》、1971年的《联邦教育促进法》等。

芬兰是世界上信息产业最发达的国家之一，特别注意通过发展信息和传媒产业来负载文化内容。芬兰在2000年出台了《2000—2004年内容创造启动方案》，强调在大力发展市场运作的前提下，以现代传媒技术为平台进行文化内容生产，把芬兰文化和由芬兰文化符号包装的物质产品推向世界。

2. 北美国家的文化产业政策与法规。美国1965年颁布的《国家艺术与人文事业基金法》保证了文化产业的资金投入。美国有电影法和电影分级制度，1996年又着手制定了电视制作放映的等级审查制度。此外，美国还针对文化产业的不同行业制定了专门的法律法规，比如《版权法》《电信法》等。

加拿大1988年颁布了《加拿大多元文化法》，标志着多元文化主义成为加拿大民族文化的主流意识形态。在此前提下，加拿大于2003年出台了《加拿大文化政策》。为鼓励对文化产业行业的投资以及对文化创作权的保护，加拿大于1985年通过了《加拿大投资法案》，在1997年还对《版权法》进行了修订。

---

① 蔡尚伟等：《文化产业导论》，236—237页，上海，复旦大学出版社，2006。

3. 东亚国家的文化产业政策与法规。对于文化产业的发展，日本不仅在政策上予以鼓励，而且还制定了健全的法律、法规。1995年，日本文化政策推进会议在《新文化立国：关于振兴文化的几个重要策略》中确立了日本在21世纪的“文化立国”方略。2001年，为了满足日本民众不断高涨的振兴文化的愿望，日本国会提出了《振兴文化艺术基本法》，后来又配合这一政策制定了《有关振兴文化艺术的基本方针》。在各种文化产业类型中，日本特别关注出版产业与数字媒体产业。对于出版产业，2001年10月，日本修改了1970年颁布的《著作权法》，将其更名为《著作权管理法》；同时针对文化市场的中介业务、中介组织、经纪人、经纪公司等，日本还制定了《著作权中介业务法》。对于数字媒体产业，日本希望以之为依托推动整个文化产业的数字化进程。1996年，日本发明了数字化软件的防复制办法，DVD产量逐年上升。日本最大的私营媒体联合大企业集团富士产经通信集团于1998年提出“彻底数字化”的口号，启动了数字通信卫星广播，开通了新的网络传播框架，而与此相应的政策法规也逐一制定。

韩国很早就注意到对国民文化权利的保护，将保障国民的文化享受权作为政府日常工作的重要内容，并于1972年出台了《文化艺术振兴法》。1988年，韩国政府从宏观层面上提出了把文化产业列入“21世纪展望计划”，确立了“文化立国”的国家发展战略，加大了政府对文化产业的扶持力度，相继制定了《文化产业振兴五年计划》《文化韩国21世纪设想》等宏观的文化产业政策。同时，为了解决具体文化市场中出现的具体问题，韩国陆续修订或出台了《影像振兴基本法》《著作权法》《电影振兴法》《演出法》《广播法》《唱片录像带暨游戏制品法》等。

二、中国文化产业政策、法规概览

20世纪80年代初，中国开始了文化体制改革，到90年代初才确立社会主义市场经济的改革目标，至今已经初步建立起了由一系列行政法规和规章构筑起来的文化产业政策系统。围绕文化产业政策系统，中国建立起来的文化法律法规体系包括《中华人民共和国著作权法》《文化娱乐场所管理条例》《演出市场管理条例》《电影管理条例》《出版管理条例》《广播电视管理条例》《音像制品管理条例》等，基本上涵盖了目前的文化产业领域。然而，中国文化产业发展在体制和制度上依然存在一些问题，如行政垄断、投资主体单一化、文化企业产权关系不明等。同时，由于原有的文化政策系统并没有因机构的改革和文化行政主管部门的合并而失去政策效能，还出现了新机构执行旧政策、权责交叉、执行不力的现象。进入21世纪后，文化产业的各个行业都进行了政策上的调整，并根据市场需求进行了战略规划和信息指导，对文化产品的生产及文化市场的经营活动进行了较好的协调，保证了文化产业快速、健康、和谐的发展。

1. 出版市场的政策与法规，比较重要的有《出版管理条例》《图书质量管理规定》《出版物市场管理条例》等。

《出版管理条例》于2001年12月12日由国务院第50次常务会议通过，2001年12月25日由国务院颁布，自2002年2月1日起施行，共计七章六十八条。《国务院关于修改〈出版管理条例〉的决定》于2011年3月16日由国务院第147次常务会议通过，2011年3月19日公布并施行，共计九章七十四条。《出版管理条例》分为总则、出版单位的设立与管理、出版物的出版、出版物的印刷或者复制和发行、出版物的进口、出版物的监督与管理、出版物的保障与奖励、出版物的法律责任等八方面内容。其中总则强调出版活动应该坚持为人民和社会主义服务并将社会效益放在首位、公民依法享有出版自由、国家行政部门依法对出版活动进行监督管理等内容。在出版单位的设立与管理方面强调了设立出版单位的具体条件、审批手续、申请书所包含的内容以及出版单位变更名称、终止活动等的管理办法。在出版物的出版方面，强调了出版单位的责任编辑制度、出版物禁载的内容，出版物应该注明作者、书号或刊号等信息，以及出版物的规格、开本、版式、装帧、校对应该如何处理。在出版物的印刷或者复制和发行方面，强调了设立出版物印刷与复制单位应如何向政府部门提出申请、如何承接境内境外业务、如何通过互联网发行、不得印刷的出版物等。在出版物的进口方面，规定了设立出版物进口经营单位的条件、境内境外举办展览的方式等。在出版物的监督与管理方面规定了出版行政主管部门的职责、对出版物监督检查的具体方面等。在出版物的保障与奖励方面，规定了出版物受奖励、受保障的条件等。在出版物的法律责任方面，详细规定了出版单位从事出版活动以及与出版活动相关的行为所应该依据的法律条例，还有违反条例后应该付出的法律代价。

《图书质量管理规定》于2004年12月9日新闻出版总署第四次署务会通过，2005年3月1日起施行，共二十条，规定了图书质量管理的范围、内容、等级、标准，图书整体设计和封面的处理，图书质量检查的实施者、程序、奖惩办法等。

《出版物市场管理条例》经2011年3月17日新闻出版总署第一次署务会议和商务部通过，2011年3月25日公布，分总则、出版物发行单位设立、出版物发行活动管理、罚则、附则共五章四十五条。此前新闻出版总署和有关部门颁布的《出版物市场管理规定》《音像制品批发、零售、出租管理办法》《外商投资图书、报纸、期刊分销企业管理办法》和《中外合作音像制品分销企业管理办法》及有关补充规定同时废止。《出版物市场管理条例》共六章。第一章对出版物市场规定了总体规则。第二章规定了设立出版物总发行企业或者其他单位从事出版物总发行业务的详细条件。第三章规定了申请设立出版物总发行企业或者其他单位申请从事出版物总发行业务、零售业务、批发业务、出租业务、连锁经营业务所需的文件材料；同时也规定了中外合资经营企业、中外合作经营企业和外资企业经营出版物发行业务的条件和审批程序，互联网发行的程序，以及申请设立书友会、读者俱乐部等组织的程序。第四章主要涉及出版物发行活动管理，比如何种出版物不得发行、对内部发行出版物的规定、从事出版物发行业务的单位和个人应遵守的条例和原则、出版物发行单位的职业培训制度、教科书发行管理、从事出版物发行业务的单位和个人应接受年度核验等。第五章主要是对违规出版物与出版行为的处罚条例。第六章对港澳台地区的投资者在其他省、自治区、直辖市设立出版物发行企业及其发行、控股、连锁经营、接受审验等活动做出特别规定。

2. 艺术品市场的政策与法规，比较重要的有《传统工艺美术保护条例》《美术品经营管理办法》等。

《传统工艺美术保护条例》由1997年5月20日国务院令第217号发布，共二十一条。第一条是条例宗旨，即保护传统工艺美术、促进传统工艺美术事业的繁荣与发展。第二条规定了什么是传统工艺美术，即百年以上、历史悠久、技艺精湛、世代相传、有完整的工艺流程、采用天然原材料制作、具有鲜明的民族风格和地方特色、在国内外享有声誉的手工艺品种和技艺。第三条指出国家和地方政府对传统工艺美术的态度是保护、发展、提高。第四条指明负责保护传统工艺美术的责任部门。第五条和第六条是国家对传统工艺美术品种和技艺实行的认定制度。第七条和第八条是如何向政府部门申请传统工艺美术保护。第九条是国家对认定的传统工艺美术技艺采取的详细保护措施。第十条和第十一条规定中国工艺美术珍品的评审条件和保护措施。第十二条和第十三条规定了中国工艺美术大师的评审条件和享受的待遇。第十四条和第十五条规定了各级政府部门对工艺美术原料的统筹、安排与保护。第十六条指出国家鼓励地方各级政府根据本地区实际情况，采取必要措施，发掘和抢救传统工艺美术技艺，征集传统工艺美术精品，培养传统工艺美术技艺人才，资助传统工艺美术科学研究。第十七条和第十八条指出各级政府部门应如何扶持、帮助、管理传统工艺美术技艺和产品。第十九条是如何奖励在继承、保护、发展传统工艺美术事业中做出突出贡献的单位和个人。第二十条是对违反本条例行为的处罚。第二十一条指出本条例自发布之日起施行。

《美术品经营管理办法》于2004年6月2日由文化部部务会议审议通过，2004年7月1日发布并施行，共二十二条。第一条指明制定本办法的目的，即加强对美术品经营活动的管理，保护创作者、经营者、消费者的合法权益，促进美术品市场的健康发展。第二条确定了美术品与美术品经营活动的概念。第三条指明负责全国美术品经营活动的监督管理工作、制定美术品市场的发展规划、审批美术品进出口经营活动的责任单位为文化部。第四条至第八条列举了设立美术品经营单位或美术品进出口经营单位、增设美术品经营业务或从事美术品进出口经营活动的详细条件。第九条和第十条是对涉外商业性美术品展览活动的管理规定。第十一条是对当代艺术品精品的保护政策。第十二条是禁止经营的美术品的内容。第十三条是美术品经营单位应该遵守的规定。第十四条禁止美术品经营单位经营盗用他人名义的美术品。第十五条要求县级以上文化行政部门建立美术品经营单位的信用档案。第十六条规定了对擅自开展美术品进出口经营活动或者涉外商业性美术品展览活动的处罚。第十七条规定了对擅自经营包含违禁内容美术品的单位的处罚。第十八条规定了对违反本办法行为的处罚。第十九条规定了对违反美术品著作权法行为的处罚。第二十条对违法当事人的权利做了说明。第二十一条指明本办法由文化部负责解释。第二十二条规定本办法自2004年7月1日起施行，1994年11月25日公布的《美术品经营管理办法》同时废止。

3. 收藏品市场的政策与法规，集中体现于1982年制定实施的《中国文物保护法》。这是中国文化领域内的第一部专门法律，2002年10月修订并改称为《中华人民共和国文物保护法》。新法有了不小的变化，由原来的三十三条扩展到八十条，在内容上也做了较大的修订，从不可移动的文物到考古发掘、馆藏文物、民间收藏、文物出入境都比原来有了更详细的规定。修订的重点内容有三：一是规范文物流通领域的管理。①此前国家禁止除指定专营店之外任何形式的文物买卖，民间收藏爱好者对文物收藏如涉雷区。修订后的文物保护法规定：文物收藏单位以外的公民、法人和其他组织以合法方式取得的文物可以依法流通；文物价格由市场决定，通过指定拍卖企业拍卖确定；文物主管部门对民间收藏文物的资质进行审核鉴定。②新法加强了对文物经营和拍卖的管理，明确了对文物经营单位的资格审批和管理的措施，减少了文物拍卖对地下文物、馆藏文物保护的负面影响。新法特别指出文物拍卖企业不得经营文物购销业务、文物购销经营单位不得经营文物拍卖业务，禁止设立中外合资、合作或外商独资的文物购销经营单位和文物拍卖企业。二是加强文物保护。首次确立了"保护为主、抢救第一、合理利用、加强管理"的 16 字方针，明确了各级政府负责本地文物保护工作的职责，完善和建立了一系列保护文物、确保文物安全的制度和措施。增加了有关文物分级和鉴定的条款。增加了保护历史文化街区的内容。为防止国有不可移动文物的流失，规定国有不可移动文物不得转让、抵押，不得作为企业资产经营。建立了考古发掘单位的资质审核制度，加强了对考古发掘活动的监督和管理。增加了公布可能埋藏文物密集区域的制度；在建设工程涉及文物保护单位或已经登记的文物时，规定建设单位应事先会同文物部门进行文物调查和勘探；对发现的文物，首先应由文物管理部门提出保护意见，并同有关部门共同商定处理办法。三是进一步完善法律责任规定，强化了文物行政执法的权力。文物行政管理部门有权责令改正和予以处罚。在法律责任部分，注意了与现行刑法相衔接，补充了应当受到行政处罚的行为，加大了处罚的力度。

4. 影视市场的政策与法规，重要的有《电影管理条例》《关于加快电影产业发展的若干意见》《中外合作摄制电影片管理规定》《电影企业经营资格准入暂行规定》《外商投资电影院暂行规定》《广播电视管理条例》《关于促进广播影视产业发展的意见》《广播电视设施保护条例》等。

《电影管理条例》于 2001 年公布，自 2002 年 2 月 1 日起施行，共六十八条。从第一条到第七条属于总则，说明了制定条例的目的、条例适用的范围、政府的管理方式和奖励方式等。从第八条到第二十三条属于电影制片管理，指出了电影制片单位的设立条件、民事权利与责任、变更与终止的手续、活动范围、应设立管理制度、对其摄制的电影片享有著作权，规定了电影制片单位以外的单位独立从事电影摄制业务的审批手续、企业事业单位和其他社会组织以及个人以资助投资的形式参与摄制电影片的办法、对与境外电影制片者合作交流的管理、中外合作摄制电影片的申请程序、中外合作摄制电影片所需进口设备的进口手续、对电影底片样片的冲洗及后期制作的要求、对电影洗印的要求等。从第二十四条到第二十九条属于电影审查制度，包括电影审查的范围、禁片的内容、电影制片单位在审查时应履行的手续、电影审查单位审查的程序、电影制片单位申请复审的权利等。从第三十条到第三十五条属于电影进出口管理，规定了可以经营的电影进口业务的范围、进口供公映的电影片的审查手续、进口供科学研究与教学参考的专题片资料片的审查手续、电影出口手续、在国内外举办影展的手续等。从第三十六条到第四十五条属于电影发行放映管理，规定了设立电影发行单位、电影放映单位的具体条件。从第四十六条到第五十三条是电影事业的保障，规定了国家对电影发展的保障措施，比如设立电影事业发展专项扶持资金，鼓励扶持科学教育片、纪录片、美术片及儿童电影片的制片、发行和放映，对少数民族地区、边远贫困地区和农村地区发行放映电影实行优惠政策，对干扰、阻止和破坏电影片的制片、发行、放映的行为进行处罚，等等。从第五十四条到第六十六条是对违反本条例行为的处罚措施。第六十七条与六十八条规定了“摄制电影许可证”“电影发行经营许可证”“电影放映经营许可证”的年检制度以及本条例开始施行的日期。

《关于加快电影产业发展的若干意见》是 2004 年 2 月国家广电总局发出的意见性文件，分九部分：一是我国电影产业发展的形势和任务，包括电影产业发展的重要性和紧迫性、指导思想和原则、目标和任务。二是重塑市场主体，搞活微观运行机制，包括加快国有电影单位转制、积极推进股份制、扩大电影集约化经营、深化电影企业内部机制改革等。三是调整产业结构，多元开发市场，包括建立电影产品的多元盈利模式、开发多层次电影市场。四是深化流通体制改革，建立现代市场体系，包括引入开放市场竞争、深化院线制改革、提高影院经营管理水平、积极培育市场中介组织等。五是转变政府职能，完善宏观调控体系，包括转变政府管理职能、制定电影产业中长期发展规划、建立电影市场监管体系、发挥行业协会作用。六是健全电影法规，调整产业政策，包括完善电影法规政策体系、规范电影市场准入制度、改革电影立项和审查制度、改进电影资助和评奖机制、调整电影融资政策、落实电影产业优惠政策等。七是加快电影数字化进程，促进电影产业升级，包括提高电影制作技术水平、推动数字电影的全面发展、提高电影管理的现代化水平等。八是繁荣电影创作，加快产品创新，包括坚持正确方向、多出优秀作品、更新电影创作观念、鼓励艺术创新等。九是加大公益事业投入，加强重点项目扶持，包括确保国家重点影片拍摄、广泛普及电影放映、大力实施电影“走出去”工程、认真保护电影遗产、积极培养电影人才、加强电影理论和电影科学研究。

《广播电视管理条例》由国务院于1997年9月1日颁布施行，共六章五十五条。第一章是总则，提出了条例制定的目的和适用的范围、广播电视行业的管理体制等。第二章是广播电台和电视台的设立条件、主管部门，台名、台标、节目设置范围、节目套数的审批程序。第三章是广播电视传输覆盖网的规划和频率、广播电视发射台和转播台的管理和建设、安装卫星广播电视地面接收设施的要求，禁止任何单位和个人破坏、侵占、干扰广播电视传输覆盖网。第四章是对广播电视节目的要求，规定了禁播的内容、节目制作播放的原则和具体要求、广播电视节目的具体管理办法、播放境外电视节目的比例、进口转播境外广播电视节目的手续、播放广告的要求、举办国际性和全国性的广播电视节目交流交易活动的手续，指出广播电视节目的创作者、表演者、制作者、播放者和录制者等享有《中华人民共和国著作权法》规定的权利。第五章是对违反本条例行为的处罚办法。第六章要求条例施行前已经设立的广播电台、电视台、广播电视发射台、转播台、广播电视节目制作经营单位如何重新办理审批手续。

《关于促进广播影视产业发展的意见》是2004年2月国家广电总局提出的，今天看来依然适用。其内容包括：第一，分析了我国广播影视产业发展面临的形势，指出了取得的成绩和存在的问题。主要问题有：一是从总体上看，我国广播影视产业还处于起步、探索的初级阶段，竞争力不强，广播影视产品的进口大大超过出口。二是条块分割严重，已很不适应改革开放和社会主义市场经济的发展要求，严重影响和制约了广播影视产业发展。三是产业发展不平衡，地区差异很大，行业发展也不平衡。电视较强，增长较快，已成为整个广播影视产业的龙头和支柱；广播和电影相对较弱，存在不少困难；网络建设较快，但业务开发不足，未形成整个产业新的经济增长点，不少网络公司还面临亏损。四是广播影视的产业政策和法律法规还不完善，较少考虑产业的发展特别是在社会主义市场经济条件下产业的发展问题。第二，提出了发展广播影视产业的指导思想和基本思路。基本原则为：要坚持正确方向，坚持面向市场，坚持改革创新，坚持国有为主、多种经济成分共同发展。基本思路和重点是：一要强化优势产业。继续保持现有电视产业经营特别是广告经营的持续增长；尽快实现电视产业经营的转型，改变单纯依赖广告的经营模式和盈利方式；积极开办付费电视，使之成为电视产业经营的又一个重要收入来源；积极扩大电视节目经营和资源开发。二要振兴弱势产业，主要是指广播、电影、动画等。三要发展新兴产业。数字技术、网络技术的迅速发展和应用，使广播影视网络成为以提供内容服务为主的非常重要的新兴产业。四要改造传统产业。五要重视高新产业。第三，提出了发展广播影视产业的相关措施：深化体制机制改革，培育发展市场主体；扩大投融资渠道，放宽市场准入；依托高新技术，促进产业升级；积极实施“走出去”工程，谋求国际化发展；建立健全法律法规，强化政府监管；加强产业扶持与人才培训。

除了《电影管理条例》《关于加快电影产业发展的若干意见》《广播电视管理条例》《关于促进广播影视产业发展的意见》之外，比较重要的还有《中外合资、合作广播电视节目制作经营企业管理暂行规定》，该规定2004年11月28日起施行，但2009年2月就废止了。此外，值得注意的是，随着信息时代网络的日益普及与发达，关于网络电影、网络电视、网络广播的政策制定也逐渐被提上日程。2009年8月19日，国家广电总局发出《广电总局关于加强以电视机为接收终端的互联网视听节目服务管理有关问题的通知》，纠正、查处一些企业为谋取不当经济利益，未经行业主管部门批准和著作权人授权，擅自将互联网上的影视剧等各类视听节目，随意传送到电视机终端供用户收看，严重侵犯著作权人的合法权益，扰乱互联网视听节目传播秩序的行为。更规范、涉及面更广泛的网络影视广播政策正在酝酿中。

5. 网络市场的政策与法规，主要包括《互联网信息服务管理办法》《互联网出版管理暂行规定》《关于维护互联网安全的决定》《互联网上网服务营业场所管理条例》《国务院法制办公室对文化部关于提请解释〈互联网上网服务营业场所管理条例〉有关条文的函的复函》《文化部关于加强互联网上网服务营业场所连锁经营管理的通知》《互联网文化管理暂行规定》《文化部关于实施〈互联网文化管理暂行规定〉有关问题的通知》《文化部、信息产业部关于网络游戏发展和管理的若干意见》《文化部关于加强网络游戏产品内容审查工作的通知》。

《互联网信息服务管理办法》由2000年9月20日国务院第31次常务会议通过并实施，共二十七条。第一条是本办法制定的目的。第二条是本办法的适用范围。第三条将互联网信息服务分为经营性和非经营性两类。第四条指出国家对经营性互联网信息服务实行许可制度，对非经营性互联网信息服务实行备案制度。第五条指出从事新闻、出版、教育、医疗保健、药品和医疗器械等互联网信息服务的部门需依法经有关主管部门审核同意。第六条至第十条规定了互联网信息服务部门向行政主管部门申请经营许可或办理备案手续的具体办法。第十一条至第十三条对互联网信息服务提供者的服务方式做出规定。第十四条指出从事新闻、出版、电子公告等服务项目的互联网信息服务提供者和互联网接入服务提供者需要记录的信息种类以及保存时间。第十五条是互联网信息服务提供者不得提供的有害信息。第十六条对互联网信息服务提供者发现有害信息时的处理方式做了说明。第十七条说明了与外商合资合作提供互联网信息服务所应遵守的规定。第十八条规定了对互联网信息服务实施监督管理的政府部门。从第十九条到第二十五条是对违反本办法行为的处罚。第二十六条要求在本办法公布前从事互联网信息服务的需要自本办法公布之日起60日内依照本办法的有关规定补办有关手续。第27条指出办法施行的时间。

《互联网文化管理暂行规定》于2011年2月11日由文化部部务会议审议通过，自2011年4月1日起施行，共三十四条。第一条是制定目的。第二条定义了互联网文化产品及其范围。第三条定义了互联网文化活动及其范围。第四条定义了互联网文化单位。第五条规定了从事互联网文化活动的原则。第六条指出文化部、地方政府文化行政部门、文化市场综合执法机构在对互联网文化活动进行管理的过程中各自的职责。第七条至第十一条对申请设立经营性互联网文化单位、非经营性互联网文化单位提交备案做出详细规定。第十二条指出互联网文化单位应当在其网站主页的显著位置标明“网络文化经营许可证”编号或者备案编号。第十三条和第十四条对经营性互联网文化单位设立或变更单位名称、网站名称、网站域名、法定代表人、注册地址、经营地址、股权结构，以及变更许可经营范围、终止互联网文化活动的手续做了说明。第十五条对进口互联网文化产品的内容审查做了说明。第十六条规定了互联网文化单位提供的文化产品中禁止登载的内容。从第十七条到第三十一条对违反本规定与互联网的相关法律的行为如何进行处罚做了说明。第三十二条指定了文化市场综合执法机构。第三十三条对文化行政部门和文化市场综合执法机构如何查处违法经营活动做了说明。第三十四条对本规定的施行时间做了说明。

6. 演艺市场的政策与法规，主要包括《营业性演出管理条例》《营业性演出管理条例实施细则》《文化部办公厅关于落实演出市场监管职责、规范演出市场行政行为的通知》《文化部关于促进商业演出展览文化产品出口的通知》《〈国家商业演出展览文化产品出口指导目录〉管理办法》《文化部、财政部、人事部、国家税务总局关于鼓励发展民营文艺表演团体的意见》《文化部涉外文化艺术表演及展览管理规定》《文化部关于修订〈文化部涉外文化艺术表演及展览管理规定〉〈音像制品批发、零售、出租管理办法〉〈互联网文化管理暂行规定〉等规章的决定》《在华外国人参加演出活动管理办法》等。

现行《营业性演出管理条例》是根据2008年7月22日《国务院关于修改〈营业性演出管理条例〉的决定》修订的，共六章。第一章是总则，指出制定本条例的目的、定义了营业性演出、指明营业性演出的监管部门。第二章指明营业性演出主体如何设立，如设立文艺表演团体与演出经纪机构所需的条件。第三章主要是对营业性演出的规范，如规定了营业性演出参与单位的责任、申请举办营业性演出的材料和程序、举办外国的或者港澳台地区的文艺表演团体或个人参加的营业性演出的条件与申请手续、演出场所经营单位提供演出场地举办表演时所应当履行的手续、演出现场秩序如何组织、营业性演出禁止演出的内容和方式、对募捐义演的要求等。第四章主要指出了各级文化主管部门、公安部门如何监督管理营业性演出。第五章列举了营业性演出所涉及的法律责任问题，规定了对违反本条例行为的处罚方式。第六章规定对于民间游散艺人的营业性演出，省、自治区、直辖市人民政府可以参照本条例的规定制定具体管理办法，同时指出本条例开始施行的日期。

《营业性演出管理条例实施细则》于2009年8月5日由文化部部务会议审议通过，自2009年10月1日起施行，共六章。第一章是总则，确定了细则实施的目的，说明了什么是营业性演出等。第二章对营业性演出经营主体做出了规定，定义了文艺表演团体、演出经纪机构、演出场所经营单位，并规定了各自的设立条件和手续。第三章主要是演出管理方面的内容，如申请举办营业性演出的手续、申请举办营业性涉外或者涉港澳台演出所需文件、申请在非歌舞娱乐场所举办营业性涉外演出所需手续、举办营业性演出所应履行的义务、举办单位在举办营业性涉外或者涉港澳台演出中的责任、邀请本单位以外的专业人士进行营业性演出所应履行的手续、对真唱假唱的判断标准、募捐义演的手续、演出投资单位的权利、演出器材的选用、门票的出售、文化部门补贴的演出的范围、各级文化主管部门的责任、演出行业协会的职责等。第四章涉及演出许可证管理的内容，对文艺表演团体和演出经纪机构营业性演出许可证的出示、备案、使用做出了详细规定。第五章是对违反本细则行为的处罚。第六章指出本细则归文化部负责解释，说明细则的实施日期。

7. 广告市场的政策与法规，核心为《中华人民共和国广告法》《广告管理条例》《中华人民共和国反不正当竞争法》，以及更具体的《广告管理条例施行细则》《印刷品广告管理办法》等。

《中华人民共和国广告法》针对广告多方面的事宜进行法律规范，主要目的在于规范广告市场，维护消费者权益。该法于1994年10月27日制定，1995年2月1日正式生效施行，共六章。第一章是总则，指出制定本法的目的，定义了广告主、广告经营者、广告发布者，明确了广告发布的原则和广告监督管理机关。第二章是广告准则，规定了广告中禁止的内容，广告中对商品的性能、产地、用途、质量、价格、生产者、有效期限、允诺的处理方式，广告的数据、统计资料、调查结果、文摘、引用语的处理方式，当涉及专利产品或专利方法时如何处理，药品、医疗器械广告中禁止的内容，如何发布药品、农药、烟草、食品、酒类、化妆品广告，等等。第三章是广告活动规范，包括广告主、广告经营者、广告发布者的权利义务与竞争方式，广告主委托他人设计、制作、发布广告所需的文件，广告主进行广告业务的承接登记、审核、档案管理，广告收费，广告发布者向广告主、广告经营者提供的资料，设置户外广告的规则，等等。第四章是广告的审查，规定了审查广告的行政主管部门，对广告主申请广告审查、行政主管部门的广告审查活动进行了规定。第五章是关于广告的法律责任问题，明确规定了对违反本法行为的处罚。第六章规定了本法开始施行的日期。

《广告管理条例实施细则》于2004年11月30日由国家工商行政管理总局公布，2011年12月12日修改，共二十八条。第一条指出制定目的。第二条说明管理范围。第三条至第七条规定了申请经营广告业务的条件和手续。第八条规定了广告客户申请利用除广播、电视、报刊以外的媒介为卷烟做广告的审批手续。第九条是广告客户申请发布广告所应出具的证明。第十条规定申请发布商品广告所应交验的质量证明。第十一条规定申请发布报刊出版发行广告、图书出版发行广告、各类文艺演出广告所需的有关证明。第十二条规定申请刊播各类展销会、订货会、交易会等广告，个人启事、声明等广告所需的有关证明。第十三条规定广告客户申请刊播、设置、张贴广告，应当提交各类证明的原件或有效复制件。第十四条规定了广告代理的收费标准。第十五条规定了国内企业在境外发布广告，外国企业（组织）、外籍人员在境内承揽和发布广告的方式。第十六条规定了代理广告者和发布广告者的责任。从第十七条到第二十七条详细规定了对违反本细则行为的处罚办法。第二十八条指明了本细则开始实施的日期。

8. 旅游市场的政策与法规。我国关于旅游市场的法规与规范性文件相对于其他文化市场而言更丰富，主要包括《旅行社管理条例》《旅行社管理条例实施细则》《导游人员管理条例》《中华人民共和国出境入境边防检查条例》《中华人民共和国海关对中国籍旅客进出境行李物品的管理规定》《国内航空运输承运人赔偿责任限额规定》《出境旅游领队人员管理办法》《全国农业旅游示范点、工业旅游示范点检查标准（试行）》《旅游发展规划管理办法》《旅游规划设计单位资质等级认定管理办法》《旅游行业技术能手评选、表彰办法》《旅游行业工人技术等级标准》《旅游景区质量等级的划分与评定》《旅游规划通则》《旅游厕所质量等级的划分与评定》《旅行社出境旅游服务质量》《中国优秀旅游城市检查标准》等。

《旅游景区质量等级的划分与评定》由国家质量监督检验检疫总局2004年10月28日发布，2005年1月1日起实施，主要用来对国内各种旅游景点进行质量评估，分为六部分：第一部分为本标准的适用范围。第二部分为本标准的分类，包括环境空气质量标准、城市区域环境噪声标准、地表水环境质量标准、公共信息标志用图形符号、导游服务质量标准等。第三部分是对本标准涉及的重要概念旅游景区、旅游资源、游客中心进行解释。第四部分是对旅游景区质量等级及标志进行解释。第五部分是重点，详述了旅游景区质量等级的划分条件，包括旅游交通、游览设施与服务人员、旅游安全、卫生、通讯、旅游购物、经营管理、资源与环境保护、旅游资源吸引力、市场吸引力、游客数量、游客满意度等12个方面。根据这些条件，全国的旅游景区质量等级被划分为五级，从高到低依次为AAAAA、AAAA、AAA、AA、A级旅游景区。第六部分说明了旅游景区质量等级划分的依据是“服务质量与环境质量评价体系”“景观质量评价体系”的评价得分，并参考“游客意见评价体系”的得分。

《旅行社管理条例》经2009年1月21日国务院第47次常务会议通过，自2009年5月1日起施行，分为六章：第一章是总则，规定了本条例设定的目的和适用的范围、监督管理各级旅行社的政府部门、旅行社的经营原则、旅行社行业组织的作用等。第二章主要规定了各种类型旅行社设立和变更的手续、旅行社质量保证金的管理方法等。第三章规定了外商投资旅行社的条件和手续等。第四章是关于旅行社经营的规定，如旅行社不得做虚假宣传、向旅游者提供的旅游服务信息必须真实可靠、不得组织旅游者到国务院旅游行政主管部门公布的中国公民出境旅游目的地之外的国家和地区旅游、不得以低于旅游成本的报价招徕旅游者、旅行社与旅游者签订的旅游合同必须载明的事项、导游人员的行为准则、旅行社需要对旅游业务做出委托的手续与要求、投保旅行社责任险的要求、旅游者在境外滞留不归的处理办法等。第五章是关于监督检查旅行社的条款，主要规定了旅游、工商、价格、商务、外汇等行政管理部门对旅行社管理的责任细节。第六章规定了违反本条例所应承担的法律责任。

关于各种主要类型的文化市场的经营和营销的重要政策法规明确显示出，相关的政府部门正在转变“管”的职能，不再如计划经济时代那样从上而下发号施令进行控制，而是将具体的管理、营销、经营的权力交给文化企业，自身以加强监管为主。而生产、经营、营销各种文化产品的企业也正在逐步完善企业化的组织形式，确立自身市场主体的身份，积极促进文化产业市场经济的发展。

第二节　文化市场营销的公众批评与规范

有责任感的文化市场营销者实行的是文化消费者需要并且会做出反应的营销，是能够让消费者满意并且能够给消费者创造价值同时也给生产者创造利润的营销。这样的营销应该是对社会无害的，一旦对社会产生有害的影响，就会招致公众从各种自发渠道发出的各种批评，同时公众还会采取行动来限制和规范有害的文化市场营销行为以及普通文化市场营销行为的负面影响。

一、有害的文化市场营销方式

文化消费者会高度关注营销系统如何为他们服务，他们对营销系统的指责主要集中在营销者通过抬高价格、欺骗性行为、高压倾销、劣等产品、故意淘汰以及向弱势消费者提供低质服务等方式对消费者的权益造成损害。

1. 抬高价格。许多批评者会指责价格系统总是使实际价格比合理价格高，他们认为这主要是由过高的分销成本、促销成本以及某些不必要的额外成本造成的。

（1）过高的分销成本。分销商对所提供的服务的要价有时要远远超过其价值。批评者认为某些种类和品牌的文化产品分销商过多、分销效率低下、提供的服务毫无必要或重复较多，这导致分销成本无谓地提高，而消费者则需要通过更高的价格为这些额外成本买单。

（2）过高的促销成本。批评者指出，现代文化营销有时会抬高价格为大量的广告和促销提供经费，但生产商的大部分包装与广告只是增加了产品附加的心理价值，而并没有增加其功能价值或实质的文化价值；分销商进一步使用没有实质意义的促销、广告、展示以及现场抽奖等，目的仅在于使零售价格再高一点。

（3）不必要的额外成本。批评者们发现有些文化企业给产品标出了过高的价格，目的在于让消费者为他们不必要的额外成本买单。

2. 欺骗性行为。批评者们指责营销者采用欺骗性行为误导消费者，使他们相信获得了比实际所得更多的价值。欺骗性行为通常体现为欺骗性的价格、促销和包装。欺骗性的价格包括一些宣称“出厂价”“批发价”以及一些对假的高零售价大幅度打折降价的行为。欺骗性的促销包括夸大产品的特色和功能，欺骗消费者购买已经脱销的便宜货，进行虚假竞争。欺骗性的包装包括通过细微的设计夸大包装的容量，不将包装装满，采用有误导作用的标签以及用有误导作用的广告语描述商品。

3. 高压销售。营销者有时会向消费者高压销售，说服他们购买以前从未想过要购买的文化产品。销售人员通常会接受专门训练诱使人们购买。在大多数情况下，这些技巧可能对短期获利有用，但从长远来看，营销者们从高压销售中无利可图。营销者必须同有价值的顾客建立起长期的合作关系，但高压或欺骗性的销售会给这些关系带来很大伤害。

4. 劣等产品。营销系统受公众诟病最多的一条就是产品不具备它们应有的质量。产品质量劣等通常体现为：产品制造得不够好，服务质量差；产品没有多少用处，不符合广告与包装的宣传，与消费者期待相去甚远；生产商的漠视、生产工序的复杂、劳动力熟练程度不够、质量控制较差等导致产品质量不过关。

5. 故意淘汰。这体现在：第一，有些生产商依照一些诱导消费的计划，使他们的产品在尚不需要替换之时就“过时”。比如有的生产商持续地改变顾客对于时尚的观念来刺激更早、更多的购买，最明显的例子就是服饰生产商对于服饰时尚观念的不断更新。第二，还有些生产商故意隐藏一些公众期待的新产品或新功能，然后在晚些适当的时候放出这些功能让旧的款式黯然失色，比如英特尔与微软故意不发布新一代的计算机芯片与软件，直到当时主流一代产品的市场基本饱和才发布。第三，还有的生产商使用比正常情况下更容易磨损、锈蚀或腐蚀的原料与原件来制造文化产品。

6. 给予弱势消费者低质服务。有的营销者被批评者指责为对弱势消费者的服务很低劣。比如城市中的贫民的日常文化消费就得不到基本保障，他们只能去当地物价很高、质量很差的小商店里去购买文化产品或服务。[①]

二、普通文化市场营销的负面影响

即使是普通的文化市场营销，其对于社会生活也会有些不利的负面影响，这也构成了批评者们指责的目标。这些不利的影响包括：营销者们制造虚假需求、文化污染严重、通过营销来争夺政治权力、通过营销与其他企业进行不正当竞争。

1. 虚假需求。消费者有时并没有意识到自己对于某些文化产品或服务的需求并不是出自本身自然而然的需要，而是被营销者的广告与花样频出的促销行为蛊惑的结果。营销者们会通过大众媒体创造并不断强化某种理想的生活模式，使消费者认为购买营销者的产品或服务可以创造或进入那种理想的生活，而实际上商家从这种需求中的受益要比消费者多得多。这种需求通常被称为虚假需求。不过，商家制造的虚假需求在实际上并不能真正控制消费者最终的消费行为。因为消费者在心理上通常会对营销活动产生一定程度的抵制；他们在做消费决策的时候总会搜寻可靠的信息，并不仅仅依靠单一的信息源；而且他们只有在产品功能与承诺一致的情况下才会重复购买。

2. 文化污染。批评者们一直在指责营销系统带来的文化污染。营销者们通过大众媒体进行的广告和多种多样的促销活动无时无刻不在冲击消费者们的感官，比如商业广告片会打断一些严肃的节目、插播的商品广告和宣传会破坏美妙的音乐节目、长篇累牍的广告淹没了印刷品的内容、广告牌玷污了优美的风景等。尽管大多数消费者不觉得广告有多讨厌，批评者们却认为应该对其进行根本性的改革。

3. 政治权力。批评者们指责营销者们的宣传有时有控制公众文化利益、谋取政治权力之嫌。比如他们限制了大众媒体对产品与服务客观、独立的报道；他们制造虚假需求；他们出于自己的利益误导消费者，控制消

---

① 菲利普·科特勒等著，何志毅等译：《市场营销原理（亚洲版）》，408—410页，北京，机械工业出版社，2009。

费者的思想、观念、喜好等。比如在2013年浙江卫视《中国好声音》第二季那英组冠军战中，网络上人气极高且兼具气质与唱功的顶尖歌手姚贝娜最终输给了另一名初出茅庐的年轻选手萱萱。这引起了批评者们的强烈指责，被斥为音乐选秀节目的黑幕。而浙江卫视对此不得不做出反复解释和回应，并在一定程度上对比赛结果进行弥补。可见，有些曾经被认为无法侵犯的有影响力的商业利益也逐渐屈从于公众利益了。

4. 不正当竞争。批评者们认为有的企业的营销行为会导致企业之间的不正当竞争，进而破坏行业发展，败坏社会风气。这种不正当竞争体现为：第一，当企业通过并购竞争者而不是通过开发自己的新产品在市场上进行扩张的时候，就会有企业的利益受到损害。娱乐产业与传媒产业领域的很多龙头企业大肆吞并与并购实力相对弱小的企业，导致很多年轻有活力的竞争者没有了生存余地，这对整个文化产业的创新与更新十分不利。第二，有的企业的营销行为会极大阻碍行业新企业的进入。有些大企业会利用专利和大量的促销花费，同供应商或经销商联合起来，将竞争者赶出市场或干脆使竞争者无法进入市场。第三，有的企业采用不光彩的市场竞争行为故意伤害或者摧毁其他企业。比如将价格定得低于成本、威胁同供应商断绝业务关系、阻碍消费者购买竞争对手的产品。政府制定了大量法律来阻止这种掠夺性的竞争，然而在现实中要证明企业的目的或行为是否是掠夺性的却很难。[①]

三、公众规范文化市场营销的行为

文化市场营销的有害方式与不利影响会导致公众采取一些民间活动来规范文化市场营销的行为，这些民间活动包括网络维权、建立维权的社会组织、与相关社会组织合作维权、提交维权的立法提案等。

1. 网络维权。互联网为公众维护自己各方面的权利提供了非常便利的途径。公众可以将自己对产品或服务的个人意见发表在公众论坛或商家的服务网站上，甚至可以通过网络联合发起针对某种有害文化产品或服务乃至非法竞争的文化企业的声讨和谴责。

2. 建立维权的社会组织。国内外有诸多维护消费者权益包括文化消费权益的社会组织，比如国际消费者联盟组织、欧洲消费者同盟机构、中国

---

① 菲利普·科特勒等著，何志毅等译：《市场营销原理（亚洲版）》，411—412页，北京，机械工业出版社，2009。

消费者协会、澳大利亚消费者组织联盟、奥地利消费者协会、加拿大消费者协会、德国消费者协会、法国消费者联合会、中国香港消费者委员会、印度消费者指南社团、韩国消费者联盟、日本生活发展中心等。这些组织都是独立的、非营利性、非政治性的社会组织，宗旨是对商品和服务进行社会监督、积极主动地保护消费者的权益，其职能通常包括：向消费者提供消费信息和咨询服务；参与有关行政部门对商品和服务的监督、检查；就有关消费者合法权益的问题，向有关行政部门反映、查询，提出建议；受理消费者的投诉，并对投诉进行调查、调解；投诉事项涉及商品和服务质量问题的，可以提请鉴定部门鉴定，鉴定部门应当告知鉴定结论；就损害消费者合法权益的行为，支持受害的消费者提起诉讼；对损害消费者合法权益的行为，通过大众传播媒介予以揭露、批评。这些社会组织对维护消费者的文化权益通常会起到很重要的作用。

3. 与相关社会组织合作维权。相关的社会组织包括各种环境保护组织如中国环境保护基金会等、各种生态保护组织如全球绿色资助基金会等、各种社会公益联盟如中国公益联盟等、各种社会志愿者组织如北京国际志愿人员协会等、各种公益互助组织如青少年法律援助与研究中心等、各种妇女组织如妇联法律帮助中心等。文化消费者的权益受损或者为维护社会公益而需要组织行动时，可以与这些社会组织寻找契合点建立联系，合作维权。比如有的电子文化产品辐射过强，消费者就可以与某种环境保护组织合作，以抵制环境污染的名义维护自己健康消费电子文化产品方面的权利。再如，有的书籍或报刊登载了包含歧视妇女内容的文章，消费者可以与某种妇女组织合作，反对性别歧视，争取自己在舒适阅读书籍报刊方面的权利。

4. 提交维权的立法提案。如果有些文化产品或服务的危害造成了社会范围内的普遍影响，或者有些运用非法竞争手段的文化企业在业内影响巨大，消费者无法通过普通渠道对自己的权利进行保护，就可以通过提交立法提案的方式，呼吁建立相关法律，用国家机器来规范、限制甚至消除某些文化产品或服务或文化企业在消费者群以及行业内所造成的危害。

国外公众对文化市场的批评与规范已经具有一定的规模，而在中国，目前由于文化产业的发展还处于起步阶段，很多产业化方面的问题以及营销者与消费者之间的冲突并没有完全显现出来，公众规范文化市场营销的民间活动因此并不多。随着中国现代化整体进程的加快与当代社会生活的不断进步，文化市场营销方面自然会出现各种各样的问题，而民间维护文化消费权益的途径也会日益通畅和多样化。这些途径与国家相关的政策法规一起构成对文化市场营销活动实施规范与管理的社会化体系，共同保障文化消费者的权益，共同创造现代化的文化生活。

参考文献

一、辞书与编著

1.《辞海》，上海，上海辞书出版社，2000。

2.《马克思恩格斯选集》，北京，人民出版社，1972。

3.《马克思恩格斯全集》，北京，人民出版社，2008。

二、专著

1. 王育济、张友臣：《文化市场与营销》，天津，南开大学出版社，2007。

2. 王育济、齐勇锋、侯样祥、韩英主编：《中国文化产业学术年鉴(1979—2008)》，山东大学出版社、文化艺术出版社，2009。

3. 牛淑萍：《文化资源学》，福州，福建人民出版社，2012。

4. 郭国庆：《市场营销管理——理论与模型》，北京，中国人民大学出版社，1995。

5. 方明光：《文化市场与营销》，上海，上海人民出版社，2003。

6. 赵玉忠：《文化市场概论》，北京，中国时代经济出版社，2004。

7. 蔡嘉清：《文化产业营销》，北京，清华大学出版社，2007。

8. 李康化：《文化市场营销学》，太原，书海出版社、山西人民出版社，2006。

9. 孙亮：《文化艺术市场营销》，北京，文化艺术出版社，2008。

10. 徐浩然、雷琛烨：《文化产业管理》，北京，社会科学文献出版社，2006。

11. 陈初友、王国英：《TOP 创意学经典教程》，北京，北京出版社，1998。

12. 陈勤：《媒体创意与策划》，北京，中国传媒大学出版社，2009。

13. 舒勇、子月：《行为·艺术营销》，广州，广东经济出版社，2005。

14. 吴曼芳：《电影市场营销中的媒体策略研究》，北京，中国电影出版社，2007。

15. 李光斗：《故事营销》，北京，机械工业出版社，2009。

16. 周游：《学校营销：战略设计与品牌经营》，北京，中国社会科学出版社，2008。

17. 田长广：《影视创作与营销策划》，北京，北京大学出版社，2008。

18. 蔡尚伟、温洪泉：《文化产业导论》，上海，复旦大学出版社，2006。

19. 孟韬、毕克贵：《营销策划：方法、技巧与文案》，北京，机械工业出版社，2009。

20. 潘嘉玮：《加入世界贸易组织后中国文化产业政策与立法研究》，北京，人民出版社，2006。

21. 中共山东省委宣传部：《文化产业知识读本》，济南，山东人民出版社，2007。

22. 黄翔：《旅游节庆策划与营销研究》，天津，南开大学出版社，2008。

23. 于宁：《城市营销研究》，大连，东北财经大学出版社，2007。

24. 王国庆：《品牌概念战》，南京，南京大学出版社，2007。

25. 陆祖鹤：《文化产业发展方略》，北京，社会科学文献出版社，2006。

26. 单世联：《现代性与文化工业》，广州，广东人民出版社，2001。

27. 张岱年、方克立：《中国文化概论（修订版）》，沈阳，辽宁人民出版社，2004。

28. 孟元老：《东京梦华录（外四种）》，上海，古典文学出版社，1956。

29. 陈昕：《中国出版产业论稿》，上海，复旦大学出版社，2006。

30. 刘大可：《会展营销教程》，北京，高等教育出版社，2009。

31. 黄翔：《旅游节庆策划与营销研究》，天津，南开大学出版社，2008。

32. 闵大洪：《数字传媒概要》，上海，复旦大学出版社，2003。

33. 曹世潮：《文化营销战略：历史、景观、民俗和文化的价值如何实现》，北京，中国人民大学出版社，2006。

34. 郑新安：《影视赢销》，北京，中国传媒大学出版社，2006。

35. 李怀亮：《当代国际文化贸易与文化竞争》，广州，广东人民出版社，2005。

36. 胡惠林、单世联：《文化产业学概论》，太原，书海出版社、山西人民出版社，2006。

37. 菲利普·科特勒等著，何志毅等译：《市场营销原理（亚洲版）》，北京，机械工业出版社，2009。

38. 菲利普·科特勒等著，卢泰宏等译：《营销管理》，北京，中国人民大学出版社，2009。

39. 唐纳德·R·莱曼等著，王永贵译：《营销策划分析》，北京，北京大学出版社，2008。

40. 特伦斯·A·辛普著，廉晓红等译：《整合营销传播：广告、促销与拓展》，北京，北京大学出版社，2005。

41. 爱德华·泰勒著，连树声译：《原始文化》，桂林，广西师范大学出版社，2005。

42. 埃尔·李伯曼等著，谢新洲等译：《娱乐营销革命》，北京，中国人民大学出版社，2003。

43. 柏唯良著，朱宇译：《细节营销》，北京，机械工业出版社，2009。

44. 艾·里斯等著，左占平等译：《营销革命》，北京，中国财政经济出版社，2002。

45. 朱迪·斯特劳斯等著，时启亮等译：《网络营销》，北京，中国人民大学出版社，2007。

46. 安妮·T·科兰等著，蒋青云等译：《营销渠道》，北京，中国人民大学出版社，2008。

47. 克里斯托弗·洛克著，李华芳等译：《刚左营销：网络时代的商业艺术》，上海，上海人民出版社，2006。

48. 雷蒙德·威廉斯著，吴松江、张文定译：《文化与社会》，北京，北京大学出版社，1991。

49. 伯特·罗森布洛姆著，宋华等译：《营销渠道》，北京，中国人民大学出版社，2006。

50. 艾·里斯等著，寿雯译：《广告的没落，公关的崛起》，太原，山西人民出版社，2009。

51. 乔治·贝尔奇等著，张红霞等译：《广告与促销：整合营销传播视角》，北京，中国人民大学出版社，2006。

52. 托尼·摩根著，陈望译：《视觉营销：零售店橱窗与店内陈列》，北京，中国纺织出版社，2009。

53. 迈克尔·波特著，陈小悦译：《竞争战略》，北京，华夏出版社，2005。

54. 菲利普·科特勒著，高登第译：《科特勒营销策略》，北京，中信出版社，2007。

55. 凯文·莱恩·凯勒著，卢泰宏等译：《战略品牌管理》，北京，中国人民大学出版社，2009。

56. 安迪·班尼特等著，中国青年政治学院青年文化译介小组译：《亚文化之后：对于当代青年文化的批判研究》，北京，中国青年出版社，2012。

57. 菲利普·科特勒著，李健译：《科特勒：混沌时代的管理和营销》，北京，华夏出版社，2009。

58. 肯特·沃泰姆等著，台湾奥美互动营销公司译：《奥美的数字营销观点：新媒体与数字营销指南》，北京，中信出版社，2009。

59. 托米·T·艾荷南等著，钱峰等译：《3G营销》，北京，清华大学出版社，2009。

60. 杰里米·莱特著，洪慧芳译：《博客营销》，北京，中国财政经济出版社，2007。

61. 大卫·丹尼斯著，薛剑韬译：《电子邮件营销密码》，北京，人民邮电出版社，2009。

62. 斯科特·拉什等著，要新乐译：《全球文化工业：物的媒介化》，北京，社会科学文献出版社，2010。

63. 尼古拉斯·阿伯克龙比著，张永喜等译：《电视与社会》，南京，南京大学出版社，2001。

64. 菲利普·科特勒等著，陈燕茹译：《水平营销》，北京，中信出版社，2008。

三、论文

1. 王福瑜：《市场营销观念的历史演进及前瞻》，《山东经济战略研究》，1999 (11)。

2. 武谦：《中国商业电影分销渠道分析》，《文艺生活》，2011 (12)。

3. 秦妮：《SPSS统计软件在市场调研中的应用初探》，《边疆经济与文化》，2008 (10)。

4. 孙玮志：《图书出版业的文化营销》，《出版科学》，2007 (1)。

5. 何叶荣：《节庆文化产业营销模式研究》，《赤峰学院学报（自然科学版）》，2012（12）。

6. 许汉琴：《博物馆旅游文化产品开发与营销的路径》，《学习月刊》，2012（14）。

7. 周慧芳：《图书发行的文化营销策略》，《出版参考》，2012（17）。

8. 闫玉刚、宫承波：《文化产业与当代城市营销》，《山东社会科学》，2009（4）。

9. 李建军、相德蕊：《电视文化节目的营销策略》，《新闻传播》，2009（8）。

10. 黄鸣奋：《泛动画市场与文化营销》，《重庆邮电大学学报（社会科学版）》，2010（1）。

11. 魏雪飞：《“谢耳朵T恤”现象——“粉”文化视阈下的营销新商机》，《东南传播》，2010（11）。

12. 赵月枝：《文化产业、市场逻辑和文化多样性：可持续发展的公共文化传播理论与实践（上）》，《新闻大学》，2006（4）。

13. 赵月枝：《文化产业、市场逻辑和文化多样性：可持续发展的公共文化传播理论与实践（下）》，《新闻大学》，2007（1）。

14. 范玉刚：《文化面向市场：文化体制改革的方向——兼及市场中主流文化、大众文化与精英文化的关系》，《人文杂志》，2004（6）。

15. 赵宇：《收藏市场与股票市场的相关性研究及艺术品投资问题》，《科技创新导报》，2008（21）。

16. 宋继瑞：《体强力弱的中国影像市场》，《东方艺术》，2011（15）。

17. 赵晨：《增加价值是唯一诀窍：威斯康演绎网络产品分销之道》，《计算机与网络》，2000（10）。

18. 段玉英：《市场营销调研探讨》，《前沿》，2005（9）。

19. 李国春：《SPSS统计软件简介》，《循证医学》，2003（4）。

20. 邱明锋：《CIS企业形象设计方案开发研究》，《中国西部科技》，2010（34）。

21. 甘碧群、邬金涛：《美国企业生态营销演进历程及对我国的启示》，《经济评论》，2002（5）。

22. 张静中：《论可持续营销》，《武汉大学学报》，2008（6）。

23. 侯涛：《网络营销中的客户信息管理》，《情报杂志》，2003（4）。

24. 吴志刚：《营销控制的影响因素及类型选择》，《煤炭经济研究》，2003（8）。

25. 初广志：《中国文化的跨文化传播——整合营销传播的视角》，《现代传播（中国传媒大学学报）》，2010（4）。

26. 王长征：《从消费文化的变迁看后现代营销的整合》，《外国经济与管理》，2006（1）。

27. 王乾任：《书店跨文化营销：本土化运作是关键》，《出版参考》，2013（6）。

28. 黄洋：《博物馆文化产品淘宝网营销分析——以“故宫淘宝”为例》，《博物馆研究》，2011（4）。

29. 贺婕：《浅谈韩国文化产业的营销之道》，《新闻传播》，2011（12）。

30. 祖峰：《品牌营销与本土文化的共容与发展》，《经营与管理》，2009（3）。

31. 李建等：《中国文化传播与影视剧的海外营销》，《电视研究》，2009（1）。

四、英文著作

1. Philip Kotler. *Marketing Management*, Prentice Hall International Corporation, 1984.

2. Philip Kotler, Gary. Armstrong, Swee Hoon Ang, Siew Meng Leong, Chin Tiong Tan, David K. Tse: *Principles of Marketing: An Asian Perspective*, Pearson Education, Inc., Publishing as Prentice Hall, 2004.

3. Terence A. Shimp. *Advertising, Promotion and Supplemental Aspects of Integrated Marketing Communications*, South-Western, a part of Cengage Learning, 2003.

4. Edward B. Tylor. *Primitive Culture: Researches into the Development of Mythology, Philosophy, Religion, Language, Art and Custom*, John Murray, 1929.

5. K. Diggles. *Guide to Arts Marketing: The Principles and Practice of Marketing as they Apply to Arts*, London Rhinegold Publishing Limited, 1986.

6. Al Lieberman Patricia Esgate. *The Entertainment Marketing Revolution: Bringing the Moguls, the Media, and the Magic to the world*, Financial Times Prentice Hall, 2002.

7. Joanne Scheff Bernstein. *Arts Marketing Insights: the Dynamics of Building and Retaining Performing Arts Audiences*, Jossey-Bass, 2007.

8. Philip Kotler, Joanne Scheff. *Standing Room Only: Strategies for*

Marketing the Performing Arts, the President and Fellows of Harvard, 1997.

9. Francois Colbert. *Marketing Culture and the Arts*, Hec Montreal, 2007.

10. Daragh O′Reilly and Finola Kerrigan. *Marketing the Arts: A Fresh Approach*, London Routledge, 2010.

11. Tony Micocci. *Booking Performance Tours: Marketing and Acquiring Live Arts and Entertainment*, Allworth Press, 2008.

12. William Byrnes. *Management and the Arts*, Focal Press, 2008.

13. John Seabrook. *Nobrow: The Culture of Marketing, the Marketing of Culture*, Vintage, 2001.

14. Finola Kerrigan. *Peter Fraser and Mustafa Ozbilgin: Arts Marketing*, London Routledge, 2004.

15. Rob Salkowitz. *Comic-Con and the Business of Pop Culture*, McGraw-Hill, 2012.

16. Raymond Williams. *The Long Revolution*, London: Chatto and Windus, 1961.

17. Philip N. Cooke. *Back to the Future*, London: Unwin Hyman, 1990.

18. Bella Dicks. *Culure on Display: The Production of Contemporary Visitability*, Beijing: Peking University Press, 2007.

五、英文文章

1. *Flops*, *Business Week*, 1993 (8).

2. Alladi Venkatesh and Laurie A. Meamber. *Arts and aesthetics: Marketing and cultural production*, *Marketing Theory*, 2006 (1).

3. Chytková Zuzana, Černá Jitka, Karlí ček Miroslav. *Segmenting the Performing Arts Markets: The Case of Czech National Theater Attenders' Motivations*, *Journal of Competitiveness*, 2012 (3).

4. Dominique Bourgeon-Renault. *Evaluating Consumer Behaviour in the Field of Arts and Culture Marketing*, *International Journal of Arts Management*, 2000 (1).

5. Katharina J. Srnka. *Culture's Role in Marketers' Ethical Decision Making: An Integrated Theoretical Framework*, *Academy of Marketing*

Science Review, 2004 (1).

6. J. R. B. Ritchie. *Assessing the Impact of Hallmark Events*: *Conceptual and Research Issues*, *Journal of Travel Research*, 1984 (1).

7. Dannie Kjeldgaard. *Youth Identities in the Global Cultural Economy*, *European Journal of Cultural Studies*, 2003 (6)

8. K. Robins. *Tradition and Translation*: *National Culture in Its Global Context*, in J. Corner and S. Harvey (eds) *Enterprise and Heritage*: *Crosscurrents of National Culture*, London: Routledge, 1991.

后　记

文化产业管理是21世纪的新兴学科，而文化市场营销学是这一学科的主干课程之一，其重要性自然不言而喻。国内外的学者目前已经从不同角度，以不同方式编写了一些文化市场营销学教材。与既有教材相比，本教材的特点体现为：第一，从文化产品的角度切入，在中外学界关于文化市场营销学最新研究的基础上，对文化市场营销及其特点做了更新、更全面、更深入的解释。第二，涵盖了以前许多教材不曾涉及但目前已被公认且十分流行的新内容，比如数字调研与SPSS等调研软件的应用、文化市场“传播文化与创造意义”的战略目标、创意策划、设计与评估中所包含的营销因素、对文化市场营销的公众批评与规范，以及花样频出的各种营销新策略如病毒营销、故事营销、活动营销、植入营销、细节营销、体验营销、数字营销、生态营销、可持续营销等。第三，针对各种类型的文化市场，对其具体分销促销方式进行了分门别类的讲述。第四，在自己的框架下对国内现有同类教材的相关内容进行了一定程度的整合。

本教材的顺利完成得益于三个方面：第一，国内外诸多学者的相关著作与教材使本教材在观念与材料上获益良多，尤其是本校本专业的前辈老师王育济教授、张友臣教授编写的《文化市场与营销》一书为本教材提供了主要参考。第二，笔者作为常务编辑深度参与了大型学术文摘类权威著作《中国文化产业学术年鉴》的编纂，作为主要组织人员积极参与了2006年首届山东国际文化产业博览会的筹备、宣传，这些经历都为本教材的编写打下了深厚、坚实的基础。第三，笔者是本校文化产业管理专业“文化市场营销与管理”课程的任课老师，有着比较系统、成熟的专业知识储备，对相关的专业问题也有着比较深入的研究；多年的相关教学经验，从最初的备课到与学生的互动交流再到讲义的轮番修改，又为本教材的编写积累了丰富的实践经验。

福建人民出版社的赖炳伟先生对本教材提出了宝贵意见，责任编辑黄须友、江叔维先生为本教材的出版付出了辛勤劳动；本专业的前辈老师王育济教授、张友臣教授、韩英教授、牛淑萍教授在工作中对笔者多有帮助；美国哥伦比亚大学商学院的约瑟夫·帕拉默（Joseph Plummer）教授为笔者推荐了重要参考资料；文化市场营销学的重要学者赵玉忠、方明光、蔡嘉清、李康化、赵泽润、菲利普·科特勒（Philip Kotler）、乔娜·舍夫·伯恩斯坦（Joanne Scheff Bernstein）、埃尔·李伯曼（Al Lieberman）、帕特丽夏·埃斯特盖（Patricia Esgate）等的著作为本教材的编写提供了重要参考，在此一并表示感谢。

希望本教材的编写能够为当代文化市场营销学的建设贡献绵薄之力。不过，因时间仓促，教材又系笔者一人独立完成，受能力所限，难免存在缺点与不足，还请广大读者多多批评指正。

杨东篱

2013年9月13日